互联网金融
反不正当竞争参考案例汇编

中国互联网金融协会 编

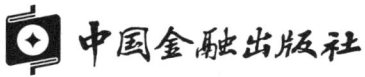

责任编辑：王雪珂
责任校对：刘　明
责任印制：陈晓川

图书在版编目（CIP）数据

互联网金融反不正当竞争参考案例汇编/中国互联网金融协会编.
—北京：中国金融出版社，2019.8
ISBN 978 – 7 – 5049 – 9907 – 8

Ⅰ.①互…　Ⅱ.①中…　Ⅲ.①互联网络—应用—金融—反不正当竞争—经济法—案例—汇编—中国　Ⅳ.①D922.294.5

中国版本图书馆 CIP 数据核字（2018）第 284028 号

互联网金融反不正当竞争参考案例汇编
Hulianwang Jinrong Fanbuzhengdang Jingzheng Cankao Anli Huibian

出版	中国金融出版社
发行	
社址	北京市丰台区益泽路 2 号
市场开发部	（010）63266347，63805472，63439533（传真）
网上书店	http://www.chinafph.com
	（010）63286832，63365686（传真）
读者服务部	（010）66070833，62568380
邮编	100071
经销	新华书店
印刷	保利达印务有限公司
尺寸	169 毫米 × 239 毫米
印张	31.5
字数	403 千
版次	2019 年 8 月第 1 版
印次	2019 年 8 月第 1 次印刷
定价	96.00 元

ISBN 978 – 7 – 5049 – 9907 – 8
如出现印装错误本社负责调换　联系电话（010）63263947

《互联网金融反不正当竞争参考案例汇编》编委会

主 任 委 员： 李东荣

副主任委员： 李爱君　李　倩

委　　　员：（以姓氏笔画为序）

　　　　　　　王越豪　白飞鹏　冯明杰　毕志刚　吕海燕
　　　　　　　肖　飒　宋　茜　易　琮　庞金峰　郭　欠
　　　　　　　翟　冀

指导单位： 中国互联网金融协会申诉（反不正当竞争）委员会

编　写　组：（以公司名称拼音为序）

　　　　　　　京东数字科技控股有限公司
　　　　　　　玖富数科科技集团有限责任公司
　　　　　　　上海点荣金融信息服务有限责任公司
　　　　　　　上海你我贷互联网金融信息服务有限公司
　　　　　　　搜易贷（北京）金融信息服务有限公司
　　　　　　　万惠投资管理有限公司

编写组成员：（以姓氏笔画为序）

方宇菲　伊　兰　杨　健　李宜坤　李　婧
宋　茜　张　君　范　琦　庞金峰　赵冬楠
赵　岩　赵思琪　姜艳艳　姜程潇　徐展勤
高　丽　郭永莹　黄小敏　蒋春叶　傅　彤
黎志明

校对成员：（以姓氏笔画为序）

田　然　何梦轩　张　珺　姜　雁　黄　佳

前　言

随着中国金融市场的发展，金融工具创新加快，互联网金融以更多不同的形态呈现并渗透至社会各个方面，网络经济的高速发展和金融互联网化已成为近年来一大趋势，同时互联网金融行业不正当竞争现象日益突出。党中央、国务院高度重视互联网金融发展和风险防范工作，中央经济工作会议明确要求抓紧互联网金融领域专项整治。2015 年 7 月，人民银行等十部委联合发布《关于促进互联网金融健康发展的指导意见》，规范各类互联网金融业态，优化行业生态，扭转某些业态偏离正确创新方向的局面，促进行业良性发展。2016 年 4 月，国务院办公厅印发的《互联网金融风险专项整治工作实施方案》提出加大整治不正当竞争工作力度，对互联网金融从业机构为抢占市场份额向客户提供显失合理的超高回报率以及变相补贴等不正当竞争行为予以清理规范。

《中华人民共和国反不正当竞争法》（以下简称"反法"）自 1993 年起施行，2017 年 11 月 4 日，十二届全国人大常委会第三十次会议表决通过新修订的反法，并已于 2018 年 1 月 1 日开始施行。反法本次修订中特针对互联网领域增设了专门性条款，成为本次修订的一大亮点，体现出法制在新时代背景下对市场竞争秩序与时俱进的调整。

中国互联网金融协会申诉（反不正当竞争）委员会致力于履

行服务监管、服务行业、服务社会职能，助力互联网金融专项整治长效机制建设，组织编制出版《互联网金融反不正当竞争参考案例汇编》，旨在加强宣传和事前教育，以更易理解和研读的案例汇编形式，为广大读者提供实务结合理论、通俗而实用的参考性工具书。

《互联网金融反不正当竞争参考案例汇编》的编写，于2017年6月上旬召开的中国互联网金融协会"申诉（反不正当竞争）委员会2017年第一次会议暨互联网金融反不正当竞争专题研讨会"中正式发起筹备，成立编辑组。在此特别感谢编辑组各位专家顾问、中国互联网金融协会申诉（反不正当竞争）委员会成员单位、互联网金融机构的参与和贡献。编写出版过程历时近两年时间，经过编辑组充分探讨，集思广益，形成本册案例汇编献给读者。希望本书的出版对互联网金融行业反不正当竞争的宣传和研究有所裨益。

中国互联网金融协会
申诉（反不正当竞争）委员会
2019年7月

《互联网金融反不正当竞争参考案例汇编》编写说明

中国互联网金融协会申诉（反不正当竞争）委员会作为中国互联网金融协会内承担反不正当竞争职能的专门委员会，特组织编写了本案例汇编。编写中，为了增强本案例汇编的实用性及可读性，相关学术机构、主编单位不仅需要从海量的案例中进行搜集整理，还需进行深入法律分析、研究和解读，以期待奉献给读者最好的内容。

互联网金融行为兼具互联网及金融两个属性，但亦有自身的特点。因行业发展时间不长，我们从互联网、金融行业中选取了部分案例，以期作为将来互联网金融发展道路上具有积极借鉴意义的参考指引。

本书分为七个章节，每个章节下有数个与该章节主题相关的案例。每个案例编写分为四个板块，分别是案情概要、要点分析、相关法条和判决书（节选）。

本案例编写过程中，正值《中华人民共和国反不正当竞争法》修订颁布为方便读者对反法的修订有更直观的了解，相关法条板块同时列举了反法1993年版及2017年修订版的相关法条，供读者对比参考。

另外需说明的是，本案例汇编的文章为编写人员对案例的总结和分析，不对其中包含或引用信息的准确性、可靠性和完整性和合法性做任何明示或暗示的保证。

目 录

一、商标、商号等混淆行为

- 使用知名服务的特有名称在相同行业向公众提供同类服务构成不正当竞争 3
- 使用他人非知名的企业字号、包装和装潢不构成不正当竞争 19
- 将他人非知名企业简称进行注册登记作为网站名称开展业务并进行宣传的不构成不正当竞争 36
- 故意将他人注册商标用作企业名称易致混淆的构成不正当竞争 49
- 使用他人注册商标及字号作为企业字号构成不正当竞争 59
- 擅自使用知名商品特有名称构成假冒商标的不正当竞争 78
- 使用他人知名商号造成公众误解的"搭便车"行为构成不正当竞争 95
- 将他人在先具有知名度的注册商标登记注册为其企业字号并在相同或类似的商品或服务上使用构成不正当竞争 108
- 竞争者擅自使用其他经营者创设的网页页面虚假宣传构成不正当竞争 120

- 经营者在网站中使用对比性宣传语，构成虚假宣传；在官方微博中发文贬损竞争对手的商誉构成商业诋毁；使用知名公司特有标识构成不正当竞争……………………… 134

二、商业贿赂

- 投标者向招标公司员工支付"感谢费"的行为构成商业贿赂…… 153
- 贿赂竞争对手的员工以获取竞争优势构成不正当竞争………… 161

三、引人误解的虚假宣传

- 使用他人注册商标及宣传资料进行虚假宣传构成不正当竞争…… 179
- 平台未经审核展示他人侵权宣传资料构成虚假宣传…………… 190
- 经营者在其网站宣传虚假的合作伙伴关系从而利用他人知名度增加竞争优势构成不正当竞争……………………………… 202
- 借用他人网站标识及宣传文案进行展示构成虚假宣传………… 211

四、侵犯商业秘密的行为

- 商业秘密同时具备秘密性、价值性、保密性特点的技术信息和经营信息…………………………………………………… 223
- 离职后违反保密义务使用、披露商业秘密构成不正当竞争…… 239
- 泄露私募基金项目的客户名单构成侵犯商业秘密……………… 255

五、不正当有奖销售

- 抽奖式销售最高奖品金额超过法定限额构成不正当竞争……… 273

六、商业诋毁

- 发布不实图文信息对竞争对手进行贬损构成商业诋毁………… 293

- 发起包含未经核实的负面信息的针对性话题构成商业诋毁 ……… 307
- 贬损对手进行对比宣传构成商业诋毁 …………………………… 318
- 征集、传播不实信息对竞争对手进行贬损构成商业诋毁 ……… 334
- 发布不实对比信息对竞争对手进行贬损构成商业诋毁 ………… 345
- 捏造虚伪事实损害商誉构成商业诋毁 …………………………… 364

七、互联网不正当竞争行为

- 非法抓取、使用其他网络经营者的用户个人信息以及非法获取、使用用户手机通讯录联系人与其他软件经营者用户对应关系的行为构成不正当竞争 ……………………………………………… 375
- 将关键词设置为对手网站名称指向自身网站构成不正当竞争 … 423
- 互联网经营者的插标行为及网址导航站劫持流量行为构成不正当竞争 ……………………………………………………… 454
- 将产品嵌入对手页面进行虚假宣传构成不正当竞争 …………… 472

一、商标、商号等混淆行为

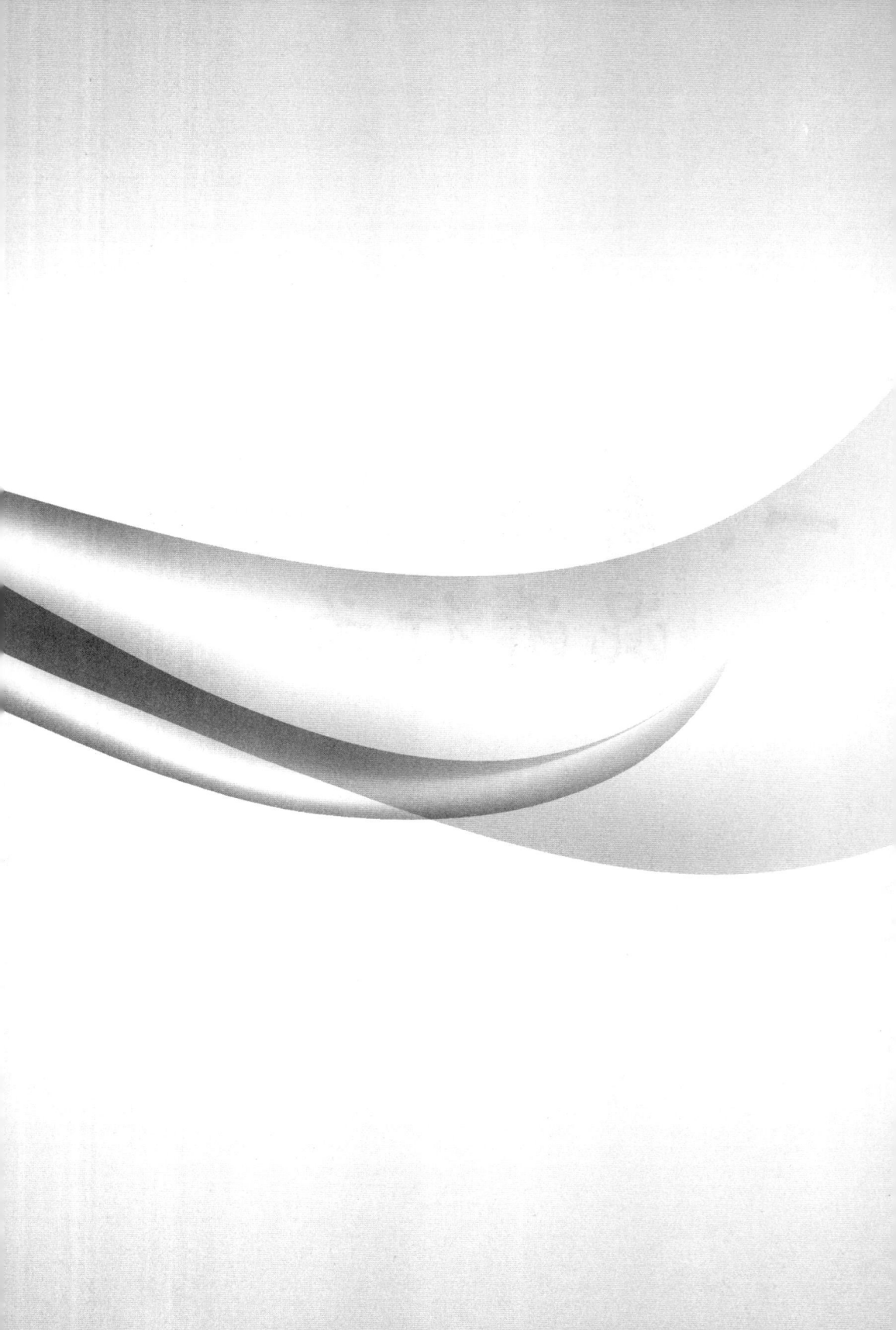

使用知名服务的特有名称在相同行业向公众提供同类服务构成不正当竞争

——评析北京×××信息技术有限公司诉北京××互联科技发展有限公司、北京××网景科技发展有限公司侵犯商标权及不正当竞争纠纷案

案情概要

基本信息

一审信息：

案号：(2009) 二中民初字第 10988 号

原告：北京×××信息技术有限公司

被告：北京××互联科技发展有限公司

被告：北京××网景科技发展有限公司

一审法院：北京市第二中级人民法院

二审信息：

案号：(2011) 高民终字第 846 号

上诉人：北京×××信息技术有限公司

被上诉人：北京××互联科技发展有限公司

被上诉人：北京××网景科技发展有限公司

二审法院：北京市高级人民法院

再审信息：

案号：(2011) 民申字第 670 号

再审申请人：北京×××信息技术有限公司

被申请人：北京××互联科技发展有限公司

被申请人：北京××网景科技发展有限公司

再审法院：最高人民法院

诉讼请求

一审诉讼请求：

请求法院判令北京××互联科技发展有限公司和北京××网景科技

一、商标、商号等混淆行为

发展有限公司停止使用"开心网"及与"开心网"近似的名称作为网站名称，停止使用"kaixin.com"域名，连带赔偿北京×××信息技术有限公司经济损失1,000万元，在新浪网、《京华时报》、《北京晚报》、《光明日报》上公开赔礼道歉。

二审诉讼请求：

请求撤销原审判决第二项、第三项，判令北京××互联科技发展有限公司和北京××网景科技发展有限公司停止使用"kaixin.com"域名并在新浪网、《京华时报》、《北京晚报》、《光明日报》上公开赔礼道歉，改判北京××互联科技发展有限公司和北京××网景科技发展有限公司赔偿北京×××信息技术有限公司经济损失1,000万元。

再审诉讼请求：

请求撤销二审判决，撤销一审判决第二、三项，判决二被申请人停止使用"kaixin.com"域名，改判二被申请人赔偿1,000万元，并判令二被申请人在新浪网、《京华时报》、《北京晚报》、《光明日报》上公开赔礼道歉。

案情介绍

北京×××信息技术有限公司（以下简称"信息公司"）在第42类计算机出租、陪伴、婚姻介绍所等服务上拥有"开心"注册商标，2008年3月开始经营一家提供社会性网络服务的网站——"开心网"（kaixin001.com）。2008年10月16日，北京××互联科技发展有限公司（以下简称"互联公司"）受让取得"kaixin.com"域名。互联公司和北京××网景科技发展有限公司（以下简称"网景公司"）也开办了一家提供社会性网络服务的网站——"开心网"（kaixin.com）。

信息公司认为，互联公司、网景公司使用"开心"作为网站名称、使用"kaixin.com"域名的行为侵犯了其注册商标专用权，同时构成对其知名服务特有名称"开心网"的仿冒，构成不正当竞争。2009年5

月，信息公司将两家公司诉至法院，要求其停止使用"开心网"网站名称，停用"kaixin.com"域名，赔偿经济损失 1,000 万元，公开赔礼道歉，并承担诉讼费用。

审理结果

一审判决：

一、互联公司、网景公司自判决生效之日起，不得在提供社会性网络服务中使用与信息公司知名服务的特有名称"开心网"相同或近似的名称；

二、互联公司、网景公司于判决生效之日起十日内，赔偿信息公司经济损失 40 万元；

三、驳回信息公司的其他诉讼请求。

二审判决：

一、驳回上诉，维持原判；

二、一审案件受理费人民币 81,800 元，由信息公司负担 21,800 元（已交纳），由互联公司、网景公司共同负担 6 万元（于本判决生效后七日内交纳）；二审案件受理费人民币 79,000 元，由信息公司负担（已交纳）。

再审判决：

信息公司的再审申请不符合《中华人民共和国民事诉讼法》第一百七十九条第一款第（二）项、第（六）项规定的情形。依照《中华人民共和国民事诉讼法》第一百八十一条第一款之规定，裁定如下：

驳回信息公司的再审申请。

要点分析

一、关于是否构成商标侵权的认定

根据《最高人民法院关于审理商标民事纠纷案件适用法律若干问题的解释》第一条第（三）项规定，"将与他人注册商标相同或者相近似的文字注册为域名,并且通过该域名进行相关商品交易的电子商务,容易使相关公众产生误认的。"属于《中华人民共和国商标法》(1993)第五十二条第(五)项规定的给他人注册商标专用权造成其他损害的行为。由此可以看出,要构成商标侵权须域名与注册商标文字相同或近似且开展类似服务使相关公众产生误认。根据《最高人民法院关于审理商标民事纠纷案件适用法律若干问题的解释》的规定,类似服务是指在服务的目的、内容、方式、对象等方面相同,或者相关公众一般认为存在特定联系、容易造成混淆的服务。本案中,互联公司和网景公司使用"开心网"标识、"kaixin.com"域名从事的是帮助互联网用户建立社会性网络的互联网应用服务,而非"替他人创建和维护网站、托管计算机站(网站)",该服务与"开心"文字注册商标核准的第42类服务中4220类似群组的计算机出租等计算机编程及相关服务相比,在服务的目的、内容、方式、对象等方面存在较大差异,不会使相关公众对服务提供者产生混淆、误认。因此,互联公司和网景公司的上述行为并未侵犯信息公司的注册商标专用权。

二、关于知名商品/服务特有名称的认定

《中华人民共和国反不正当竞争法》(1993)第五条第(二)项规定,擅自使用知名商品特有的名称、包装、装潢,或者使用与知名商品近似的名称、包装、装潢,造成和他人的知名商品相混淆,使购买者误认为是该知名商品的,属于不正当竞争行为。

首先,关于知名商品/服务的认定。根据《最高人民法院关于审理不正当竞争民事案件应用法律若干问题的解释》第一条的规定,在中国境内具有一定的市场知名度,为相关公众所知悉的商品,应当认定为反不正当竞争法第五条第(二)项规定的"知名商品"。人民法院认定知名商品,应当考虑该商品的销售时间、销售区域、销售额和销售对象,进行任何宣传的持续时间、程度和地域范围,作为知名商品受保护的情况等因素，进行综合判断。原告应当对其商品的市场知名度负举证责任。

其次，关于特有名称的认定。特有名称是指不为相关商品或服务所通用，具有显著区别性特征，并通过在商品或服务上的使用，使消费者能够将该商品或服务与其他经营者的同类商品或服务相区别的名称。关于如何认定是否构成"特有名称"，应符合以下条件：

1. 该名称不直接表示服务的功能、用途和质量，并且与此类服务的通用名称有显著区别；

2. 该名称应当具有原创性或创先使用性，或者是通过经营者的服务使通用名称具有新的特定含义而形成；

3. 该名称应当具有显著的区别性，消费者可以自然地将该名称和特定经营者以及知名服务联系起来。

综上所述，本案中，信息公司提供的证据证明在该网站开通内的较短期间内其注册网络用户已达到750多万，在Alexa网站的世界排名已在100位左右，并被网络媒体大量报道，因此该网站提供的服务已经构成知名服务，而作为网络用户识别该服务的网站名称也构成了知名服务的特有名称。

值得注意的是，《中华人民共和国反不正当竞争法》（2017年修订）第六条，关于混淆行为的认定，在原规定基础上，增加了"擅自使用他人有一定影响的企业名称（包括简称、字号等）、社会组织名称（包括简称等）、姓名（包括笔名、艺名、译名等）；擅自使用他人有一定影响的域名主体部分、网站名称、网页等；其他足以引人误认为是他人商品或者与他人存在特定联系的混淆行为。"

三、关于是否构成不正当竞争的认定

互联网公司作为一家与信息公司在同一地区从事相同行业的互联网公司，互联公司理应已知信息公司通过"开心网"（kaixin.com）提供的社会性网络服务已构成知名服务，在明知可能涉嫌侵权的情况下，仍于

2008年10月开始使用该知名服务的特有名称"开心网"作为网站名称，在相同行业和领域中向公众提供社会性网络服务，使网络用户对二者提供的服务产生混淆，其行为具有主观恶意，违反了诚实信用原则，构成了不正当竞争，应该承担相应的法律责任。网景公司作为子公司，明知"开心网"在纠纷处理过程中，仍在受让"开心网"（kaixin.com）后使用信息公司知名服务的特有名称"开心网"的行为，同样具有主观恶意，构成不正当竞争，也应承担相应的法律责任。

通过上述分析可知：社交网站是新兴的网络商业模式，它在给互联网用户提供便利的同时，也引发了有关互联网行业竞争秩序方面的种种问题。在本案中，法院确定了具有一定知名度的社交网站构成知名服务，其网站名称可以作为知名服务的特有名称受到反不正当竞争法保护的原则，仿冒知名服务特有名称，构成不正当竞争。

四、关于赔偿数额的认定

在没有证据可以充分有效地证明侵权人因侵权所获得的利益时，法院将参考以下几方面酌定赔偿数额：

（一）原告注册商标的使用情况及知名度；

（二）根据被告侵权行为的性质和具体方式判断其侵权情节及主观过错的严重程度；

（三）酌定诉讼的合理支出部分，如律师费、公证费等。

相关法条

1.《中华人民共和国反不正当竞争法》（1993）第五条：经营者不得采用下列不正当手段从事市场交易，损害竞争对手：（一）假冒他人的注册商标；（二）擅自使用知名商品特有的名称、包装、装潢，或者使用与知名商品近似的名称、包装、装潢，造成和他人的知名商品相混淆，使购买者误认为是该知名商品；（三）擅自使用他人的企业名称或者姓名，引人误认为是他人的商品；（四）在商品上伪造或者冒用认证标志、名优标志等质量标志，伪造产地，对商品质量作引人误解的虚假表示。

2. 《中华人民共和国反不正当竞争法》（2017年修订）第六条：经营者不得实施下列混淆行为，引人误认为是他人商品或者与他人存在特定联系：

（一）擅自使用与他人有一定影响的商品名称、包装、装潢等相同或者近似的标识；

（二）擅自使用他人有一定影响的企业名称（包括简称、字号等）、社会组织名称（包括简称等）、姓名（包括笔名、艺名、译名等）；

（三）擅自使用他人有一定影响的域名主体部分、网站名称、网页等；

（四）其他足以引人误认为是他人商品或者与他人存在特定联系的混淆行为。

3. 《最高人民法院关于审理涉及计算机网络域名民事纠纷案件适用法律若干问题的解释》第四条规定，人民法院审理域名纠纷案件，对符合下列各项条件的，应当认定被告注册、使用域名等行为构成侵权或不正当竞争：

（一）原告请求保护的民事权益合法有效；

（二）被告域名或其主要部分构成对原告驰名商标的复制、模仿、翻译或音译；或者与原告的注册商标、域名等相同或近似，足以造成相关公众的误认；

（三）被告对该域名或其主要部分不享有权益，也无注册、使用该域名的正当理由；

（四）被告对该域名的注册、使用具有恶意。

4. 《最高人民法院关于审理商标民事纠纷案件适用法律若干问题的解释》第一条：下列行为属于商标法第五十二条第（五）项规定的给他人注册商标专用权造成其他损害的行为：

一、商标、商号等混淆行为

（一）将与他人注册商标相同或者相近似的文字作为企业的字号在相同或者类似商品上突出使用，容易使相关公众产生误认的；

（二）复制、摹仿、翻译他人注册的驰名商标或其主要部分在不相同或者不相类似商品上作为商标使用，误导公众，致使该驰名商标注册人的利益可能受到损害的；

（三）将与他人注册商标相同或者相近似的文字注册为域名，并且通过该域名进行相关商品交易的电子商务，容易使相关公众产生误认的。

5.《中华人民共和国商标法》（2001）第五十二条：有下列行为之一的，均属侵犯注册商标专用权：

（一）未经商标注册人的许可，在同一种商品或者类似商品上使用与其注册商标相同或者近似的商标的；

（二）销售侵犯注册商标专用权的商品的；

（三）伪造、擅自制造他人注册商标标识或者销售伪造、擅自制造的注册商标标识的；

（四）未经商标注册人同意，更换其注册商标并将该更换商标的商品又投入市场的；

（五）给他人的注册商标专用权造成其他损害的。

6.《最高人民法院关于审理商标民事纠纷案件适用法律若干问题的解释》第十一条：商标法第五十二条第（一）项规定的类似服务，是指在服务的目的、内容、方式、对象等方面相同，或者相关公众一般认为存在特定联系、容易造成混淆的服务。

类似服务，是指在服务的目的、内容、方式、对象等方面相同，或者相关公众一般认为存在特定联系容易造成混淆的服务。

商品与服务类似，是指商品和服务之间存在特定联系，容易使相关公众混淆。

判决书（节选）

二审判决书（节选）

……

本院认为：

根据《最高人民法院关于审理商标民事纠纷案件适用法律若干问题的解释》的规定，类似服务是指在服务的目的、内容、方式、对象等方面相同，或者相关公众一般认为存在特定联系、容易造成混淆的服务。本案中，信息公司主张互联公司和网景公司提供的涉案服务属于"替他人创建和维护网站、托管计算机站（网站）"，与其"开心"注册商标核定服务中的"计算机出租"均属《类似商品和服务区分表》第42类服务中的4220类似群组。但根据查明的事实可知，互联公司和网景公司使用"开心网"标识、"kaixin.com"域名从事的是帮助互联网用户建立社会性网络的互联网应用服务，而非"替他人创建和维护网站、托管计算机站（网站）"，该服务与第42类服务中4220类似群组的计算机出租等计算机编程及相关服务相比，在服务的目的、内容、方式、对象等方面存在较大差异，不会使相关公众对服务提供者产生混淆、误认。因此，原审法院关于互联公司和网景公司使用"开心网"标识、"kaixin.com"域名所提供的社会性网络服务与"开心"注册商标核定的服务类别不相同、不类似的认定并无不当。信息公司有关原审法院就此所作认定错误的上诉理由，依据不足，不能成立。

《最高人民法院关于审理涉及计算机网络域名民事纠纷案件适用法律若干问题的解释》第四条规定，人民法院审理域名纠纷案件，对符合下列各项条件的，应当认定被告注册、使用域名等行为构成侵权或不正当竞争：（一）原告请求保护的民事权益合法有效；（二）被告域名或其主要部分构成对原告驰名商标的复制、模仿、翻译或音译；或者与原告的注册商标、域名等相同或近似，足以造成相关公众的误认；（三）被告对该域名或其主要部分不享有权益，也无注册、使用该域名的正当理由；（四）被告对该域名的注册、使用具有恶意。根据上述规定可知，被告注册域名的行为被认定为侵权或不正当竞争的前提是被告的域名晚于原告的域名。本案中，首先，信息公司"kaixin001.com"域名的注册时间晚于"kaixin.com"域名的注册时间，故互联公司和网景公司受让并使用"kaixin.com"域名的行为不符合上述规定中应当被认定为侵权或不正当竞争的条件。其次，由于"开心网"是信息公司知名网站的名称，互联公司和网景公司的侵权行为具体表现是将"kaixin.com"域名设置为指向与信息公司知名网站名称相同的"开心网"，导致互联网用户对涉案网站发生混淆的原因也是互联公司和网景公司将其域名"kaixin.com"指向"开心网"。因此，在原审法院已经判令互联公司和网景公司不得在提供社会性网络服务中使用与信息公司知名网站名称"开心网"相同或近似的名称的情况下，"kaixin.com"域名与信息公司知名网站名称"开心网"的关联已经断开，互联公司和网景公司根据原审判决的内容使用"kaixin.com"域名不会再导致互联网用户产生混淆、误认，原审判决已足以消除互联网用户对涉案两家"开心网"所产生的混淆、误认后果。因此，互联公司和网景公司注册和使用"kaixin.com"域名的行为本身并不构成不正当竞争。在互联公司和网景公司使用"kaixin.com"域名不构成侵权或不正当竞争条件的情况下，原审法院不再就主观过错作出认定并无不当。信息公司据此所提上诉理由，缺乏事实和法律依据，本院不予支持。

虽然因互联公司和网景公司将信息公司知名服务的特有名称"开心网"作为网站名称，在相同行业和领域中向公众提供社会性网络服务会导致网络用户产生混淆，但信息公司提交的相关网站刊登的文章中有使用"千橡开心网"的情况，由此可见，实际存在能够区分涉案两家"开心网"的网络用户。而且，信息公司提交的证据尚不足以证明"开心网"（kaixin.com）的所有用户均为"开心网"（kaixin001.com）损失的用户。因此，原审法院就此所作认定正确。信息公司就此提出的上诉理由，缺乏事实依据，本院也不予支持。

就信息公司提出的"开心网"（kaixin.com）运营"黑帮"网络游戏造成其商誉损害的上诉理由，因相关行为已被有关部门作出处理，且互联公司和网景公司已就相关行为公开致歉，故网络用户根据相关的信息可以对该行为的实施主体作出判断。原审法院关于该行为并未直接对信息公司的商誉造成损害的认定正确。信息公司该项上诉理由，证据不足，不能成立。

根据《最高人民法院关于审理不正当竞争民事案件应用法律若干问题的解释》第十七条的规定，确定反不正当竞争法第五条、第九条、第十四条规定的不正当竞争行为的损害赔偿额，可以参照确定侵犯注册商标专用权的损害赔偿额的方法进行。《中华人民共和国商标法》第五十六条第二款的规定，侵权人因侵权所得利益，或者被侵权人因被侵权所受损失难以确定的，由人民法院根据侵权行为的情节判决给予50万元以下的赔偿。就本案的赔偿数额，虽然信息公司提出了具体的计算公式，但因信息公司认可目前业界尚无评估互联网用户价值的方法，现有证据又不足以证明"开心网"（kaixin.com）的全部注册用户数均系"开心网"（kaixin001.com）损失的用户数，故该计算方法因存在不确定项而无法计算。因此，在信息公司提交的证据难以证明其实际损失，也难以证明互联公司和网景公司侵权获利的情况下，原审法院综合考虑涉案侵权行为的方式、期间、规模、后果及主观过错程度等因素酌定的40万元的赔偿数额尚属合理，应予维持。信息公司关于原审法院确定的赔偿数额过低的上诉理由，证据不足，本院不予支持。

综上所述，信息公司的上诉理由均不成立，其上诉请求本院均不予支持。原审判决认定事实清楚，适用法律正确，依法应予维持。依据《中华人民共和国民事诉讼法》第一百五十三条第一款第（一）项之规定，判决如下：

驳回上诉，维持原判。

一审案件受理费人民币八万一千八百元，由信息公司负担二万一千八百元（已交纳），由互联公司、网景公司共同负担六万元（于本判决生效后七日内交纳）；二审案件受理费人民币七万九千元，由信息公司负担（已交纳）。

本判决为终审判决。

二○一一年四月十一日

再审判决书（节选）

……

本院认为：

本案的争议焦点为：涉案社交网站服务与"开心"文字注册商标核准的服务类别是否相同或类似；kaixin.com域名是否应该停止使用；互联公司和网景公司是否应赔偿信息公司1,000万元及是否应在新浪网等媒体上公开赔礼道歉。

一、涉案社交网站服务与"开心"文字注册商标核准的服务类别是否相同或类似

信息公司申请再审中主张涉案社交网站服务与"开心"文字注册商标核准的服务类别中的"计算机出租"、"陪伴"以及"婚姻介绍所"构成相同或类似。社交网站服务是以网络服务的形式达到为用户提供社交服务的目的，其提供的是一个综合性的社交平台，与"开心"文字注册商标核准的第42类服务中的"计算机出租"、"陪伴"和"婚姻介绍所"

在服务目的、内容、方式和对象等方面不尽相同，也不易使相关公众对服务提供者产生误认或混淆，因此，依据《最高人民法院关于审理商标民事纠纷案件适用法律若干问题的解释》第十一条的规定，涉案社交网站服务与"开心"文字注册商标核准的服务不相同也不类似。信息公司该项申请再审理由依据不足，不予支持。

二、互联公司和网景公司的 kaixin.com 域名是否应该停止使用

信息公司主张该域名停止使用的理由有：一是该域名侵犯了其"开心"文字注册商标专用权，构成商标侵权；二是该域名仿冒其知名服务的特有名称"开心网"及 kaixin001.com 域名，构成不正当竞争。

1. 互联公司和网景公司的 kaixin.com 域名是否侵犯了信息公司的"开心"文字注册商标专用权，构成商标侵权。《最高人民法院关于审理商标民事纠纷案件适用法律若干问题的解释》第一条第（三）项规定，将与他人注册商标相同或者相近似的文字注册为域名，并且通过该域名进行相关商品交易的电子商务，容易使相关公众产生误认的，属于商标法第五十二条第（五）项规定的给他人注册商标专用权造成其他损害的行为。因此，域名构成侵犯注册商标专用权，需要具备以下条件：域名与注册商标文字相同或近似；通过该域名进行相关商品交易的电子商务，容易使相关公众产生误认。本案中，同上理由，互联公司和网景公司的 kaixin.com 域名指向的涉案社交网站服务与"开心"文字注册商标核准服务类别不相同、不类似，不易使相关公众产生误认，故该域名的注册、使用没有侵犯信息公司"开心"文字商标专用权。因此，信息公司该项申请再审理由不成立，不予支持。

2. kaixin.com 域名是否仿冒信息公司知名服务的特有名称"开心网"和"kaixin001.com"域名，构成不正当竞争。域名纠纷解释第四条的规定，主要是保护在先权利。本案中，kaixin.com 域名注册时间早于信息公司的 kaixin001.com 域名注册时间和知名服务的特有名称"开心网"

一、商标、商号等混淆行为

开通时间，故本案中判定互联公司和网景公司的 kaixin.com 域名是否仿冒信息公司知名服务的特有名称"开心网"和"kaixin001.com"域名，构成不正当竞争，并不适用域名纠纷解释第四条的规定。信息公司认为本案域名争议应适用域名纠纷解释第四条系对该条规定的错误理解。2008 年 3 月，信息公司开通了"开心网"（kaixin001.com）为网络用户提供社会性网络服务，其提供的证据证明在该网站开通的较短期间内其注册网络用户已达到 750 多万，在 Alexa 网站的世界排名已在 100 位左右，并被网络媒体大量报道，因此该网站提供的服务已经构成知名服务，而作为网络用户识别该服务的网站名称也构成了知名服务的特有名称。互联公司作为一家与信息公司在同一地区从事相同行业的互联网公司，在信息公司"开心网"在相关公众中具有较高知名度并成为知名网站的情况下，于 2008 年 10 月受让取得"kaixin.com"域名，并使用该域名开通了与信息公司"开心网"从事同样社会性网络服务的"开心网"（kaixin.com），其主观恶意明显，客观上也造成了网络用户对两个开心网的误认或混淆，误导了网络用户访问涉案网站，损害了信息公司的权益。一、二审法院认定互联公司和网景公司仿冒信息公司"开心网"知名服务特有名称，构成不正当竞争，并判决上述公司不得在提供社会性网络服务中使用与信息公司知名服务的特有名称"开心网"相同或近似的名称正确，本院予以确认。但 kaixin.com 域名注册在先，互联公司合法受让该域名本身并无过错，仅是其使用该域名指向开心网的行为，扰乱了正常的市场秩序，违反了诚实信用原则，构成了不正当竞争。退一步讲，如果互联公司受让 kaixin.com 域名后，其使用该域名指向的不是与信息公司从事同样社会性网络服务，则可视其为正常的自由竞争，法律并不加以干预。故本院认为一、二审法院上述判决足以制止互联公司和网景公司的不正当竞争行为，因此，信息公司在申请再审中仍主张互联公司和网景公司的 kaixin.com 域名仿冒其知名服务的特有名称"开心网"和 kaixin001.com 域名构成不正当竞争的理由并不充分。

综上所述，信息公司申请再审中主张互联公司和网景公司停止使用 kaixin.com 域名的理由不成立，本院不予支持。

三、互联公司和网景公司是否应赔偿信息公司 1,000 万元及是否应在新浪网等媒体上公开赔礼道歉

关于赔偿数额问题。信息公司主张互联公司和网景公司的侵权所得为"平均每个注册用户给开心网带来的利益乘以被申请人因侵权所得的注册用户数"，即以"单位利益乘以侵权数量"来计算其损失，单位利益是以信息公司广告收入除以信息公司的注册用户数来计算。本院认为，广告收入虽与注册用户数有一定的联系，但广告收入还往往与公司的知名度、所从事的行业、管理团队等因素有关，故信息公司上述计算公式并不具有科学性和合理性，且其也认为目前业界尚无评估互联网用户价值的方法，故一、二审法院在侵权人因侵权所得利益，或者被侵权人因被侵权所受损失难以确定的情况下，依据互联公司和网景公司侵权行为的方式、期间、规模、后果以及主观过错程度等因素，酌定侵权赔偿数额 40 万元未有不妥，本院予以确认。

关于赔礼道歉问题。本案中，互联公司和网景公司主观恶意明显，且在涉案网站上运行"黑帮"网络游戏，被有关行政部门处罚，因网络用户易对两开心网产生混淆和误认，因此在一定程度上损害了信息公司的商誉，但信息公司主张赔礼道歉的责任承担方式一般适用于自然人而非法人，故一、二审法院不予支持也未有不妥，本院予以确认。

综上所述，信息公司的再审申请不符合《中华人民共和国民事诉讼法》第一百七十九条第一款第（二）项、第（六）项规定的情形。依照《中华人民共和国民事诉讼法》第一百八十一条第一款之规定，裁定如下：

驳回信息公司的再审申请。

二〇一一年七月二十九日

使用他人非知名的企业字号、包装和装潢不构成不正当竞争

——评析深圳×××金融服务股份有限公司、上海房××金融信息服务有限公司诉上海新×金融信息服务有限公司、北京××××信息服务有限公司、上海××销售(集团)有限公司不正当竞争纠纷案

案情概要

基本信息

一审信息：

案号：（2015）浦民三（知）初字第 518 号

原告：深圳×××金融服务股份有限公司

上海房××金融信息服务有限公司

被告：上海新×金融信息服务有限公司

北京×××信息服务有限公司

上海××销售（集团）有限公司

一审法院：上海市浦东新区人民法院

二审信息：

案号：（2016）沪 73 民终 107 号

上诉人：深圳×××金融服务股份有限公司

上海房××金融信息服务有限公司

被上诉人：上海新×金融信息服务有限公司

北京×××信息服务有限公司

上海××销售（集团）有限公司

二审法院：上海知识产权法院

诉讼请求

一审诉讼请求：

一、三被告立即停止侵害两原告的企业名称权的行为；

二、三被告立即停止侵害两原告的特有商品名称、包装、装潢的行为；

三、三被告立即停止侵害两原告的虚假宣传行为；

四、三被告立即停止向两原告的微博粉丝发送私信的不正当竞争行为；

五、三被告在域名为"fangjinsuo.com"、"ehousechina.com"、"sina.com.cn"、"souhu.com"的网站首页以及《法制日报》上就上述侵权行为公开向两原告赔礼道歉、消除影响；

六、三被告赔偿两原告经济损失人民币（以下币种相同）1元；

七、三被告赔偿两原告为制止侵权行为而支付的合理费用（包括公证费、律师费）合计27,670元。

二审诉讼请求：

要求撤销一审判决，改判支持深圳×××金融服务股份有限公司、上海房××金融信息服务有限公司的一审诉讼请求。

案情介绍

深圳×××金融服务股份有限公司（以下简称"深圳金融服务公司"）于2013年使用"深圳×××金融服务股份有限公司"的企业名称注册成立。该公司主要从事提供以房地产抵押等方式向金融机构或非金融机构融资的金融居间服务。2014年7月8日，深圳金融服务公司开发的"房金所房地产金融信息服务平台（简称房金所）V1.0"通过该公司的www.fangjinsuo.com网站正式上线运行，在该网站的首页显示有"房金所+梧桐树图形"标识。2013年12月24日，深圳金融服务公司在新浪网络微博上开设名为"房金所"的微博账号，同年12月28日，该公司在微信网络平台上开设名为"房金所"的微信公众号（微信号：chinafangjinsuo），并使用"房金所+梧桐树图形"标识。2015年1月14日，深圳金融服务公司开发的名为"房金所官方应用——贷款助手"应用程序（APP）登录苹果应用商店（APPStore）。2014年1月14日和1月19日，深圳金融服务公司注册了"fangjinsuo.com"等顶级域名。同年3月

28 日，深圳金融服务公司将"fangjinsuo.com"的域名进行了域名备案。2014 年 7 月 3 日，上海房××金融信息服务有限公司（以下简称"房金融服务公司"）由深圳金融服务公司注册设立，该公司实际从事的业务与深圳金融服务公司的业务一致。

上海新×金融信息服务有限公司（以下简称"新金融服务公司"）于 2014 年 5 月 22 日设立注册，该公司主要从事为有购房需求的客户及投资需求的客户提供投融资平台的金融居间服务。北京×××信息服务有限公司（以下简称"北京信息服务公司"）于 1999 年 10 月 28 日注册成立，该公司为新浪网的主办单位。上海××销售（集团）有限公司（以下简称"销售集团"）于 2000 年 8 月 15 日注册成立，该公司为易居中国网的主办单位。2014 年 1 月 17 日，上海某公司为设立新金融服务公司经营"房金所"金融服务平台，向国家工商行政管理总局商标局（以下简称"国家商标局"）申请注册"房金所"中文文字商标，2014 年 2 月 23 日，新金融服务公司注册了"fangjs.com"顶级域名，同年 6 月 23 日，新金融服务公司将"fangjs.com"的域名信息进行了备案。2014 年 7 月 8 日，由新金融服务公司主办的"房金所"网站（网址为 www.fangjs.com）上线测试运行，在该日的网站首页及其网页标签栏中均显示有"房金所——国内首家互联网房地产金融服务平台"内容，网页中还显示该"房金所"由"新浪和易居 EHOUESCHINA 2 家上市公司倾力打造"等内容，并标注有"房金所＋EJ 图形"标识，该网站与新浪网进行转链接合作。在北京信息服务公司主办的"新浪"网站"新浪金融"网页中显示有新金融服务公司的"房金所"金融服务平台。

2014 年 7 月 16 日，新金融服务公司向深圳金融服务公司"房金所"新浪微博的一位粉丝发送私信一封。该封私信的内容为"您好！易居中国房金所的微博账户是'房金所官博'，您关注的这个'房金所'是深圳的一家公司，我们的竞争对手，为了避免混乱，烦请您取消该关注，重新关注'房金所官博'http：//weibo.com/fangjinsuo，感谢您的支持！"

2014年11月20日，深圳金融服务公司、房金融服务公司的法定代表人王××以"房金所董事长"的名义获邀参加了"2014陆家嘴金融创新全球峰会"。2015年1月27日，深圳金融服务公司、房金融服务公司在《投资有道》杂志组织的"第三届全国财富管理机构评选活动"中以"房金所"的名义被评为"最具创新力互联网金融机构"奖项。同年2月12日，新浪网乐居频道的记者在对易居金融服务集团郑州公司总经理张××的专访中，将该奖项的获得者误认为是"易居中国"旗下的"房金所"。

两原告认为，两原告与新金融服务公司同属于互联网金融服务行业，三被告在经营活动中实施如下侵权行为，损害了两原告的合法权益：

一、新金融服务公司在其网站对外宣传和提供的协议文本中以"房金所"作为企业简称用于指代自己，该行为足以造成相关公众混淆了主体和来源，侵害了两原告的企业名称权；同时，新金融服务公司不仅使用了"房金所"，还使用了"房金所+EJ图形"，侵犯了两原告以"房金所"为名称的微信公众服务平台和房地产金融服务平台的知名金融服务特有名称和装潢，也造成了相关公众的混淆。

二、新金融服务公司在广告宣传中使用"系出名门"、"国内首家互联网房地产金融平台"、"由新浪（纳斯达克上市代码：SINA）、易居中国（纽交所上市代码：EJ）、红杉资本联手打造"、"房金所控股股东为易居中国、新浪"等引人误解的广告语，给相关公众灌输只有新金融服务公司才是"第一名门正宗"的错误观念，该行为已构成虚假宣传，给两原告造成相当大的困扰和负面影响。北京信息服务公司为新金融服务公司提供了网站转链接服务，并将北京信息服务公司数以亿计的"新浪通行证体系"用户资源与新金融服务公司共享。销售集团在其开办的域名为"ehousechina.com"网站主页中为新金融服务公司业务和网站做宣传推广，并为新金融服务公司网站主页提供可以直接访问的链接服务。

北京信息服务公司和销售集团作为互联网和房地产知名企业,在为新金融服务公司做推广宣传时客观上也极大地扩大了新金融服务公司对两原告侵权行为的损害后果,构成了帮助侵权。

三、新金融服务公司还向原告深圳金融服务公司的新浪官方微博粉丝发送私信并要求粉丝取消关注两原告的官方微博账号,违背公认的商业道德,损害两原告的商业信誉、商品声誉。

审理结果

一审判决:

驳回原告深圳金融服务公司、房金融服务公司的全部诉讼请求。

二审判决:

驳回深圳金融服务公司、房金融服务公司的上诉请求,维持原判。

本案二审案件受理费人民币 372 元,由上诉人深圳金融服务公司、房金融服务公司负担。

要点分析

一、关于非知名企业名称的侵权认定

企业名称是市场经营主体在经营活动中与其他经营主体相区分的特定标志性名称,其主要功能在于防止消费者和社会公众对企业提供的商品或服务造成混淆。而其中的字号又是企业名称的核心内容,最具识别功能。为防止其他经营主体采用不正当手段获取非法利益,根据《中华人民共和国反不正当竞争法》(1993)第五条第(三)项规定,经营者不得采用下列不正当手段从事市场交易,损害竞争对手:(三)擅自使用他人的企业名称或者姓名,引人误认为是他人的商品;《最高人民法院关于审理不正当竞争民事案件应用法律若干问题的解释》第六条规定,企业登记主管机关依法登记注册的企业名称,以及在中国境内进行

商业使用的外国（地区）企业名称，应当认定为反不正当竞争法第五条第（三）项规定的"企业名称"。具有一定的市场知名度、为相关公众所知悉的企业名称中的字号，可以认定为反不正当竞争法第五条第（三）项规定的"企业名称"。在商品经营中使用的自然人的姓名，应当认定为反不正当竞争法第五条第（三）项规定的"姓名"。具有一定的市场知名度、为相关公众所知悉的自然人的笔名、艺名等，可以认定为反不正当竞争法第五条第（三）项规定的"姓名"。因此，企业名称中的字号若需获得《中华人民共和国反不正当竞争法》（1993）第五条第（三）项规定的企业名称的同等保护，就必须满足"已达到一定的市场知名度、并为相关公众知悉的程度"，且主张权利的当事人应就其所提供的服务或者商品的销售时间、销售区域、销售额和销售对象、宣传活动的持续时间、程度和地域范围、有关字号市场知名度的事实等负举证责任。

本案中，首先涉案字号"房金所"在文义上通常被人理解为"房地产金融交易所"的简称，深圳金融服务公司在其对外宣传中也表示其"房金所"的含义即为"房地产金融交易所"，而"房地产金融交易所"是市场主体进行以房地产为投融资交易对象之场所的通用名称，并不具有显著性。其次，深圳金融服务公司、房金融服务公司并未提供证明其通过经营而取得的盈利状况、实际提供金融服务产品的时间、地域范围、服务对象、金融服务产品的交易金额、所占市场份额等实际经营情况的证据，从而无法证明该字号已达到一定知名度且为相关公众所知悉的程度，因此无法受《中华人民共和国反不正当竞争法》（1993）第五条第（三）项规定的企业名称的同等保护。

二、关于非知名商品/服务特有名称、包装、装潢的侵权认定

根据《中华人民共和国反不正当竞争法》（1993）第五条第（二）项的规定，擅自使用知名商品特有的名称、包装、装潢，或者使用与知

名商品近似的名称、包装、装潢,造成和他人的知名商品相混淆,使购买者误认为是该知名商品;《最高人民法院关于审理不正当竞争民事案件应用法律若干问题的解释》第一条第一款规定,在中国境内具有一定的市场知名度,为相关公众所知悉的商品,应当认定为反不正当竞争法第五条第(二)项规定的"知名商品",人民法院认定知名商品,应当考虑该商品的销售时间、销售区域、销售额和销售对象,进行任何宣传的持续时间、程度和地域范围,作为知名商品受保护的情况等因素,进行综合判断。原告应当对其商品的市场知名度负举证责任。基于此,首先,所谓知名商品/服务,应在中国境内具有一定的市场知名度,并为相关公众所知悉。人民法院认定知名商品/服务,主要考虑该商品/服务的销售时间、销售区域、销售额和销售对象,进行任何宣传的持续时间、程度和地域范围,作为知名商品/服务受保护的情况等因素,进行综合判断,主张权利的当事人也应当对其商品/服务的市场知名度负举证责任。其次,服务的特有装潢是指由诸如经营场所、营业人员、营业工具等装饰、服饰、店面风格等各种元素组成的独特整体形象,用于区分服务来源。

本案中,深圳金融服务公司、房金融服务公司并未提供证明其服务已达到一定知名度且为相关公众所知悉的程度,且其提供的金融服务,仅凭"房金所+梧桐树图形"标识尚不足以构成金融服务的特有装潢,因此无法受《中华人民共和国反不正当竞争法》(1993)第五条第(二)项规定的知名商品特有的名称、包装、装潢的同等保护。

三、关于《中华人民共和国反不正当竞争法》(1993)第二条的适用

本案一审判决援引了《中华人民共和国反不正当竞争法》(1993)第二条的规定,认为在先使用的非知名企业字号被在后使用者恶意使用,使得相关公众对商品或服务的来源产生混淆,则构成不正当竞争。并以新金融服务公司对"房金所"的使用并无恶意,也未使相关公众对商品或服务的来源产生混淆,驳回了深圳金融服务公司、房金融服务公司的上述主张。对此，二审法院认为法律适用有所不当并予以纠正。

二审法院认为，《中华人民共和国反不正当竞争法》（1993）第二条作为该法律中原则性条款，其适用应当符合下列条件：

1. 该种行为属于市场竞争行为，且法律对该种竞争行为并未作出特别规定。

2. 该种竞争行为因确属违反诚实信用原则和公认的商业道德而具有不正当性或可责性。

3. 该种竞争行为具有损害后果，其他经营者的合法权益确因该竞争行为而受到了实际损害。

本案中，《中华人民共和国反不正当竞争法》（1993）第五条第（三）项、《最高人民法院关于审理不正当竞争民事案件应用法律若干问题的解释》第六条，已经对受《中华人民共和国反不正当竞争法》（1993）保护的字号做了极为明确的规定，即受《中华人民共和国反不正当竞争法》（1993）第五条第（三）项保护的企业名称中的字号，应当"具有一定的市场知名度、并为相关公众所知悉"。换言之，不具有一定的市场知名度，不为相关公众所知悉的企业名称中的字号并不受《中华人民共和国反不正当竞争法》（1993）第五条第（三）项的保护。而在法律对字号的保护已经作出明确的特别规定情况下，显然不应再适用《中华人民共和国反不正当竞争法》（1993）第二条的原则性规定。

相关法条

1. 《中华人民共和国反不正当竞争法》（1993）第二条：经营者在市场交易中，应当遵循自愿、平等、公平、诚实信用的原则，遵守公认的商业道德。

本法所称的不正当竞争，是指经营者违反本法规定，损害其他经营者的合法权益，扰乱社会经济秩序的行为。

本法所称的经营者，是指从事商品经营或者营利性服务（以下所称商品包括服务）的法人、其他经济组织和个人。

2.《中华人民共和国反不正当竞争法》（2017年修订）第二条：经营者在生产经营活动中，应当遵循自愿、平等、公平、诚信的原则，遵守法律和商业道德。

本法所称的不正当竞争行为，是指经营者在生产经营活动中，违反本法规定，扰乱市场竞争秩序，损害其他经营者或者消费者的合法权益的行为。

本法所称的经营者，是指从事商品生产、经营或者提供服务（以下所称商品包括服务）的自然人、法人和非法人组织。

3.《中华人民共和国反不正当竞争法》（1993）第五条：经营者不得采用下列不正当手段从事市场交易，损害竞争对手：

（一）假冒他人的注册商标；

（二）擅自使用知名商品特有的名称、包装、装潢，或者使用与知名商品近似的名称、包装、装潢，造成和他人的知名商品相混淆，使购买者误认为是该知名商品；

（三）擅自使用他人的企业名称或者姓名，引人误认为是他人的商品；

（四）在商品上伪造或者冒用认证标志、名优标志等质量标志，伪造产地，对商品质量作引人误解的虚假表示。

4.《中华人民共和国反不正当竞争法》（2017年修订）第六条：经营者不得实施下列混淆行为，引人误认为是他人商品或者与他人存在特定联系：

（一）擅自使用与他人有一定影响的商品名称、包装、装潢等相同或者近似的标识；

（二）擅自使用他人有一定影响的企业名称（包括简称、字号等）、

社会组织名称（包括简称等）、姓名（包括笔名、艺名、译名等）；

（三）擅自使用他人有一定影响的域名主体部分、网站名称、网页等；

（四）其他足以引人误认为是他人商品或者与他人存在特定联系的混淆行为。

5.《中华人民共和国反不正当竞争法》（1993）第十四条：经营者不得捏造、散布虚伪事实，损害竞争对手的商业信誉、商品声誉。

6.《中华人民共和国反不正当竞争法》（2017年修订）第十一条：经营者不得编造、传播虚假信息或者误导性信息，损害竞争对手的商业信誉、商品声誉。

判决书（节选）

二审判决书（节选）

……

本院认为：

一、关于新金融服务公司在经营过程中使用"房金所"指代自身及其经营的金融平台是否侵犯了深圳金融服务公司、房金融服务公司的企业名称权。

本院认为，如上文所言，企业名称中的字号若需获得《反不正当竞争法》第五条第（三）项规定的企业名称的同等保护，该企业名称中的字号，应当在被控使用行为发生前已经"具有一定的市场知名度，并为相关公众所知悉"。而本案中考量深圳金融服务公司、房金融服务公司的字号"房金所"是否"具有一定的市场知名度，并为相关公众所知悉"的因素，应当包括使用"房金所"字号的深圳金融服务公司、房金融服务公司所提供的服务或者商品的销售时间、销售区域、销售额和销售对象；深圳金融服务公司、房金融服务公司对其"房金所"字号进行任何宣传的持续时间、程度和地域范围；字号作为企业名称受保护的情况等有关字号市场知名度的事实。而现有证据仅反映，深圳金融服务公司在2013年11月20日设立后，开设名为"房金所"的微博账号和微信公众号，并通过开设的网站、微博和微信对其企业名称、字号和其提供的金融服务进行了一定的宣传，以及在《投资有道》杂志组织的"第三届全国财富管理机构评选活动"、上海第一财经传媒有限公司组织的"2015中国金融创新榜"等活动中获奖的事实。但深圳金融服务公司、房金融服务公司并未提供证明深圳金融服务公司、房金融服务公司通过其经营而取得的盈利状况、实际提供金融服务产品的时间、地域范围、服务对象、金融服务产品的交易金额、所占市场份额等实际经营情况的证据。因此，仅凭现有证据尚不足以证明深圳金融服务公司、房金融服务公司的字号"房金所"在2014年7月8日前已经"具有一定的市场知名度，并为相关公众所知悉"，属于《反不正当竞争法》第五条第（三）项所保护的企业名称，本院对于深圳金融服务公司、房金融服务公司的相关上诉意见，不予采纳。

对于深圳金融服务公司、房金融服务公司关于一审法院未查明新金融服务公司对"房金所"进行主体性使用的时间，未认定新金融服务公司具有恶意，未认定深圳金融服务公司、房金融服务公司与新金融服务公司之间的混淆事实，致使一审法院关于新金融服务公司是否构成擅自使用他人企业名称等不正当竞争行为认定有误的上诉意见。

本院认为，一审法院在针对深圳金融服务公司、房金融服务公司关于新金融服务公司使用其"房金所"字号指代自己的行为（即深圳金融服务公司、房金融服务公司在本案中所称的新金融服务公司将"房金所"进行主体性使用）构成不正当竞争行为的相关主张，进行分析认定时，援引了《反不正当竞争法》第二条的规定，认为在先使用的非知名企业字号被在后使用者恶意使用，使得相关公众对商品或服务的来源产生混淆，则构成不正当竞争。针对本案，一审法院以新金融服务公司对"房金所"的使用并无恶意，也未使相关公众对商品或服务的来源产生混淆，驳回了深圳金融服务公司、房金融服务公司的上述主张。而深圳金融服务公司、房金融服务公司也针对一审法院的上述观点提出了上述上诉理由。对此，本院认为，《反不正当竞争法》第二条作为《反不正当竞争法》中原则性条款，其适用应当符合下列条件：即1.该种行为属于市场竞争行为，且法律对该种竞争行为并未作出特别规定。2.该种竞争行为因确属违反诚实信用原则和公认的商业道德而具有不正当性或可责性。3.该种竞争行为具有损害后果，其他经营者的合法权益确因该竞争行为而受到了实际损害。而《反不正当竞争法》第五条第（三）项、《反不正当竞争法司法解释》第六条，已经对受《反不正当竞争法》保护的字号做了极为明确的规定，即受《反不正当竞争法》第五条第（三）项保护的企业名称中的字号，应当"具有一定的市场知名度，并为相关公众所知悉"。换言之，不具有一定的市场知名度、不为相关公众所知悉的企业名称中的字号并不受《反不正当竞争法》第五条第（三）项的保护。而在法律对字号的保护已经作出明确的特别规定情况下，显然不应再适用《反不正当竞争法》第二条的规定。因此，鉴于本案中深圳金融服务公司、房金融服务公司的字号"房金所"不属于《反不正当竞争法》第五条第（三）项所规定的企业名称，故新金融服务公司对"房金所"的使用（包括深圳金融服务公司、房金融服务公司在本案中所称的新金融服务公司将"房金所"进行主体性使用）均不构成对深圳金融服务公司、房金融服务公司的不正当竞争，本院对于深圳金融服务公司、房金融服务公司的相关上诉意见，不予采纳。一审法院针对该节争议的法律适用有所不当，本院依法予以纠正。

二、关于深圳金融服务公司、房金融服务公司的"房金所"金融服务名称和"房金所+梧桐树图形"标识是否构成其知名服务的特有名称、包装和装潢,本院认为,《反不正当竞争法》第五条第(二)项规定,擅自使用知名商品特有的名称、包装、装潢,或者使用与知名商品近似的名称、包装、装潢,造成和他人的知名商品相混淆,使购买者误认为是该知名商品的,属于不正当竞争行为。《反不正当竞争法司法解释》第一条规定,在中国境内具有一定的市场知名度,为相关公众所知悉的商品,应当认定为《反不正当竞争法》第五条第(二)项规定的"知名商品"。人民法院认定知名商品,应当考虑该商品的销售时间、销售区域、销售额和销售对象,进行任何宣传的持续时间、程度和地域范围,作为知名商品受保护的情况等因素,进行综合判断。原告应当对其商品的市场知名度负举证责任。上述法律规定表明,受《反不正当竞争法》第五条第(二)项所保护的"知名商品",应当"在中国境内具有一定的市场知名度,为相关公众所知悉"。而本案中,如上文所言,深圳金融服务公司、房金融服务公司并未提供证明深圳金融服务公司、房金融服务公司所提供商品或服务的盈利状况、实际提供金融服务产品的时间、地域范围、服务对象、金融服务产品的交易金额、所占市场份额等实际经营情况的证据。因此,仅凭现有证据尚不足以证明深圳金融服务公司、房金融服务公司所提供的商品或服务在2014年7月8日前已经"在中国境内具有一定的市场知名度,为相关公众所知悉",属于《反不正当竞争法》第五条第(三)项所保护的"知名商品",故本院对于深圳金融服务公司、房金融服务公司的相关上诉意见,不予采纳。

三、关于新金融服务公司在经营过程中是否实施了虚假宣传的行为,本案中深圳金融服务公司、房金融服务公司主张新金融服务公司所使用的"系出名门"、"新浪、易居中国、红杉资本强力联合背书,顶级阵容联袂推出"、"国内首家互联网房地产金融平台"、"由新浪(纳斯达克上市代码:SINA)、易居中国(纽交所上市代码:EJ)、红杉资本联手打造"、"房金所控股股东为易居中国、新浪"等广告宣传,属于引人误解的广告语,构成虚假宣传。

本院认为,《反不正当竞争法》第二条第二款规定,本法所称的不正当竞争,是指经营者违反本法规定,损害其他经营者的合法权益,扰乱社会经济秩序的行为。第二十条规定,经营者违反本法规定,给被侵害的经营者造成损害的,应当承担损害赔偿责任……上述法律规定表明,只有因经营者的行为违反《反不正当竞争法》的规定,并给其他经营者及其合法权益造成损害时,其他经营者才有权提起民事诉讼,才涉及该经营者应否承担不正当竞争的民事责任问题。即使是对《反不正当竞争法》第九条第一款规定的引人误解的虚假宣传行为,也并非都是经营者可以主张民事权利的行为,也应当符合经营者之间具有竞争关系、有关宣传内容足以造成相关公众误解、对经营者造成了直接损害这三个基本条件。

本案中,(一)关于新金融服务公司使用"系出名门"、"新浪、易居中国、红杉资本强力联合背书,顶级阵容联袂推出"、"由新浪(纳斯达克上市代码:SINA)、易居中国(纽交所上市代码:EJ)、红杉资本联手打造"、"房金所控股股东为易居中国、新浪"等广告宣传,是否属于引人误解的广告语,是否构成虚假宣传。本院认为,对于新金融服务公司上述宣传行为,是否构成虚假宣传的不正当竞争行为,深圳金融服务公司、房金融服务公司作为原审原告应当举证证明新金融服务公司、销售集团的上述宣传行为符合上述虚假宣传不正当竞争行为的三个基本条件。首先,对于竞争关系的问题,本院认为,在案证据表明深圳金融服务公司、房金融服务公司和新金融服务公司所提供的都是融资牵线服务,虽然两者服务的投资对象有所区别,但两者服务的融资对象均为借款人,两者又均处于金融中介的地位,故应当认为两者在融资牵线服务方面存在同业竞争关系。其次,对于有关宣传内容是否足以造成相关公众误解,本院认为,现有证据仅表明,新金融服务公司与北京信息服务公司、红杉（中国）控股有限公司存在业务关系，其个人股东刘××担任新浪CEO助理，其公司股东中的个人股东分别在红杉（中国）控股有限公司、红杉资本中国基金任职。尚无证据表明，新金融服务公司是由新浪（纳斯达克上市代码：SINA）、易居中国（纽交所上市代码：EJ）、红杉资本设立。因此，新金融服务公司在其对外宣传中对其控股股东的介绍确有不当之处，可能造成相关公众对新金融服务公司股东身份的混淆或者误认。但是，不论相关公众是否会对新金融服务公司股东身份产生混淆或者误认，深圳金融服务公司、房金融服务公司并未举证证明新金融服务公司的上述宣传行为包括上述误导性后果使深圳金融服务公司、房金融服务公司自身受到了直接损害，不能简单地以相关公众可能产生上述与深圳金融服务公司、房金融服务公司无关的误导性后果而代替深圳金融服务公司、房金融服务公司对自身受到损害的证明责任。因此，本案中不能得出新金融服务公司的上述宣传行为及其可能存在的市场混淆行为构成对深圳金融服务公司、房金融服务公司的不正当竞争。本院对于深圳金融服务公司、房金融服务公司的相关上诉意见，不予采纳。

（二）关于"国内首家互联网房地产金融平台"是否构成虚假宣传的不正当竞争行为。深圳金融服务公司、房金融服务公司认为，其所经营的"房金所房地产金融信息服务平台"才是国内首家互联网房地产金融平台。本院认为，本案中，根据本案查明的事实，2014年7月8日，由新金融服务公司主办的"房金所"网站（网址为www.fangjs.com）上已经出现了"敬请期待——国内首家互联网房地产金融服务平台"的广告宣传，并于7月15日进行了内测。而深圳金融服务公司、房金融服务公司的"房金所房地产金融信息服务平台"是2014年7月8日，在www.fangjinsuo.com网站正式上线运行。故新金融服务公司上述预告性的广告宣传其内容无明显不当之处，并未违反法律禁止性规定，也不宜认定为虚假宣传。本院对于深圳金融服务公司、房金融服务公司的相关上诉意见，不予采纳。

四、关于新金融服务公司向深圳金融服务公司的微博粉丝发送私信的行为是否构成不正当竞争。

本院认为，新金融服务公司发送的私信内容为"易居中国房金所的微博账户是'房金所官博'，您关注的这个'房金所'是深圳的一家公司，我们的竞争对手，为了避免混乱，烦请您取消该关注，重新关注'房金所官博'http：//weibo.com/fangjinsuo，感谢您的支持！"显然，上述内容仅是基于对两个不同微博主体注册的相似微博名称的事实予以澄清，并提醒网络用户两者的差别之处，其内容并无不当。是否"取消关注"、"重新关注"均是基于客户自己的选择。故新金融服务公司发送上述私信的行为，并不必然导致深圳金融服务公司、房金融服务公司潜在客户的流失，也未损害深圳金融服务公司、房金融服务公司的合法利益，新金融服务公司的上述行为并不构成不正当竞争。本院对于深圳金融服务公司、房金融服务公司的相关上诉意见，不予采纳。

综上所述，本院认为，深圳金融服务公司、房金融服务公司在本案中关于新金融服务公司构成不正当竞争的相关上诉主张均不能成立，故深圳金融服务公司、房金融服务公司关于北京信息服务公司、销售集团构成帮助侵权的上诉主张也当然不能成立，本院对于深圳金融服务公司、房金融服务公司的上诉请求不予支持。一审判决认定事实基本清楚，适用法律基本正确，判决结果并无不当，本院依法予以维持。据此，依照《中华人民共和国民事诉讼法》第一百七十条第一款第一项规定，判决如下：驳回上诉，维持原判。本案二审案件受理费人民币372元，由上诉人深圳金融服务公司、房金融服务公司负担。本判决为终审判决。

二〇一六年八月二十九日

将他人非知名企业简称进行注册登记作为网站名称开展业务并进行宣传的不构成不正当竞争

——评析中国××金融有限公司诉福建××××网络股份有限公司、福建××投资咨询顾问有限公司不正当竞争纠纷案

案情概要

基本信息

案号：（2008）榕民初字第 76 号

原告：中国××金融有限公司

被告：福建××××网络股份有限公司
　　　福建××投资咨询顾问有限公司

审理法院：福建省福州市中级人民法院

诉讼请求

一、两被告立即停止使用"中金在线"这一网站名称，并注销"中金在线"这一通用网址；

二、两被告立即停止虚假宣传的不正当竞争侵权行为，包括停止"中金在线"网站上擅自使用原告的企业名称、注册商标和专有标识以及停止使用已经注册的含有"中金"字样的企业名称；

三、两被告在其网站和《中国证券报》上，就其侵权事实向原告赔礼道歉，并消除侵权行为所造成的不良影响；

四、两被告共同承担原告因侵权行为所受损失 7,000,000 元，以及原告为制止侵权行为所付出的公证费、工商调查费用和律师费等共计人民币 220,765.5 元；

五、两被告共同承担本案诉讼费用。

案情介绍

原告中国××金融有限公司（以下简称"金融公司"）是一家中外合资经营企业，成立于 1995 年 7 月 31 日，经营范围包括人民币特种股票、人民币普通股票、境外发行股票、公司债券和企业债券的经纪业务等。原告表示，中国证券监督管理委员会出具的函件及《成报》等相关报纸涉及原告的报道时，以"中金"指代原告，被告经营的"中金在线"网站被公众误认为是原告的网站。

被告福建××××网络股份有限公司（以下简称"网络公司"）成立于2003年3月13日，经营范围为第二类增值电信业务中的信息服务业务、数据处理等。网络公司承认通用网址名为"中金在线"。被告福建××投资咨询顾问有限公司（以下简称"咨询公司"）成立于1996年4月9日，经营范围为：提供投资及经济技术咨询服务。网络公司表示，其是网络信息高科技公司，没有证券投资咨询资格，也没有组建证券分析队伍，咨询公司是专业的证券投资咨询公司，具有证券投资咨询资格，两被告属于合作关系。

金融公司认为，网络公司将"中金"文字作为其企业名称的显著部分进行注册登记，造成相关公众的混淆和误认，是对原告知名度和商业信誉的"搭便车"行为，网络公司将"中金"文字用作其网站名称和通用网址并开展相关的业务，进一步加深了相关公众的混淆和误认；网络公司与咨询公司在共同经营的"中金在线"网站上进行宣传。同时，2007年6月前，两被告具有相同的投资人，在管理和业务上均由该投资人实际控制。2007年6月后，尽管名义上的投资人发生调整，但两被告的关联关系并未改变，仍然共同经营"中金在线"网站并分享商业利益，就虚假宣传的不正当竞争行为，在主观上存在互通共谋，客观上存在彼此间的分工协作，通过实施侵权行为获得大量的侵权利润，两被告构成共同侵权，应当承担连带责任。

审理结果

一、判决驳回原告金融公司的诉讼请求；

二、本案案件受理费人民币 62,345 元，由原告金融公司负担。

要点分析

一、关于非知名企业简称的侵权认定

企业名称是市场经营主体在经营活动中与其他经营主体相区分的特定标志性名称，其主要功能在于防止消费者和社会公众对企业提供的商品或服务产生混淆。

为防止其他经营主体采用不正当手段获取非法利益，《中华人民共和国反不正当竞争法》（1993）第五条第（三）项规定，擅自使用他人的企业名称或者姓名，引人误认为是他人的商品或服务，损害竞争对手，构成不正当竞争行为；《最高人民法院关于审理不正当竞争民事案件应用法律若干问题的解释》第六条规定，企业登记主管机关依法登记注册的企业名称，以及在中国境内进行商业使用的外国（地区）企业名称，应当认定为反不正当竞争法第五条第（三）项规定的"企业名称"；具有一定的市场知名度、为相关公众所知悉的企业名称中的字号，可以认定为反不正当竞争法第五条第（三）项规定的"企业名称"。因此，企业名称中的"字号"如果满足"已达到一定的市场知名度，并为相关公众知悉的程度"，则会获得《中华人民共和国反不正当竞争法》（1993）第五条第（三）项规定的企业名称的同等保护。

企业字号不同于企业简称。根据《企业名称登记管理规定》第七条规定，企业名称应当由以下部分依次组成：字号（或者商号，下同）、行业或者经营特点、组织形式。由此可见，企业字号是企业名称中不可或缺的组成部分，而企业简称则仅仅是根据企业自身、合作伙伴、消费者等不同主体的语言习惯而形成区别于企业字号的一个或多个简要称谓。我国企业名称采用的是登记许可制度，因此企业名称和知名的字号受到

法律保护，对于简称、代号等在市场中形成的指代名称，与我国的企业名称登记许可制度不相符，截至本案审理阶段尚无明确的法律规定对其提供保护。

本案中，原告的企业名称为金融公司，并不包含"中金"字样，"中金"并非原告金融公司的字号，仅为金融公司的企业简称之一，而被告网络公司依法登记注册的企业名称中含有"中金"字样，"中金在线"作为网络公司的字号，其对"中金"的使用并非对金融公司企业名称的使用，因此金融公司无法就其并不具备公信力的企业简称主张反不正当竞争法的保护。

值得注意的是，《最高人民法院印发〈关于当前经济形势下知识产权审判服务大局若干问题的意见〉的通知》提到，对于具有一定市场知名度、为相关公众所熟知、已实际具有商号作用的企业名称中的字号、企业或者企业名称的简称，视为企业名称并给予制止不正当竞争的保护。因此，企业简称如果想获得与《中华人民共和国反不正当竞争法》（1993）第五条第（三）项规定的"企业名称"同等的保护，也必须满足"具有一定市场知名度、为相关公众所熟知、已实际具有商号作用"等客观条件，且当事人应对其盈利状况、实际提供服务产品的时间、地域范围、服务对象、交易金额、所占市场份额等实际经营情况负有举证责任，证明该企业简称已达到一定知名度且为相关公众所知悉并具有商号作用的程度。而本案中，金融公司主张企业简称"中金"具有知名度，但并未提供有效证据证明，因此无法获得法律保护。

另外须注意的是，《中华人民共和国反不正当竞争法》（2017年修订）对企业简称的法律保护提供了更为明确的法律依据。《中华人民共和国反不正当竞争法》（2017年修订）第六条，关于混淆行为的认定，在原规定基础上，增加了"擅自使用他人有一定影响的企业名称（包括简称、字号等)、社会组织名称(包括简称等)、姓名(包括笔名、艺名、译名等);擅自使用他人有一定影响的域名主体部分、网站名称、网页等;其他足以引人误认为是他人商品或者与他人存在特定联系的混淆行为。"该条款明确对企业简称进行法律保护的同时,也设置了前提条件"有一定影响",即应具备一定市场知名度、为相关公众所熟知等客观条件,这与上述指导意见相契合,也为司法实践提供了更为明确的法律依据。

相关法条

1. 《中华人民共和国反不正当竞争法》(1993)第二条:经营者在市场交易中,应当遵循自愿、平等、公平、诚实信用的原则,遵守公认的商业道德。本法所称的不正当竞争,是指经营者违反本法规定,损害其他经营者的合法权益,扰乱社会经济秩序的行为。

本法所称的经营者,是指从事商品经营或者营利性服务(以下所称商品包括服务)的法人、其他经济组织和个人。

2. 《中华人民共和国反不正当竞争法》(2017年修订)第二条:经营者在生产经营活动中,应当遵循自愿、平等、公平、诚信的原则,遵守法律和商业道德。

本法所称的不正当竞争行为,是指经营者在生产经营活动中,违反本法规定,扰乱市场竞争秩序,损害其他经营者或者消费者的合法权益的行为。

本法所称的经营者,是指从事商品生产、经营或者提供服务(以下所称商品包括服务)的自然人、法人和非法人组织。

3. 《中华人民共和国反不正当竞争法》(1993)第五条:经营者不得采用下列不正当手段从事市场交易,损害竞争对手:

(一)假冒他人的注册商标;

(二)擅自使用知名商品特有的名称、包装、装潢,或者使用与知名商品近似的名称、包装、装潢，造成和他人的知名商品相混淆，使购买者误认为是该知名商品；

（三）擅自使用他人的企业名称或者姓名，引人误认为是他人的商品；

（四）在商品上伪造或者冒用认证标志、名优标志等质量标志，伪造产地，对商品质量作引人误解的虚假表示。

4.《中华人民共和国反不正当竞争法》（2017年修订）第六条：经营者不得实施下列混淆行为，引人误认为是他人商品或者与他人存在特定联系：

（一）擅自使用与他人有一定影响的商品名称、包装、装潢等相同或者近似的标识；

（二）擅自使用他人有一定影响的企业名称（包括简称、字号等）、社会组织名称（包括简称等）、姓名（包括笔名、艺名、译名等）；

（三）擅自使用他人有一定影响的域名主体部分、网站名称、网页等；

（四）其他足以引人误认为是他人商品或者与他人存在特定联系的混淆行为。

5.《中华人民共和国反不正当竞争法》（1993）第九条：经营者不得利用广告或者其他方法，对商品的质量、制作成分、性能、用途、生产者、有效期限、产地等作引人误解的虚假宣传。广告的经营者不得在明知或应知的情况下，代理、设计、制作、发布虚假广告。

6.《中华人民共和国反不正当竞争法》（2017年修订）第八条：经营者不得对其商品的性能、功能、质量、销售状况、用户评价、曾获荣誉等作虚假或者引人误解的商业宣传，欺骗、误导消费者。

经营者不得通过组织虚假交易等方式，帮助其他经营者进行虚假或者引人误解的商业宣传。

7.《最高人民法院关于审理不正当竞争民事案件应用法律若干问题

的解释》第六条：企业登记主管机关依法登记注册的企业名称，以及在中国境内进行商业使用的外国（地区）企业名称，应当认定为反不正当竞争法第五条第（三）项规定的"企业名称"。具有一定的市场知名度、为相关公众所知悉的企业名称中的字号，可以认定为反不正当竞争法第五条第（三）项规定的"企业名称"。

在商品经营中使用的自然人的姓名，应当认定为反不正当竞争法第五条第（三）项规定的"姓名"。具有一定市场知名度、为相关公众所知悉的自然人的笔名、艺名等，可以认定为反不正当竞争法第五条第（三）项规定的"姓名"。

判决书（节选）

一审判决书（节选）

……

本院归纳本案的争议焦点为：

一、关于被告网络公司使用含有"中金"字样的企业名称是否构成不正当竞争

本案原告请求法院保护的是其长期使用的企业名称的知名简称"中金"二字。本院认为，注册在后的被告网络公司在企业名称中使用了"中金"二字的行为不构成不正当竞争。理由如下：

（一）《中华人民共和国反不正当竞争法》第五条第（三）项规定"擅自使用他人的企业名称或者姓名，引人误认为是他人的商品的，构成不正当竞争行为"。本案中，原告的企业名称为金融公司，并不包含"中金"，被告网络公司的企业名称中含有"中金"字样，不是对原告企业名称的使用。

（二）《最高人民法院关于审理不正当竞争民事案件应用法律若干问

题的解释》第六条规定"企业登记主管机关依法登记注册的企业名称,以及在中国境内进行商业使用的外国(地区)企业名称,应当认为不正当竞争法第五条第(三)项规定的'企业名称'。具有一定的市场知名度、为相关公众所知悉的企业名称中的字号,可以认定为反不正当竞争法第五条第(三)项规定的企业名称"。本案中,原告的全称为金融公司,"中金"并不是原告的字号。因此,原告的简称"中金"不能作为原告的企业字号进行保护。

(三)我国企业名称采用的是登记许可制度,因此企业名称和知名的字号受到法律保护,对于简称、代号等在市场中形成的指代名称,与我国的企业名称登记许可制度不相符,目前法律规定尚未对其提供保护。原告称其简称具有知名度,原告只提供了一份证据即原告及其业务介绍来证明其知名度,其举证无法充分证明其主张。综上所述,原告关于被告网络公司将"中金"文字作为企业名称的显著部分进行注册登记,造成相关公众混淆和误认,构成不正当竞争行为的主张,没有事实和法律依据,不予支持。

二、被告网络公司使用含有"中金"字样的网站名称和通用网址开展商业活动,是否构成不正当竞争行为

本院认为,被告的全称是网络公司,其中"福建"代表地理区域,"中金在线"是字号,"网络"是经营方式,"股份有限公司"是公司组织形式。原告提供的公证书的网页显示被告网络公司在网站经营中是以企业名称中的字号开展活动。企业字号是企业名称中最具显著性的部分,能够起到识别和区分的作用,法律允许企业以其字号开展商业活动,因此,被告网络公司有权在其经营的网站上以自己的字号作为网站名称和通用网址,并无不妥,不会造成相关公众误认被告网络公司与原告金融公司存在某种联系,不构成对原告的不正当竞争。

一、商标、商号等混淆行为

三、被告网络公司与福建××投资咨询顾问有限公司是否在"中金在线"网站上进行引人误解的虚假宣传而构成不正当竞争

（一）原告金融公司与被告网络公司的企业性质与经营范围不同，原告的经营范围是有关股票、债券的经纪、自营、承销业务、基金业务、投资顾问及其他顾问业务等，而被告网络公司是一家网络股份有限公司，两者属于不同的行业，竞争应是在同一行业的行为，由于缺乏同行业这个前提，彼此之间不存在竞争的关系，被告网络公司不可能构成不正当竞争。况且，原告自称的企业简称"中金"，不是对原告自己企业名称的规范使用，目前不属于法律保护的范围。同时，原告经公证显示的网页也不存在进行引人误解的虚假宣传，具体分析如下：

1. 关于"中金在线"网站机构观点页面（见原告证据第181页至184页）的界面设计是否容易使访问者误将原告的注册商标和服务标识与被告网络公司联系起来，进而将网络公司的邮件地址误认为原告的联系方式。原告提供的（2008）京方圆内经证字第02062号《公证书》显示，在IE浏览器的地址栏输入"special.cnfol.com/1942，00.shtml"进入页面，在机构观点项下有"中金公司"的机构简介，从内容看，简介指出了中金公司就是著名的金融公司、其在投资银行中的地位、其股东构成以及业务范围，陈述较为客观，没有出现暗示原告与被告网络公司有某种联系的言辞。在机构简介位置的上方，有原告金融公司的商标及其专用标识，在这些标识的下方有"邮箱：editor@cnfol.com"字样。第一，原告未提供证据证明"CICC"为其注册商标，况且网页显示对原告诉称的商标和专用标识的使用是在介绍原告公司时进行的引用，属于合理使用；第二，关于邮箱，由于在该页面的右下方证券公司和机构专栏项下还有"专栏信息投稿信箱：editor@cnfol.com"字样，也就是说在同一页面上有两个相同的邮箱，并在后一个进行非常明确地标注是"专栏信息投稿信箱"。从该邮箱的含义来分析，"editor"为"编辑者"之意，

邮箱的地址"cnfol.com"是被告网络公司的网站域名，故该邮箱应是中金在线网站为方便投稿而在网页上方设置的邮箱，因此不会导致普通访问者将该邮箱误认为原告的联系方式。

2. 在"机构简介"之后，是"免费咨询"。该项服务的说明"由中金在线的专家团提供给用户完全免费的服务"，明确表明了服务的提供者，没有任何原告为服务提供者的暗示。

3. 原告认为被告在"广告服务"板块中在介绍栏目设置时，使用了"中金股票"等直接将原告的知名简称与相关金融域名结合使用的方式，容易造成访问者将"中金在线"网站相关内容的提供者误认为是原告。（2008）京方圆内经证字第02879号《公证书》显示（见原告证据第150页）：在广告服务位置下，被告在频道设置上是称"中金在线—首页"、"中金在线—股票频道"、"中金在线—基金频道"等，没有对"中金"进行单独使用，仍然属于对自己企业字号的合法使用。

从网页的总体布局上看，大标题是"机构观点"，并表明了介绍的是中金公司，在机构简介中并明确：中金公司就是著名的金融公司，网页很明确地显示介绍的是含有原告中金公司观点的文章，并在网页右侧明确了网站要介绍推荐的其他机构、证券公司、咨询机构的名称，网页上并有该网站提供的免费咨询。综合来看，这样的安排和整体布局，一般情况下，不会使浏览网站的相关公众产生网站的经营者被告网络公司与原告是同一个服务提供者或有股权上投资关系的联想。"中金在线"是被告的字号，"中金"不是原告的字号，被告没有在网页上标注或暗示两者有关联关系，从现有证据无法证明被告网络公司诱导访问者产生上述误解的故意。最重要的是，在网页末尾部分，已经标注证券资讯提供者是被告福建××投资咨询顾问有限公司，并不是被告网络公司。综上所述，本院认为，由于被告网络公司提供的是网络服务，并不是资讯内容的提供者，与原告不属于同一行业，不存在竞争关系，因此原告主张的"被告网络公司进行引人误解的虚假宣传而构成不正当竞争"的主张不成立。

（二）被告福建××投资咨询顾问有限公司虽然在经营范围与原告存在重合的部分，但作为"中金在线"网站的证券资讯服务提供者，其对原告公司的介绍是站在客观的角度，并不存在贬低原告或对自己企业夸张宣传等行为，因此不构成对原告的不正当竞争。

综上分析，原告金融公司所称的其公司的简称"中金"二字，由于现有法律对企业的简称不予保护，因此，原告不享有简称"中金"的法律权利。"中金在线"是被告网络公司的企业字号，被告网络公司在自己的企业名称中使用"中金在线"，不违反法律的规定，不构成对原告公司的知名度和商业信誉的"搭便车"行为，不构成不正当竞争行为；被告网络公司使用自己的企业字号作为其经营的网站的名称和通用网址名称，属于合法使用，不构成对原告的不正当竞争；被告网络公司作为网络股份公司，在其网页上对证券资讯提供者已经进行明确标注的情况下，本身只提供网络服务，与原告各属于不同的行业，彼此之间不存在竞争关系，缺乏构成不正当竞争的前提；同时，网页对原告进行的是客观公正的介绍，未发现进行虚假宣传的客观事实，因此，原告诉称被告网络公司在网站上进行虚假宣传而对原告构成不正当竞争的诉讼请求不成立；被告福建××投资咨询顾问有限公司作为网页证券资讯的提供者，由于对原告的介绍是中立和客观的，因此也不存在不正当竞争行为。

依照《中华人民共和国反不正当竞争法》第二条、第五条第（三）项、第九条、《最高人民法院关于审理不正当竞争民事案件应用法律若干问题的解释》第六条第一款之规定，经本院审判委员会研究决定，判决如下：

驳回原告金融公司的诉讼请求。

本案案件受理费人民币62,345元，由原告金融公司负担。

如不服本判决，可在判决书送达之日起十五日内，向本院递交上诉状，并按对方当事人的人数提出副本，上诉于福建省高级人民法院。

二〇〇八年七月二十四日

故意将他人注册商标用作企业名称易致混淆的构成不正当竞争

——评析××网络技术(北京)有限公司诉北京××支付服务有限公司侵害商标权及不正当竞争纠纷案

案情概要

基本信息

案号：（2015）石民（知）初字第 7083 号

原告：××网络技术（北京）有限公司

被告：北京××支付服务有限公司

审理法院：北京市石景山区人民法院

诉讼请求

一、被告立即停止侵犯原告"优酷"、"YOUKU"注册商标专用权的行为，包括停止在商品、包装、经营场所、宣传材料、网站和其他宣传媒体上使用"优酷"及"YOUKU"标识的行为；

二、被告立即停止在其企业名称中使用"优酷"文字，并向工商行政机关申请变更企业名称；

三、被告赔偿原告经济损失 300 万元（包含律师费、公证费、交通费、调查费等合理支出）；

四、被告在《中国工商报》的显著位置刊登声明，向原告公开赔礼道歉，消除侵权造成的不良影响；

五、被告承担本案诉讼费用。

案情介绍

原告××网络技术（北京）有限公司（以下简称"技术公司"）成立于 2005 年 11 月 14 日，经营范围：研究、开发、生产计算机软硬件；提供计算机网络系统集成服务及计算机应用系统安装及维修；提供自产产品的技术及商务咨询、技术服务、技术转让、技术培训等。

一、商标、商号等混淆行为

被告北京××支付服务有限公司（以下简称"支付公司"）成立于2014年8月6日，经营范围：网络支付；技术开发、技术推广、技术转让；经济信息咨询；销售电子产品等。

2010年6月14日，原告技术公司在第36类"保险；金融服务；金融咨询"等服务上注册了"优酷"、"youku优币"、"YOUKU"商标。被告支付公司的法定代表人李×于2011年1月14日，在第42类上注册了"优酷"商标。2014年8月26日，许可人李×以独占许可使用形式将其持有的第42类上"优酷"商标许可给被许可人被告。

被告支付公司在经营服务过程中在其商品、经营场所宣传材料和公司CEO名片上突出使用了"优酷"及"YOUKU"标识。原告认为被告擅自使用包含原告"优酷"商标的"北京优酷支付服务有限公司"企业名称构成不正当竞争，并且被告侵权恶意明显。原告在起诉前曾要求被告停止侵权，被告在明知原告采取措施要求其停止侵权的情况下，仍拒绝反馈或答辩，继续实施侵权行为。被告从事网络支付服务，非法经营规模巨大，原告的品牌声誉因被告的侵权行为遭受了一定损失。被告认为"优酷"是被告的注册商标，用作企业名称不构成不正当竞争。另外，被告企业商号中虽含有"优酷"一词，但由于被告实际经营的业务与原告商标指定使用的服务相差甚远，不会对消费者进行误导，也不会对原告的利益构成损害，因此不构成不正当竞争。

2015年11月18日，世界知识产权组织（WIPO）仲裁与调解中心就编号为D2015-1727的案件出具裁决书，该裁决书载明：专家组认定，被投诉人注册和使用争议域名具有恶意……鉴于上述所有理由……专家组裁定将争议域名＜youkucn.com＞转让给投诉人技术公司。该裁决已生效并已执行完毕。

审理结果

一、被告支付公司于本判决生效后立即停止侵犯原告技术公司第

6886294 号"优酷"注册商标和第 13835407 号"优酷"注册商标专用权的行为；

二、被告支付公司于本判决生效后立即停止在企业名称中使用"优酷"字号，并于本判决生效后三十日内变更登记企业名称；

三、被告支付公司于本判决生效后十日内赔偿原告技术（北京）公司经济损失四十七万元及诉讼合理支出三万元，两项共计五十万元；

四、驳回原告技术公司其他诉讼请求。

如果未按本判决指定的期间履行给付金钱义务，被告支付公司应当依照《中华人民共和国民事诉讼法》第二百五十三条的规定，加倍支付迟延履行期间的债务利息。

案件受理费三万零八百元，由原告技术公司负担二万二千元（已交纳），由被告支付公司负担八千八百元（于本判决生效之日起七日内交纳）。

要点分析

一、将他人的注册商标作为自己的企业名称使用属于《中华人民共和国反不正当竞争法》（1993）的调整范围

本案中，"优酷"作为原告技术公司的注册商标，在原告不知情、未同意的情况下被支付公司用作其企业字号，容易造成相关公众的混淆误认，除了侵犯其注册商标权，还构成不正当竞争行为，可以适用反不正当竞争法处理。处理依据为《商标法》第五十八条规定：将他人注册商标、未注册的驰名商标作为企业名称中的字号使用，误导公众，构成不正当竞争行为的，依照《中华人民共和国反不正当竞争法》处理。

二、将他人的注册商标作为自己企业名称使用应适用《中华人民共和国反不正当竞争法》（1993）第二条规定

（一）不属于《中华人民共和国反不正当竞争法》（1993）第五条的

一、商标、商号等混淆行为

"假冒注册商标"

　　本案中虽然被告已在第 42 类上合法注册了"优酷"商标，但是本案讨论的是被告将其用作企业名称的行为，且该商标核准注册的类别并不包括企业名称中所描述的"支付"行为。《中华人民共和国反不正当竞争法》（1993）第五条第一项至第四项不正当竞争行为分别是假冒注册商标，擅自使用或使用近似的知名商品特有的名称、包装和装潢，擅自使用他人企业名称和姓名，伪造或冒用质量标志或产地。本案中涉案标识是原告的注册商标，不属于后三种情况。而第一种"假冒注册商标"中"假冒"的前提是将该标识进行商标性使用。商标最主要的功能是识别区分商品和服务来源，而商标性使用则是指将商业标识用于商业活动中，并对相关公众起到区分商品或服务来源的作用的使用行为。被告在企业名称中使用"优酷"二字仅限于指代企业的使用，并不具有以其区分不同商品或服务来源的使用目的，因此不属于商标性使用，不符合"假冒注册商标"的情况。故本案的情况不适用《中华人民共和国反不正当竞争法》（1993）第五条的规定。

　　（二）属于违反诚实信用原则的行为

　　根据法院已查明的事实，原告技术公司于 2010 年 6 月即取得了注册在第 36 类"金融服务"等服务上的"优酷"商标专用权，并通过在其经营的优酷网上长期使用，在公众中具有一定的知名度。被告支付公司成立于 2014 年 6 月，较原告取得注册商标专用权的时间晚了四年。从原告的使用情况来看，被告在公司成立时不知晓"优酷"商标存在的可能性较小。另外，虽然被告取得了注册在第 42 类"主持计算机网站"等服务上的"优酷"商标，但该商标使用范围并不包括支付服务，其却在企业名称中将"优酷"与"支付"共同使用，法院认定这一行为明显具有攀附原告"优酷"商标商誉的意图。而且，被告主要是通过其网站经营、宣传公司的支付业务，与原告的互联网业务具有相同市场，存在竞争关系，有造成相关公众的混淆误认的可能。法院认为这一行为虽不适用《中华人民共和国反不正当竞争法》（1993）的列举性条款，但因违背了市场竞争秩序和基本商业道德，违反了诚实信用原则，适用《中华人民共和国反不正当竞争法》（1993）第二条调整。

三、有关赔偿数额的确定

在没有证据可以充分有效地证明侵权人因侵权所获得的利益时，法院将参考以下几方面酌定赔偿数额：

（一）原告注册商标的使用情况及知名度；

（二）根据被告侵权行为的性质和具体方式判断其侵权情节及主观过错的严重程度；

（三）酌定诉讼的合理支出部分，如律师费、公证费等。

相关法条

1.《中华人民共和国反不正当竞争法》（1993）第二条第一款：经营者在市场交易中，应当遵循自愿、平等、公平、诚实信用的原则，遵守公认的商业道德。

2.《中华人民共和国反不正当竞争法》（2017年修订）第二条第一款：经营者在生产经营活动中，应当遵循自愿、平等、公平、诚信的原则，遵守法律和商业道德。

3.《中华人民共和国反不正当竞争法》（1993）第五条：经营者不得采用下列不正当手段从事市场交易，损害竞争对手：

（一）假冒他人的注册商标；

（二）擅自使用知名商品特有的名称、包装、装潢，或者使用与知名商品近似的名称、包装、装潢，造成和他人的知名商品相混淆，使购买者误认为是该知名商品；

（三）擅自使用他人的企业名称或者姓名，引人误认为是他人的商品；

（四）在商品上伪造或者冒用认证标志、名优标志等质量标志，伪造产地，对商品质量作引人误解的虚假表示。

《中华人民共和国反不正当竞争法》（2017年修订）第五条：经营者不得实施下列混淆行为，引人误认为是他人商品或者与他人存在特定联系：

（一）擅自使用与他人有一定影响的商品名称、包装、装潢等相同或者近似的标识；

（二）擅自使用他人有一定影响的企业名称（包括简称、字号等）、社会组织名称（包括简称等）、姓名（包括笔名、艺名、译名等）；

（三）擅自使用他人有一定影响的域名主体部分、网站名称、网页等；

（四）其他足以引人误认为是他人商品或者与他人存在特定联系的混淆行为。

4.《中华人民共和国商标法》第五十八条：将他人注册商标、未注册的驰名商标作为企业名称中的字号使用，误导公众，构成不正当竞争行为的，依照《中华人民共和国反不正当竞争法》处理。

5.《最高人民法院关于审理注册商标、企业名称与在先权利冲突的民事纠纷案件若干问题的问题》第四条：被诉企业名称侵犯注册商标专用权或者构成不正当竞争的，人民法院可以根据原告的诉讼请求和案件具体情况，确定被告承担停止使用、规范使用等民事责任。

判决书（节选）

……

本院认为：

关于第二个争议焦点，关于被告公司名称中包含"优酷"字号是否构成不正当竞争的问题。

商标法第五十八条规定，将他人注册商标、未注册的驰名商标作为企业名称中的字号使用，误导公众，构成不正当竞争行为的，依照反不正当竞争法处理。根据反不正当竞争法及相关规定，经营者在市场交易中，应当遵循自愿、平等、公平、诚实信用的原则，遵守公认的商业道德。在处理注册商标与注册使用企业名称冲突纠纷案件中，应当遵循诚实信用、保护在先合法权益的原则。根据本案查明的事实，原告技术公司于2010年6月即取得了注册在第36类"金融服务"等服务上的"优酷"商标专用权，并通过在其经营的优酷网上长期使用，在公众中具有一定的知名度。被告支付公司成立于2014年6月，虽然其取得了注册在第42类"主持计算机网站"等服务上的"优酷"商标，但该商标使用范围并不包括支付服务，其却在企业名称中将"优酷"与"支付"共同使用，明显具有攀附原告"优酷"商标商誉的意图，而且被告支付公司主要是通过其网站经营、宣传公司的支付业务，容易造成相关公众的混淆误认，违反了诚实信用原则，构成不正当竞争。故对于被告支付公司关于被告企业商号中虽含有"优酷"一词，但由于被告实际经营的业务与原告商标指定使用的服务相差甚远，不会对消费者进行误导，也不会对原告利益构成损害，未构成不正当竞争的抗辩主张，本院也不予采纳。

综上所述，被告支付公司因实施了侵犯原告技术公司涉案商标一、三、四专用权的行为及构成不正当竞争，根据《中华人民共和国民法通则》第一百一十八条及《最高人民法院关于注册商标、企业名称与在先权利冲突的民事纠纷案件若干问题的问题》第四条的规定，应承担停止侵权行为、赔偿损失的法律责任。由于被告涉嫌侵权的域名已转让到原告名下，不存在继续实施该侵权行为的可能，故本院对相关诉讼请求不再予以处理。关于原告技术公司要求被告支付公司公开道歉、消除影响的诉讼请求，由于原告未提供证据证明被告涉案行为给其商誉造成负面影响，故对于该项请求，本院不予支持。

关于具体的赔偿数额，原告技术公司虽然提交了一份公证书及谈话录音以证明对方因侵权行为获利巨大，但在无其他证据予以佐证的情况下，仅凭一份谈话录音不能充分有效地证明侵权人因侵权所获得的利益，故本院将依据以下事实进行酌定：1. 原告技术公司为涉案注册商标的注册人，上述商标经过原告技术公司的使用，具有一定的知名度；2. 从被告支付公司侵权行为的性质和具体方式看，实施了在经营的网站、域名中使用原告技术公司享有权利的三个商标和在企业名称中突出使用"优酷"商标的两个行为，侵权情节较严重，主观过错较明显；3. 关于原告技术公司主张的合理支出部分，虽未提供相应票据，但根据本案原告方确有律师代理并出庭、原告提交了多份公证书必然会发生公证费用的事实，本院对其主张的合理支出中的两项，即律师费、公证费，酌情予以支持。

综上所述，本院依照《中华人民共和国民法通则》第一百一十八条，《中华人民共和国商标法》第五十六条、第五十七第一项和第二项、第五十八条、第六十三条第三款、《中华人民共和国反不正当竞争法》第二条第一款和第二款、第二十条，《中华人民共和国民事诉讼法》第六十四条，《最高人民法院关于审理商标民事纠纷案件适用法律若干问题的解释》第一条第一项、第三项以及《最高人民法院关于审理商标民事纠纷案件适用法律若干问题的解释》第一条第一项、《最高人民法院关于审理注册商标、企业名称与在先权利冲突的民事纠纷案件若干问题的规定》第四条的规定，判决如下：

一、被告支付公司于本判决生效后立即停止侵犯原告技术公司第6886294号"优酷"注册商标和第13835407号"优酷"注册商标专用权的行为；

二、被告支付公司于本判决生效后立即停止在企业名称中使用"优酷"字号，并于本判决生效后三十日内变更登记企业名称；

三、被告支付公司于本判决生效后十日内赔偿原告技术公司经济损失四十七万元及诉讼合理支出三万元，两项共计五十万元；

四、驳回原告技术公司其他诉讼请求。

如果未按本判决指定的期间履行给付金钱义务，被告支付公司应当依照《中华人民共和国民事诉讼法》第二百五十三条的规定，加倍支付迟延履行期间的债务利息。

案件受理费三万零八百元，由原告技术公司负担二万二千元（已交纳），由被告支付公司负担八千八百元（于本判决生效之日起七日内交纳）。

如不服本判决，可在判决书送达之日起十五日内，向本院递交上诉状，并按对方当事人的人数提出副本，于上诉期满之日起七日内交纳上诉案件受理费，上诉于北京知识产权法院。在上诉期限内，提出上诉却拒不交纳或逾期交纳上诉案件受理费的，按自动撤回上诉处理。

二〇一六年四月二十二日

使用他人注册商标及字号作为企业字号构成不正当竞争

——评析中国××股份有限公司诉××电子(淮安)有限公司不正当竞争纠纷案

案情概要

基本信息

案号：（2016）沪 0115 民初 56492 号

原告：中国××股份有限公司

被告：××电子（淮安）有限公司

审理法院：上海市浦东新区人民法院

诉讼请求

一、立即停止一切侵犯中国××股份有限公司注册商标专用权的行为，包括停止在网站上使用中国××股份有限公司的商标，及销毁所有使用了中国××股份有限公司注册商标或与该注册商标近似标识的产品、包装、宣传资料、交易文书等侵权物品；

二、立即停止一切使用带有"银联"字样企业名称的不正当竞争行为，包括停止在网站上使用中国××股份有限公司的企业名称，及销毁所有使用了中国××股份有限公司企业名称的产品、包装、宣传资料、交易文书等侵权物品；

三、对其现有企业名称进行变更登记或者注销登记；

四、立即停止虚假宣传行为，即撤换或销毁含有虚假宣传的网页、宣传资料等侵权内容；

五、赔偿中国××股份有限公司经济损失及合理费用共计 100 万元（其中合理费用包括律师费 8 万元，公证费 1 万元）；

六、在新浪网财经板块（http：//finance.sina.com.cn/）或报纸《21 世纪经济报道》、期刊《中国金融》上就其侵权行为发布书面声明，消除影响。

一、商标、商号等混淆行为

案情介绍

原告中国××股份有限公司（以下简称"股份公司"）成立于 2002 年 3 月 8 日，注册有以下商标：（1）第 1955091 号"银联"商标，核定使用服务为第 36 类；（2）第 4895727 号"银联；UNIONPAY"商标，核定使用商品为第 9 类；（3）第 4895750 号"银联"商标，核定使用服务为第 36 类；（4）第 6161130 号"银联；UNIONPAY"商标，核定使用商品为第 9 类；（5）第 11899437 号"银联闪付 QUICKPASSUNIONPAY"商标，核定使用服务为第 36 类；（6）第 11899438 号"银联闪付 QUICK-PASSUNIONPAY"商标，核定使用商品为第 9 类。2005 年 6 月 22 日，国家工商行政管理总局商标局认定股份公司使用在第 36 类信用卡服务上的"银联"注册商标为驰名商标。2009 年 7 月至 2013 年 12 月期间，内蒙古自治区、青海省、河南省、湖北省等地的工商行政管理局发文，对名称中含有"银联"字样的企业进行清理或明确不得核准注册以"银联"作字号的企业名称。根据上海知识产权法院（2015）沪知民初字第 339 号民事判决，除对股份公司的"银联"系列注册商标进行保护外，还认定股份公司的"银联"字号具有较高知名度，可作为企业名称予以保护。

被告××电子（淮安）有限公司（以下简称"淮安公司"）成立于 2015 年 6 月 9 日，经营范围为网络科技咨询服务；POS 机、电子产品、通信设备批发、零售。同年 9 月 16 日，淮安公司就"银联快付"标识在国家版权局进行著作权登记，后又于 2016 年 1 月 18 日就该标识提交商标注册申请，申请核定使用商品为第 9 类数据处理设备、收银机等。

淮安公司为网站"www.ylkf6.com"的经营者。根据股份公司提供的证据：该网站每一个页面的标题栏均有"银联"、"银联快付"标识；公司简介中自称"银联快付"，介绍其是"一家专业从事互联网支付及移动支付产品研发和运营的第三方支付公司"、"以长三角经济区内众多企业为市场支点,向全球范围内的中小企业、商家及个人提供优质高效的电子支付、资金结算管理服务"等;在"代理商风采"栏目中于2015年12月2日和4日发布了8张带有"银联"、"银联快付"标识的授权书图片,授权书内容为淮安公司授权案外人为银行卡收单业务的推广方,并授权案外人在淮安公司认可的合作范围和权限内洽商该区域地市级代理商的招募、培训及监督管理,授权期限自2015年8月23日至2018年8月22日;"联系我们"栏目的配图显示淮安公司的经营范围遍布全国,并称公司总部在上海。

淮安公司在淘宝网上经营名为"银联快付 company"的网店。根据股份公司于2016年7月14日所作公证:(1)在该淘宝店铺每一个页面的上方均有"银联"、"银联快付"和"UNIONPAY"标识,首页下方还有"银联爆款POS机"的宣传文字;(2)该店铺共展示了7款手持POS机和1款蓝牙手机刷卡器共8款商品,其中4款商品的图片上有"银联"标识,2款商品图片展示的商品上有该标识,均显示尚未销售;(3)进入其中一款名为"手持POS机G21T+1到账资金安全可刷信用卡银行卡可代理"的商品详情页,其价格为450元,库存1,000件,在商品介绍中有"中国银联品牌直营"、"银联老品牌"、"银联出厂价"的介绍。进入手机刷卡器的商品详情页,其价格为50元,库存2,867件,累计评论有3个,详情介绍中介绍其品牌为"银联快付蓝牙POS机",还有"经过银联的安全认证"、"厂家直销银联快付有限公司"等介绍;(4)股份公司以公证方式购买了该两款商品,其中手持POS机的包装盒及机身上均有"银联"标识,机身上还有"银联快付"、"银联提醒您……"及淮安公司的客服电话;刷卡器的包装盒、机身、使用说明书上均有"银联"标识,机身背面还有"银联认证"文字,包装盒上还印有淮安公司的网址及客服电话;随附的淮安公司宣传册上多处使用了"银联"及

"银联快付"标识,也标明了淮安公司的企业名称、网址、电话等信息。

本案中,股份公司主张淮安公司的相应行为分别构成侵害商标权、擅自使用他人企业名称及虚假宣传的不正当竞争。

审理结果

一、被告淮安公司自本判决生效之日起立即停止对原告股份公司第1955091号"银联"、第4895727号、第4895750号及第6161130号"银联;UNIONPAY"、第11899437号及第11899438号"银联闪付QUICK-PASSUNIONPAY"注册商标专用权的侵害;

二、被告淮安公司自本判决生效之日起立即停止擅自使用股份公司企业名称的不正当竞争行为;

三、被告淮安公司自本判决生效之日起三十日内变更企业名称,变更后的企业名称中不得包含"银联"文字;

四、被告淮安公司自本判决生效之日起立即停止虚假宣传的不正当竞争行为;

五、被告淮安公司自本判决生效之日起十日内赔偿股份公司经济损失人民币50万元及为制止侵权行为所支付的合理开支人民币9万元,共计59万元;

六、被告淮安公司自本判决生效之日起十日内,就其侵害商标权及不正当竞争行为连续三日在新浪网财经板块首页(http://finance.sina.com.cn)上刊登声明,消除影响(内容需经本院审核);如逾期不履行,本院将在相关媒体上公布本判决的主要内容,所需费用由被告淮安公司负担。

如果未按本判决指定的期间履行给付金钱义务,应当依照《中华人民共和国民事诉讼法》第二百五十三条的规定,加倍支付迟延履行期间的债务利息。

案件受理费人民币 13,800 元，由原告股份公司负担 2,829 元，被告淮安公司负担 10,971 元；财产保全费人民币 5,000 元，由被告淮安公司负担。

要点分析

一、侵犯商标专用权行为的认定

《中华人民共和国商标法》第五十七条规定，未经商标注册人许可，在同一种商品上使用与其注册商标相同商标；以及未经商标注册人许可，在同一种商品上使用与其注册商标近似的商标，或者在类似商品上使用与其注册商标相同或者近似的商标，容易导致混淆的，均属侵犯注册商标专用权行为。本案中淮安公司是否构成侵犯商标专用权，可以从以下方面认定：

1. 淮安公司经营的商品及服务与股份公司注册商标核定使用的商品及服务是否构成相同或近似

根据《最高人民法院关于审理商标民事纠纷案件适用法律若干问题的解释》（以下简称"商标纠纷解释"），认定商品或者服务是否类似，应当以相关公众对商品或者服务的一般认识为标准，对商品的功能、用途、生产部门、销售渠道、消费对象等方面是否相同，服务的目的、内容、方式、对象等方面是否相同，以及相关公众是否认为其存在特定联系、容易造成混淆进行综合判断。

本案中，淮安公司经营的 POS 机及刷卡器属于数据处理设备的一种，与股份公司商标核定使用的数据处理设备属同种商品。淮安公司通过其网站明示其公司业务属于金融服务的一种，与股份公司的商标核定使用的金融服务属于相同服务。同时，经对比，股份公司、淮安公司的商品的消费对象、主要功能及消费环境基本相同，以相关公众的一般认知来看，POS 机、刷卡器等与金融服务存在特定联系是毫无疑问的。因此本案中淮安公司与股份公司的商品与服务构成近似。

2. 淮安公司使用的标识与股份公司的注册商标是否构成相同或近似

依据《商标纠纷解释》，判断商标是否相同或相似，是通过对被控侵权的商标与股份公司的注册商标文字的字形、读音、含义，图形的构图及颜色，其各要素组合后的整体结构，其立体形状、颜色组合近似相比较。认定商标相同或者近似的原则为：（1）以相关公众的一般注意力为标准；（2）既要进行对商标的整体比对，又要进行对商标主要部分的比对，比对应当在比对对象隔离的状态下分别进行；（3）判断商标是否近似，应当考虑请求保护注册商标的显著性和知名度。

本案中，淮安公司使用的标识与股份公司的商标相对比，外观及颜色组合相同，文字部分有极小的差别，整体相似度极高。淮安公司在相同或类似商品及服务的经营中使用该标识，相关公众不了解内情之下，极易认为其来源与股份公司注册商标存在特定联系，构成近似商标。

除此之外，淮安公司在商品经营中还使用了一些极易混淆并误导相关公众的文字，使相关公众完全有理由认为其提供的商品及服务来源与股份公司存在特定联系，因此可以认定淮安公司构成商标侵权。

二、不正当竞争行为的认定

根据《中华人民共和国反不正当竞争法》（1993）第五条第（三）项规定，擅自使用他人的企业名称或者姓名，引人误认为是他人的商品或服务，损害竞争对手，构成不正当竞争行为；《最高人民法院关于审理不正当竞争民事案件应用法律若干问题的解释》第六条又规定，具有一定的市场知名度、为相关公众所知悉的企业名称中的字号，可以认定为反不正当竞争法第五条第（三）项规定的"企业名称"。因此，使用他人知名的企业字号构成不正当竞争，可以从以下方面认定：

1. 企业字号知名度的界定

企业字号是企业在市场经营活动中具有识别性的标识。知名度的判断一般基于使用时长、普通受众的熟知度和市场份额等因素。本案中，股份公司注册及使用"银联"字号的时间（2002年）远早于淮安公司申请"银联"作为字号的时间（2015年），且股份公司还以"银联"为主体部分注册了多个商标。股份公司在经营过程中持续使用了其"银联"字号及相应注册商标，在全国范围内进行了大量而广泛的宣传报道，其"银联"商标于2005年6月被认定为驰名商标。多地工商管理部门发布书面通知要求在企业登记中对"银联"字号予以避让，并对已登记的企业名称进行清理。

基于上述事实完全可以认定，股份公司在淮安公司成立前已取得了良好的商誉，"银联"更是获得了相关政府部门的认证，"银联"字号不仅与股份公司密不可分，且在全国范围内具有较高的知名度。

2. 消费者对股份公司、淮安公司产生混淆的认定

通过前文分析可知，股份公司、淮安公司经营商品相似、服务内容基本一致，二者的经营范围存在紧密关联。淮安公司使用与股份公司字号完全相同的"银联"作为字号，容易导致相关公众在无法准确获知双方关系的情况下，认为二者之间存在特定联系，从而对二者产生混淆，并基于对股份公司良好商誉和极高知名度的信任给予淮安公司同样的信任。

3. 侵权的主观故意的认定

基于股份公司的"银联"字号具有极高的知名度，且淮安公司设立时股份公司已设立并经营长达13年之久，淮安公司的法定代表人在设立淮安公司时不可能不知情。在此情况下，淮安公司的法定代表人选择在与股份公司同业的范围内注册与股份公司相同的字号，且在使用过程中故意使用大量和股份公司相关的容易导致混淆的宣传文字，甚至在淮安公司设立后，还就与股份公司商标相似的标识故意申请著作权登记和商标注册。上述事实足以证明，淮安公司的侵权恶意十分明显。

综上所述，淮安公司故意将已具有极高知名度的股份公司的"银

联"字号作为其企业字号进行登记,主观上具有明显的"搭便车"的故意,客观上足以使相关公众产生误认,侵犯了股份公司的合法权益,构成擅自使用他人企业名称的不正当竞争行为。

相关法条

1.《中华人民共和国商标法》(2013)第五十七条:有下列行为之一的,均属侵犯注册商标专用权:

(一)未经商标注册人的许可,在同一种商品上使用与其注册商标相同的商标的;

(二)未经商标注册人的许可,在同一种商品上使用与其注册商标近似的商标,或者在类似商品上使用与其注册商标相同或者近似的商标,容易导致混淆的;

(三)销售侵犯注册商标专用权的商品的;

(四)伪造、擅自制造他人注册商标标识或者销售伪造、擅自制造的注册商标标识的;

(五)未经商标注册人同意,更换其注册商标并将该更换商标的商品又投入市场的;

(六)故意为侵犯他人商标专用权行为提供便利条件,帮助他人实施侵犯商标专用权行为的;

(七)给他人的注册商标专用权造成其他损害的。

2.《中华人民共和国反不正当竞争法》(2017年修订)第六条:经营者不得实施下列混淆行为,引人误认为是他人商品或者与他人存在特定联系:

(一)擅自使用与他人有一定影响的商品名称、包装、装潢等相同或者近似的标识;

(二)擅自使用他人有一定影响的企业名称(包括简称、字号等)、

社会组织名称（包括简称等）、姓名（包括笔名、艺名、译名等）；

（三）擅自使用他人有一定影响的域名主体部分、网站名称、网页等；

（四）其他足以引人误认为是他人商品或者与他人存在特定联系的混淆行为。

3.《中华人民共和国反不正当竞争法》（2017年修订）第八条：经营者不得对其商品的性能、功能、质量、销售状况、用户评价、曾获荣誉等作虚假或者引人误解的商业宣传，欺骗、误导消费者。

经营者不得通过组织虚假交易等方式，帮助其他经营者进行虚假或者引人误解的商业宣传。

4.《最高人民法院关于审理商标民事纠纷案件适用法律若干问题的解释》第九条：商标法第五十二条第（一）项规定的商标相同，是指被控侵权的商标与原告的注册商标相比较，二者在视觉上基本无差别。

商标法第五十二条第（一）项规定的商标近似，是指被控侵权的商标与原告的注册商标相比较，其文字的字形、读音、含义或者图形的构图及颜色，或者其各要素组合后的整体结构相似，或者其立体形状、颜色组合近似，易使相关公众对商品的来源产生误认或者认为其来源与原告注册商标的商品有特定的联系。

5.《最高人民法院关于审理商标民事纠纷案件适用法律若干问题的解释》第十条：人民法院依据商标法第五十二条第（一）项的规定，认定商标相同或者近似按照以下原则进行：

（一）以相关公众的一般注意力为标准；

（二）既要进行对商标的整体比对，又要进行对商标主要部分的比对，比对应当在比对对象隔离的状态下分别进行；

（三）判断商标是否近似，应当考虑请求保护注册商标的显著性和知名度。

6.《最高人民法院关于审理商标民事纠纷案件适用法律若干问题的解释》第十一条：商标法第五十二条第（一）项规定的类似商品，是指在功能、用途、生产部门、销售渠道、消费对象等方面相同，或者相关公众一般认为其存在特定联系、容易造成混淆的商品。

类似服务，是指在服务的目的、内容、方式、对象等方面相同，或者相关公众一般认为存在特定联系、容易造成混淆的服务。

商品与服务类似，是指商品和服务之间存在特定联系，容易使相关公众混淆。

7.《最高人民法院关于审理商标民事纠纷案件适用法律若干问题的解释》第十二条：人民法院依据商标法第五十二条第（一）项的规定，认定商品或者服务是否类似，应当以相关公众对商品或者服务的一般认识综合判断；《商标注册用商品和服务国际分类表》、《类似商品和服务区分表》可以作为判断类似商品或者服务的参考。

8.《最高人民法院关于审理不正当竞争民事案件应用法律若干问题的解释》第六条：企业登记主管机关依法登记注册的企业名称，以及在中国境内进行商业使用的外国（地区）企业名称，应当认定为反不正当竞争法第五条第（三）项规定的"企业名称"。

具有一定的市场知名度、为相关公众所知悉的企业名称中的字号，可以认定为反不正当竞争法第五条第（三）项规定的"企业名称"。

判决书（节选）

……

本院认为：

原告主张被告的相应行为分别构成侵害商标权、擅自使用他人企业名称及虚假宣传的不正当竞争，本院分别予以评判。

一、被告的行为侵犯了原告就涉案 6 个注册商标享有的专用权

根据《中华人民共和国商标法》第五十七条第（一）项、第（二）项的规定，未经商标注册人许可，在同一种商品上使用与其注册商标相同商标；以及未经商标注册人许可，在同一种商品上使用与其注册商标近似的商标，或者在类似商品上使用与其注册商标相同或者近似的商标，容易导致混淆的，均属侵犯注册商标专用权行为。

本案中，原告主张的 6 个注册商标均依法在我国商标局核准注册，且在有效期内，其享有的注册商标专用权受法律保护。被告在其淘宝网店上销售 POS 机、刷卡器商品，根据该商品包装及随附宣传册上标注被告客服电话、网址等事实，可以认定上述商品由被告生产并销售。被告在经营 POS 机、刷卡器的过程中，在商品、包装、说明书、网店上使用了"银联快付"、"银联快付 company"、"银联快付 2688"、"UNION-PAY"等标识；同时，被告还在其网站上使用了、"银联快付"标识。原告的主张是否成立，取决于被告经营的商品及服务与原告注册商标核定使用的商品及服务是否构成相同或类似，以及被告使用的上述标识与原告的注册商标是否构成相同或近似。

关于被告经营的商品及服务与原告注册商标核定使用的商品及服务是否构成相同或类似的问题。根据《最高人民法院关于审理商标民事纠纷案件适用法律若干问题的解释》（以下简称《商标纠纷解释》）第十一条、第十二条的规定，认定商品或者服务是否类似，应当以相关公众对商品或者服务的一般认识为标准，对商品的功能、用途、生产部门、销售渠道、消费对象等方面是否相同，服务的目的、内容、方式、对象等方面是否相同，以及相关公众是否认为其存在特定联系、容易造成混淆进行综合判断。原告的涉案 6 个注册商标分别核定使用在第 36 类电子转账、金融服务、信用卡服务等服务和第 9 类现金收讫机、数据处理设备等商品上。被告在其网站介绍中提及其是"一家专业从事互联网支付及

一、商标、商号等混淆行为

移动支付产品研发和运营的第三方支付公司"、"向全球范围内的中小企业、商家及个人提供优质高效的电子支付、资金结算管理服务",并在该网站上发展银行卡收单业务代理商。因此,可以认定被告从事银行卡收单业务,业务内容涵盖了第三方支付、资金结算等。根据《银行卡收单业务管理办法》第二条的规定,银行卡收单业务是指收单机构与特约商户签订银行卡受理协议,在特约商户按约定受理银行卡并与持卡人达成交易后,为特有商户提供交易资金结算服务的行为。可见,被告在其网站上介绍的公司业务属于金融服务的一种,与原告商标核定使用的金融服务属于相同服务。被告经营的POS机及刷卡器均系提供非现金结算业务的终端设备,该种设备通过读取银行卡上的持卡人磁条信息,在输入交易金额、持卡人个人识别信息后将上述信息直接或通过银联中心发送到发卡银行系统,完成联机交易。可见,POS机、刷卡器是通过数据处理实现其结算功能,属于数据处理设备的一种,与原告商标核定使用的数据处理设备属于相同商品。该设备虽在具体用途上与现金收讫机有差异,但二者的消费对象、主要功能及消费环境相同,以相关公众的一般认知为标准,应为类似商品。同时,POS机、刷卡器提供的非现金结算业务属于金融服务的一种,考虑到原告商标的知名度,以相关公众的一般认知为标准,极易认为该设备与金融服务存在特定联系,故构成商品与服务的类似。

关于被告使用的标识与原告的注册商标是否构成相同或近似的问题。根据《商标纠纷解释》第九条、第十条的规定,商标相同是指被控侵权的商标与原告的注册商标相比较,二者在视觉上基本无差别;商标近似是指被控侵权的商标与原告的注册商标相比较,其文字的字形、读音、含义或者图形的构图及颜色,或者其各要素组合后的整体结构相似,或者其立体形状、颜色组合近似,易使相关公众对商品的来源产生误认或者认为其来源与原告注册商标的商品有特定的联系;认定商标相同或者近似按照以下原则进行：（一）以相关公众的一般注意力为标准；（二）既要进行对商标的整体比对，又要进行对商标主要部分的比对，比对应当在比对对象隔离的状态下分别进行；（三）判断商标是否近似，应当考虑请求保护注册商标的显著性和知名度。被告使用的标识中：被告在POS机商品上使用的"银联"标识与原告的"银联"商标完全相同；该标识与原告的"银联"相比，外观及颜色组合完全相同，仅多了英文"UnionPay"，二者整体上近似度极高，构成近似商标。基于原告的"银联"商标知名度极高，故相关公众在称呼上述商标时也主要呼叫为"银联"商标。以相关公众的一般认知为标准，被告使用的该标识与原告的注册商标构成近似。同理，被告使用的"银联快付company"、"银联快付2688"的主要识别部分为"银联快付"四字，也与原告的涉案6个注册商标构成近似。被告在相同或类似商品的经营过程中使用该标识，以相关公众的一般认知为标准，也容易使相关公众认为被告销售的商品来源与原告存在特定联系，故也构成近似商标。

综上所述，被告在相同或类似商品的经营中使用了与原告涉案6个注册商标相同或近似的商标，在相同或类似服务的经营中使用了与原告涉案6个注册商标近似的商标；同时，被告在商品经营中还使用了"银联提醒您……"、"银联认证"、"中国银联品牌直营"、"银联老品牌"、"银联出厂价"等极易误导相关公众的文字。被告的上述行为容易导致相关公众认为其提供的商品及服务来源与原告存在特定联系，构成商标侵权。

被告辩称淘宝店铺"银联快付company"由其员工经营，但该网店公示了被告的营业执照等信息，故即便该网店由被告员工经营，也属职务行为，相应责任应由被告承担。被告还辩称其就标识进行了著作权登记和商标注册申请，故不构成侵权，但其著作权登记时间远远晚于原告涉案商标的注册时间，其申请的商标也未被核准登记，故本院对其上述意见不予采纳。

一、商标、商号等混淆行为

二、被告在企业名称中使用"银联"字号构成不正当竞争

本案中,首先,原告的企业字号"银联"在被告成立时已具有较高的知名度。原告注册及使用"银联"字号的时间远早于被告申请"银联"作为字号的时间,还以"银联"为主体部分注册了多个商标。原告在经营过程中持续使用了其"银联"字号及相应注册商标,在全国范围内进行了广泛的宣传报道,其使用在第36类信用卡服务上的"银联"商标于2005年6月被认定为驰名商标。基于原告的"银联"字号及商标具有较高的知名度,多地工商管理部门发布书面通知要求在企业登记中对"银联"字号予以避让,并对已登记的企业名称进行清理。上述事实证明,原告在被告成立前,经过多年的经营和宣传,取得了良好的商誉及较高的知名度。随着非现金支付方式的普及,原告的"银联"字号及相应注册商标的使用渗透到了社会生活的方方面面,"银联"字号的知名度不仅仅局限于金融行业等相关行业,更是辐射到各行各业,"银联"字号已与原告建立起稳定的联系,成为相关公众据此识别商品或服务来源的依据。

其次,被告的行为容易导致消费者对原告、被告产生混淆。原告作为卡组织,其所提供的金融服务系为发卡机构和收单机构间交易的处理提供支持和协助。被告主要经营POS机的销售业务,并在其网站经营银行卡收单业务。可见,原告、被告的经营范围存在紧密关联,被告在其企业名称中使用与原告字号完全相同的"银联"作为字号,容易导致相关公众对原告、被告产生混淆,认为二者之间存在特定联系。

最后,被告存在侵权的主观故意。原告的"银联"字号具有极高的知名度,被告的法定代表人在成立被告时不可能不知情。在此情况下,被告的法定代表人仍注册与原告相同的字号,且在使用过程中故意使用大量容易导致混淆的宣传性文字,具有明显的侵权故意。被告成立后,还就"银联"进行了著作权登记;在相关部门经原告投诉找被告法定代表人谈话后，被告不仅未停止侵权行为，反而就该标识申请商标注册。上述事实证明，被告的侵权恶意极为明显。

综上所述，被告故意将具有极高知名度的原告的"银联"字号作为其企业字号进行登记，具有明显的"傍名牌"的主观故意，足以使相关公众产生误认，侵犯了原告的合法权益，构成擅自使用他人企业名称的不正当竞争行为。

被告提出，其企业名称系合法注册，故不构成侵权。本法院认为，企业名称由行政区划、字号、行业及组织形式组成，其中字号是最具识别意义的核心部分。我国企业名称实行分级登记管理，在某行政区划、行业领域外，企业登记主管机关并不限制与其相同的企业名称的登记。但如果该企业名称的注册侵害了他人合法的在先权利，他人提出异议的，应当受到法律的规制。当企业名称的知名度超出登记注册机关的辖区时，在其知名地域内受反不正当竞争法的保护，以制止擅自登记使用他人具有知名度的企业名称、造成市场混淆及攀附他人商誉的不正当竞争行为。因此，被告以其企业名称经合法登记故而认为不侵权的理由不能成立。

三、被告在其网站及淘宝店铺上发布相应内容的行为构成虚假宣传

《反不正当竞争法》第九条第一款规定，经营者不得利用广告或者其他方法，对商品的质量、制作成分、性能、用途、生产者、有效期限、产地等作引人误解的虚假宣传。

本案中，根据被告网站上的介绍及所展示的授权书，其对外宣传银行卡收单业务，并使用与原告注册商标近似的商标发展该业务的代理商。根据《银行卡收单业务管理办法》第三条的规定，在我国境内从事银行卡收单业务的收单机构需具备一定的资质，包括从事银行卡收单业务的银行业金融机构，获得银行卡收单业务许可、为实体特约商户提供银行卡受理并完成资金结算服务的支付机构，以及获得网络支付业务许可、为网络特约商户提供银行卡受理并完成资金结算服务的支付机构。被告

并不具备上述经营资质,其宣传行为容易导致相关公众认为其具备该经营资质,且经原告授权使用原告商标对外招揽业务,构成虚假宣传的不正当竞争行为。被告经营的淘宝店铺中,对其销售的POS机及刷卡器进行介绍时,分别使用了"中国银联品牌直营"、"银联老品牌"、"银联出厂价"及"经过银联的安全认证"、"厂家直销银联快付有限公司"的介绍,意在表明其销售的商品由原告生产或与原告存在特定联系,明显与事实不符,也构成引人误解的虚假宣传。

被告提出,其与上海某支付有限公司山东分公司签订了收单业务代理协议,故可以对外宣传该业务。但被告并未就此提供任何证据,故本法院对其上述辩解不予采纳。

四、被告应承担的民事责任

被告就其侵害商标权及不正当竞争行为,应承担停止侵权、赔偿损失、消除影响等民事责任。关于停止侵权责任的承担,原告除要求被告停止使用相应商标、企业名称及删除虚假宣传内容外,还要求被告销毁侵权产品、包装、宣传册及交易文书等侵权物品的库存,并变更企业名称。根据查明的事实,被告淘宝网店上显示确有侵权商品的库存,且被告在庭审中也自认其存在上述侵权物品的库存。被告虽辩称已将侵权物品扔到垃圾箱,但其对主张的该项积极事实并未举证予以证明,应承担举证不能的法律后果,故本法院对原告要求被告销毁上述侵权物品的主张予以采纳。原告的"银联"字号在全国范围内具备极高的知名度,被告擅自使用原告企业名称的行为必然会导致相关公众的混淆,故本院判令被告变更其企业名称,变更后的企业名称中不得含有"银联"文字。

关于赔偿责任的承担,虽被告实施了多项侵权行为,但不同侵权行为之间存在紧密联系,通过侵犯原告的不同合法权益而获取共同的利益,故在损害赔偿金额的确定上不作区分。鉴于原告因被侵权所受到的实际损失、被告因侵权所获得的利益及商标许可使用费均难以确定,本法院综合考虑以下因素酌情确定赔偿数额：原告的注册商标及字号的知名度、美誉度极高；被告侵权的主观恶性较深；被告非法经营银行卡收单业务，其通过网络销售 POS 机及刷卡器的行为也为监管机构所禁止，故被告的侵权行为不仅侵害了原告的合法权益，还扰乱了银行卡支付市场的正常经营秩序，有可能造成金融风险，影响恶劣；被告的经营规模、经营时间、侵权商品的销售价格、数量及库存等因素。原告支付的公证费、律师费确属为制止被告侵权行为所支付的合理开支，应由被告负担。

关于消除影响责任的承担，鉴于被告的侵权行为同时也违反了金融监管部门的相应规定，其侵权行为可能会对原告的声誉造成不良影响，故本法院根据被告侵权行为的影响范围，判令其在新浪网财经板块首页上连续三日刊登声明，消除影响。

综上所述，依照《中华人民共和国侵权责任法》第十五条第一款第（一）项、第（六）项、第（八）项、第二款，《中华人民共和国商标法》第五十七条第（一）项、第（二）项、第六十三条第一款、第三款，《中华人民共和国反不正当竞争法》第五条第（三）项、第九条第一款、第二十条，《最高人民法院关于审理商标民事纠纷案件适用法律若干问题的解释》第九条、第十条、第十一条、第十二条、第十六条第一款、第二款、第十七条，《最高人民法院关于审理不正当竞争民事案件应用法律若干问题的解释》第六条第一款、第十七条第一款的规定，判决如下：

一、被告淮安公司自本判决生效之日起立即停止对原告股份公司第 1955091 号"银联"、第 4895727 号、第 4895750 号及第 6161130 号"银联；UNIONPAY"、第 11899437 号及第 11899438 号"银联闪付 QUICK-PASSUNIONPAY"注册商标专用权的侵害；

二、被告淮安公司自本判决生效之日起立即停止擅自使用原告股份公司企业名称的不正当竞争行为；

三、被告淮安公司自本判决生效之日起三十日内变更企业名称，变更后的企业名称中不得包含"银联"文字；

四、被告淮安公司自本判决生效之日起立即停止虚假宣传的不正当竞争行为；

五、被告淮安公司自本判决生效之日起十日内赔偿原告股份公司经济损失人民币 50 万元及为制止侵权行为所支付的合理开支人民币 9 万元，共计 59 万元；

六、被告淮安公司自本判决生效之日起十日内，就其侵害商标权及不正当竞争行为连续三日在新浪网财经板块首页（http：//finance.sina.com.cn）上刊登声明，消除影响（内容需经本法院审核）；如逾期不履行，本法院将在相关媒体上公布本判决的主要内容，所需费用由被告淮安公司负担。

如果未按本判决指定的期间履行给付金钱义务，应当依照《中华人民共和国民事诉讼法》第二百五十三条的规定，加倍支付迟延履行期间的债务利息。

案件受理费人民币 13,800 元，由原告股份公司负担 2,829 元，被告淮安公司负担 10,971 元；财产保全费人民币 5,000 元，由淮安公司负担。

如不服本判决，可在判决书送达之日起十五日内，向本法院递交上诉状，并按照对方当事人或者代表人的人数提出副本，上诉于上海知识产权法院。

二〇一六年十二月十二日

擅自使用知名商品特有名称
构成假冒商标的不正当竞争

——评析北京××信息技术有限公司诉××××（北京）房地产经纪有限责任公司假冒商标不正当竞争行为

一、商标、商号等混淆行为

案情概要

基本信息

一审信息：

案号：（2014）朝民初字第 07566 号

原告：北京××信息技术有限公司

被告：××××（北京）房地产经纪有限责任公司

一审法院：北京市朝阳区人民法院

二审信息：

案号：（2014）三中民终字第 11197 号

上诉人：××××（北京）房地产经纪有限责任公司

被上诉人：北京××信息技术有限公司

二审法院：北京市第三中级人民法院

诉讼请求

一审诉讼请求：

一、判令被告立即在其企业名称中停止使用"五八同城"字样；

二、在《北京晚报》、《新京报》上公开赔礼道歉 30 天；

三、赔偿原告经济损失 100 万元及公证费 6,320 元。

二审诉讼请求：

上诉人××××（北京）房地产经纪有限责任公司诉讼请求：请求撤销原审判决第一、二、三项。

案情介绍

原告北京××信息技术有限公司（以下简称"信息公司"）成立于 2005 年 12 月 12 日，经营范围包括：因特网信息服务业务（除新闻、出版、教育、医疗保健、药品、医疗器械以外的内容）；人才供求信息的收集、整理、储存、发布和咨询服务；人才推荐；人才招聘；人才信息网络服务；研究、开发、生产计算机软件；利用自有媒介发布广告等。于 2006 年取得电信业务经营许可证，原批准网站名称为：同城分类，域名为 58.com。2009 年在进行许可证年检时变更域名为 58.com（58control.cn，58v5.cn）。2010 年年检时变更网站名称为 58 同城（五八同城，同城分类），2014 年 2 月 21 日变更域名为 58.com（58control.cn，58v5.cn，58.com.cn）。2006—2007 年，"58 同城"获"2006 年中国互联网最具价值项目奖"、"中国商业网站 100 强"、"2006 年中国最具投资价值企业 50 强"、"公益爱心企业"等奖项；2008—2009 年，信息公司为进行网站宣传推广，累计广告费用总额近 800 万元。

被告××××（北京）房地产经纪有限责任公司（以下简称"房地产公司"）于 2009 年 11 月 27 日成立，经营范围为从事房地产经纪业务，于北京市朝阳区安贞里二区 1 号楼金瓯大厦经营办公（与原告同期办公地址仅一路之隔）。2010 年 8 月 23 日取得北京市房地产经纪机构备案证明，2010 年取得北京房地产中介行业协会会员证。

原告认为，房地产公司在其企业名称中使用"五八同城"字样，导致相关公众误认被告是原告的关联公司，构成了《反不正当竞争法》第五条第（二）项规定的擅自使用知名商品特有名称的不正当竞争行为，且被告在经营中的口碑很差，对原告的形象造成了不良影响，遂向一审法院提起诉讼，请求判令房地产公司立即在其企业名称中停止使用"五八同城"字样，并就侵权行为赔礼道歉、赔偿经济损失、赔偿维权费用。

审理结果

一审判决：

一、房地产公司于原审判决生效之日起停止在其企业名称中使用

"五八同城"字样；

二、房地产公司于原审判决生效之日起十日内赔偿原告信息公司经济损失二十万元；

三、房地产公司于原审判决生效之日起十日内赔偿信息公司合理费用六千三百二十元；

四、驳回信息公司的其他诉讼请求。

二审判决：

驳回上诉，维持原判。

一审案件受理费 13,857 元，由信息公司负担 3,857 元（已交纳），由房地产公司负担 10,000 元（于本判决生效后 7 日内交纳）。二审案件受理费 4,395 元，由房地产公司负担（已交纳）。

要点分析

一、"竞争关系"的认定

《中华人民共和国反不正当竞争法》（1993）中并没有明确给出"竞争"的概念。综观其他法律法规，在劳动人事和公司证券方面存在类似的法律概念。在商业秘密保护方面，有"竞业限制"的概念，综合我国已有的竞争概念，一种观点认为，我国反不正当竞争法上的竞争应当具备以下基本特征：（一）竞争必须发生在两个或两个以上的经营者之间，如果在特定的市场里只有一个经营者，则不成为竞争；（二）竞争必须发生在同行业经营者的生产经营活动中；（三）竞争必须发生在同一个特定的商品市场或劳务市场上。但是，另一种更为合乎事宜的观点是，《中华人民共和国反不正当竞争法》（1993）是在借鉴国外立法经验的基础上制定的，其对竞争关系的要求也应当是广义的。首先，《中华人民共和国反不正当竞争法》（1993）第一条规定："为保障社会主义市场经济健康发展，鼓励和保护公平竞争，制止不正当竞争行为，保护经营者和消费者的合法权益,制定本法"。可见,竞争并非成为必要条件。其次,该法第二条进一步将不正当竞争行为界定为"经营者违反本法规定,损害其他经营者的合法权益,扰乱社会经济秩序的行为。"既未要求其行为是竞争行为,也没要求必须具备严格的竞争关系。对于"竞争"范畴的理解,应当是根据实际情况适当的界定,不应当过于狭义也不应当过于宽泛。本案中,法院认为应当从《中华人民共和国反不正当竞争法》(1993)的立法目的出发,只要经营者以不正当的手段谋取竞争优势或者破坏他人竞争优势,在此过程中可能对竞争对手、其他经营者或者竞争秩序造成损害,就可以纳入《中华人民共和国反不正当竞争法》(1993)的调整范围。

构成竞争行为的判断标准,首先要看双方是否处于同一行业中,即是否有相同的经营范围。该经营范围不能局限于企业营业执照上的经营范围,要综合行业特点和市场特点来分析。其次,要看行为的行为人与被行为人所指向的行业之间是否存在有竞争利害关系,即是否从事相同的业务。最后,要看行为是否具有竞争目的,针对有竞争利害关系的行业领跑者实施的行为,并非都是竞争行为,只有以竞争为目的,才是竞争行为。本案中,房屋租售信息属于信息公司所经营的"58同城"网站的重要板块,房地产公司从事的则是房屋租售中介业务,两者的经营范围、业务及受众均存在一定的重合,应该认定两者存在竞争关系。

二、"知名商品"的认定标准

知名商品作为法律概念最早出现在《中华人民共和国反不正当竞争法》(1993)第五条中:"……(二)擅自使用知名商品特有的名称、包装、装潢,或者使用与知名商品近似的名称、包装、装潢,造成和他人的知名商品相混淆,使购买者误认为是该知名商品……"但是《中华人民共和国反不正当竞争法》(1993)对知名商品的认定标准并没有给出明确的界定。

一、商标、商号等混淆行为

国家工商行政管理总局颁布的《关于禁止仿冒知名商品特有的名称、包装、装潢的不正当竞争行为的若干规定》是一部较早对"知名商品认定标准"做出规定的部门规章，该规定第三条第一款对"知名商品"的认定给出了认定标准界定，即："知名商品，是指在市场上具有一定知名度，为相关公众所知悉的商品。"该规定的第四条第一款还规定："商品的名称、包装、装潢被他人擅自作相同或者近似使用，足以造成购买者误认的，该商品即可认定为知名商品。"而且，该规定第六条还对认定主体作出了要求："县级以上工商行政管理机关在监督检查仿冒知名商品特有的名称、包装、装潢一并予以认定。"也就是说，县级以上工商行政管理机关有权在行政投诉案件受理过程中对投诉人的"知名商品"资格做出认定。

此外，在认定"知名商品"时，一些地方性法规也可以作为参考依据。《上海市反不正当竞争条例》第八条规定：前款所称的知名商品是指：（一）使用经认定的驰名商标或者著名商标的商品；（二）经国家有关行政机关、行业总会认可的在国际评奖活动中获奖的商品；（三）为相关消费者所共知、具有一定市场占有率和较高知名度的商品。又如《湖北省反不正当竞争条例》第七条第二款规定：本条所称知名商品是指：（一）具有驰名商标或者著名商标称号的商品；（二）国家和省认定为名优的商品；（三）其他在市场上具有一定知名度，为相关公众所知悉的商品。而《浙江省反不正当竞争条例》对"知名商品"的认定则相对简洁一些，其第六条第二款规定：本条例所称知名商品是指：（一）依法获得国家驰名商标或者省著名商标称号的商品；（二）其他在市场上具有一定的知名度，为相关公众所知悉的商品。

在司法实践中，人民法院审理了大量的有关"知名商品"为反不正当竞争法保护的案例。《最高人民法院关于审理不正当竞争民事案件应用法律若干问题的解释》对"知名商品"的认定标准做出规定：在中国境内具有一定的市场知名度，为相关公众所知悉的商品，应当认定为《中华人民共和国反不正当竞争法》（1993）第五条第（2）项规定的"知名商品"。人民法院认定知名商品，应当考虑该商品的销售时间、销售区域、销售额和销售对象，进行任何宣传的持续时间、程度和地域范围，作为知名商品受保护的情况等因素，进行综合判断。原告应当对其商品的市场知名度负举证责任。

也有法官会根据《关于禁止仿冒知名商品特有的名称、包装、装潢的不正当竞争行为的若干规定》第四条规定的立法精神，对"知名商品"认定的适用倒推原则，即只要证明侵权人擅自使用了与他人商品相同或者近似的名称、包装、装潢，即可认定行为人实施了侵犯他人"知名商品"的不正当竞争行为，至于该"知名商品"所得的国家有关行政机关、行业总会的奖励，可作为其知名程度的参考。

相关法条

1.《中华人民共和国反不正当竞争法》（1993）第五条：经营者不得采用下列不正当手段从事市场交易，损害竞争对手：

（一）假冒他人的注册商标；

（二）擅自使用知名商品特有的名称、包装、装潢，或者使用与知名商品近似的名称、包装、装潢，造成和他人的知名商品相混淆，使购买者误认为是该知名商品；

（三）擅自使用他人的企业名称或者姓名，引人误认为是他人的商品；

（四）在商品上伪造或者冒用认证标志、名优标志等质量标志，伪造产地，对商品质量作引人误解的虚假表示。

2.《中华人民共和国反不正当竞争法》（2017年修订）第六条：经营者不得实施下列混淆行为，引人误认为是他人商品或者与他人存在特定联系：

（一）擅自使用与他人有一定影响的商品名称、包装、装潢等相同或者近似的标识；

（二）擅自使用他人有一定影响的企业名称（包括简称、字号等）、社会组织名称（包括简称等）、姓名（包括笔名、艺名、译名等）；

（三）擅自使用他人有一定影响的域名主体部分、网站名称、网页等；

（四）其他足以引人误认为是他人商品或者与他人存在特定联系的混淆行为。

3.《中华人民共和国反不正当竞争法》（1993）第二十条：经营者违反本法规定，给被侵害的经营者造成损害的，应当承担损害赔偿责任，被侵害的经营者的损失难以计算的，赔偿额为侵权人在侵权期间因侵权所获得的利润；并应当承担被侵害的经营者因调查该经营者侵害其合法权益的不正当竞争行为所支付的合理费用。

被侵害的经营者的合法权益受到不正当竞争行为损害的，可以向人民法院提起诉讼。

4.《中华人民共和国反不正当竞争法》（2017年修订）第十七条：经营者违反本法规定，给他人造成损害的，应当依法承担民事责任。

经营者的合法权益受到不正当竞争行为损害的，可以向人民法院提起诉讼。

因不正当竞争行为受到损害的经营者的赔偿数额，按照其因被侵权所受到的实际损失确定；实际损失难以计算的，按照侵权人因侵权所获得的利益确定。赔偿数额还应当包括经营者为制止侵权行为所支付的合理开支。

经营者违反本法第六条、第九条规定，权利人因被侵权所受到的实际损失、侵权人因侵权所获得的利益难以确定的，由人民法院根据侵权行为的情节判决给予权利人三百万元以下的赔偿。

5.《最高人民法院关于审理不正当竞争民事案件应用法律若干问题的解释》第一条：在中国境内具有一定的市场知名度，为相关公众所知悉的商品，应当认定为反不正当竞争法第五条第（二）项规定的"知名商品"。人民法院认定知名商品，应当考虑该商品的销售时间、销售区域、销售额和销售对象，进行任何宣传的持续时间、程度和地域范围，作为知名商品受保护的情况等因素，进行综合判断。原告应当对其商品的市场知名度负举证责任。

在不同地域范围内使用相同或者近似的知名商品特有的名称、包装、装潢，在后使用者能够证明其善意使用的，不构成反不正当竞争法第五条第（二）项规定的不正当竞争行为。因后来的经营活动进入相同地域范围而使其商品来源足以产生混淆，在先使用者请求责令在后使用者附加足以区别商品来源的其他标识的，人民法院应当予以支持。

判决书（节选）

一审判决书（节选）

……

本院认为：

《反不正当竞争法》的根本目的是建立并维护一种自由、公平、诚信、符合商业道德规范的竞争秩序。对竞争关系的要求也并非狭义上的经营范围和业务的一致与重合，只要经营者以不正当的手段谋取竞争优势或者破坏他人竞争优势，在此过程中可能对竞争对手、其他经营者或者竞争秩序造成损害，就应当受《反不正当竞争法》的规制。本案中，信息公司虽系经营互联网综合信息服务的公司，而房地产公司系经营房地产经纪服务的公司，但通过58同城网站页面显示内容可知房屋租售信息是信息公司通过互联网提供的各类信息中的重要组成部分，关于此内容，信息公司与房地产公司拥有共同的受众与用户。因此，两者的经营范围存在一定的重合；同时，可以看出，尽管经营模式不同，但不会影响两者经营内容和受众群体的相同。故本法院认为房地产公司与信息公司存在竞争关系。对房地产公司所称其与信息公司经营范围、经营模式等存在差异故不存在竞争关系的抗辩，本法院不予支持。

我国《反不正当竞争法》第五条第（二）项规定，擅自使用知名商品特有的名称、包装、装潢，或者使用与知名商品近似的名称、包装、装潢，造成和他人的知名商品相混淆，使购买者误认为是该知名商品的，构成不正当竞争。依据《最高人民法院关于审理不正当竞争民事案件应用法律若干问题的解释》第一条规定，在中国境内具有一定的市场知名度，为相关公众所知悉的商品，应当认定为"知名商品"。人民法院认定知名商品，应当考虑该商品的销售时间、销售区域、销售额和销售对象，进行任何宣传的持续时间、程度和地域范围，作为知名商品受保护的情况等因素，进行综合判断。

知名商品特有名称的形成具有一定的历史发展过程。本案中，信息公司成立之初，尽管其网站名称不为"58同城"而是"同城分类"，但其域名即为"58.com"，用域名指称网名的方式符合一般公众的呼叫习惯。且在其成立一年内，即在2006年"58同城"获"2006年中国互联网最具价值项目奖"，"58同城网"获"中国商业网站100强"、"2006年中国最具投资价值企业50强"称号。2007年6月22日，"58同城网"被中国儿童少年基金会授予"公益爱心企业"称号。由此可知，在2009年房地产公司成立之前，无论是信息公司的自身使用、对外宣传还是第三方的指称，便已将"58同城"作为网站名称使用。同时，依据获奖证明可知在2009年之前58同城网便因自身所提供服务的质量以及从事的公益活动在行业及社会中累积起了较高的商誉。依据2008年至2009年间签订的总金额近八百万元的数十份广告发布合同可知，信息公司通过在网络和全国范围内各类媒体进行了持续性、大成本的广告宣传，通过此期间的宣传"58同城"一词已与信息公司所经营网站以及网站所提供的服务建立了特定而稳固的联系，取得了足以区分商品或服务来源的较强的显著性。综上所述，可以认定2009年房地产公司在企业名称中使用"五八同城"字样时，58同城网已具有了较高的知名度与影响力。另外，尽管网站名称也存在过"58同城分类"等情况，但从呼叫习惯讲，"58同城"成为比较直接、上口的称呼方式，致使该名称成为该网站区别于其他网站的称谓。值得一提的是，就"58"及"同城"的组合而言，是信息公司将作为通用词汇的二者有机结合并形成了独有、自有的称谓。故此，"58同城"应为信息公司特有的网站名称，即"58同城"已构成知名网站的特有名称。

依据《最高人民法院关于审理不正当竞争民事案件应用法律若干问题的解释》第四条第一款规定，足以使相关公众对商品的来源产生误认，包括误认为与知名商品的经营者具有许可使用、关联企业关系等特定联系的，应认定为反不正当竞争法第五条第（二）项规定的"造成和他人的知名商品相混淆，使购买者误认为是该知名商品"。

本案中，首先，"58同城"系臆造的词语组合，并非通用词汇，因而本身即具有较强的显著性特征。房地产公司提交的材料可以证明"五八"或"同城"字样在企业名称中并不鲜见，但无法证明"五八同城"词组系通用词汇，故其该抗辩缺乏依据。其次，房地产公司企业名称中的字号"五八同城"从读音上与网站名称"58同城"完全一致。再次，房地产公司从事房屋租售中介业务，58同城网为生活类信息的发布平台，而其中房屋租售信息属于其重要的内容板块。最后，如前所述在2009年房地产公司设立之前58同城网便已具有了相当的知名度。而房屋租售信息为58同城网所发布信息中的重要组成部分，拟从事房地产经纪业务的房地产公司的发起人，对此应是明知的。综上所述，房地产公

一、商标、商号等混淆行为

司在企业名称中使用"五八同城"字样,足以使人产生房地产公司与58同城网经营者间存在特定关系的误认、导致混淆。

国家工商行政管理总局《关于禁止仿冒知名商品特有的名称、包装、装潢的不正当竞争行为的若干规定》第三条第三款规定,本规定所称知名商品特有的名称,是指知名商品独有的与通用名称有显著区别的商品名称。但该名称已经作为商标注册的除外。但该项规定并不意味着一旦知名商品名称作为商标注册就不再受《反不正当竞争法》的保护。本案中,一方面,房地产公司在企业名称中对"五八同城"的使用并非突出使用的商标使用行为,信息公司也未以侵害商标权为由主张权利;另一方面,虽然"58同城"商标已经被信息公司于2012年核准注册,但房地产公司将"五八同城"在企业名称中使用始于2009年,此时"58同城"商标尚未注册,信息公司无法依据在后取得商标权利制约房地产公司的在先行为;对于商标注册之前的侵权行为,信息公司依据知名商品特有名称主张并无不妥。故房地产公司此抗辩不成立。

依据房地产公司提交的《58同城网房产版网邻通广告服务协议》可以认定在2010年12月31日至2011年3月31日间,房地产公司曾在58同城网房产板块发布广告。但该事实并不等同于信息公司对房地产公司企业名称中使用"五八同城"字样的默认,仅能证明在此期间五八信息公司对房地产公司企业名称的使用存在应知的情况,但因房地产公司在企业名称中将"五八同城"作为字号使用是自其设立至今的持续状态,故信息公司起诉并未超过诉讼时效,但就该事实本法院将在经济赔偿时予以考虑。

综上所述,"58同城"构成知名网站的特有名称,房地产公司在其企业名称中使用"五八同城"字样的行为足以使人产生房地产公司与58同城网经营者间存在特定关系的混淆误认,构成了对信息公司的不正当竞争行为,侵害了信息公司的合法权益,房地产公司应当就此承担相应的民事责任。因此，信息公司要求房地产公司在企业名称中停止使用"五八同城"字样，于法有据，本法院予以支持；因赔礼道歉是一项适用于人身权利受侵害时的法律责任，而本案的不正当竞争行为并不涉及人身权利受侵害的情形，故信息公司要求赔礼道歉的请求没有法律依据，本法院不予支持；关于经济赔偿，参照相关法律规定，权利人在超过知道或应当知道侵权行为之日2年起诉的，如果侵权行为在起诉时仍在持续，侵权损害赔偿数额应当自权利人向人民法院起诉之日起向前推算2年计算，故本案中关于赔偿金额应自信息公司起诉之日向前推算2年计算。因信息公司未向法庭举证证明房地产公司不正当竞争行为给其造成的实际经济损失的数额，也未证明房地产公司因此获益的数额，故本法院将综合考虑房地产公司涉案不正当竞争行为的性质、情节、主观过错程度、信息公司所受影响程度等因素酌情确定具体的赔偿数额。关于信息公司要求赔偿的公证费，系其维权过程中所发生的合理费用，本法院予以支持。

综上所述，依照《中华人民共和国反不正当竞争法》第五条第（二）项、第二十条的规定，判决如下：

一、被告房地产公司于本判决生效之日起停止在其企业名称中使用"五八同城"字样；

二、被告房地产公司于本判决生效之日起十日内赔偿原告信息公司经济损失二十万元；

三、被告房地产公司于本判决生效之日起十日内赔偿原告信息公司合理费用六千三百二十元；

四、驳回原告信息公司的其他诉讼请求。

如果未按本判决指定的期间履行给付金钱义务，应当依照《中华人民共和国民事诉讼法》第二百五十三条的规定，加倍支付迟延履行期间的债务利息。

案件受理费13,857元，由原告信息公司负担3,857元（已交纳），

一、商标、商号等混淆行为

由被告房地产公司负担 10,000 元（于本判决生效之日起七日内交纳）。

如不服本判决，可在判决书送达之日起十五日内，向本院递交上诉状，并按对方当事人的人数提出副本，上诉于北京市第三中级人民法院。

二〇一四年七月十六日

二审判决书（节选）

……

本院认为：

根据各方当事人的诉辩主张，本案的争议焦点问题是：一、房地产公司与信息公司之间是否存在竞争关系。二、"58同城"是否构成信息公司所有的知名网站特有名称。三、房地产公司在企业名称中使用"五八同城"字样，是否会使消费者误认为其与"58同城"网站经营者间存在特定关系，从而导致混淆。四、信息公司能否依据知名商品特有名称主张权利。五、信息公司为房地产公司在58.com上进行企业推广的行为，是否表明其放弃了知名商品特有名称权。六、本案起诉是否超过诉讼时效。七、原审判决赔偿数额是否合理。

关于焦点问题一，对竞争关系的界定不应局限于狭义上的理解，机械地要求经营范围、模式等必须一致或重合，而是应当从《反不正当竞争法》的立法目的出发，只要经营者以不正当的手段谋取竞争优势或者破坏他人竞争优势，在此过程中可能对竞争对手、其他经营者或者竞争秩序造成损害，就可以纳入《反不正当竞争法》的调整范围。本案中，房屋租售信息属于信息公司所经营的"58同城"网站的重要板块，房地产公司从事的则是房屋租售中介业务，两者的经营范围、业务及受众均存在一定的重合，经营模式不同并不会影响两者存在竞争关系的认定。房地产公司的相关上诉理由，本院不予采纳。

关于焦点问题二，《反不正当竞争法》第五条第（二）项规定，擅自使用知名商品特有的名称、包装、装潢，或者使用与知名商品近似的名称、包装、装潢，造成和他人的知名商品相混淆，使购买者误认为是该知名商品的，构成不正当竞争。《最高人民法院关于审理不正当竞争民事案件应用法律若干问题的解释》第一条规定，在中国境内具有一定的市场知名度，为相关公众所知悉的商品，应当认定为"知名商品"。人民法院认定知名商品，应当考虑该商品的销售时间、销售区域、销售额和销售对象，进行任何宣传的持续时间、程度和地域范围，作为知名商品受保护的情况等因素，进行综合判断。本案中，信息公司的网站域名为"58.com"，登记名称为"同城分类"。结合在案证据可知，自2006年"58.com"网站创建伊始至2009年房地产公司成立之前，信息公司投入了大量的人力、物力、财力，采取了包括在网络和全国范围内各类媒体上进行宣传、积极参与公益活动等方式经营发展"58.com"网站，使得该网站不仅拥有较高的业务量，其自身所提供服务的质量也得到了受众及社会的认可，具有了较高的知名度与影响力。而在上述过程中，信息公司对内对外均将"58同城"作为网站名称使用，"58同城"一词已与"58.com"网站以及网站所提供的服务建立了特定而稳固的联系，足以区分服务来源。因此，尽管"58.com"最早登记名称为"同城分类"，但通过信息公司不断地实际使用，"58同城"这一称呼方式已经成为该网站区别于其他网站的独特称谓。此外，用域名指称网名的方式也符合一般公众的呼叫习惯。综上所述，原审法院认定"58同城"为信息公司所有的知名网站特有名称，并无不当。房地产公司的相关上诉理由，本院不予采纳。

关于焦点问题三，《最高人民法院关于审理不正当竞争民事案件应用法律若干问题的解释》第四条第一款规定，足以使相关公众对商品的来源产生误认，包括误认为与知名商品的经营者具有许可使用、关联企业关系等特定联系的，应认定为反不正当竞争法第五条第（二）项规定的"造成和他人的知名商品相混淆,使购买者误认为是该知名商品"。如前所述,房地产公司与信息公司之间存在竞争关系,且在2009年房地产公司设立之前,"58同城"即已构成知名网站特有名称,起到区分服务来源的作用。这一情况,拟从事房地产经纪业务的房地产公司的发起人应是明知的。在此情况下,房地产公司仍然选择与信息公司所有的知名网站特有名称"58同城"读音完全一致,含义没有明显区别的"五八同城"作为企业名称,足以使人误认房地产公司与"58同城"网站经营者之间存在特定关系,从而导致混淆。房地产公司的相关上诉理由,本院不予采纳。

关于焦点问题四,本案中,房地产公司于2009年11月27日成立,而第8336996号"58同城"商标系于2012年5月21日核准注册。就信息公司而言,其第8336996号"58同城"商标的权利始于该商标被核准注册之日。因此,对于2012年5月21日之前房地产公司的行为,信息公司无法以侵害注册商标专用权为由主张权利。在此情况下,信息公司依据知名商品特有名称维权并无不妥。此外,注册商标的使用应以其核定使用范围为准,因此第6020137号"58同城"商标与本案无关。房地产公司的相关上诉理由,本院不予采纳。

关于焦点问题五,尽管房地产公司曾在"58同城"网站房产板块发布广告,但该事实并不等同于信息公司对房地产公司企业名称中使用"五八同城"字样默认或放弃相关权利。房地产公司的相关上诉理由,本院不予采纳。

关于焦点问题六,房地产公司自其设立时即在企业名称中使用"五八同城"字样,针对这一持续行为,信息公司应当依据不同的权利基础维护其权益,但这并不影响这一侵权行为持续至今的事实,因此信息公司起诉并未超过诉讼时效。房地产公司的相关上诉理由,本院不予采纳。

关于焦点问题七,《反不正当竞争法》第二十条第一款规定,经营者违反本法规定，给被侵害的经营者造成损害的，应当承担损害赔偿责任，被侵害的经营者的损失难以计算的，赔偿额为侵权人在侵权期间因侵权所获得的利润；并应当承担被侵害的经营者因调查该经营者侵害其合法权益的不正当竞争行为所支付的合理费用。如前诉述，"58同城"构成知名网站的特有名称，房地产公司在其企业名称中使用"五八同城"字样的行为易使人误认为其与"58同城"网站经营者间存在特定关系，从而导致服务来源的混淆，构成了对信息公司的不正当竞争行为，侵害了信息公司的合法权益，房地产公司应当就此承担相应的民事责任。其中关于经济赔偿部分，鉴于因信息公司未举证证明房地产公司不正当竞争行为给其造成的实际经济损失的数额，也未证明房地产公司因此获益的数额，故原审法院综合考虑涉案不正当竞争行为的性质、情节、主观过错程度、后果等因素酌情确定赔偿数额，并无不当。此外，信息公司主张赔偿的公证费，有证据支持，原审法院将该部分支出认定为诉讼合理费用并予以支持，并无不当。房地产公司的相关上诉理由，本院不予采纳。

综上所述，房地产公司的上诉理由均不能成立，对其上诉请求，本院不予支持。原审判决认定事实清楚，适用法律正确，本院依法予以维持。依照《中华人民共和国反不正当竞争法》第五条第（二）项、第二十条第一款、《中华人民共和国民事诉讼法》第一百七十条第一款第（一）项的规定，判决如下：

驳回上诉，维持原判。

一审案件受理费13,857元，由信息公司负担3,857元（已交纳），由房地产公司负担10,000元（于本判决生效后7日内交纳）。二审案件受理费4,395元，由房地产公司负担（已交纳）。

本判决为终审判决。

二〇一四年十一月十二日

使用他人知名商号造成公众误解的"搭便车"行为构成不正当竞争

——评析香港××银行有限公司、××银行(中国)有限公司诉陕西××资产管理有限公司假冒商标不正当竞争行为

案情概要

基本信息

一审信息：

案号：（2015）西中民四初字第 00484 号

原告：香港××银行有限公司

　　　××银行（中国）有限公司

被告：陕西××资产管理有限公司

一审法院：陕西省西安市中级人民法院

二审信息：

案号：（2016）陕民终字第 129 号

上诉人：香港××银行有限公司

　　　　陕西××资产管理有限公司

被上诉人：××银行（中国）有限公司

二审法院：陕西省高级人民法院

诉讼请求

一审诉讼请求：

一、立即停止侵犯原告注册商标专用权的行为，即停止在金融、资产管理服务的商业活动中使用含有"汇丰"的标识；

二、立即停止使用"汇丰"字号并变更其企业名称，变更后的企业名称不得包含"汇丰"字样；

三、向原告赔偿损失，包括原告为制止被告侵权行为支出的合理费用，共计人民币 50 万元；

四、承担本案诉讼费用。

一、商标、商号等混淆行为

二审诉讼请求：

一、上诉人香港××银行有限公司的二审诉讼请求：依法改判一审判决第三项，支持被上诉人赔偿上诉人经济损失共计50万元的诉讼请求。

二、上诉人陕西××资产管理有限公司的二审诉讼请求：

1. 请求撤销（2015）西中民四初字第484号民事判决书中的第1、2、3项，依法改判驳回被上诉人香港××银行有限公司和被上诉人××银行（中国）有限公司的诉讼请求；

2. 请求依法判令被上诉人承担本案一、二审诉讼费用。

案情介绍

原告香港××银行有限公司（以下简称"香港银行"）于1865年在香港和上海成立，1980年获准在北京设立常驻代表处，为中国公众所知晓。

原告××银行（中国）有限公司（以下简称"中国银行"）作为首批本地注册的外资法人银行于2007年4月2日正式开业，由香港银行全资拥有，承继香港银行当时在中国内地所有分支机构的业务和权利义务。

"滙豐"和"汇丰"是原告的驰名注册商标及商号，在全球享有极高的知名度，在金融服务领域享有极高的声誉。目前汇丰集团是中国内地网点最多、地域覆盖最广的外资银行。

被告陕西××资产管理有限公司（以下简称"资产公司"），2004年9月13日经陕西省工商行政管理局注册成立，经营范围是企业改制策划、企业购并重组的方案设计、项目的孵化和投资咨询；资产管理（金融性资产管理除外），其前身为西安市碑林区汇讯理财工作室。在"工业和信息化部ICP/IP地址/域名信息备案管理系统"页面显示，资产公司名下有网站备案/许可证号为"陕ICP备11010114号－1"网址为"www.tfx888.com"的"汇丰外汇网"，以及网站备案/许可证号为"陕

ICP 备 11010114 号 –2"网址为"www.hsamc.com"的"不良资产网"。

原告认为被告将上述注册商标作为企业的字号在与金融和管理咨询相关的服务上单独或突出使用，极易造成消费者误认为被告与原告存在合作关系或其他形式的关联，侵害了原告的注册商标权，损害了原告所享有的良好商业信誉，构成不正当竞争。原告发现被告的上述侵权行为后，向被告致函要求被告停止侵权行为。但被告对原告的维权行为置之不理，故诉至法院，请求判令被告立即停止侵犯原告注册商标专用权的行为，立即停止使用"汇丰"字号并变更其企业名称，就本案侵权行为向原告赔偿损失；承担本案诉讼费用。

审理结果

一审判决：

一、本判决生效后被告资产公司立即停止侵害原告香港银行、中国银行涉案第 955523 号"汇丰"、第 770554 号"滙豐"注册商标专用权的行为；

二、本判决生效后三十日内被告资产公司停止使用"汇丰"作为企业名称中的字号并变更其企业名称，变更后的企业名称不得包含"汇丰"字样；

三、本判决生效后十日内被告资产公司赔偿原告香港银行、原告中国银行损失（含合理费用）10 万元；

四、驳回原告香港银行、原告中国银行其余诉讼请求。案件受理费 8,800 元，由原告香港银行、中国银行负担 3,520 元，被告资产公司负担 5,280 元。

二审判决：

驳回上诉，维持原判。

一审诉讼费按一审判决执行。二审诉讼费 9,600 元由上诉人香港银行承担7,300元，上诉人资产公司承担2,300元。

本判决为终审判决。

要点分析

一、侵害商标权的法律适用

一般来说，商标侵权行为是不正当竞争行为的表现之一，商标法属于特别法，故在商标法有明确规定的情况下应当适用《中华人民共和国商标法》及其司法解释，在《中华人民共和国商标法》及其司法解释没有明确规定的情况下适用反不正当竞争方面的法律规定。比较《中华人民共和国商标法》第五十二条第一款第（一）项规定与《中华人民共和国反不正当竞争法》（1993）第五条第一款第（一）项规定，《中华人民共和国反不正当竞争法》（1993）没有限定适用的商品类别。也就是如果被告在不同类别商品上使用了他人的普通注册商标标识，并且具有"搭便车"的主观恶意，违反自愿、平等、公平、诚实信用的原则和公认的商业道德，同时在市场上造成了相关消费者的混淆，则可以根据《中华人民共和国反不正当竞争法》（1993）的规定认定被控行为属于不正当竞争行为。

通常判定侵害商标权的主要标准为：首先，被控侵权标识与该注册商标是否相同或近似；其次，应当判断被控侵权商品与注册商标核定使用的商品是否相同或类似；再次，应当判断相关公众对该注册商标的知悉度和该注册商标是否具有显著性；最后，应当判断被控侵权人的使用方式和目的及使用行为是否会使相关公众对商品的来源产生误认、混淆。

是否构成不正当竞争通常情况下，应从以下方面进行考量：原告请求保护字号的显著性和知名程度；被告使用的字号是否与原告的相同或近似；原告、被告之间的企业名称是否会使相关公众对市场主体或商品和服务的来源产生混淆或误认；被控侵权人使用在先字号主观上是否有过错。

二、擅自使用他人企业名称不正当竞争行为的含义

《中华人民共和国反不正当竞争法》（1993）第五条第（三）项将"擅自使用他人的企业名称或者姓名，引人误认为是他人的商品"规定为不正当竞争行为。企业名称是市场主体的名称和企业重要的营业标识，消费者可以通过不同的营业标识而识别商品的来源；自然人的姓名与特定的商品联系起来时，也可以产生识别商品来源的作用。具有识别商品来源作用的企业名称或者姓名因他人擅自使用而引起市场混淆的，构成《中华人民共和国反不正当竞争法》（1993）第五条第（三）项规定的"擅自使用他人的企业名称或者姓名"的不正当竞争行为。

需要注意的是，《中华人民共和国反不正当竞争法》（1993）第五条第（三）项的保护范围不仅包括国内的企业名称，而且包括国外的企业名称。对于在我国境内设立的企业，应当保护其依法登记注册的企业名称；对外国企业名称，在该企业已在我国进行商业使用的情况下，享有跟国内企业名称一样受到保护的权利，而并不以其是否在我国工商管理机构登记注册为前提条件。因此，在中国境内进行商业使用的外国企业名称也属《中华人民共和国反不正当竞争法》（1993）第五条第（三）项规定的企业名称之列。

相关法条

1.《中华人民共和国商标法》第五十七条：有下列行为之一的，均属侵犯注册商标专用权：

（一）未经商标注册人的许可，在同一种商品上使用与其注册商标相同的商标的；

（二）未经商标注册人的许可，在同一种商品上使用与其注册商标近似的商标，或者在类似商品上使用与其注册商标相同或者近似的商标，

容易导致混淆的;

（三）销售侵犯注册商标专用权的商品的;

（四）伪造、擅自制造他人注册商标标识或者销售伪造、擅自制造的注册商标标识的;

（五）未经商标注册人同意，更换其注册商标并将该更换商标的商品又投入市场的;

（六）故意为侵犯他人商标专用权行为提供便利条件，帮助他人实施侵犯商标专用权行为的;

（七）给他人的注册商标专用权造成其他损害的。

2.《中华人民共和国商标法》第六十三条：侵犯商标专用权的赔偿数额，按照权利人因被侵权所受到的实际损失确定；实际损失难以确定的，可以按照侵权人因侵权所获得的利益确定；权利人的损失或者侵权人获得的利益难以确定的，参照该商标许可使用费的倍数合理确定。对恶意侵犯商标专用权，情节严重的，可以在按照上述方法确定数额的一倍以上三倍以下确定赔偿数额。赔偿数额应当包括权利人为制止侵权行为所支付的合理开支。

人民法院为确定赔偿数额，在权利人已经尽力举证，而与侵权行为相关的账簿、资料主要由侵权人掌握的情况下，可以责令侵权人提供与侵权行为相关的账簿、资料；侵权人不提供或者提供虚假的账簿、资料的，人民法院可以参考权利人的主张和提供的证据判定赔偿数额。

权利人因被侵权所受到的实际损失、侵权人因侵权所获得的利益、注册商标许可使用费难以确定的，由人民法院根据侵权行为的情节判决给予三百万元以下的赔偿。

3.《中华人民共和国反不正当竞争法》（1993）第五条：经营者不得采用下列不正当手段从事市场交易，损害竞争对手：

（一）假冒他人的注册商标；

（二）擅自使用知名商品特有的名称、包装、装潢，或者使用与知名商品近似的名称、包装、装潢，造成和他人的知名商品相混淆，使购买者误认为是该知名商品；

（三）擅自使用他人的企业名称或者姓名，引人误认为是他人的商品；

（四）在商品上伪造或者冒用认证标志、名优标志等质量标志，伪造产地，对商品质量作引人误解的虚假表示。

4.《中华人民共和国反不正当竞争法》（2017）第六条：经营者不得实施下列混淆行为，引人误认为是他人商品或者与他人存在特定联系：

（一）擅自使用与他人有一定影响的商品名称、包装、装潢等相同或者近似的标识；

（二）擅自使用他人有一定影响的企业名称（包括简称、字号等）、社会组织名称（包括简称等）、姓名（包括笔名、艺名、译名等）；

（三）擅自使用他人有一定影响的域名主体部分、网站名称、网页等；

（四）其他足以引人误认为是他人商品或者与他人存在特定联系的混淆行为。

5.《最高人民法院关于审理不正当竞争民事案件应用法律若干问题的解释》第六条：企业登记主管机关依法登记注册的企业名称，以及在中国境内进行商业使用的外国（地区）企业名称，应当认定为反不正当竞争法第五条第（三）项规定的"企业名称"。具有一定的市场知名度、为相关公众所知悉的企业名称中的字号，可以认定为反不正当竞争法第五条第（三）项规定的"企业名称"。

在商品经营中使用的自然人的姓名，应当认定为反不正当竞争法第五条第（三）项规定的"姓名"。具有一定的市场知名度、为相关公众所知悉的自然人的笔名、艺名等，可以认定为反不正当竞争法第五条第

（三）项规定的"姓名"。

判决书（节选）

……

本院认为：

本案争议的焦点问题是：1. 资产公司对"汇丰"的使用是否构成商标侵权；2. 资产公司对"汇丰"的使用是否构成不正当竞争；3. 一审法院判决的损失数额是否适当。

1. 资产公司对"汇丰"的使用是否构成商标侵权

商标的基本功能在于使相关公众通过商标识别不同商品或服务来源，这种识别功能是为消费者识别被标识的商品来源提供保障，避免相关公众对不同来源的商品产生混淆、误认，即标识性是商标最基本的特性。从《中华人民共和国商标法》第四十八条之规定"本法所称商标的使用，是指将商标用于商品、商品包装或者容器以及商品交易文书上，或者将商标用于广告宣传、展览以及其他商业活动中，用于识别商品来源的行为"可以看出商标性使用是以识别商品来源为目的将商标用于商业活动的行为。商标性使用是指被控侵权人将商标权人的商标作为标识使用，其应具备的条件为：商标必须在商业活动中使用；使用是为了标示商品或服务的来源；通过使用能够使相关公众区分不同商品或服务的提供者。

根据查明的事实，1989年10月6日香港银行在香港注册成立。之后香港银行经商标局核准在1994年10月28日取得第770554号"滙豐"商标，核定服务项目为《类似商品和服务区分表》第36类"货币兑换、金融服务、金融管理、金融分析、金融咨询等"，后续展至2024年10月27日。在1997年2月28日获得第955523号"汇丰"商标，核定服务项目为《类似商品和服务区分表》第35类"商业管理咨询、商业调查研究、市场研究、市场分析等"，后续展至2017年2月27日。香港银行依法享有上述注册商标的专用权。

资产公司在汇丰外汇网、不良资产网上使用"汇丰"作为网站名称及子栏目名称和服务内容介绍的标题使用的行为，包括汇丰业务介绍、汇丰资产管理业务、汇丰不良资产处置业务、汇丰国际业务、汇丰改制策划业务、汇丰融资策划业务、汇丰焦点、"汇丰快讯"；其中在"汇丰外汇网"上提供的"汇丰改制策划业务"属于咨询服务，与涉案第955523号"汇丰"注册商标核定使用的服务项目包括"商业管理咨询、商业调查研究、市场研究、市场分析等"，系相同服务，使用"汇丰"字样与第955523号"汇丰"注册商标相同。资产公司在其网站中对外宣称其是金融服务公司，在"汇丰业务介绍"项下推广宣传的"汇丰资产管理业务"、"汇丰不良资产处置业务"、"汇丰国际业务"、"汇丰融资策划业务"等具体业务，与涉案第36类的第770554号"滙豐"商标核定的服务项目之"货币兑换、金融服务、金融管理、金融分析、金融咨询等"部分相同，与该商标核定的服务项目构成近似。并且根据汉字简繁体的一一对应关系，其使用"汇丰"字样与第770554号"滙豐"字样至少构成近似，甚至相同。资产公司使用的"汇丰外汇网"、"汇丰资产管理业务"、"汇丰不良资产处置业务"、"汇丰国际业务"、"汇丰融资策划业务"、"汇丰焦点"、"汇丰快讯"等，均含有"汇丰"字样，资产公司将"汇丰"作为网站名称或者标题单独突出使用，起到了强调并指示服务来源的作用；同时，相关公众易在"汇丰"与"滙豐"之间建立联系，在作为商业标识使用的场合，"汇丰"与"滙豐"具有等同的关联性，"滙豐"商标在金融领域享有较高的知名度的背景下，资产公司使用的"汇丰"与涉案"滙豐"商标构成混淆性近似，上述使用行为易造成相关公众产生误认。根据《中华人民共和国商标法》第五十七条的规定："有下列行为之一的，均属侵犯注册商标专用权：（一）未经商标注册人的许可，在同一种商品上使用与其注册商标相同的商标的；

（二）未经商标注册人的许可，在同一种商品上使用与其注册商标近似的商标，或者在类似商品上使用与其注册商标相同或者近似的商标，容易导致混淆的"、《最高人民法院关于审理商标民事纠纷案件适用法律若干问题的解释》第一条"下列行为属于商标法第五十二条第（五）项规定的给他人注册商标专用权造成其他损害的行为：（一）将与他人注册商标相同或者相近似的文字作为企业的字号在相同或者类似商品上突出使用，容易使相关公众产生误认的"之规定，资产公司使用"汇丰"的行为构成对香港银行、中国银行第955523号"汇丰"、第770554号"滙豐"商标专用权的侵害。

2. 资产公司对"汇丰"的使用是否构成不正当竞争

反不正当竞争法的立法目的在于保障社会主义市场经济健康发展、鼓励和保护公平竞争，制止不正当竞争行为，保护经营者和消费者的合法权益。《中华人民共和国反不正当竞争法》第五条第（三）项规定："经营者不得采用下列不正当手段从事市场交易，损害竞争对手：擅自使用他人的企业名称或者姓名，引人误认为是他人的商品"、最高人民法院《关于审理不正当竞争民事案件应用法律若干问题的解释》第六条"企业登记主管机关依法登记注册的企业名称，以及在中国境内进行商业使用的外国（地区）企业名称，应当认定为反不正当竞争法第五条第（三）项规定的企业名称。具有一定的市场知名度、为相关公众所知悉的企业名称中的字号，可以认定为反不正当竞争法第五条第（三）项规定的企业名称"。请求被保护字号的显著性、知名度与是否会使相关公众对市场主体或商品和服务的来源产生混淆或误认是认定不正当竞争的考量因素。香港银行于1980年10月14日获准在北京设立常驻代表机构后，在中国境内设立了多家分行；香港银行独资设立中国银行后，由中国银行在北京、上海、西安等地设立了分支机构；香港银行有限公司及其后的中国银行各分支机构通过各种方式对"汇丰"商标进行了持续不断的使用；香港银行分别获得多个奖项；香港银行、中国银行对"汇丰"等商标进行了推广宣传；多家报刊也对香港银行进行了宣传报道。香港银行使用在第36类银行、金融服务等。该注册商标在相关公众中享有广泛的知名度，具有显著性。在此情形下，资产公司使用"汇丰"作为企业字号，因其与香港银行、中国银行所从事的业务范围存在重合或者关联性，二者之间的企业字号相同会使相关公众对市场主体或服务的来源产生混淆或误认。资产公司在登记企业名称时未尽到合理避让义务，客观上利用了香港银行、中国银行"汇丰"商号的知名度及商誉以及因此形成的市场竞争优势，其并不享有在先权利，也没有善意共存的基础。资产公司将"汇丰"注册为企业名称字号使用，构成不正当竞争。

3. 一审法院判决的损失数额是否适当

根据《中华人民共和国商标法》第六十三条第一款、第三款"侵犯商标专用权的赔偿数额，按照权利人因被侵权所受到的实际损失确定；实际损失难以确定的，可以按照侵权人因侵权所获得的利益确定；权利人的损失或者侵权人获得的利益难以确定的，参照该商标许可使用费的倍数合理确定。对恶意侵犯商标专用权，情节严重的，可以在按照上述方法确定数额的一倍以上三倍以下确定赔偿数额。赔偿数额应当包括权利人为制止侵权行为所支付的合理开支。权利人因被侵权所受到的实际损失、侵权人因侵权所获得的利益、注册商标许可使用费难以确定的，由人民法院根据侵权行为的情节判决给予三百万元以下的赔偿"、《最高人民法院关于审理商标民事纠纷案件适用法律若干问题的解释》第十六条第一、二款"侵权人因侵权所获得的利益或者被侵权人因被侵权所受到的损失均难以确定的，人民法院可以根据当事人的请求或者依职权适用商标法第五十六条第二款的规定确定赔偿数额。人民法院在确定赔偿数额时，应当考虑侵权行为的性质、期间、后果，商标的声誉，商标使用许可费的数额，商权使用许可的种类、时间、范围及制止侵权行为的合理开支等因素综合确定"、第十七条"商标法第五十六条第一款规定的制止侵权行为所支付的合理开支,包括权利人或者委托代理人对侵权行为进行调查、取证的合理费用。人民法院根据当事人的诉讼请求和案件具体情况,可以将符合国家有关部门规定的律师费用计算在赔偿范围内",《中华人民共和国反不正当竞争法》第二十条"经营者违反本法规定,给被侵害的经营者造成损害的,应当承担损害赔偿责任,被侵害的经营者的损失难以计算的,赔偿额为侵权人在侵权期间因侵权所获得的利润;并应当承担被侵害的经营者因调查该经营者侵害其合法权益的不正当竞争行为所支付的合理费用",《最高人民法院关于审理不正当竞争民事案件应用法律若干问题的解释》第十七条"确定反不正当竞争法第五条、第九条、第十四条规定的不正当竞争行为的损害赔偿额,可以参照确定侵犯注册商标专用权的损害赔偿额的方法进行"之规定,香港银行、中国银行请求赔偿损失(包括其为制止侵权行为支出的合理费用)50万元,由于香港银行、中国银行的损失或资产公司的获益均没有充分的证据,综合考虑到香港银行、中国银行的成立时间、涉案商标的类型、企业字号的知名度、资产公司的主观过错程度、侵权行为的性质、情节、范围、后果、公证费、双方协商议价律师费等因素,原审酌情确定资产公司赔偿汇丰银行、中国银行包括合理支出等损失人民币10万元,并无不当。

综上所述,上诉人香港银行、上诉人资产公司的上诉理由不能成立,其上诉请求本院不予支持。依照《中华人民共和国民事诉讼法》第一百七十条第一款第(一)项之规定,判决如下:

驳回上诉,维持原判。

一审诉讼费按一审判决执行。二审诉讼费9,600元由上诉人香港银行承担7,300元,上诉人资产公司承担2,300元。

本判决为终审判决。

二〇一六年四月二十九日

将他人在先具有知名度的注册商标登记注册为其企业字号并在相同或类似的商品或服务上使用构成不正当竞争

——评析××科技(深圳)有限公司诉广东微×互联网服务有限公司、广东微启××互联网服务有限公司、岑××不正当竞争纠纷案

一、商标、商号等混淆行为

案情概要

基本信息

一审信息：

案号：（2015）佛顺法知民初字第863号

原告：××科技（深圳）有限公司

被告：广东微×互联网服务有限公司

广东微启××互联网服务有限公司

岑××

一审法院：广东省佛山市顺德区人民法院

二审信息：

案号：（2016）粤06民终3137号

上诉人：广东微×互联网服务有限公司

被上诉人：××科技（深圳）有限公司

原审被告：广东微启××互联网服务有限公司岑××

二审法院：广东省佛山市中级人民法院

诉讼请求

一审诉讼请求：

一、判令广东微×互联网服务有限公司、广东微启××互联网服务有限公司、岑××立即停止侵害商标权和不正当竞争行为，包括在经营的网站、办公场所等处不得使用"微信"及"微商会"字样；

二、判令微互联网公司立即停止在其公司名称中使用"微信"字样，并向佛山市×顺德区市场监管局申请变更公司名称中的"微信"字样；

三、判令微×互联网公司、微启××互联网公司、岑××向科技公司赔偿经济损失及合理开支 1,000,000 元；

四、判令微×互联网公司、微启××互联网公司、岑××承担本案诉讼费。

二审诉讼请求：

一、撤销一审判决第二项、第三项，改判驳回××科技公司要求微×互联网公司停止在企业名称中使用"微信"二字的诉讼请求，微×互联网公司无须向××科技公司赔偿 80,000 元；

二、判令本案一、二审诉讼费由××科技（深圳）有限公司负担。

案情介绍

2012 年 4 月 9 日，××科技（深圳）有限公司（以下简称"科技公司"）就一款名为"腾讯微信软件（简称微信）3.5"的计算机软件取得我国计算机软件著作权登记证书。科技公司是"微信及图"相关商标的注册人。随着"微信"产品的广泛使用，"微信"已经被大众所熟知。2015 年 12 月 29 日，广东省工商行政管理局将"微信"录入企业名称（字号）管理库予以保护。

2012 年 11 月 30 日，广东微启××互联网服务有限公司（以下简称"微启互联网公司"）登记成立，2014 年 1 月××日，广东微×互联网服务有限公司（以下简称"微互联网公司"）登记成立。根据科技公司提供的公证书显示，"广东微×互联网服务有限公司微商会"的网站页面及图片中不同程度地显示有"广东微×互联网服务有限公司""广东微信""微商会"等字样。另外，微互联网公司在其网站中介绍其公司为："公司专注于销售系统的自主研发，并基于客户需求为客户提供和策划各种类型的销售解决方案，进行软件开发等服务。通过不同移动互联网渠道，为企业策划和提供专业的销售和运营方案，致力于为各行业的企业解决店面销售和产品展示两大经营难题。渠道主要包括门店、会议营销、APP（如百度搜索、陌陌、微信等）"。微互联网公司还在其网站的"最新产品"一栏中设有"小意思销微商城"产品报价页面，并在网页中登载"小意思分销微商商城简介"："一、小意思系统卖点；二、微信公众平台引流，全民营销；三、分销商城搭建于公众平台内，与微信×××亿活跃用户完成无缝对接引流。"

科技公司认为微互联网公司在其网站中使用的"广东微信"字样，与科技公司注册商标构成近似。同时，科技公司以微互联网公司在其企业名称中使用"微信"字号，科技公司以该行为违反《中华人民共和国反不正当竞争法》（1993）向法院提起诉讼。

审理结果

一审判决：

一、微互联网公司、微启互联网公司立即停止对原告科技公司的侵权行为，即停止在经营场所、网站等处突出使用"广东微信"字样；

二、微互联网公司立即停止在其公司名称中使用"微信"字号，并在本判决发生法律效力之日起三十日内向企业登记管理部门办理公司名称变更手续，且变更后的企业名称中不得含有"微信"字样；

三、微互联网公司一次性赔偿原告科技公司 80,000 元；微启互联网公司对上述债务承担连带清偿责任。

四、驳回原告科技公司的其他诉讼请求。

如被告不按本判决确定的期限履行给付金钱义务，则应按《中华人民共和国民事诉讼法》第二百五十三条的规定，加倍支付迟延履行期间的债务利息。

本案受理费 13,800 元（原告已预交），由被告微互联网公司、被告微启互联网公司负担。

如不服本判决，可在判决书送达之日起十五日内，向本院递交上诉状，并按对方当事人的人数提出副本，上诉于广东省佛山市中级人民法院。

二审判决：

驳回上诉请求，维持原判。二审案件受理费用 1,800 元，由微互联网公司负担。

要点分析

一、将他人的注册商标作为自己的企业名称字号使用构成不正当竞争

根据《中华人民共和国商标法》第五十八条的规定，将他人注册商标、未注册的驰名商标作为企业名称中的字号使用，误导公众，构成不正当竞争行为的，依照《中华人民共和国反不正当竞争法》处理。另外，《中华人民共和国反不正当竞争法》（1993）第二条第一款规定，经营者在市场交易中，应当遵循自愿、平等、公平、诚实信用的原则，遵守公认的商业道德。企业名称与商标均属于商业标识，前者的主要功能在于区分不同经营主体，后者的主要功能则在于指示商品或服务来源，二者在功能上存在重合之处。经营者在选择其企业名称时应遵循诚实信用原则，对他人在先具有一定知名度的注册商标作合理避让，避免因注册使用含他人注册商标的企业名称而造成相关公众的混淆误认。如果经营者出于"搭便车"的故意，将他人的注册商标登记注册为其企业字号，并将含该企业字号的企业名称在相同或类似的商品或服务上使用，造成相关公众混淆或误认，则其行为因违反了经营者在市场竞争中所应遵循的诚实信用原则，构成不正当竞争。

本案中，首先，科技公司在第 9 类计算机软件等商品上注册了"微信及图"商标，并将该商标用于其"微信"软件上，且"微信"软件经过多年持续、广泛的使用，已具有广大的用户数量，"微信及图"注册商标在计算机软件商品上已具有较高的知名度。其次，科技公司的商标注册在先，微互联网公司作为从事计算机软件相关行业的企业，在登记成立时应当知悉"微信"商标的知名度。微互联网公司将"微信"注册为其企业字号，其主观上明显具有攀附科技公司商标商誉的故意。最后，微互联网公司工商登记的经营范围显示其从事的是软件和信息技术服务业，其经营范围与计算机软件存在一定的关联关系。而且微互联网公司在其网站的介绍显示其实际开展的业务包括利用科技公司"微信"软件中的微信公众号功能进行相关营销，反映了微互联网公司实际所提供的服务与科技公司的使用"微信"注册商标的软件存在密切关系。

考虑到科技公司在计算机软件等商品上注册的"微信及图"商标具有较高的知名度，微互联网公司在从事软件和信息技术服务相关的经营活动过程中，使用带"微信"二字的企业名称，容易使相关公众认为其所提供的服务与科技公司存在特定的关联关系，造成相关公众混淆，其行为违反了经营者在市场竞争过程中所应遵循诚实信用原则，构成不正当竞争。

二、关于民事责任的承担问题

（一）办理公司名称变更的合理认定

根据《最高人民法院关于审理注册商标、企业名称与在先权利冲突的民事纠纷案件若干问题的规定》第四条的规定，被诉企业名称侵犯注册商标专用权或者构成不正当竞争的，人民法院可以根据原告的诉讼请求和案件具体情况，确定被告承担停止使用、规范使用等民事责任。由此可见，停止使用企业名称、规范使用企业名称均是在被诉企业名称侵犯注册商标专用权或构成不正当竞争的情况下侵权人承担民事责任的方式。因企业名称不正当使用他人具有较高知名度的注册商标作为企业名称，不论是否突出使用均难以避免产生市场混淆的，当事人有权请求判决停止使用或者变更该企业名称。

本案中，因微互联网公司登记注册带"微信"字号的企业名称在主观上具有攀附科技公司注册商标商誉的故意，客观上也足以造成混淆，其注册使用企业名称的行为具有违法性，不判令其停业在企业名称中使用"微信"字号并办理变更企业名称手续不足以制止其侵权行为。

（二）关于赔偿数额的认定

在没有证据可以充分有效地证明侵权人因侵权所获得的利益时，法院将参考以下几方面酌定赔偿数额：

1. 原告注册商标的使用情况及知名度；

2. 根据被告侵权行为的性质和具体方式判断其侵权情节及主观过错的严重程度；

3. 酌定诉讼的合理支出部分，如律师费、公证费等。

相关法条

1.《中华人民共和国反不正当竞争法》（1993）第五条：经营者不得采用下列不正当手段从事市场交易，损害竞争对手：

（一）假冒他人的注册商标；

（二）擅自使用知名商品特有的名称、包装、装潢，或者使用与知名商品近似的名称、包装、装潢，造成和他人的知名商品相混淆，使购买者误认为是该知名商品；

（三）擅自使用他人的企业名称或者姓名，引人误认为是他人的商品；

（四）在商品上伪造或者冒用认证标志、名优标志等质量标志，伪造产地，对商品质量作引人误解的虚假表示。

2.《中华人民共和国反不正当竞争法》（2017年修订）第六条：经

一、商标、商号等混淆行为

营者不得实施下列混淆行为，引人误认为是他人商品或者与他人存在特定联系：

（一）擅自使用与他人有一定影响的商品名称、包装、装潢等相同或者近似的标识；

（二）擅自使用他人有一定影响的企业名称（包括简称、字号等）、社会组织名称（包括简称等）、姓名（包括笔名、艺名、译名等）；

（三）擅自使用他人有一定影响的域名主体部分、网站名称、网页等；

（四）其他足以引人误认为是他人商品或者与他人存在特定联系的混淆行为。

3.《中华人民共和国反不正当竞争法》（1993）第九条：经营者不得利用广告或者其他方法，对商品的质量、制作成分、性能、用途、生产者、有效期限、产地等作引人误解的虚假宣传。

4.《中华人民共和国反不正当竞争法》（2017年修订）第八条：经营者不得对其商品的性能、功能、质量、销售状况、用户评价、曾获荣誉等作虚假或者引人误解的商业宣传，欺骗、误导消费者。

经营者不得通过组织虚假交易等方式，帮助其他经营者进行虚假或者引人误解的商业宣传。

5.《中华人民共和国反不正当竞争法》（1993）第十四条：经营者不得捏造、散布虚伪事实，损害竞争对手的商业信誉、商品声誉。

6.《中华人民共和国反不正当竞争法》（2017年修订）第十一条：经营者不得编造、传播虚假信息或者误导性信息，损害竞争对手的商业信誉、商品声誉。

判决书（节选）

二审判决书（节选）

……

本院认为：

《最高人民法院关于适用〈中华人民共和国民事诉讼法〉的解释》第三百二十三条规定："第二审人民法院应当围绕当事人的上诉请求进行审理。当事人没有提出请求的，不予审理，但一审判决违反法律禁止性规定，或者损害国家利益、社会公共利益、他人合法权益的除外。"一审法院认定微互联网公司突出使用"广东微信"字样的行为侵犯了科技公司的注册商标专用权，并判令微互联网公司停止突出使用"广东微信"字样的行为，微互联网公司对此项判决内容未提出上诉，而是仅对一审法院判令其停止在其企业名称中使用"微信"字号并办理企业名称变更手续、向科技公司赔偿8万元的判决内容提出上诉，故本院围绕微互联网公司的该上诉请求对本案进行审理。根据各方当事人在二审期间的诉辩，本案二审的争议焦点为：微互联网公司在其企业名称中使用"微信"字号是否构成不正当竞争；微互联网公司所应承担的民事责任。

一、关于微互联网公司在其企业名称中使用"微信"字号是否构成不正当竞争的问题

《商标法》第五十八条规定："将他人注册商标、未注册的驰名商标作为企业名称中的字号使用，误导公众，构成不正当竞争行为的，依照《中华人民共和国反不正当竞争法》处理。"反不正当竞争法第二条第一款规定："经营者在市场交易中，应当遵循自愿、平等、公平、诚实信用的原则，遵守公认的商业道德。"企业名称与商标均属于商业标识，前者的主要功能在于区分不同经营主体，后者的主要功能则在于指示商品或

服务来源,二者在功能上存在重合之处。经营者在选择其企业名称时应遵循诚实信用原则,对他人在先具有一定知名度的注册商标作合理避让,避免因注册使用含他人注册商标的企业名称而造成相关公众的混淆误认。如果经营者出于"搭便车"的故意,将他人在先具有一定知名度的注册商标登记注册为其企业字号,并将含该企业字号的企业名称在相同或类似的商品或服务上使用,造成相关公众混淆或误认,则其行为因违反了经营者在市场竞争中所应遵循的诚实信用原则,构成不正当竞争。

本案中,首先,科技公司在第9类计算机软件等商品上注册了第90859×××9号"微信及图"商标,并将该商标用于其"微信"软件上。根据一审查明的事实,"微信"软件经过多年持续、广泛的使用,已具有广大的用户数量,"微信及图"注册商标在计算机软件商品上已具有较高的知名度。其次,科技公司的第90859×××9号商标注册在先,微互联网公司作为从事计算机软件相关行业的企业,在登记成立时应当知悉"微信"商标的知名度。微互联网公司将"微信"注册为其企业字号,其主观上明显具有攀附科技公司商标商誉的故意。最后,微互联网公司工商登记的经营范围显示其从事的是软件和信息技术服务业,其经营范围与计算机软件存在一定的关联关系。而且微互联网公司在其网站的介绍显示其实际开展的业务包括利用科技公司"微信"软件中的微信公众号功能进行相关营销,反映了微互联网公司实际所提供的服务与科技公司使用"微信"注册商标的软件存在密切关系。考虑到科技公司在计算机软件等商品上注册的"微信及图"商标具有较高的知名度,微互联网公司在从事软件和信息技术服务相关的经营活动过程中,尤其是在提供与科技公司的"微信"软件相关服务的过程中,使用带"微信"二字的企业名称,容易使相关公众认为其所提供的服务与科技公司存在特定的关联关系,造成相关公众混淆或误认,其行为违反了经营者在市场竞争过程中所应遵循诚实信用原则,构成不正当竞争。虽然科技公司并未在第42类技术研究、计算机编程、计算软件设计、计算机软件咨询等相关商品或服务类别上注册商标,但在微互联网公司将科技公司在第9类商品上注册的"微信"商标登记注册为其企业字号并予以使用,已足以造成相关公众的混淆或误认的情况下,科技公司未在第42类商品或服务类别上注册商标并不妨碍其依据在第9类商品上注册的商标主张微互联网公司的行为构成不正当竞争。

二、关于微互联网公司所应承担的民事责任的问题

由于微互联网公司的行为构成商标侵权及不正当竞争,根据相关法律规定,微互联网公司应承担停止侵权、赔偿损失等民事责任。《最高人民法院关于审理注册商标、企业名称与在先权利冲突的民事纠纷案件若干问题的规定》第四条规定:"被诉企业名称侵犯注册商标专用权或者构成不正当竞争的,人民法院可以根据原告的诉讼请求和案件具体情况,确定被告承担停止使用、规范使用等民事责任。"由此可见,停止使用企业名称、规范使用企业名称均是在被诉企业名称侵犯注册商标专用权或构成不正当竞争的情况下侵权人承担民事责任的方式。因企业名称不正当使用他人具有较高知名度的注册商标,不论是否突出使用均难以避免产生市场混淆的,当事人有权请求判决停止使用或者变更该企业名称。本案中,因微互联网公司登记注册带"微信"字号的企业名称在主观上具有攀附科技公司注册商标商誉的故意,客观上也足以造成混淆或误认,其注册使用企业名称的行为具有违法性,一审法院根据科技公司的诉讼请求,判令微互联网公司立即停止在其企业名称中使用"微信"字号并办理相应的企业名称变更手续于法有据。在报刊、网站等刊登相关公告虽然在一定程度上可以消除因混淆误认而造成的不良影响,但并不能避免微互联网公司的企业名称继续产生混淆或误认,不判令微互联网公司停止在其企业名称中使用"微信"字号并办理变更企业名称手续不足以制止侵权行为,故微互联网公司上诉主张以刊登公告的形式

代替停止在企业名称中使用"微信"字号等民事责任于法无据，本院不予支持。

关于微互联网公司应向科技公司承担的赔偿责任。科技公司因被侵权所受损失以及微互联网公司因侵权所获得的利益均无法确定，一审法院根据相关法律规定，综合考虑科技公司注册商标知名度、微互联网公司的经营规模以及科技公司为制止侵权支付的合理开支等因素，酌定微互联网公司向科技公司赔偿8万元并无不当，本院予以维持。微互联网公司上诉主张其为微小企业，赔偿数额过高，但其工商登记信息显示其注册资本达1,000万元，微互联网公司此主张与事实不符，本院不予采信。

综上所述，微互联网公司的上诉请求不能成立，应予驳回；一审判决认定事实清楚，适用法律正确，应予维持。依照《中华人民共和国民事诉讼法》第一百七十条第一款第一项的规定，判决如下：

驳回上诉，维持原判。

二审案件受理费1,800元，由微互联网公司负担。

本判决为终审判决。

二〇一六年九月二十七日

竞争者擅自使用其他经营者创设的网页页面虚假宣传构成不正当竞争

——评析上海×××股份有限公司诉济南开发区×××××网络技术开发中心不正当竞争纠纷案

一、商标、商号等混淆行为

案情概要

基本信息

案号：（2000）沪二中知初字第 109 号

原告：上海×××股份有限公司

被告：济南开发区×××××网络技术开发中心

审理法院：上海市第二中级人民法院

诉讼请求

一、立即停止侵害原告网页页面著作权的不正当竞争行为；

二、立即停止侵害原告"EASTDAY 东方网"知名商品（服务）特有名称权益的不正当竞争行为；

三、立即停止侵害原告网页页面知名商品（服务）特有装潢权益的不正当竞争行为；

四、立即停止在其网页上进行虚假宣传，损害原告商誉的不正当竞争行为；

五、立即停止使用和注销其恶意抢注的"eastdays.com"、"eastdays.com.cn"的域名；

六、在原告网站以及《互联网周刊》《新民晚报》《齐鲁晚报》上向原告公开赔礼道歉、消除影响；

七、赔偿原告经济损失人民币 100 万元；

八、承担本案的诉讼费和原告合理的调查费用。

案情介绍

原告上海×××股份有限公司（以下简称"上海公司"）诉称，该公司享有"eastday.com"和"eastday.com.cn"域名独占性的使用权并开通了名称为"EAST-DAY东方网"的大型综合性信息服务网站。被告济南开发区××××网络技术开发中心（以下简称"济南公司"）经营名称为"EASTDAYS东方网"（域名为"eastdays.com"和"eastday.com.cn"）的网站，该网站的首页页面及其他频道页面与原告极其相似，其九个频道名称与原告网站开通时的频道名称一字不差，且每个频道的页面风格、布局、文字、色彩、字体等选用也仿照原告网站。被告网站的许多内容也来自原告网站，且在自我介绍栏目中声称，其"东方网是中国地区最大的提供新闻媒介服务和相关信息服务的媒介网站之一"。此外，被告还注册了"soohu.com.cn""suhou.com.cn"等与其他知名网站相似的域名，实施恶意抢注的不正当行为。原告以不正当竞争为由向法院提起诉讼。

审理结果

一、被告停止使用原告"EASTDAY.com东方网"网站的系争页面样式、链接图标的不正当竞争行为；

二、被告济南公司停止实施虚假宣传的不正当竞争行为；

三、被告济南公司在原告上海公司的"EASTDAY.com东方网"网站上，以及在《互联网周刊》、《新民晚报》、《齐鲁晚报》上刊登致歉声明，公开向原告赔礼道歉、消除影响（此项判决内容，自本判决生效之日起30日内履行完毕，致歉声明内容需经本院审核；在原告网站上登载致歉声明的时间为4天）；

四、被告济南公司向原告上海公司赔偿经济损失，包括原告用于调查的合理费用，合计人民币300,000元（此项判决内容，自本判决生效之日起30日内履行完毕）；

五、原告上海公司的其他诉讼请求不予支持。

六、案件受理费人民币 15,010 元，由原告负担 5,253 元，被告负担 9,757 元。

要点分析

一、不正当竞争行为的认定

经营者违反我国反不正当竞争法的有关规定，损害其他经营者的合法权益，扰乱社会经济秩序的行为，是不正当竞争行为。竞争者采取抄袭、仿冒和篡改手法，擅自使用其他经营者所创设的网页页面的表达形式，发布与客观事实不符的信息等行为，令人对竞争者的服务来源、性质、方式、特点、用途产生误解，并造成混淆和误导的结果，损害他人的合法利益，构成不正当竞争。

本案中，原告上海公司是系争的"EASTDAY.com 东方网"网站页面的设计主体，而被告济南公司设置的系争网站的首页页面及其他频道页面与原告极其相似，尤其是页头部分，其结构布局、栏目编排、文字、线条、颜色和图案的排列组合搭配，与原告的表达方式已构成实质性的相同，其使用的链接图标，与原告的表达方式完全相同。两者主要部分和整体印象的近似，足以使网站使用用户产生混淆。被告未能证明这些相同部分的表达方式由其独立创作完成，或来自公共领域。因此，应认定被告未经原告许可，采取抄袭、仿冒和篡改的手法，擅自使用原告网页页面表达方式，造成两个网站服务内容的混淆，导致普通网民误认，因而构成对原告的不正当竞争。

二、有关域名注册、使用的侵权或者不正当竞争行为认定

网络商业域名不仅具有网络地址的功能，而且还具有商业标识的作用。在通常情况下，如果域名与具有在先权利的知识产权标识不相冲突，并不引起混淆，则该域名的注册和使用为正当的注册和使用。反之，为不正当的注册和使用。如果注册和使用者带有主观恶意，则为恶意注册。

认定行为人注册、使用域名构成侵权或者不正当竞争，在于：1. 主张者请求保护的民事权利合法有效，或具有合法的民事利益；2. 行为人注册、使用的域名或域名的主要部分已经构成对驰名商标等前述享有民事权利的标识的复制、模仿、翻译或音译，并引起混淆；3. 行为人对该域名或域名的主要部分不享有在先权利，也无注册、使用该域名的其他正当理由；4. 行为人对该域名的注册、使用具有恶意。

本案中，原告的网站名称为"EASTDAY.com 东方网"，而原告对其中单个词语"EASTDAY"主张其知名商品（服务）特有名称的在先权利，并以此排斥被告所注册的域名"eastdays.com""eastdays.com.cn"，对此，原告并没有提供充分证据证明仅"EASTDAY"已构成其知名商品（服务）的特有名称，其对此享有在先权利。原告也缺乏相应的依据，论证以其网站名称之一部分，可足以排斥被告所注册的相关域名。鉴于此，法院未支持原告要求被告停止使用和注销上述域名的诉请。

三、关于虚假宣传构成不正当竞争行为的认定

《中华人民共和国反不正当竞争法》（1993）规定，经营者不得利用广告或者其他方法、对商品的质量、制作成分、性能、用途、生产者、有效期限、产地等作引人误解的虚假宣传。对于如何界定虚假宣传，最高人民法院2007年1月出台的《关于审理不正当竞争民事案件应用法律若干问题的解释》第八条第一款作了进一步规定，即经营者具有下列行为之一，足以造成相关公众误解的，可以认定为《中华人民共和国反不正当竞争法》（1993）第九条第一款规定的引人误解的虚假宣传行为：（一）对商品作片面的宣传或者对比的；（二）将科学上未定论的观点、现象等当作定论的事实用于商品宣传的；（三）以歧义性语言或者其他引人误解的方式进行商品宣传的。同时，该解释还要求人民法院应当根据日常生活经验、相关公众一般注意力、发生误解的事实和被宣传对象

的实际情况等因素，对引人误解的虚假宣传行为进行认定。

从《中华人民共和国反不正当竞争法》（1993）的条款来看，虚假宣传行为的构成似乎必须满足两个要件：一是引人误解；二是虚假宣传或虚假表示。虚假宣传行为的成立，既要有宣传者进行虚假或者片面陈述的行为和不正当竞争的意图，又要有相关消费者受到误导的后果。当然，引人误解的虚假宣传并不一定要在市场交易中已经实际造成消费者误解，只要有可能造成消费者对商品的情况等内容产生错误理解，即可构成虚假宣传。误导的本质是使他人对自己的产品或者服务或企业产生不真实的印象，进而左右消费者的信息判断和决策。

本案中，被告在"EASTDAYS.com 东方网"网站未曾取得相关部门的审核批准，不具有从事互联网新闻发布和转载的资质的情况下擅自从事互联网的新闻发布和转载，但声称其网站"是中国地区最大的提供新闻媒介服务和相关信息服务的媒介网站之一"、"建设为山东省极具影响力的第四媒体"等，虚构其网站的资质，夸大其网站的功能和作用，作引人误解的虚假宣传。故被告的虚假宣传行为已构成不正当竞争。

另外，《中华人民共和国反不正当竞争法》（2017年修订）第十一条关于传播"虚假信息"或"误导性信息"均构成不正当竞争，增加了"误导性信息"，扩大了虚假宣传行为的认定范围，具体实践标准将有待司法进一步检验。

相关法条

1.《中华人民共和国反不正当竞争法》（1993）第二条：经营者在市场交易中，应当遵循自愿、平等、公平、诚实信用的原则，遵守公认的商业道德。

本法所称的不正当竞争，是指经营者违反本法规定，损害其他经营者合法权益，扰乱社会经济秩序的行为。

本法所称的经营者，是指从事商品经营或者营利性服务（以下所称商品包括服务）的法人、其他经济组织和个人。

2.《中华人民共和国反不正当竞争法》（2017年修订）第二条：经营者在生产经营活动中，应当遵循自愿、平等、公平、诚信的原则，遵守法律和商业道德。

本法所称的不正当竞争行为，是指经营者在生产经营活动中，违反本法规定，扰乱市场竞争秩序，损害其他经营者或者消费者的合法权益的行为。

本法所称的经营者，是指从事商品生产、经营或者提供服务（以下所称商品包括服务）的自然人、法人和非法人组织。

3.《中华人民共和国反不正当竞争法》（1993）第九条：经营者不得利用广告或者其他方法，对商品的质量、制作成分、性能、用途、生产者、有效期限、产地等作引人误解的虚假宣传。广告的经营者不得在明知或者应知的情况下，代理、设计、制作、发布虚假广告。

4.《中华人民共和国反不正当竞争法》（2017年修订）第八条：经营者不得对其商品的性能、功能、质量、销售状况、用户评价、曾获荣誉等作虚假或者引人误解的商业宣传，欺骗、误导消费者。经营者不得通过组织虚假交易等方式，帮助其他经营者进行虚假或者引人误解的商业宣传。

5.《关于审理不正当竞争民事案件应用法律若干问题的解释》第八条，经营者具有下列行为之一，足以造成相关公众误解的，可以认定为反不正当竞争法第九条第一款规定的引人误解的虚假宣传行为：（一）对商品作片面的宣传或者对比的；（二）将科学上未定论的观点、现象等当作定论的事实用于商品宣传的；（三）以歧义性语言或者其他引人误解的方式进行商品宣传的。

以明显的夸张方式宣传商品，不足以造成相关公众误解的，不属于引人误解的虚假宣传行为。

人民法院应当根据日常生活经验、相关公众一般注意力、发生误解的事实和被宣传对象的实际情况等因素，对引人误解的虚假宣传行为进行认定。

判决书（节选）

……

本院认为：

（一）诉讼主体资格

民事诉权是随民事法律关系确立而产生的一种司法保护权利，一旦民事法律关系确立，其主体即取得了诉权，诉权的行使，要求该主体必须与这种民事法律关系有直接的利害关系。原告开设"EASTDAY.com东方网"网站，从事网络服务经营活动，是该民事权利义务关系的主体。这一民事法律关系的变更或消灭，对原告的民事权益有直接的影响。原告以被告实施的网络经营活动对其构成不正当竞争，损害其合法权益为由行使诉权，诉讼所及的不正当竞争法律关系直接，诉请明确，因此，原告的诉讼主体资格合适。被告辩称，本纠纷发生之前，原告始终不是前述"eastday.com"和"eastday.com.cn"两个域名的注册人或持有人，原告与他人所签订的域名许可使用协议，仅在原告与协议的相对方之间发生效力，原告无权以此对抗作为协议第三方的本案被告，由此原告提出域名诉讼的主体资格不合适。本院认为，在本案中原告并没有直接以域名纠纷的诉因而提起诉讼，也不是主张所谓的"域名权"。原告始终是以不正当竞争的诉因行使诉权，包括指控被告实施恶意注册域名的不正当竞争行为。对此，原告行使诉权正当，于法有据，本院予以支持。原告以不正当竞争诉因提起的诉讼，与具体诉讼内容所涉及的系争域名之间，两者具有联系，但并不因此表明原告就该域名而行使诉权。被告混淆两者关系，凭借案件涉及了域名的内容，便认为原告以域名权的诉因行使诉权，提起诉讼，进而认定原告主体资格不合适，否定原告所享有的反不正当竞争的诉权，其辩称缺乏根据，本院不予采信。

（二）网络经营行为

经营者违反我国反不正当竞争法的有关规定，损害其他经营者的合法权益，扰乱社会经济秩序的行为，是不正当竞争行为。网络服务商从事网络的信息登载和传输，由此获取利益的行为是一种经营行为。从事该行为的经营者不得违反诚实信用原则、公认的商业道德和市场行为规则，不得采用欺诈的手段，与同业竞争者进行不公平竞争。竞争者采取抄袭、仿冒和篡改手法，擅自使用其他经营者所创设的网页页面的表达形式，发布与客观事实不符的信息等行为，令人对竞争者的服务来源、性质、方式、特点、用途产生误解，并造成混淆和误导的结果，损害他人的合法利益，便构成不正当竞争。

原被告作为网络服务商，为有效登载或传输信息，需要制作具有特定表现形式的页面样式，以刊载信息，向网民提供网络信息服务。原告是系争的"EASTDAY.com 东方网"网站页面的设计主体，其将文字、线条、颜色及图案以数字化的方式加以特定的排列组合搭配，在各频道整体页面，尤其是页头部分及链接图标，形成具有独特内涵和艺术底蕴的特定表达方式，作为其网站页面传输信息的固定结构样式，上载于其网站页面之上，为其网络经营服务。被告设置的系争网站的各频道页面，尤其是页头部分，其结构布局、栏目编排、文字、线条、颜色和图案的排列组合搭配，与原告的表达方式已构成实质性的相同；其使用的链接图标，与原告的表达方式完全相同。两者主要部分和整体印象的近似，足以使社会普通网民误认为这两个网站存在某种内在的联系，误认为被告网站提供的新闻信息服务就是原告网站提供的新闻信息服务。对此，被告未能证明这些相同部分的表达方式由其独立创作完成，或来自公共领域。因此，应认定被告未经原告许可，采取抄袭、仿冒和篡改的手法，擅自使用原告网页页面表达方式，造成两个网站服务内容的混淆，导致普通网民误认，因而构成对原告的不正当竞争。至于原告所称的网站的特有装潢部分，均包含于整个页面的样式之中，其就这部分再单独主张权利，有一事多理之嫌，显然对被告有失公允，本院难以支持。

被告辩称，其所使用的网页页面是练习页面，是员工在学习、研究、搜索、收集他人网页过程中，以相关网页页面为模板，进行网页制作练习和网页上传练习。因此，被告的行为是一种正常学习的合理使用。

本院认为，为个人学习、研究或者欣赏，使用他人创设的网页页面，应合乎我国法律的有关规定。正当的"合理使用"，仅仅局限于使用者个人的学习、研究等，而不应是个人或法人单位为从事其经营活动所作的商业用途的使用；这种使用须是局限于一定范围内的、不面向社会公众的内部使用，而不应将所使用的内容公之于众，予以传播；这种使用须为有法律依据的使用，而不应影响标的物的正常使用和权利人的合法权益。然而，被告未曾提供任何证明材料，佐证其"使用行为"仅仅是"员工为了学习"所作的"内部使用"；被告的使用内容与其经营活动直接相关联，成为其经营活动中一个不可或缺的组成部分，从而是一种法人以盈利为目的的经营性使用；被告不仅未经原告许可和授权，擅自营利性地经营使用了原告的网页页面样式和链接图标，致使上传的页面在互联网上传播，而且既不指明出处，又不支付合理的使用费。因此，被告的使用行为不仅违反"合理使用"的立法精神，而且影响原告对其网页页面样式和链接图标的正常使用，及对其网站潜在商业市场的利用，是一种损害原告合法权益的不正当竞争行为。被告的上述辩称，与事实和法律相悖，本院不予支持。

（三）网络宣传行为

在网络经营活动中，无论是新闻网站还是非新闻单位依法建立的综合性互联网站，通过互联网发布和转载新闻，需经有关部门审核同意，并报国务院新闻办公室批准，非新闻单位依法建立的其他互联网站，包括电子商务网站，不得从事发布和转载新闻业务。与此同时，网站所制造和发布广告的内容，必须与广告主的实际情况相符合，不得违背客观事实。网络经营者对其服务进行虚假的或者引人误解的宣传，必然会误导网民。其获取较多的商业机会，进而获取商业利润的行为，背离市场公平竞争的原则，违背良好的商业道德，在损害网民的同时，也损害其他竞争者的利益，构成不正当竞争。

原告所开通的"EASTDAY.com 东方网"网站享有可从事信息采集、加工、发布、上载新闻内容的资质，定位为"媒体网站"，原告依法从事的网络信息发布和转载的经营活动受我国法律的保护。被告开通的"EASTDAYS.com 东方网"网站未曾取得相关部门的审核批准，不具有从事互联网新闻发布和转载的资质。然而，被告在其网站的"东方首页"和"东方新闻"频道页面，设置 8 个不同类别的新闻栏目，擅自从事互联网的新闻发布和转载。与此同时，被告在其网站上发布由其制作的"广告招商"中，声称其网站"是中国地区最大的提供新闻媒介服务和相关信息服务的媒介网站之一"、具有"每日数万人左右的浏览量"、"是您发布广告、占领市场的最佳桥梁"；在其"致网友"信中又称，其网站"立足本地新闻及各信息频道"、"建设为山东省极具影响力的第四媒体"。被告为开拓其广告业务之需，编造不实之词，虚构其网站的资质，夸大其网站的功能和作用，作引人误解的虚假宣传，与包括原告在内的网络经营者进行不正当竞争；与此同时，联系被告所实施的前述多层面擅自使用原告网页页面样式及链接图标的不正当竞争行为，被告的上述虚假宣传行为，势必使普通网民进一步误认为被告网站与原告网站之间有某种联系，或者认为这就是原告所经营并大力宣传的网站，从而对原告和网民的利益造成损害，构成对原告的不正当竞争。据此，原告的相关诉请成立，本院予以支持。被告声称其广告宣传是客观、正常的，缺乏依据，本院不予采信。

（四）与域名有关的其他行为

网络商业域名不仅具有网络地址的功能，而且还具有商业标识的作用。在通常情况下，如果这种域名与具有在先权利的知识产权标识不相冲突，并不引起混淆，则该域名的注册和使用为正当的注册和使用。反之，为不正当的注册和使用。如果注册和使用者带有主观恶意，则为恶意注册。认定行为人注册、使用域名构成侵权或者不正当竞争，在于：主张者请求保护的民事权利合法有效，或具有合法的民事利益；行为人注册、使用的域名或域名的主要部分已经构成对驰名商标等前述享有民事权利的标识的复制、模仿、翻译或音译，并引起混淆；行为人对该域名或域名的主要部分不享有在先权利，也无注册、使用该域名的其他正当理由；行为人对该域名的注册、使用具有恶意。

在网络环境下，原告的网站名称为"EASTDAY.com 东方网"，而原告对其中单个词语"EASTDAY"主张其知名商品（服务）特有名称的在先权利，并以此排斥被告所注册的域名"eastdays.com"、"eastdays.com.cn"，对此，原告并没有提供充分证据，证明仅"EASTDAY"已构成其知名商品（服务）的特有名称，其对此享有在先权利。原告也缺乏相应的依据，论证以其网站名称之一部分，可足以排斥被告所注册的相关域名。鉴于此，原告要求被告停止使用和注销上述域名的诉请本院不予支持。此外，原告提出，被告还注册了"soohu.com.cn"、"suhoo.com.cn"等与其他知名网站相似的域名，实施恶意抢注的不正当行为。本院认为，因原告不是上述法律关系的相关权利人，原告的该诉称本院不予处理。

综上所述，原告上海公司在互联网上所经营的新闻登载和传输活动，合乎法律规定，应受到我国法律的保护。被告未经原告许可，擅自使用了原告网站 7 个频道页面的系争样式，尤其是页头部分的系争样式以及链接图标，作为其网站相关页面的组成部分，与原告进行同业竞争，造成两个网站服务内容的混淆，导致普通网民误认。与此同时，被告不具有从事互联网新闻发布和转载的资质，仍在其网站上发布和转载新闻，同时，在其"广告招商"和"致网友"信中发布违背客观事实、内容不实的信息，对其网站实施虚假宣传。被告的上述行为构成综合性的不正当竞争行为，损害了原告的合法利益。据此，原告要求法院判令被告立即停止上述不正当竞争行为、向原告公开赔礼道歉、消除影响、赔偿损失的诉讼请求，本院应予支持，被告应承担相应的民事责任；被告消除影响的方式、范围应与其不正当竞争行为实施的方式、范围等相一致。鉴于原告主张保护其知名商品（服务）特有装潢等诉请，与制止被告擅自使用其网站页面样式和链接图标的不正当竞争行为的诉请，内容重合，故本院在认定被告实施上述综合性的不正当竞争行为的情况下，不再予以个别认定和合并累加确定被告所应承担民事赔偿责任的具体数额。有关被告具体赔偿数额，由本院依据本案的实际情况，结合原告的诉请，被告实施不正当竞争行为的手段、规模、情节、主观故意程度、造成的后果等因素，酌情认定；同时，被告应承担原告因本案而支出的合理调查费用。此外，原告诉讼请求中指控被告实施恶意注册域名的不正当竞争行为，因缺乏相应的证据和法律依据，本院不予支持；对于原告其他诉讼请求中超过适当范围的部分，本院也不予支持。相关诉讼费用由原告自行负担。依照《中华人民共和国民法通则》第四条、第五条、第一百三十四条第一款第（一）项、第（七）项、第（九）项、第（十）项，《中华人民共和国反不正当竞争法》第二条、第九条第一款的规定，经本院审判委员会讨论决定，判决如下：

一、被告济南公司停止使用原告上海公司"EASTDAY.com 东方网"网站的系争页面样式、链接图标的不正当竞争行为;

二、被告济南公司停止实施虚假宣传的不正当竞争行为;

三、被告济南公司在原告上海公司的"EASTDAY.com 东方网"网站上,以及在《互联网周刊》、《新民晚报》、《齐鲁晚报》上刊登致歉声明,公开向原告赔礼道歉、消除影响(此项判决内容,自本判决生效之日起 30 日内履行完毕,致歉声明内容需经本院审核;在原告网站上登载致歉声明的时间为 4 天);

四、被告济南公司向原告上海公司赔偿经济损失,包括原告用于调查的合理费用,合计人民币 300,000 元(此项判决内容,自本判决生效之日起 30 日内履行完毕);

五、原告上海公司的其他诉讼请求不予支持。

案件受理费人民币 15,010 元,由原告负担 5,253 元,被告负担 9,757 元。

如不服本判决,原告上海公司和被告济南公司可在判决书送达之日起 15 日内,向本院递交上诉状,并按对方当事人的人数提交上诉状副本,上诉于上海市高级人民法院。

二〇〇一年四月二十四日

经营者在网站中使用对比性宣传语，构成虚假宣传；在官方微博中发文贬损竞争对手的商誉构成商业诋毁；使用知名公司特有标识构成不正当竞争

——评析北京××××电子商务有限公司诉南京××网络科技有限公司、江苏××网络科技股份有限公司不正当竞争纠纷案

一、商标、商号等混淆行为

案情概要

基本信息

一审信息：

案号：（2015）海民（知）初字第 18570 号

原告：北京××××电子商务有限公司

被告：南京××网络科技有限公司

　　　江苏××网络科技股份有限公司

一审法院：北京市海淀区人民法院

二审信息：

案号：（2016）京 73 民终 786 号

上诉人：江苏××网络科技股份有限公司

被上诉人：北京××××电子商务有限公司

原审被告：南京××网络科技有限公司

二审法院：北京知识产权法院

诉讼请求

一审诉讼请求：

一、停止侵害商标权及不正当竞争行为；

二、在 19e 网（网址为 www.19e.com.cn）、百度网（网址为 www.baidu.com）、宁派网（网址为 www.ningpai.com）、千米网（网址为 www.qianmi.com）、欧飞网（网址为 www.ofpay.com）、新浪网（网址为 www.sina.com）、搜狐网（网址为 www.sohu.com）、腾讯网（网址为 www.qq.com）、凤凰网（网址为 www.ifeng.com）、网易网（网址为 www.163.com）首页显著位置，以及在《法制日报》、《中国青年报》、

《中国法院报》、《法制晚报》、《知识产权报》第一版显著位置连续发布为期120天的致歉声明及消除影响声明；

三、共同赔偿北京×××电子商务有限公司经济损失5,000,000元以及合理费用150,000元。

二审诉讼请求：

依法撤销一审判决，改判驳回北京×××电子商务有限公司的全部诉讼请求，并判令由北京×××电子商务有限公司承担本案一、二审的诉讼费。

案情介绍

原告北京×××电子商务有限公司（以下简称"电子商务公司"）在本案中主张享有"19e"商标，电子商务公司主张被告南京××网络科技有限公司（以下简称"南京网络科技公司"）、江苏××网络科技股份有限公司（以下简称"江苏网络科技公司"）存在侵害涉案商标专用权的行为，体现在南京网络科技公司、江苏网络科技公司使用"19e"及"19e"相关的关键词参加搜狗、必应网站的竞价排名，以及自称十九易网站为"19e"网站，并使用与涉案商标近似的"19e"标识，还在网站介绍中多次使用"19e"。

电子商务公司主张南京网络科技公司、江苏网络科技公司存在不正当竞争行为，具体包括：一是南京网络科技公司、江苏网络科技公司将十九易网站的推广链接与一九易网站进行歧视性比对，以及十九易网站中出现贬低其他同类网站，凸显自己的宣传语，歪曲事实，引人误解；二是在千米网微博中发文对电子商务公司进行商业诋毁；三是上述侵害商标权的行为，南京网络科技公司、江苏网络科技公司推出客户端软件"十九e掌铺"、"19e送到家"，以及十九易网站部分内容抄袭一九易网站内容；四是通过多种方式挖取电子商务公司客户。

一、商标、商号等混淆行为

南京网络科技公司认为：第一，其为江苏网络科技公司的一个会员商户，经授权合法使用19e.com域名，未与江苏网络科技公司混同经营，有关十九易网站的行为与江苏网络科技公司无关。第二，电子商务公司两个域名注册时间均晚于19e.com注册时间。第三，南京网络科技公司与电子商务公司经营模式不同，二者网站也不相似。第四，南京网络科技公司仅在百度网站为十九易网站投放"19e"及"19e"相关的关键词，但关键词被用户搜索后展现并点击的次数不多，不会减少用户访问一九易网站。

江苏网络科技公司认为：第一，江苏网络科技公司经营模式、产品信息与电子商务公司的不同，不存在同业竞争关系。第二，在19e充值缴费平台使用过程中收到江苏网络科技公司的验证码，充值金额进入江苏网络科技公司账户，是江苏网络科技公司与南京网络科技公司合作关系的体现，不能证明江苏网络科技公司是www.19e.com网站的实际经营者，江苏网络科技公司与南京网络科技公司不混同经营。南京网络科技公司使用19e.com域名的经营行为，与江苏网络科技公司无关。第三，江苏网络科技公司经营规模大，在业内有一定的知名度，百度贴吧中江苏网络科技公司的关注度高于电子商务公司，其无必要攀附电子商务公司，且江苏网络科技公司经营的千米网未出现涉案商标，也未将涉案商标使用在任何商品上。第四，江苏网络科技公司在百度上为千米网投放过"19e"和"19e综合缴费"的关键词，在搜狗和必应上投放过"19e"关键词，该行为与南京网络科技公司无关。推广设置的关键词，是根据业务关键词进行自然搜索得出的，不针对特定第三方，关键词"19e"是基于19e.com域名并参照系统产品运营需求计算得出的，且点击次数少，营销效果不理想。第五，刘×利用职务之便，擅自使用江苏网络科技公司邮箱以及系统后台发送与公司经营业务无关的推广邮件，江苏网络科技公司发现后即作出了相应的处罚，刘×的行为不能视为江苏网络科技公司的行为。

审理结果

一审判决：

一、南京网络科技公司、江苏网络科技公司停止涉案不正当竞争行为；

二、南京网络科技公司、江苏网络科技公司共同在宁派网（网址为www.ningpai.com）首页连续四十八小时刊登声明，就本案不正当竞争行为为电子商务公司消除影响（声明内容须经法院审核，逾期不履行，一审法院将根据电子商务公司申请，在相关媒体公布判决主要内容，费用由南京网络科技公司、江苏网络科技公司承担）；

三、南京网络科技公司、江苏网络科技公司共同赔偿电子商务公司经济损失一百五十万元及合理费用十二万八千元；

四、驳回原告电子商务公司的其他诉讼请求。一审案件受理费四万七千八百五十元，由南京网络科技公司、江苏网络科技公司共同负担四万元（于本判决生效之日起七日内交纳），由电子商务公司负担七千八百五十元（已交纳）。

二审判决：

驳回上诉，维持原判。二审案件受理费一万九千四百五十二元，由江苏网络科技公司负担。

要点分析

一、关于不正当竞争行为的认定

（一）虚假宣传行为

《中华人民共和国反不正当竞争法》（1993）第九条第一款规定，经营者不得利用广告或者其他方法，对商品的质量、制作成分、性能、用途、生产者、有效期限、产地等作引人误解的虚假宣传。经营者对自身及其商品或服务与他人及其相关商品或服务进行对比介绍,使用片面、虚假描述,造成相关公众误解的,可以认定构成引人误解的虚假宣传行为。

本案中,南京网络科技公司、江苏网络科技公司在明知与电子商务公司经营同类业务,双方同时使用"19e"关键词进行百度搜索推广,且十九易网站排名后于一九易网站的情况下,针对一九易网站在链接名称、链接说明中使用"楼上你又学我?"、"我利润比上面高,而且服务好"等对比性宣传语,足以造成相关公众误解。特别是,南京网络科技公司、江苏网络科技公司在较短的时间内,频繁更改多种对比性宣传表达方式,甚至在2015年3月28日通过百度搜索"19e",十九易网站已经排名搜索结果第一位时,仍然出现"利润绝对比楼上高"的表述,主观故意非常明显,且南京网络科技公司、江苏网络科技公司未提供充分有效的证据证明宣传内容的真实性,故虚假宣传行为成立。

(二)商业诋毁行为

《中华人民共和国反不正当竞争法》(1993)第十四条规定,经营者不得捏造、散布虚伪事实,损害竞争对手的商业信誉、商品声誉。

本案中,千米网于2015年2月3日在其新浪官方微博中发布针对电子商务公司的文章"别再做无聊、低级的事了——千米网员工致19e的一封信",文中使用"只在背后做些偷偷摸摸的小伎俩,那就是loser,就是失败者"等措辞,明显存在对电子商务公司商誉的贬损。尽管江苏网络科技公司表示电子商务公司雇佣水军诋毁江苏网络科技公司在先,后其才发表该文,且江苏网络科技公司在二审诉讼中补充提交了一份公证书支持其主张,但鉴于该公证书所载内容并不属于民事诉讼法上的新证据,而江苏网络科技公司无正当理由未在一审诉讼中提交,且仅凭该公证书所载内容难以证明其与电子商务公司指控其涉案行为构成商业诋毁的关联性,故江苏网络科技公司提交的该公证书等证据并不能证明其发布的上述文章对电子商务公司商誉进行贬损的正当性，故商业诋毁行为成立。

（三）仿冒行为

《中华人民共和国反不正当竞争法》（1993）规定的仿冒行为，包括经营者擅自使用知名商品特有的名称，或者使用与知名商品近似的名称，造成和他人的知名商品相混淆，使购买者误认为是该知名商品，以及擅自使用他人的企业名称，引人误认为是他人的商品。知名商品是指在市场上具有一定知名度，为相关公众所知悉的商品，在认定知名商品时，应以该商品在相关的市场领域中有较高的知名度为条件，根据该商品的质量、销售时间、销售地域、市场份额、广告宣传、在相关消费者中的信誉度等因素综合判定。前述所称知名商品，也包括知名服务。擅自使用他人企业名称中的"企业名称"，也指具有一定的市场知名度、为相关公众所知悉的企业名称中的字号。

本案中，电子商务公司所提供的便民电子商务服务已具有一定的市场知名度，为相关公众所知悉，可以认为系知名服务。电子商务公司在其经营中广泛以"19e"指代其服务名称，已使"19e"成为具有区别服务来源的显著特征的服务名称。南京网络科技公司、江苏网络科技公司作为电子商务公司同业竞争者，在明知电子商务公司广泛使用"19e"这一服务名称的情况下，紧跟电子商务公司推出的"19e掌铺"和"19e送到家"客户端软件，推出使用名称近似、功能类似的"十九e掌铺"客户端软件和"19e送到家"软件，足以造成与电子商务公司的服务相混淆，使购买者误认为是电子商务公司的相关服务软件，主观恶意明显，构成擅自使用电子商务公司知名服务特有名称的仿冒行为。

（四）挖取客户的行为

《中华人民共和国反不正当竞争法》（1993）第二条第一款规定，经营者在市场交易中，应当遵循自愿、平等、公平、诚实信用的原则，遵守公认的商业道德。

本案中，江苏网络科技公司承认其员工潘××给电子商务公司大区经理张×打电话，在明知张×在电子商务公司有着重要职位的情况下以高额回报诱使张×将电子商务公司加盟商发展为南京网络科技公司加盟商，主观恶意非常明显。潘××为江苏网络科技公司员工，其行为性质为履行职务的行为。南京网络科技公司、江苏网络科技公司上述行为明显违反诚实信用原则和基本商业道德，构成对电子商务公司的不正当竞争。

二、关于法律责任的承担

根据反不正当竞争法等相关法律规定，南京网络科技公司、江苏网络科技公司应为其不正当竞争行为承担停止侵权、消除影响、赔偿损失等法律责任。就赔偿损失部分，鉴于双方未能提交充分证据证明因涉案不正当竞争行为对电子商务公司造成的实际损失或南京网络科技公司、江苏网络科技公司因侵权所获利润，法院综合考虑各方当事人的经营规模、南京网络科技公司、江苏网络科技公司实施的不正当竞争行为情节及主观恶意等因素，酌情确定赔偿数额。

另外提示，《中华人民共和国反不正当竞争法》（2017年修订）第十七条增加一款，即构成商业混淆、侵犯商业秘密的不正当竞争行为的，如果实际损失或侵权利益难以确定，法院可依据情节给予300万元以下的赔偿，框定了损失无法认定时的赔偿范围。

相关法条

1.《中华人民共和国商标法》第五十七条：有下列行为之一的，均属侵犯注册商标专用权：

（一）未经商标注册人的许可，在同一种商品上使用与其注册商标相同的商标的；

（二）未经商标注册人的许可，在同一种商品上使用与其注册商标近似的商标，或者在类似商品上使用与其注册商标相同或者近似的商标，容易导致混淆的；

（三）销售侵犯注册商标专用权的商品的；

（四）伪造、擅自制造他人注册商标标识或者销售伪造、擅自制造的注册商标标识的；

（五）未经商标注册人同意，更换其注册商标并将该更换商标的商品又投入市场的；

（六）故意为侵犯他人商标专用权行为提供便利条件，帮助他人实施侵犯商标专用权行为的；

（七）给他人的注册商标专用权造成其他损害的。

2.《中华人民共和国反不正当竞争法》（1993）第二条：经营者在市场交易中，应当遵循自愿、平等、公平、诚实信用的原则，遵守公认的商业道德。

本法所称的不正当竞争，是指经营者违反本法规定，损害其他经营者的合法权益，扰乱社会经济秩序的行为。

本法所称的经营者，是指从事商品经营或者营利性服务（以下所称商品包括服务）的法人、其他经济组织和个人。

3.《中华人民共和国反不正当竞争法》（2017年修订）第二条：经营者在生产经营活动中，应当遵循自愿、平等、公平、诚信的原则，遵守法律和商业道德。

本法所称的不正当竞争行为，是指经营者在生产经营活动中，违反本法规定，扰乱市场竞争秩序，损害其他经营者或者消费者的合法权益的行为。

本法所称的经营者，是指从事商品生产、经营或者提供服务（以下所称商品包括服务）的自然人、法人和非法人组织。

4.《中华人民共和国反不正当竞争法》（1993）第五条：经营者不得采用下列不正当手段从事市场交易，损害竞争对手：

（一）假冒他人的注册商标；

（二）擅自使用知名商品特有的名称、包装、装潢，或者使用与知名商品近似的名称，包装、装潢，造成和他人的知名商品相混淆，使购买者误认为是该知名商品；

（三）擅自使用他人的企业名称或者姓名，引人误认为是他人的商品；

（四）在商品上伪造或者冒用认证标志、名优标志等质量标志，伪造产地，对商品质量作引人误解的虚假表示。

5.《中华人民共和国反不正当竞争法》（2017年修订）第六条：经营者不得实施下列混淆行为，引人误认为是他人商品或者与他人存在特定联系：

（一）擅自使用与他人有一定影响的商品名称、包装、装潢等相同或者近似的标识；

（二）擅自使用他人有一定影响的企业名称（包括简称、字号等）、社会组织名称（包括简称等）、姓名（包括笔名、艺名、译名等）；

（三）擅自使用他人有一定影响的域名主体部分、网站名称、网页等；

（四）其他足以引人误认为是他人商品或者与他人存在特定联系的混淆行为。

6.《中华人民共和国反不正当竞争法》（1993）第九条：经营者不得利用广告或者其他方法，对商品的质量、制作成分、性能、用途、生产者、有效期限、产地等作引人误解的虚假宣传。

广告的经营者不得在明知或者应知的情况下，代理、设计、制作、发布虚假广告。

7.《中华人民共和国反不正当竞争法》（2017年修订）第八条：经营者不得对其商品的性能、功能、质量、销售状况、用户评价、曾获荣誉等作虚假或者引人误解的商业宣传，欺骗、误导消费者。

经营者不得通过组织虚假交易等方式，帮助其他经营者进行虚假或者引人误解的商业宣传。

8.《中华人民共和国反不正当竞争法》（1993）第十四条：经营者不得捏造、散布虚伪事实，损害竞争对手的商品声誉、商业信誉。

9.《中华人民共和国反不正当竞争法》（2017年修订）第十一条：经营者不得编造、传播虚假信息或者误导性信息，损害竞争对手的商业信誉、商品声誉。

10.《中华人民共和国反不正当竞争法》（1993）第二十条：经营者违反本法规定，给被侵害的经营者造成损害的，应当承担损害赔偿责任，被侵害的经营者的损失难以计算的，赔偿额为侵权人在侵权期间因侵权所获得的利润；并应当承担被侵害的经营者因调查该经营者侵害其合法权益的不正当竞争行为所支付的合理费用。

被侵害的经营者的合法权益受到不正当竞争行为损害的，可以向人民法院提起诉讼。

11.《中华人民共和国反不正当竞争法》（2017年修订）第十七条：经营者违反本法规定，给他人造成损害的，应当依法承担民事责任。

经营者的合法权益受到不正当竞争行为损害的，可以向人民法院提起诉讼。

因不正当竞争行为受到损害的经营者的赔偿数额，按照其因被侵权所受到的实际损失确定；实际损失难以计算的，按照侵权人因侵权所获得的利益确定。赔偿数额还应当包括经营者为制止侵权行为所支付的合理开支。

经营者违反本法第六条、第九条规定，权利人因被侵权所受到的实际损失、侵权人因侵权所获得的利益难以确定的，由人民法院根据侵权行为的情节判决给予权利人三百万元以下的赔偿。

一、商标、商号等混淆行为

判决书（节选）

二审判决书（节选）

……

本院认为：

江苏网络科技公司原名称为江苏××网络科技有限公司，于 2016 年 3 月 23 日经江苏省南京市工商行政管理局核准予以变更，各方当事人对该事实均无异议，本院予以确认。

根据民事诉讼法的相关规定，本院系对当事人上诉请求的有关事实和适用法律进行审查。本案系江苏网络科技公司不服一审判决向本院提起上诉，南京网络科技公司虽向本院提交了书面陈述意见，但并未向本院提起上诉，故本院在本案二审中主要针对江苏网络科技公司上诉请求的有关事实和适用法律进行审查，并对南京网络科技公司的相关意见予以考虑。

根据江苏网络科技公司的上诉请求及各方当事人的陈述、在案证据等证明的事实，本案二审的主要争议焦点在于，江苏网络科技公司与南京网络科技公司是否应当被认定为共同实施了各项涉案行为；各项涉案行为是否构成不正当竞争行为；如各项涉案行为构成不正当竞争行为，一审判决确定的责任承担方式是否适当。

一、江苏网络科技公司、南京网络科技公司是否应当被认定为共同实施了各项涉案行为

根据本案查明的事实，第一，南京网络科技公司、江苏网络科技公司通过企业信用信息公示网站公示的企业地址、联系电话都一致，南京网络科技公司的法定代表人刘×为江苏网络科技公司员工，在江苏网络科技公司办公。第二，南京网络科技公司经营的十九易网站域名

"19e.com"经江苏网络科技公司授权使用,南京网络科技公司、江苏网络科技公司网站域名所留联系人邮箱均为江苏网络科技公司的法定代表人石××的邮箱。第三,十九易网站与江苏网络科技公司经营的千米网E生活都是从事各类充值缴费等便民电子商务平台,都使用"19e"及与"19e"相关的关键词推广十九易网站和千米网,两个网站公示的ICP备案号一致。第四,通过千米网企业邮箱向客户发送十九易网站的广告邮件,十九易网站的业务收费由千米网收取。可见,在南京网络科技公司、江苏网络科技公司涉案业务、重要管理人员、联系方式都相同的情况下,南京网络科技公司、江苏网络科技公司所承认的双方存在域名、软件、支付等方面的密切合作关系,可视为在经营活动中共同实施了涉案行为,应共同承担相应的法律责任。一审法院相关认定正确,本院予以确认。江苏网络科技公司虽主张其并未与南京网络科技公司共同实施电子商务公司主张的涉案行为,但未提交充分证据支持其主张,本院对其相关上诉请求不予支持。

二、各项涉案行为是否构成不正当竞争行为

(一)江苏网络科技公司、南京网络科技公司是否与电子商务公司存在竞争关系

本案中,一九易网站、十九易网站以及千米网等开展的业务均属于通过电商平台网站,发展各地加盟商推广便民电商业务的企业,不论从双方网站的业务介绍、所选推广关键词的重合程度,还是从各自推出客户端软件的功能、名称,南京网络科技公司、江苏网络科技公司相关业务人员推销内容等,均显示南京网络科技公司、江苏网络科技公司与电子商务公司业务高度重叠,故一审法院认为本案双方为同业竞争者,存在直接的竞争关系并无不当,本院予以确认。江苏网络科技公司在二审中提交的千米E生活便民服务电商系统软件V3.0技术服务协议等证据仅能证明其从事的业务包括系统集成技术服务,并不能据此证明其与电

子商务公司不存在直接的竞争关系。因此，南京网络科技公司、江苏网络科技公司有关其与电子商务公司不存在直接竞争关系的主张缺乏事实依据，本院不予支持。

（二）各项涉案行为是否构成不正当竞争行为

1. 虚假宣传行为

本案证据显示，自2015年3月18日至3月25日期间，通过百度搜索"19e"，搜索结果第一项为一九易网站，第二项为十九易网站，十九易网站的链接名称、链接说明中分别出现"楼上你又学我？"、"我利润比上面高，而且服务好"、"利润绝对比楼上高"、"我利润比上面高"等措辞。一审法院认为，南京网络科技公司、江苏网络科技公司在本案中未能提交证据证明其利润高于电子商务公司，服务好于电子商务公司，故上述表述应当被认定为虚假陈述。南京网络科技公司、江苏网络科技公司在明知与电子商务公司经营同类业务，双方同时使用"19e"关键词进行百度搜索推广，且十九易网站排名后于一九易网站的情况下，针对一九易网站在链接名称、链接说明中使用上述对比性宣传语，足以造成相关公众误解。特别是，南京网络科技公司、江苏网络科技公司在较短的时间内，频繁更改多种对比性宣传表达方式，甚至在2015年3月28日通过百度搜索"19e"，十九易网站已经排名搜索结果第一位时，仍然出现"利润绝对比楼上高"的表述，主观故意非常明显，故一审法院认为南京网络科技公司、江苏网络科技公司上述行为构成虚假宣传并无不当。江苏网络科技公司在二审中提交的公证书等证据材料并不能否认其以"19e"关键词进行百度搜索推广的事实，故本院对其相关主张不予支持。

2. 商业诋毁行为

本案中，千米网于2015年2月3日在其新浪官方微博中发布针对电子商务公司的文章"别再做无聊、低级的事了——千米网员工致19e的一封信",文中使用"只在背后做些偷偷摸摸的小伎俩,那就是 loser,就是失败者"等措辞,明显存在对电子商务公司商誉的贬损。尽管江苏网络科技公司表示电子商务公司雇佣水军诋毁江苏网络科技公司在先,后其才发表该文,且江苏网络科技公司在二审诉讼中补充提交了一份公证书支持其主张,但鉴于该公证书所载内容并不属于民事诉讼法上的新证据,而江苏网络科技公司无正当理由未在一审诉讼中提交,且仅凭该公证书所载内容难以证明其与电子商务公司指控其涉案行为构成商业诋毁的关联性,故江苏网络科技公司提交的该公证书等证据并不能证明其发布的上述文章对电子商务公司商誉进行贬损的正当性。因此,一审法院认为江苏网络科技公司的上述言论构成对电子商务公司的商业诋毁并无不当,本院予以确认。

3. 仿冒行为

根据本案查明的事实,电子商务公司自 2009 年成立起快速发展,业务规模、加盟店数量及覆盖地域范围不断扩大,该公司不仅通过一九易网站宣传"19e 公司"业务及发展历程,且自 2010 年起,电子商务公司陆续在各类报刊杂志、网络媒体中使用"19e"刊发宣传文章,并在多年的经营活动中获得多项荣誉。因此,电子商务公司所提供的便民电子商务服务已具有一定的市场知名度,为相关公众所知悉,可以认为系知名服务。电子商务公司在其经营中广泛以"19e"指代其服务名称,已使"19e"成为具有区别服务来源的显著特征的服务名称。本案中,电子商务公司从 2014 年 11 月起推出"19e 掌铺"客户端软件,从 2015 年 5 月 11 日起推出"19e 送到家"客户端软件,正是电子商务公司将"19e"这一知名服务特有名称用于其经营活动的体现。

本案中,南京网络科技公司、江苏网络科技公司于 2015 年 3 月推出"十九 e 掌铺"客户端软件,于 2015 年 5 月 25 日开始宣传其"19e 送到家"微店管理软件。南京网络科技公司、江苏网络科技公司作为电子商务公司同业竞争者,在明知电子商务公司广泛使用"19e"这一服务名称的情况下,紧跟电子商务公司推出的"19e掌铺"和"19e送到家"客户端软件,推出使用名称近似、功能类似的"十九e掌铺"客户端软件和"19e送到家"软件,足以造成与电子商务公司的服务相混淆,使购买者误认为是电子商务公司的相关服务软件,主观恶意明显,构成擅自使用电子商务公司知名服务特有名称的仿冒行为。一审法院相关认定均无不当,本院予以确认。

4. 挖取客户的行为

本案中,江苏网络科技公司承认其员工潘××给电子商务公司大区经理张×打电话,以高额回报诱使张×将电子商务公司加盟商发展为南京网络科技公司加盟商。从双方电话内容可知,潘××明知张×在电子商务公司有着重要职位的情况下作出上述表示,主观恶意非常明显。潘××为江苏网络科技公司员工,其行为性质为履行职务的行为,相关法律责任应由江苏网络科技公司承担。考虑到潘××实际是为南京网络科技公司挖取客户、利诱拉拢竞争对手工作人员,以及一审法院前述所认定的南京网络科技公司与江苏网络科技公司对涉案业务密切关系的情况,一审法院认为江苏网络科技公司的此种行为同时行为南京网络科技公司的行为并无不当。南京网络科技公司、江苏网络科技公司上述明显违反诚实信用原则和基本商业道德,构成对电子商务公司的不正当竞争。

三、关于法律责任的承担问题

根据反不正当竞争法等相关法律规定,南京网络科技公司、江苏网络科技公司应为其不正当竞争行为承担停止侵权、消除影响、赔偿损失等法律责任。关于电子商务公司消除影响的主张,一审法院综合考虑本案侵权的情节、影响范围及持续时间等因素,判令南京网络科技公司、江苏网络科技公司将消除影响的范围限于涉案网站是恰当的。关于电子商务公司赔偿损失的主张,鉴于双方未能提交充分证据证明因涉案不正当竞争行为对电子商务公司造成的实际损失或南京网络科技公司、江苏网络科技公司因侵权所获利润，一审法院综合考虑各方当事人的经营规模，南京网络科技公司、江苏网络科技公司实施的不正当竞争行为情节及主观恶意等因素，酌情确定的赔偿数额并不不当，本院予以确认。电子商务公司为本案诉讼所指出的合理部分，本院也依法予以支持。

综上所述，一审判决认定事实清楚，适用法律正确，审理程序合法。上诉人江苏网络科技公司的上诉理由均缺乏事实和法律依据，本院不予支持。依照《中华人民共和国民事诉讼法》第一百七十条第一款第（一）项的规定，判决如下：

驳回上诉，维持原判。

一审案件受理费四万七千八百五十元，由南京网络科技公司、江苏网络科技公司共同负担四万元（于本判决生效之日起七日内交纳），由电子商务公司负担七千八百五十元（已交纳）；二审案件受理费一万九千四百五十二元，由江苏网络科技公司负担。

本判决为终审判决。

二〇一六年十二月二十八日

二、商业贿赂

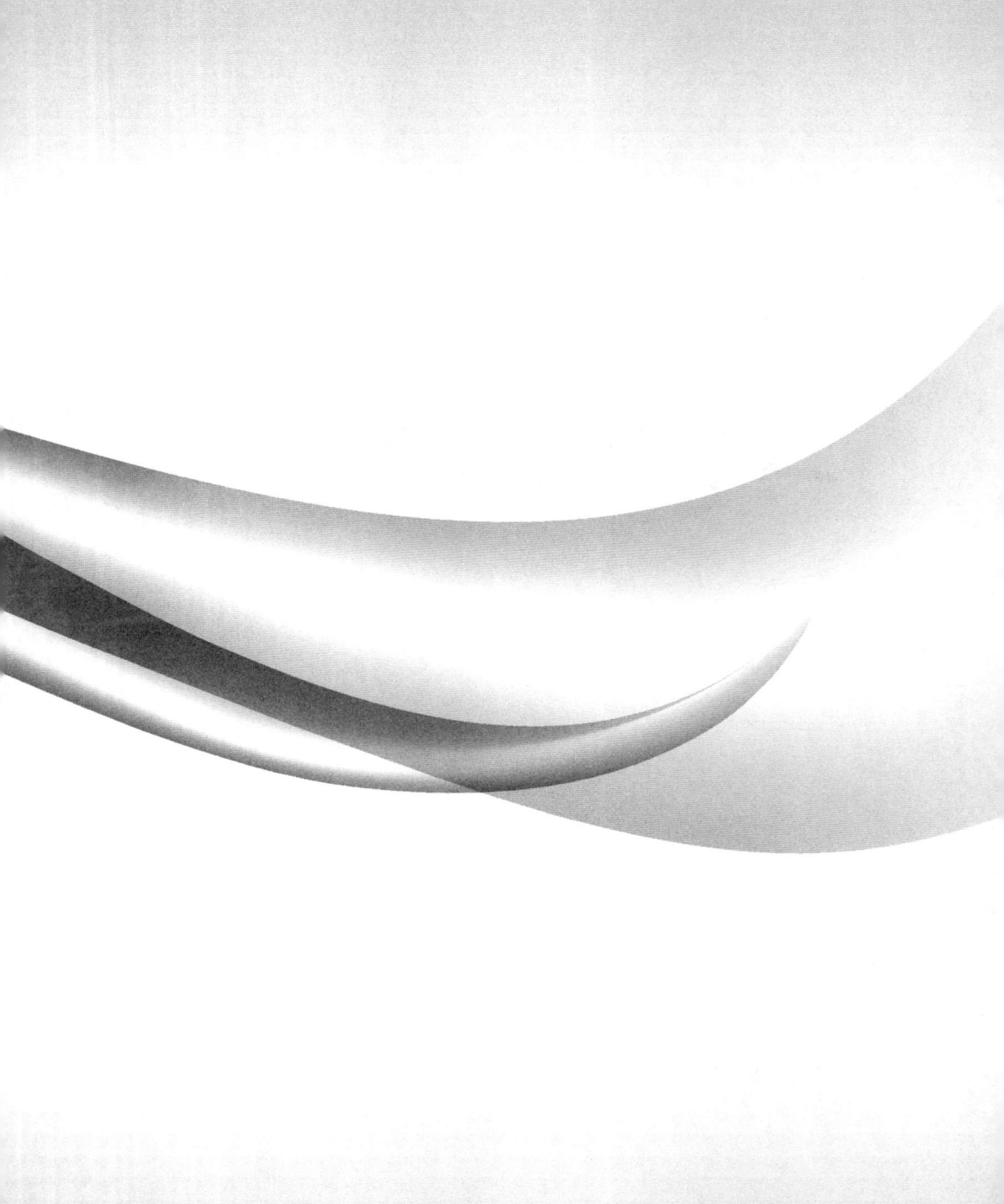

投标者向招标公司员工支付"感谢费"的行为构成商业贿赂

——评析东莞××设备有限公司诉深圳××设备有限公司不正当竞争纠纷案

案情概要

基本信息

一审信息：

案号：（2010）深宝法民知产初字第 464 号

原告：东莞××设备有限公司

被告：深圳××设备有限公司

一审法院：深圳市宝安区人民法院

二审信息：

案号：（2011）深中法知民终字第 368 号

上诉人：东莞××设备有限公司

上诉人：深圳××设备有限公司

二审法院：深圳市中级人民法院

诉讼请求

一审诉讼请求：

（未找到原一审判决书）

二审诉讼请求：

二审诉讼请求：东莞××设备有限公司上诉请求：一、判令维持深圳市宝安区人民法院作出的（2010）深宝法知产初字第 464 号判决中第一项及案件受理费的决定；

二、判令深圳市宝安区人民法院作出的（2010）深宝法民知产初字第 464 号判决中第二项变更为：被上诉人赔偿上诉人因其不正当竞争行为而造成的经济损失人民币 500,000 元。

二、商业贿赂

深圳××设备有限公司上诉请求：

一、撤销一审判决；

二、依法发回原审人民法院重新审理或依法改判上诉人侵权行为不成立、上诉人无需向被上诉人赔偿经济损失人民币50,000元，驳回被上诉人全部诉讼请求；

三、被上诉人承担本案一、二审全部诉讼费用。

案情介绍

东莞××设备有限公司（以下简称"东莞公司"）于1993年12月31日注册成立，经营范围包括：生产和销售环保设备、电镀设备及安装。深圳××设备有限公司（以下简称"深圳公司"）于2007年1月注册成立，经营范围包括：电镀设备的研发与销售，机械设备、环保设备、空气净化设备、工业自动化设备的生产销售。东莞公司与华××公司（以下简称"华公司"）有业务往来，为华公司提供电镀生产线等产品。而深圳公司因2007年刚成立，尚无业务。

深圳公司业务经理韦某通过东莞公司员工马某迪的引荐，认识了华公司工程部的王某某。韦某得知华公司要进行三条电镀生产线的修复改造工程后，找到王某某要求予以关照，许诺给予感谢费。2007年初，东莞公司与深圳公司同时向华公司三条火灾电镀线修复工程投标。东莞公司报价300多万元，深圳公司报价180万元至190万元。因东莞公司最终价格最低只能到220万元，并且华公司对马某迪的技术比较了解和信任，华公司最终确定由深圳公司进行修复，2007年3月15日，华公司与深圳公司签订了合同，合同总金额为1,788,000元。同年5月和9月，深圳公司业务经理韦某先后两次向华公司工程部经理王某某支付人民币共计20万元作为感谢费。2008年，华公司为了降低成本，决定对东莞公司提供的电镀生产线进行钯镍合金改造，韦某得知消息后与王某某联系并商谈,根据王某某提供的信息,2008 年 6 月 21 日,深圳公司与华公司签订合同,合同金额 168,800 元。同年 9 月、10 月,韦某给了王某某 3 万元作为感谢费。2009 年 11 月,王某某因收受包括深圳公司在内的多家公司的贿赂,被四川省广元市利州人民法院以受贿罪,判处有期徒刑 10 年并处没收财产人民币 5 万元。

东莞公司认为深圳公司的行为构成不正当竞争,遂向法院提起诉讼,要求深圳公司停止侵权行为并赔偿损失。

审理结果

一审判决:

一、深圳××设备有限公司立即停止侵权行为;

二、深圳××设备有限公司于本判决生效之日起五日内赔偿东莞××设备有限公司经济损失人民币 50,000 元;

三、驳回东莞××设备有限公司的其他诉讼请求。案件受理费人民币 8,800 元,由深圳××设备有限公司负担。

二审判决:

驳回上诉,维持原判。

要点分析

商业贿赂为不正当竞争的典型方式,表现为通过商业贿赂取得交易机会,使竞争对方丧失商业机会。商业贿赂违反公平竞争的原则,为反不正当竞争法所禁止。

对本案中的商业贿赂行为应从以下几个方面认定:

一、商业贿赂的主体是经营者,可以是买方也可以是卖方,本案中深圳公司向华公司提供火灾电镀线修复服务,作为服务提供方,处于卖方的地位。韦某作为深圳公司的业务经理,为深圳公司的员工,其向招标公司的工作人员王某某进行贿赂，应视为深圳公司的行为。

二、商业贿赂的对象是特殊主体，为对方单位或者个人。《中华人民共和国反不正当竞争法》（1993）第八条第一款规定"在账外暗中给予对方单位或者个人回扣的，以行贿论处；对方单位或者个人在账外暗中收受回扣的，以受贿论处"。本案中韦某私下联系的是对方单位的工程部经理王某某，符合商业贿赂对象的规定。

三、商业贿赂行为主观上是故意的，目的是争取交易机会和交易条件。本案中发生了两次商业贿赂行为。第一次，2007年华公司的电镀修复项目招标，深圳公司的业务经理韦某在得知后，找到华公司工程部经理王某某要求予以关照，许诺支付感谢费并报价。在合同履行中韦某向王某某支付感谢费10万元，此后，为感谢王某某对该项目的支持，韦某又向王某某支付10万元。第二次，2008年华公司为了降低成本，决定对东莞公司提供的电镀生产线进行钯镍合金改造，韦某得知消息后与王某某联系并商谈，最终深圳公司根据王某某提供的信息取得了该改造项目，并且韦某在签订合同后向王某某支付了感谢费3万元。

韦某在得知华公司有工程项目招标的情况下，两次主动联系华公司的工程部经理王某某商谈，从韦某的两次主动联系并且分次向王某某支付感谢费来看，足以证明韦某的行为是故意的，其目的也很明确，就是为了获得华公司的工程项目，也因王某某提供信息，深圳公司因此获得了开业后的第一单业务。韦某的行为符合商业贿赂的主观条件。

四、商业贿赂客观方面表现为采取秘密的手段给付财物或其他报偿。韦某作为深圳公司的代表，私下联系华公司工程部的经理王某某，在履行合同过程中及合同履行完毕后，韦某给予华公司工程部经理感谢费。深圳公司给予华公司工程部经理的感谢费虽然不是在签约过程中给予，但是事前承诺给予感谢费并且事后实际支付了感谢费，仍然构成商业贿赂。

五、商业贿赂行为侵害的客体是其他经营者的公平竞争权。东莞公司的经营范围为"生产和销售环保设备、电镀设备及安装",深圳公司的经营范围为"电镀设备的研发与销售,机械设备、环保设备、空气净化设备、工业自动化设备的生产销售"。二者经营范围相近似,又同时参加华公司的火灾电镀线修复招标,二者属于同行业的竞争对手,具有竞争关系。但深圳公司为了中标,通过其业务经理韦某要求华公司工程部经理给予关照,并许诺给予感谢费。深圳公司向招标方工作人员行贿的行为违反了公平、诚实信用的原则,导致在招投标过程中,东莞公司无法与深圳公司公平竞争,从而丧失了商业机会。经营者在参加市场活动的过程中应当遵循平等、自愿、公平、诚实信用的原则。深圳公司的行为违反了《中华人民共和国反不正当竞争法》(1993)第八条关于经营者不得采用财物或其他手段进行贿赂以销售或者购买商品的规定。

综上所述,深圳公司的行为并不是一个企业正常发展过程中应有的行为,其商业贿赂行为侵害了同为投标者的东莞公司等公司的利益,应当为此承担法律责任。

相关法条

1. 《中华人民共和国反不正当竞争法》(1993)第八条:经营者不得采用财物或者其他手段进行贿赂以销售或者购买商品。在账外暗中给予对方单位或者个人回扣的,以行贿论处;对方单位或者个人在账外暗中收受回扣的,以受贿论处。

经营者销售或者购买商品,可以以明示方式给对方折扣,可以给中间人佣金。经营者给对方折扣、给中间人佣金的,必须如实入账。接受折扣、佣金的经营者必须如实入账。

2. 《中华人民共和国反不正当竞争法》(2017年修订)第七条:经营者不得采用财物或者其他手段贿赂下列单位或者个人,以谋取交易机会或者竞争优势:

（一）交易相对方的工作人员；

（二）受交易相对方委托办理相关事务的单位或者个人；

（三）利用职权或者影响力影响交易的单位或者个人。

经营者在交易活动中，可以以明示方式向交易相对方支付折扣，或者向中间人支付佣金。经营者向交易相对方支付折扣、向中间人支付佣金的，应当如实入账。接受折扣、佣金的经营者也应当如实入账。

经营者的工作人员进行贿赂的，应当认定为经营者的行为；但是，经营者有证据证明该工作人员的行为与为经营者谋取交易机会或者竞争优势无关的除外。

3.《中华人民共和国反不正当竞争法》（2017年修订）第十七条：经营者违反本法规定，给他人造成损害的，应当依法承担民事责任。

经营者的合法权益受到不正当竞争行为损害的，可以向人民法院提起诉讼。

因不正当竞争行为受到损害的经营者的赔偿数额，按照其因被侵权所受到的实际损失确定；实际损失难以计算的，按照侵权人因侵权所获得的利益确定。赔偿数额还应当包括经营者为制止侵权行为所支付的合理开支。

经营者违反本法第六条、第九条规定，权利人因被侵权所受到的实际损失、侵权人因侵权所获得的利益难以确定的，由人民法院根据侵权行为的情节判决给予权利人三百万元以下的赔偿。

判决书（节选）

……

本院认为：

本案是因不正当竞争引起的纠纷，属于《反不正当竞争法》的调整范围。东莞公司和深圳公司的经营范围相近似，二者属于同行业的竞争对手，具有竞争关系。《中华人民共和国反不正当竞争法》第八条规定：

经营者不得采用财物或其他手段进行贿赂以销售或者购买商品。本案中，深圳公司在联系华公司工程项目的过程中向华公司工程部经理许诺支付感谢费，并于事后实际支付了感谢费，侵犯了东莞公司及其他竞标者的利益，应当按照法律规定承担相应的责任。根据法律规定，赔偿数额为被侵权人所受损失或侵权人在侵权期间因侵权所获利润，包括被侵权人因调查侵权行为所支付的合理费用。东莞公司未举证证明其所受损失或深圳公司获利情况，并且，根据东莞公司提交的证据，东莞公司未能取得华公司工程的一个重要原因是其报价高于深圳公司的预算，因此，对东莞公司的诉讼请求本院不予全额支持。本院考虑深圳公司侵权行为的性质、东莞公司为调查制止侵权行为所支付的合理费用等因素，酌情确定深圳公司赔偿东莞公司损失人民币 50,000 元。

……

深圳公司是否构成不正当竞争行为。（2009）广利州刑初字第 173 号刑事判决书已查明深圳公司业务负责人韦某在华公司火灾电镀线修复项目过程中与王某某多次联系，并在合同履行中给予王某某人民币十万元，此后，为表明感谢王某某在该项目的支持，又给其人民币十万元。韦某作为深圳公司的员工，代表深圳公司向华公司原员工王某某支付感谢费作为王某某对火灾电镀线修复项目的支持。经营者在市场交易中，应当遵循自愿、平等、公平、诚实信用的原则，遵守公认的商业道德。《中华人民共和国反不正当竞争法》第八条规定，经营者不得采用财物或其他手段进行贿赂以销售或者购买商品。深圳公司作为投标者，向招标公司员工支付感谢费的行为已经背离公认的公平、诚实信用的商业道德，行为违反了《中华人民共和国反不正当竞争法》第八条的规定，侵害了同为投标公司的东莞公司及其他公司的利益，应当对此承担责任。深圳公司认为其行为不构成不正当竞争的理由不能成立。

二〇一一年五月二十五日

贿赂竞争对手的员工
以获取竞争优势构成不正当竞争

——评析上海能×信息技术有限公司诉上海×电信息技术有限公司不正当竞争纠纷案

案情概要

基本信息

一审信息：

案号：(2011) 徐民三（知）初字第 178 号

原告：上海能×信息技术有限公司

被告：上海×电信息技术有限公司

一审法院：上海市徐汇区人民法院

二审信息：

案号：(2012) 沪一中民五（知）终字第 287 号

上诉人：上海×电信息技术有限公司

被上诉人：上海能×信息技术有限公司

二审法院：上海市第一中级人民法院

诉讼请求

一审诉讼请求：

一、被告立即停止侵权行为，对其虚假宣传、商业贿赂不正当竞争行为作出书面赔礼道歉；

二、被告赔偿原告经济损失 45 万元、合理支出 5 万元；

三、案件受理费由被告负担。

审理中，原告不再主张被告行为构成虚假宣传，放弃要求被告立即停止侵权行为，作出书面赔礼道歉的诉讼请求。

二审诉讼请求：

上诉人上海×电信息技术有限公司上诉请求：撤销原判，依法改判驳回上海能×信息技术有限公司的诉讼请求。

二、商业贿赂

案情介绍

上海能×信息技术有限公司（以下简称"能公司"）成立于2000年7月7日，经营范围为：在电力电气信息技术专业领域内从事"四技"服务及新产品研制、试销，计算机及配件，自动化设备销售，自动化系统集成工程。上海×电信息技术有限公司（以下简称"电公司"）成立于2008年1月16日，经营范围为：计算机信息、电力、电气领域内技术服务、技术开发，计算机网络工程，基础工程，楼宇智能化系统工程，电脑图文设计制作，计算机、软件及辅助设备，工业自动化控制设备销售。案外人黄××是能公司的员工，于2016年9月22日进入原告工作，主要负责向全国电力企业推销配网GIS地理信息系统。

电公司为承接业务，向黄××支付7万余元，本应由能公司签约的配网GIS地理信息系统和相应配套合同的工程项目，最终交由电公司签约承揽。其中，2009年2月16日、17日，电公司与江西某供电公司签订了配网GIS地理信息系统商务合同及地图数据技术服务合同，上述合同标的总价为389,000元；2009年11月26日，电公司与石屏供电有限公司签订了配网GIS地理信息系统商务合同、数据采集合同及购货合同，上述合同的总价为474,600元。

上海市工商行政管理局闸北分局就电公司为承接江西某供电公司配网GIS地理信息系统配套工程项目，向黄××贿赂进行了查处，认定电公司给付黄××钱款构成了商业贿赂，于2010年8月5日对电公司处以没收违法所得146,898元、罚款50,000元的行政处罚。

上海市闸北区人民检察院指控黄××涉嫌非国家工作人员受贿罪，于2010年11月22日向上海市闸北区人民法院提起公诉，该法院就涉案的江西某供电公司、石屏某有限公司配网GIS地理信息系统项目审理后，认定黄××身为销售代表，利用职务便利，非法收受他人财物，为他人谋取利益，数额较大，其行为已构成非国家工作人员受贿罪，依法应予以惩处。于 2010 年 12 月 24 日判决黄××犯非国家工作人员受贿罪，判处有期徒刑三年，缓刑三年；退赔的违法所得，予以没收。

审理结果

一审判决：

一、被告电公司于判决生效之日起十日内赔偿原告能公司经济损失 250,000 元；

二、被告电公司于判决生效之日起十日内赔偿原告能公司合理支出 25,000 元。

如果未按本判决指定的期间履行给付金钱义务，应当依照《中华人民共和国民事诉讼法》第二百二十九条的规定，加倍支付迟延履行期间的债务利息。

案件受理费 8,800 元，由原告能公司负担 2,000 元，被告电公司负担 6,800 元。

二审判决：

驳回上诉，维持原判。

二审案件受理费人民币 5,425 元，由上诉人电公司负担。

要点分析

为了能够与竞争对手的潜在交易相对方进行交易，贿赂竞争对手的员工，属于商业贿赂行为，构成不正当竞争。参与商业贿赂行为的经营者和相关人员不仅需要承担民事责任，还可能承担行政责任和刑事责任。

一、商业贿赂行为的认定

《中华人民共和国反不正当竞争法》（1993）对商业贿赂行为在第八条第一款作了相对原则性的规定，即"经营者不得采用财物或者其他手段进行贿赂以销售或者购买商品。在账外暗中给予对方单位或者个人回扣的，以行贿论处；对方单位或者个人在账外暗中收受回扣的，以受贿论处。"中华人民共和国国家工商行政管理总局《关于禁止商业贿赂行为的暂行规定》在《中华人民共和国反不正当竞争法》（1993）的基础上对商业贿赂行为进行了相对详细的解释。对于商业贿赂行为的认定，主要可以分为以下几个方面：

（一）主体要求：包括行贿人和受贿人，其中一方与利益受损方具有竞争关系

商业贿赂行为的主体包括行贿人和受贿人，具有对偶性。行贿人是"经营者"，是指与交易对方实施交易行为的人，经营者的职工或代理人执行职务时实施的行贿行为就是经营者的行为。受贿人是对方单位或个人。但从《中华人民共和国反不正当竞争法》（1993）的精神来看，对方单位或者个人，并非仅指从字面上理解的交易行为的相对方单位或个人，而且还包括与交易行为有关的单位或个人。行贿人和受贿人均可能构成商业贿赂行为主体。在本案中，电公司为行贿人，黄××为受贿人，但黄××并非交易行为的相对方单位或个人，而是与本次交易行为有关的单位或个人，法院以黄××能够影响涉案交易认定其为适格的商业贿赂受贿人。

商业贿赂行为利益受损的主体和商业贿赂行为参与方中的一方应该具有竞争关系。就本案而言，能公司和电公司均属于从事电力行业应用软件开发的企业，均研发、配售配网 GIS 地理信息系统，针对相同的需求市场，属于同业竞争者，互为竞争对手，具有直接的商业利益冲突，二者符合行为主体要件。

（二）行为主观要求：以销售或购买商品为目的，有不正当竞争的故意

商业贿赂行为人以销售或购买商品为目的，而非为了调动、升迁、

子女上学等其他目的，主观上应为故意，而非过失。判断本案两被告是否为故意，就要综合被告与黄××商谈的过程、向黄××给付7万多元货币的时间等客观事实来判断被告是否为了达到销售或购买商品的目的，对于不正当竞争是否具有主观故意，在该案中这种主观故意是明显而确定的。

（三）商业贿赂行为的手段

1. 财物手段

中华人民共和国国家工商行政管理总局《关于禁止商业贿赂行为的暂行规定》第二条第三款对财物进行示例性解释，即"前款所称财务，是指现金和实物，包括经营者为销售或者购买商品，假借促销费、宣传费、赞助费、科研费、劳务费、咨询费、佣金等名义，或者以报销各种费用等方式，给付对方单位或个人的财务"。本案中，电公司即是以财务手段贿赂的黄××。

2. 其他手段

中华人民共和国国家工商行政管理总局《关于禁止商业贿赂行为的暂行规定》第二条第四款对其他手段也进行了示例性解释，即"指提供国内外各种名义的旅游、考察等给付财务以外的其他利益的手段"。

（四）商业贿赂行为的主要方式

1. 回扣与商业贿赂

回扣是指经营者销售商品时在账外暗中以现金、实物或者其他方式退给对方单位或者个人的一定比例的商品价款。

《中华人民共和国反不正当竞争法》（1993）第八条第一款规定"在账外暗中给予对方单位或者个人回扣的，以行贿论处；对方单位或者个人在账外暗中收受回扣的，以受贿论处。"由此看见，回扣是商业贿赂行为的主要方式之一，但是《中华人民共和国反不正当竞争法》（1993）禁止的回扣行为强调"账外暗中"的特点，明示且如实记账的回扣并不构成商业贿赂行为。所谓"账外暗中"是指未在依法设立的反映其生产经营活动或者行政事业经费收支的财务账上按照财务会计制度规定明确如实记载,包括不记入财务账、转入其他财务账或者做假账等。

2. 折扣、佣金与商业贿赂

折扣是指商品购销的让利,是指经营者在销售商品时,以明示如实入账的方式给予对方的价格优惠,包括支付价款时对价款总额按一定比例即时予以扣除和支付价款总额后再按一定比例予以退还两种形式。

佣金是指经营者在市场交易中给予为其提供服务的具有合法经营资格的中间人的劳务报酬。

《中华人民共和国反不正当竞争法》(1993)第八条第二款规定"经营者销售或者购买商品,可以以明示方式给对方折扣,可以给中间人佣金。经营者给对方折扣、给中间人佣金的,必须如实入账。接受折扣、佣金的经营者必须如实入账。"由此可见,折扣和佣金是商业贿赂行为的另外两个主要方式,但是《中华人民共和国反不正当竞争法》(1993)禁止的是"未以明示方式且未如实入账"折扣和佣金行为,明示且如实入账的给予折扣和佣金的行为本身是合法的商业行为,受法律保护。

3. 附赠和商业贿赂

中华人民共和国国家工商行政管理总局《关于禁止商业贿赂行为的暂行规定》第八条规定,"经营者在商品交易中不得向对方单位或者其个人附赠现金或者物品。但按照商业惯例赠送小额广告礼品的除外。违反前款规定的,视为商业贿赂行为。"附赠包括经营者之间的附赠和经营者向消费者的附赠。但是,《关于禁止商业贿赂行为的暂行规定》第八条只规范经营者之间的附赠行为,不包括经营者对消费者的附赠行为。考虑到赠送小额广告礼品已成为商业惯例,对竞争秩序不构成危害,因此,对此作了例外处理。执法机关一般可根据具体案情,对这种具体情况进行认定。

二、商业贿赂的法律后果

被侵害的经营者除按照《中华人民共和国反不正当竞争法》（1993）第二十条可以向人民法院起诉要求商业贿赂行为者赔偿损失，即商业贿赂行为者需要承担民事责任外，根据《中华人民共和国反不正当竞争法》（1993）第二十二条的规定"经营者采用财物或者其他手段进行贿赂以销售或者购买商品，构成犯罪的，依法追究刑事责任；不构成犯罪的，监督检查部门可以根据情节处以一万元以上二十万元以下的罚款，有违法所得的，予以没收。"参与商业贿赂行为的经营者还可能承担行政责任和刑事责任。

在本案中，既判决要求被告电公司承担向原告能公司赔偿经济损失和合理支出共计275,000元的民事责任。同时，被告电公司也因商业贿赂行为被上海市工商行政管理局闸北分局处以没收违法所得146,898元、罚款50,000元的行政处罚。黄××也因此被判决犯非国家工作人员受贿罪，被判处有期徒刑三年，缓刑三年；退赔的违法所得，予以没收。

相关法条

1.《中华人民共和国反不正当竞争法》（1993）第八条：经营者不得采用财物或者其他手段进行贿赂以销售或者购买商品。在账外暗中给予对方单位或者个人回扣的，以行贿论处；对方单位或者个人在账外暗中收受回扣的，以受贿论处。

经营者销售或者购买商品，可以以明示方式给对方折扣，可以给中间人佣金。经营者给对方折扣、给中间人佣金的，必须如实入账。接受折扣、佣金的经营者必须如实入账。

2.《中华人民共和国反不正当竞争法》（2017年修订）第七条：经营者不得采用财物或者其他手段贿赂下列单位或者个人，以谋取交易机会或者竞争优势：

二、商业贿赂

（一）交易相对方的工作人员；

（二）受交易相对方委托办理相关事务的单位或者个人；

（三）利用职权或者影响力影响交易的单位或者个人。

经营者在交易活动中，可以以明示方式向交易相对方支付折扣，或者向中间人支付佣金。经营者向交易相对方支付折扣、向中间人支付佣金的，应当如实入账。接受折扣、佣金的经营者也应当如实入账。

经营者的工作人员进行贿赂的，应当认定为经营者的行为；但是，经营者有证据证明该工作人员的行为与为经营者谋取交易机会或者竞争优势无关的除外。

3.《中华人民共和国反不正当竞争法》（1993）第二十条：经营者违反本法规定，给被侵害的经营者造成损害的，应当承担损害赔偿责任，被侵害的经营者的损失难以计算的，赔偿额为侵权期间因侵权所获得的利润；并应当承担被侵害的经营者因调查该经营者侵害其合法权益的不正当竞争行为所支付的合理费用。

被侵害的经营者的合法权益受到不正当竞争行为损害的，可以向人民法院提起诉讼。

4.《中华人民共和国反不正当竞争法》（2017年修订）第十七条：经营者违反本法规定，给他人造成损害的，应当依法承担民事责任。

经营者的合法权益受到不正当竞争行为损害的，可以向人民法院提起诉讼。

因不正当竞争行为受到损害的经营者的赔偿数额，按照其因被侵权所受到的实际损失确定；实际损失难以计算的，按照侵权人因侵权所获得的利益确定。赔偿数额还应当包括经营者为制止侵权行为所支付的合理开支。

经营者违反本法第六条、第九条规定，权利人因被侵权所受到的实际损失、侵权人因侵权所获得的利益难以确定的，由人民法院根据侵权行为的情节判决给予权利人三百万元以下的赔偿。

5.《关于禁止商业贿赂行为的暂行规定》第二条：经营者不得违反《反不正当竞争法》第八条规定，采用商业贿赂手段销售或者购买商品。

本规定所称商业贿赂，是指经营者为销售或者购买商品而采用财物或者其他手段贿赂对方单位或者个人的行为。

前款所称财物，是指现金和实物，包括经营者为销售或者购买商品，假借促销费、宣传费、赞助费、科研费、劳务费、咨询费、佣金等名义，或者以报销各种费用等方式，给付对方单位或者个人的财物。

第二款所称其他手段，是指提供国内外各种名义的旅游、考察等给付财物以外的其他利益的手段。

6.《关于禁止商业贿赂行为的暂行规定》第五条：在账外暗中给予对方单位或者个人回扣的，以行贿论处；对方单位或者个人在账外暗中收受回扣的，以受贿论处。

本规定所称回扣，是指经营者销售商品时在账外暗中以现金、实物或者其他方式退给对方单位或者个人的一定比例的商品价款。

本规定所称账外暗中，是指未在依法设立的反映其生产经营活动或者行政事业经费收支的财务账上按照财务会计制度规定明确如实记载，包括不记入财务账、转入其他财务账或者做假账等。

7.《关于禁止商业贿赂行为的暂行规定》第六条：经营者销售商品，可以以明示方式给予对方折扣。经营者给予对方折扣的，必须如实入账；经营者或者其他单位接受折扣的，必须如实入账。

本规定所称折扣，即商品购销中的让利，是指经营者在销售商品时，以明示并如实入账的方式给予对方的价格优惠，包括支付价款时对价款总额按一定比例即时予以扣除和支付价款总额后再按一定比例予以退还两种形式。

本规定所称明示和入账，是指根据合同约定的金额和支付方式，在依法设立的反映其生产经营活动或者行政事业经费收支的财务账上按照财务会计制度规定明确如实记载。

8.《关于禁止商业贿赂行为的暂行规定》第七条：经营者销售或者购买商品，可以以明示方式给中间人佣金。经营者给中间人佣金的，必须如实入账；中间人接受佣金的，必须如实入账。

本规定所称佣金，是指经营者在市场交易中给予为其提供服务的具有合法经营资格中间人的劳务报酬。

判决书（节选）

一审判决书（节选）

……

本院认为：

依据原、被告双方的诉辩意见，本案存在如下争议焦点：焦点一，被告电公司涉案行为是否构成商业贿赂不正当竞争；焦点二，原告能公司主张的经济损失45万元、合理支出5万元是否合理。

关于焦点一，上海市闸北区人民法院就黄××犯非国家工作人员受贿罪作出的（2010）闸刑初字第921号刑事判决书、上海市工商行政管理局闸北分局就被告电公司为承揽业务贿赂黄××一节作出的沪工商闸案处字（2010）第080201011111号行政处罚决定书、本院就原告上海能×信息技术有限公司与黄××劳动关系作出的（2010）徐民一（民）初字第3817号民事判决书，现均已生效，上述法律文书认定的事实可作为本案的定案依据。

《中华人民共和国反不正当竞争法》规定，经营者不得采用财物或者其他手段进行贿赂以销售或者购买商品。在账外暗中给予对方单位或者个人回扣的，以行贿论处；对方单位或者个人在账外暗中收受回扣的，以受贿论处。本院认为，法律所禁止的商业贿赂行为是指商业活动中的经营者以排斥竞争对手为目的，为争取交易机会，暗中给予交易对方有关人员和能够影响交易的其他相关人员以财物或其他好处的行为。本院将综合考量原、被告是否存在商业活动竞争关系、被告是否存在主观过错、黄××是否系适格的商业贿赂受贿人、电公司涉案行为是否损害原告合法权益及扰乱正常市场秩序等因素，就电公司涉案行为是否构成商业贿赂不正当竞争作出判定。

一、根据原、被告的营业执照、宣传资料以及涉案相关合同，反映出原、被告均为从事电力行业应用软件开发的企业，均研发、销售配网GIS地理信息系统，针对相同的需求市场，双方系存在竞争关系的同类市场经营者。

二、被告与江西某供电公司于2009年2月签订涉案工程项目合同时，黄××为原告职工，但被告认为其与石屏供电有限公司于2009年11月26日签订涉案工程项目合同时，黄××已非原告职工，被告给付黄××相关款项不存在过错，不构成商业贿赂，且工商部门未对此进行查处也可佐证。本院认为，黄××于2009年11月23日向上海能×信息技术有限公司申请于24日至27日休假，故上述合同签订时黄××尚在休假期间，仍系原告职工；且黄××与原告劳动关系的存续时间应以相关劳动争议仲裁、判决为认定依据，本院就原告与黄××劳动关系作出的相关判决，认定原告应支付黄××2009年11月工资，故被告与石屏供电有限公司签约时，原告与黄××尚存在劳动关系；另本院注意到，黄××自2008年下半年开始，即代表原告与石屏供电有限公司洽谈配网GIS地理信息系统配套工程项目，而被告从黄××处得知该项业务相关资料和信息后，通过黄××与石屏供电有限公司进行业务洽谈，直至2009年11月26日签订合约也需要一定的时间。综合考量上述情况，本院认定，被告电公司为了能够与江西某供电公司、石屏供电有限公司签订涉案合同，明知黄××时任原告上海能×信息技术有限公司销售代表，仍采取贿赂黄××的手段以达到最终签约的目的，主观故意明显，故被告关于不存在过错的辩解意见本院不予采纳。

三、被告认为黄××仅系销售代表，既非交易对方有关人员，也不是能决定涉案合同签订的有关人员，被告给付黄××钱款不会构成商业贿赂不正当竞争行为。本院认为，判断是否为适格的商业贿赂受贿人的标准之一在于受贿人能否影响交易，根据本院查明的事实，黄××在任原告销售代表时，负责向全国电力企业推销配网GIS地理信息系统配套工程项目，当客户明确购置意向后，其可以代表公司起草合同与客户签约，并主持、协助技术人员与客户讨论软硬件的安装细节和技术标准，其在签订、履行相关项目合同中所起的作用是极其重要的，是能够影响合同签订的关键人员，而被告对此是明知的，这也正是被告给付黄××巨额钱款的直接原因，故本院认定黄××是适格的商业贿赂受贿人。

四、本院认为，《中华人民共和国反不正当竞争法》关于商业贿赂不正当竞争规定的实质是禁止经营者以不正当的利益引诱交易，破坏公平竞争的有序商业环境。根据本院查明事实，被告在明知黄××时任原告销售代表，在与客户洽谈、签约时能起到决定性作用的情况下，采取巨额贿赂的手段，签约承揽了本应由原告承揽的配网GIS地理信息系统配套工程项目，被告的上述行为已非合法的市场竞争行为，其行为不仅直接导致了原告为黄××与相关企业前期接触、洽谈业务支出费用的经济损失及原告相应交易机会的丧失，更是违反了市场经营者应共同遵守的诚实信用原则及商业道德准则，破坏了公平有序的市场竞争秩序。

综上所述，本院认为被告电公司的涉案行为，已对原告能公司构成了商业贿赂不正当竞争，应承担相应的赔偿责任。

关于焦点二、关于赔偿金额及原告合理支出的认定。原告主张配网GIS地理信息系统配套工程项目的利润率均不低于50%，就此提供了其与案外人签订的合同 3 份及部分凭证，本院认为上述数据未经有资质机关的审计核定，本院难以认定其真实性，且根据原告自行制作的成本核算，也反映上述 3 份合同的利润率上下浮动较大；本院认为商业活动中，涉及不同的商业目的、合同内容及履约方式，相应合同的利润率并不相同，现原告仅提供数量较少的合同难以证实其因涉案侵权行为而遭受的损失，故原告据此主张经济损失 45 万元，本院不予认同。关于其经济损失，由本院根据涉案合同的金额、原告为涉案合同前期的支出、被告的侵权后果及主观过错程度等情节，予以酌情判定。

关于原告主张的合理支出，原告提供的交通费、住宿费等凭证尚缺乏其他证据予以印证，尚不足以证实相应费用均与涉案纠纷存在关联性，故本院对原告提供相应凭据不作认定，具体金额由本院根据本市律师服务收费政府指导价标准、调查取证的难易程度、律师参与诉讼的工作量及诉讼所需支出的交通费、查档费等因素，予以酌情判定。

审理中，原告不再主张被告电公司行为构成虚假宣传，放弃要求被告立即停止侵权行为，作出书面赔礼道歉的诉讼请求，本院认为原告放弃上述诉讼请求，系处分自己的诉讼权利，与法不悖，本院予以准许。依照《中华人民共和国反不正当竞争法》第八条第一款、第二十条的规定，判决如下：

一、被告电公司于本判决生效之日起十日内赔偿原告能公司经济损失 250,000 元；

二、被告电公司于本判决生效之日起十日内赔偿原告能公司合理支出 25,000 元。

如果未按本判决指定的期间履行给付金钱义务，应当依照《中华人民共和国民事诉讼法》第二百二十九条的规定，加倍支付迟延履行期间的债务利息。

案件受理费 8,800 元，由原告能公司负担 2,000 元，被告电公司负担6,800元。

如不服本判决，可在判决书送达之日起十五日内，向本院递交上诉状，并按对方当事人的人数提出副本，上诉于上海市第一中级人民法院。

二〇一二年八月二十四日

二审判决书（节选）

……

本院认为：

本案的争议焦点在于原审判决认定的赔偿数额是否合理。《中华人民共和国反不正当竞争法》第二十条规定，不正当竞争行为给被侵害的经营者造成损害的，应当承担损害赔偿责任，被侵害的经营者的损失难以计算的，赔偿额为侵权人在侵权期间因侵权所获得的利润；并应当承担被侵害的经营者因调查该经营者侵害其合法权益的不正当竞争行为所支付的合理费用。本案中，上海市工商行政管理局闸北分局就上诉人为承接江西某供电公司配网GIS地理信息系统配套工程项目，向黄××贿赂一节认定上诉人违法所得14万余元，可见该合同项目的利润率并不低。原审法院基于被上诉人提供的证据未能证明其经济损失，故根据合同的金额、原告为涉案合同前期的支出、被告的侵权后果及主观过错程度等情节，判定赔偿数额为25万元，并未超出原审法院自由裁量的范围。

上诉人还提出黄××的离职时间是2009年11月20日，经查，在案的劳动仲裁裁决及民事判决书中认定黄××与能公司的劳动关系终止于2009年12月4日，故上诉人的上诉理由与在案生效裁判文书认定的事实不符，本院不予采信。

综上所述，本院认为，原审判决认定事实清楚，审判程序合法，适用法律正确，本院予以维持。据此，依照《中华人民共和国民事诉讼法》第一百七十条第一款第（一）项的规定，判决如下：

驳回上诉,维持原判。

二审案件受理费人民币 5,425 元,由上诉人电公司负担。

本判决为终审判决。

二〇一三年二月六日

三、引人误解的虚假宣传

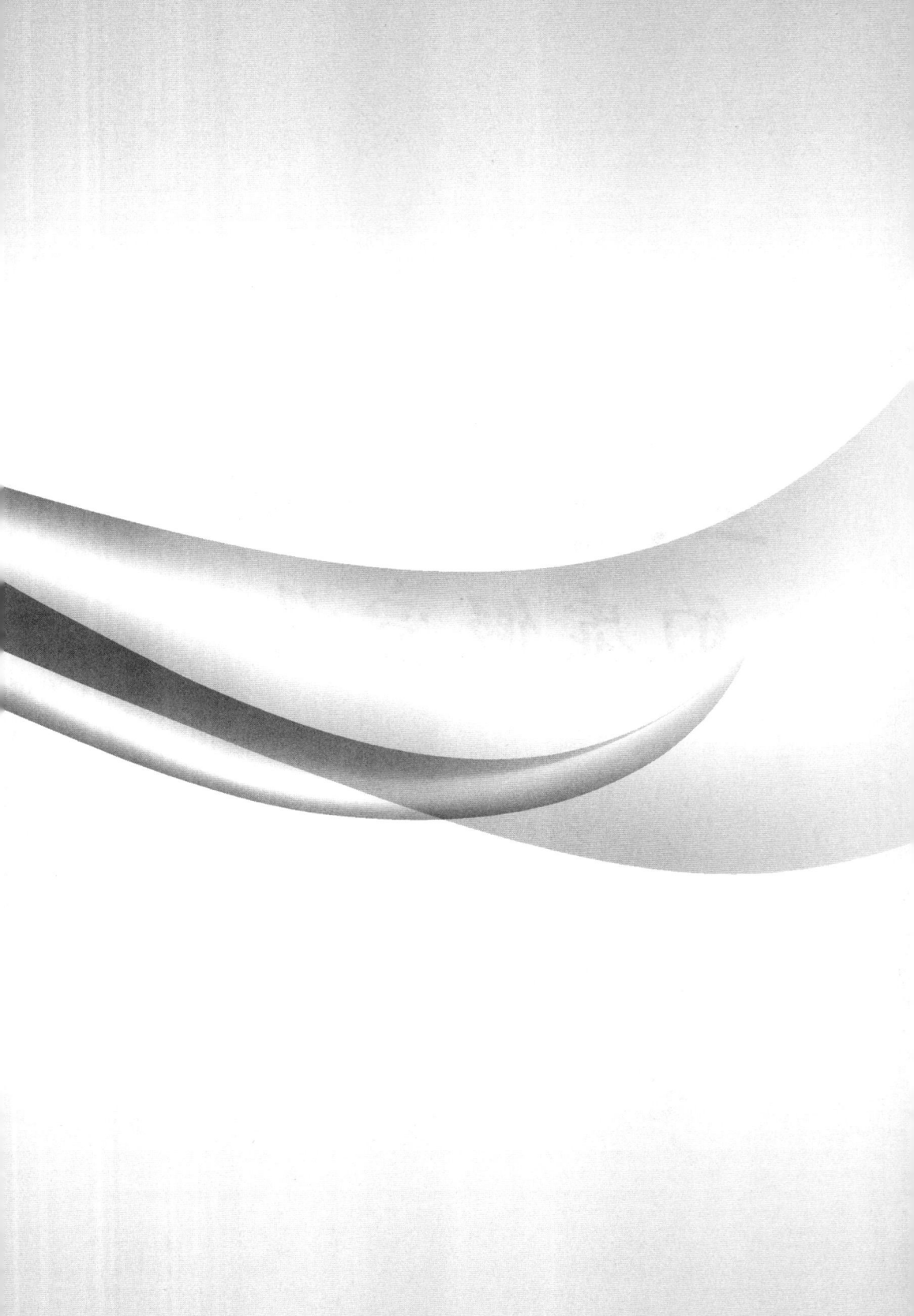

使用他人注册商标及宣传资料进行虚假宣传构成不正当竞争

——评析××科技有限责任公司诉河南×××计算机科技有限公司虚假宣传不正当竞争纠纷案

案情概要

基本信息

案号：（2015）海民（知）初字第 14915 号

原告：××科技有限责任公司

被告：河南×××计算机科技有限公司

审理法院：北京市海淀区人民法院

诉讼请求

一、在 www.zxdyw.com 网站首页显著位置连续三十日刊登声明，为原告消除不良影响；

二、赔偿原告经济损失 50 万元；

三、承担原告为本案支付的合理费用 5 万元（包括律师费 5 万元、公证费 4,100 元，在本案中共主张 5 万元）。

案情介绍

原告××科技有限责任公司（以下简称"科技公司"）依法享有"小米"、"MI"、"XIAOMI"等系列注册商标的专用权，分别在第 37、42 类商品和服务上获准注册了"XIAOMI"、"小米"、"MI"商标。原告认为被告未经许可擅自在其经营的装一网上使用"小米、MI、XIAO-MI"等注册商标，侵犯了其商标专用权。并且，被告在装一网上通过不存在的"北京小米装饰工程有限公司"及相关报道进行虚假宣传，因此原告向被告提起诉讼。原告起诉前，曾向被告邮寄了《立即停止侵权行为的律师函》，并向郑州市工商局金水分局进行投诉，双方经过调解，

三、引人误解的虚假宣传

被告出具了《删除确认及承诺函》。

被告河南×××计算机科技有限公司（以下简称"计算机公司"）为"装一网"的经营者，辩称其经营的装一网是装饰装修加盟网站，侵权内容由加盟会员"北京小米装饰工程有限公司"上传。但在工商信息网站上无法查到"北京小米装饰工程有限公司"信息。

根据原告提供的公证书，在"装一网"首端左侧有显著的"MI 小米家装 Xiaomi Decoration"图文组合标识以及相关广告宣传图文；网页左侧的公告栏显示"小米家装优势"、公告栏下方载有"MI 小米家装"图标；页面右侧订单排行中"小米家装"排名第一等信息、且将小米公司有关新闻置于公司新闻栏目下。

法院审理后认为，计算机公司的行为侵犯了科技公司的商标权并构成不正当竞争行为，应承担相应的法律责任。关于赔偿数额，鉴于双方未能提交充分证据证明科技公司的实际损失或计算机公司的非法获利，法院综合考虑科技公司的影响力、计算机公司的行为持续时间、主观恶意程度，装一网的影响范围等因素酌情考虑。科技公司提出的赔偿请求数额过高，法院不予全部支持。

审理结果

一、本判决生效之日起三十日内，被告计算机公司在装一网（网址为 www.zxdyw.com）首页连续四十八小时刊登声明，就本案侵害商标权及不正当竞争行为为原告科技公司消除影响（声明内容须经本院审核，逾期不履行，本院将根据原告科技公司申请，在相关媒体公布判决主要内容，费用由被告计算机公司承担）；

二、本判决生效之日起十日内，被告计算机公司赔偿原告科技公司经济损失十五万元及合理开支五万元；

三、驳回原告科技公司的其他诉讼请求。

案件受理费九千三百元（原告科技公司已预交），由被告计算机公司负担五千三百元，于判决生效之起七日内交纳，由原告科技公司负担四千元，已交纳。

要点分析

本案被告就同一侵权事实尚涉及另外一起案件：×××科技（北京）有限公司诉被告不正当竞争纠纷案（2016）京73民终125号。本案审理核心与另案有共同之处，即对被告计算机公司行为性质的判断。在对这一行为性质认定上，本案与另案结论相同。

一、无法区分、证明信息发布者的情况下，由网络平台服务提供者作为信息发布方承担侵权责任

（一）被告无法区分其平台信息哪些是自己发布的、哪些是会员发布的。

（二）被告网站注册流程中，公司名称等重要信息都能随意以"某某"替代并注册成功、注册成功信息在网站前端可显示。与装一网网站所称的大量公司信息并未出现随意杂乱信息的情形不符，以此认定被告对后台系统、业务模式设计处于完全掌控状态。

（三）被告所称侵权信息提供者"北京小米装饰工程有限公司"的注册信息在被告后台注册列表中不能显示，被告自称已经删除。

（四）被告没有证据证明涉案信息发布人的身份、联系方式、发布时间等具体情况。

基于以上事实，被告由于未尽举证证明责任，被认定发布了涉案信息、直接实施了涉案行为。在另案中，法院更侧重论述了第（四）点，本案从后台管理、前台显示等多方面考察，以被告是否掌控信息发布、修改为判断依据之一。

二、通过虚假企业及相关报道进行虚假宣传构成不正当竞争

对于虚假宣传的表现形式,最高人民法院《关于审理不正当竞争民事案件应用法律若干问题的解释》第八条有明确规定。司法实践上,对虚假宣传行为的判定主要从以下几个方面考虑:经营者之间具有竞争关系、实施了引人误解的虚假宣传行为、经营者存在主观过错。

（一）经营者之间具有竞争关系

传统领域中,一般将竞争关系限定于相同或类似商品及服务的经营范围内。本案中,法院也是主要从二者经营范围的角度出发,认为计算机公司与科技公司均有互联网经营业务,计算机公司是提供家装信息的网站,科技公司也涉猎家装领域,二者之间存在竞争关系。

（二）实施了引人误解的虚假宣传行为

引人误解的虚假宣传是指经营者为获取市场竞争优势和不正当利益,对其提供的商品或服务进行虚假和引人误解的宣传行为。此处的"人"往往是以普通消费者的一般概念来定义的。人民法院也是根据日常生活经验、相关公众一般注意力、发生误解的事实和被宣传对象的实际情况等因素,对引人误解的虚假宣传行为进行认定。根据《关于审理不正当竞争民事案件应用法律若干问题的解释》的规定,虚假宣传行为主要包含以下情形:1.对商品作片面的宣传或者对比的;2.将科学上未定论的观点、现象等当作定论的事实用于商品宣传的;3.以歧义性语言或者其他引人误解的方式进行商品宣传的。

本案中,装一网中所宣传的"北京小米装饰工程有限公司"为虚假企业名称,且计算机公司还将与科技公司涉足装修领域的相关新闻报道作为该虚假企业的"公司新闻",不仅在该虚假企业网页中呈现,还置于装一网首页中,对于一般消费者来说,都会认为该虚假企业与科技公司有关。

（三）经营者存在主观过错

虚假宣传行为人应具有引人误解的故意，而不能是过失。本案中，科技公司属于知名企业，计算机公司应当知道其虚假宣传行为会引起消费者的误解，仍然将与小米相关的宣传内容置于网站首页，具有明显的主观故意。

基于以上原因，法院认为计算机公司的行为属于虚假宣传行为，构成不正当竞争。

三、商标侵权的确定在注册商品类别上应予以综合判断

原告在本案中还主张被告商标专用权侵权。被告辩称原告科技公司的注册商标"MI"、"小米"未在装饰装修类获得核准注册，否认侵权。法院提出："认定利用信息网络提供的商品或服务，与他人注册商标核定使用的商品或服务是否构成相同或类似，应结合服务目的、内容、方式、对象等方面综合确定。"

原告科技公司在第 37 类移动终端维修、维修信息；第 42 类替他人创建和维护网站、计算机程序和数据的数据转圜、恢复计算机数据、计算机软件维护、计算机系统分析、计算机系统设计等方面已经获得核准注册。法院认为上述注册商品涵盖了被告计算机公司的行为，即通过维护网站运营、网站发布信息提供服务，在服务对象、信息提供方式方面与原告注册类别构成类似，属于在类似商品上使用与注册商标相同的商标，容易造成混淆的情形。法院通过对服务对象、信息提供方式等进行综合判断，确定了类似商标使用的范围，这对于在互联网环境下如何理解商标专用权的保护有着积极的意义。

综合本案的案情、法院认定，对于原告而言，积极从商标、不正当竞争多角度进行权利保护是必要的、有效的。但其还可根据其业务发展考虑拓展性保护，如在商标注册范围等方面进一步扩大等。对于被告来说，需要从多角度、多维度来进行平台服务架构的设计，包括网站前端

展示的说明、后台注册环节、审核环节从非人为技术角度进行设计，以避免自身陷入信息提供者的责任范围。

相关法条

1. 《中华人民共和国反不正当竞争法》（1993）第九条：经营者不得利用广告或者其他方法，对商品的质量、制作成分、性能、用途、生产者、有效期限、产地等作引人误解的虚假宣传。

广告的经营者不得在明知或者应知的情况下，代理、设计、制作、发布虚假广告。

《中华人民共和国反不正当竞争法》（2017年修订）第八条：经营者不得对其商品的性能、功能、质量、销售状况、用户评价、曾获荣誉等作虚假或者引人误解的商业宣传，欺骗、误导消费者。

经营者不得通过组织虚假交易等方式，帮助其他经营者进行虚假或者引人误解的商业宣传。

2. 《中华人民共和国商标法》第五十七条第（一）、（二）项：有下列行为之一的，均属侵犯注册商标专用权：（一）未经商标注册人的许可，在同一种商品上使用与其注册商标相同的商标的；（二）未经商标注册人的许可，在同一种商品上使用与其注册商标近似的商标，或者在类似商品上使用与其注册商标相同或者近似的商标，容易导致混淆的。

判决书（节选）

……

本院认为：

针对科技公司主张计算机公司实施了涉案行为，侵害其享有的商标权，并对其构成不正当竞争，计算机公司坚持其为提供装饰加盟的平台网站经营者，涉案行为系其注册会员"北京小米装饰工程有限公司"实施，在接到科技公司行政投诉后就删除了争议信息。本院认为，对计算机公司行为性质的判断是认定计算机公司是否应就本案争议信息的发布行为承担法律责任的前提。

要判断装一网中涉案信息为计算机公司发布，还是加盟会员发布，本院考虑以下细节：第一，计算机公司自认装一网中有些信息为加盟会员发布，有些为其自行发布，但无法区分。第二，尽管计算机公司提交了装一网会员注册流程及后台管理系统的公证书，但该证据提交时间迟于涉案行为发生近一年之久，且在本案证据交换及第一次庭审中均未出示。另外，从公证书显示的会员注册流程，包括公司名称在内的重要信息都能随意以"某某"替代并注册成功，且计算机公司认可注册成功的公司信息都能在装一网前端显示出来，与装一网网站所显示的大量公司信息并未出现随意杂乱信息的情形不符。鉴于计算机公司对装一网后台系统及业务模式设计系完全掌控状态，在科技公司对该公证书与本案之关联性提出质疑的情况下，本院认为上述公证书内容不能客观反映涉案行为发生当时的状况。第三，即使计算机公司补充提交的公证书内容真实，装一网后台管理系统自 2009 年 4 月 14 日至 2016 年 3 月 3 日期间的装饰公司注册列表中，未显示"北京小米装饰工程有限公司"的注册信息，计算机公司对此解释为其删除了该公司信息，"现在找不到了"。在计算机公司提交其后台管理系统能显示全部装饰公司列表的情况下，计算机公司表示因"技术问题""无法统计"装饰公司注册会员数量，且"无法解释"。第四，计算机公司未能提交任何证据证明涉案信息发布主体身份、联系方式、发布时间等具体情况。综合以上情节，本院认为，计算机公司对其提出的涉案信息由注册用户发布的主张，未尽举证证明责任，本院认定计算机公司发布了涉案信息，直接实施了涉案行为。

对于涉案行为是否侵害科技公司的商标权，及构成不正当竞争，本院作以下分析：

三、引人误解的虚假宣传

一、关于商标权

根据科技公司提交的证据,可以认定其对涉案七个商标享有注册商标专用权,他人未经许可不得在同一种商品上使用与其注册商标相同的商标,以及在容易导致混淆的情形下,在类似商品上使用与其注册商标相同或者近似的商标。

本案中,计算机公司通过经营的装一网提供相关家装信息,在装一网"小米家装——小米装饰有限公司"页面显著位置使用"MI 小米家装 Xiaomi Decoration"的图文组合标识,其中的"MI"、"小米"与涉案"MI"、"小米"商标标识相同,"Xiaomi"与涉案"XIAOMI"商标仅拼音大小写差异,也可认为系相同标识。因科技公司享有商标权的"XIAOMI"商标核定服务项目包括室内装饰设计、室内装潢修理等,故计算机公司在装一网使用"Xiaomi"标识的行为,属于未经科技公司许可,在同一种商品上使用与"XIAOMI"商标相同的商标的行为。

对于在装一网中使用"MI"、"小米"标识的行为,计算机公司认为科技公司的"MI"、"小米"商标未获得在装饰装修类核准注册,故否认侵权。本院认为,认定利用信息网络提供的商品或者服务,与他人注册商标核定使用的商品或者服务是否构成相同或类似,应结合服务目的、内容、方式、对象等方面综合确定。科技公司的"MI"、"小米"商标所获核准注册的类别主要为第37类移动终端维修、维修信息,第42类替他人创建和维护网站、计算机程序和数据的数据转换、恢复计算机数据、计算机软件维护、计算机系统分析、计算机系统设计等。计算机公司在经营装一网的过程中,通过维护网站运营、在网站中发布信息行为等提供的服务,在服务对象、信息提供方式等方面与科技公司对"MI"、"小米"商标核准注册的上述类别构成类似,属于在类似商品上使用与注册商标相同的商标,容易造成混淆的情形。故本院对科技公司主张计算机公司侵害其涉案商标专用权的行为,本院依法予以支持。计算机公司承认其使用科技公司商标标识组合，否认单独使用相关商标标识的理由，不能成为未使用他人商标的正当理由，也非否认侵权的合法依据，本院对此辩称不予支持。

二、关于不正当竞争

我国《反不正当竞争法》规定，经营者不得利用广告或者其他方法，对商品的质量、制作成分、性能、用途、生产者、有效期限、产地等作引人误解的虚假宣传。本案中，装一网中所宣传的"北京小米装饰工程有限公司"为虚假企业名称，计算机公司还将与科技公司涉足装修领域的相关新闻报道作为该虚假企业的"公司新闻"，不仅在该虚假企业网页中呈现，还置于装一网首页中，主观故意明显，引人误解为该虚假企业与科技公司有关，构成虚假宣传行为。本案证据显示，计算机公司与科技公司均有相关互联网经营业务，科技公司也涉猎家装领域，故计算机公司以双方业务没有交叉为由否认存在不正当竞争，本院不予支持。

另外，计算机公司于2015年4月7日所做承诺中已表示装一网不会再出现任何侵犯科技公司权利的信息，其在本案中虽然否认涉案行为侵害科技公司商标权及构成不正当竞争，但未提交有效反驳证据，也未能合理解释其上述承诺内容。本院对计算机公司否认侵权的抗辩意见，不予支持。

计算机公司应对其侵害商标权及不正当竞争行为承担相应的法律责任。关于消除影响，本院依法予以支持。关于赔偿数额，鉴于双方未能提交充分证据证明科技公司的实际损失或计算机公司的非法获利，本院综合考虑科技公司的影响力、计算机公司的行为持续时间、主观恶意程度，装一网的影响范围等因素酌情考虑。科技公司提出的赔偿请求数额过高，本院不予全部支持。科技公司因本案支出费用中的合理部分，本院依法予以支持。因科技公司提出过高的赔偿请求而产生的案件受理费，不应由计算机公司全部负担。

综上所述，本院依照《中华人民共和国商标法》第五十七条第（一）、（二）项，《中华人民共和国反不正当竞争法》第九条，《中华人民共和国民事诉讼法》第六十四条第一款、第一百四十四条的规定，判决如下：

一、本判决生效之日起三十日内，被告计算机公司在装一网（网址为www.zxdyw.com）首页连续四十八小时刊登声明，就本案侵害商标权及不正当竞争行为为原告科技公司消除影响（声明内容须经本院审核，逾期不履行，本院将根据原告科技公司申请，在相关媒体公布判决主要内容，费用由被告计算机公司承担）；

二、本判决生效之日起十日内，被告计算机公司赔偿原告科技公司经济损失十五万元及合理开支五万元；

三、驳回原告科技公司的其他诉讼请求。

如被告计算机公司未按本判决所指定的期间履行给付金钱义务，则应根据《中华人民共和国民事诉讼法》第二百五十三条的规定，加倍支付迟延履行期间的债务利息。

案件受理费九千三百元（原告科技公司已预交），由被告计算机公司负担五千三百元，于判决生效之起七日内交纳，由原告科技公司负担四千元，已交纳。

如不服本判决，可于判决书送达之日起十五日内，向本院递交上诉状，并按对方当事人的人数提交副本，交纳上述案件受理费，上诉于北京知识产权法院。如在上诉期满后七日内未交纳上诉案件受理费，按自动撤回上诉处理。

二〇一六年七月二十九日

平台未经审核展示他人侵权宣传资料构成虚假宣传

——评析×××科技(北京)有限公司诉河南×××计算机科技有限公司虚假宣传不正当竞争纠纷案

三、引人误解的虚假宣传

案情概要

基本信息

一审信息：

案号：（2015）朝民（知）初字第 31020 号

原告：×××科技（北京）有限公司

被告：河南×××计算机科技有限公司

一审法院：北京市朝阳区人民法院

二审信息：

案号：（2016）京 73 民终 125 号

上诉人：×××科技（北京）有限公司

被上诉人：河南×××计算机科技有限公司

二审法院：北京知识产权法院

诉讼请求

一审诉讼请求：

一、被告立即删除"装一网"上与原告"爱空间"网站上相同及相似的内容，停止虚假宣传的不正当竞争行为；

二、在"装一网"首页的显著位置连续三十日刊登向原告赔礼道歉、消除不良影响的声明，声明内容应经法院审核；

三、被告赔偿原告经济损失人民币五十万元及为制止不正当竞争行为支付的合理费用五万元并承担本案诉讼费用。

二审诉讼请求：

一、上诉人×××科技（北京）有限公司上诉请求：撤销原审判决，并支持上诉人在一审程序中要求被上诉人赔偿五十五万元的诉讼请求。

二、二审的诉讼费用由被上诉人负担。

案情介绍

×××科技（北京）有限公司（以下简称"科技公司"）成立于 2014 年 10 月 29 日，经营范围包括专业承包、室内装饰工程设计、技术开发等，其公司网站名称为"爱空间"，网址为 www.ikongjian.com。科技公司在其网站上称其为"国内首家互联网家装公司"，并提出多项宣传口号，配以大量图片及文字。因雷×注资 6000 万元给科技公司，故网上媒体对其报道大量使用"小米家装"的表述。但科技公司未曾使用"小米家装"的名称和字号。

河南×××计算机科技有限公司（以下简称"计算机公司"）成立于 2011 年 4 月 8 日，经营范围包括计算机软件开发、计算机系统服务等，其公司网站名为"装一网"，为装修公司、建材商等会员提供网络平台服务。通过其网站，可进入相关网站会员的店铺。无证据证明计算机公司直接从事设计、装饰、装修等相关业务。

2015 年 1 月，科技公司发现计算机公司在其运营的名为"装一网"的网站上大量盗用科技公司网站的图片、文字及宣传口号。网站商户以所谓的"北京小米装饰工程有限公司"为名，捏造履历及获奖情况，并将爱空间接受小米科技有限责任公司雷×旗下顺为资本投资的相关互联网新闻共计七篇列入其"公司新闻"页面进行宣传。上述页面中的"联系我们"所留的联系方式为，公司名称：小米装饰有限公司。经北京市企业信用信息网查询，没有名为"北京小米装饰工程有限公司"的存在。发现上述情况后，科技公司在 2015 年 2 月向计算机公司发送了《关于立即停止侵权行为的律师函》，并于 3 月 10 日向工商行政管理部门投诉。经工商行政管理部门调解，计算机公司于 2015 年 4 月 7 日出具《删除确认及承诺函》。

原告科技公司主张计算机公司的行为属于引人误解的虚假宣传，构成不正当竞争行为，故诉至法院请求判令计算机公司立即停止虚假宣传的不正当竞争行为、刊登赔礼道歉、消除不良影响的声明并赔偿损失等。

一审法院驳回了原告科技公司全部诉讼请求。科技公司不服一审判决，向法院提起上诉，认为原审判决存在事实认定及法律适用错误，请求撤销原审判决，并支持一审诉讼请求。

二审法院对双方认可的原审判决中记载的事实予以确认。认为计算机公司在本案中实施的行为分别构成了违背公认商业道德的一般不正当竞争行为及虚假宣传的具体不正当竞争行为，应承担停止侵权并赔偿上诉人科技公司经济损失的法律责任。

审理结果

一审判决：
驳回原告科技公司全部诉讼请求。

二审判决：

一、撤销北京市朝阳区人民法院（2015）朝民（知）初字第31020号民事判决；

二、自本判决生效之日起十日内，计算机公司赔偿科技公司经济损失及支出的合理费用合计二十万元；

三、驳回科技公司其他上诉请求。

一审案件受理费九千三百元，由科技公司负担三千三百元（已交纳），由计算机公司负担六千元（于本判决生效之日起七日内交纳）。二审案件受理费九千三百元，由科技公司负担三千三百元（已交纳），由计算机公司负担六千元（于本判决生效之日起七日内交纳）。

要点分析

一、网络平台服务提供者在会员注册环节未做审核会导致平台自身承担直接侵权责任

本案历经一审驳回原告全部诉讼请求、二审撤销一审裁判，认定被告侵权行为成立的过程。一审与二审裁判的根本立足点在于一审法院认为被告计算机公司提供的是网络平台服务，自身并非是直接进行广告宣传的经营者，对网络用户的侵权行为没有主动审查义务，具体侵权行为都是"北京小米装饰工程有限公司"实施，且其在得到原告科技公司通知后删除了侵权内容，不存在过错。但被告没有证据证明其平台会员"北京小米装饰工程有限公司"提供了涉诉信息，二审法院基于以下事实及依据推定是被告提供涉诉信息，据此认定侵权成立：

（一）根据《信息网络传播权保护条例》第二十二条，提供信息存储空间的网络服务提供者应在具备一定条件时，才不承担赔偿责任。包括明示服务提供者、未改变信息、未获利、得到侵权通知后及时删除。如认定被告是本条所述的提供信息空间的网络服务提供者，被告需先证明侵权信息的提供者。

（二）经查询北京市企业信用信息，没有名为"北京小米装饰工程有限公司"的存在，该公司系不真实存在的主体。

（三）被告在平台注册时，没有对"北京小米装饰工程有限公司"的主体信息进行任何形式的核查。

基于上述原因，法院认为被告身份并非是提供信息存储空间的网络服务提供者，涉诉信息是被告自行提供，应由被告承担不利后果。

二、关于一般不正当竞争行为和虚假宣传不正当竞争行为的认定

（一）抄袭、模仿广告宣传、图片的行为被认定为不正当竞争。

本案中，被告网站中"小米家装"宣传中使用了"爱空间 PK 传统家装"、"毛胚到精装，仅需 20 天"、"80 道标准工艺、严格质检"等 8 条口号，与科技公司网站的广告口号一致。网站页面上使用了 6 处图片与科技公司网站图片基本一致。原告科技公司虽未举证证明对广告口号、图片享有著作权的证据，但二审法院认为原告对有独自特点的语言、图片享有合法的民事权益，其他市场主体不得抄袭、模仿，否则应承担侵权责任。法院依据《中华人民共和国反不正当竞争法》（1993）第二条规定的原则性条款，认定被告违反了公认的商业道德，损害了其他经营者的合法权益。

本案二审法院的上述认定更符合互联网环境下权利保护的特点。传统著作权保护根据《中华人民共和国著作权法》及《中华人民共和国著作权法实施条例》，作者需举证证明作品的独创性及作者，但是用于网络宣传的语言、图片一般都以企业网站整体形式出现，且不能在各个环节标注作者，著作权举证存在一定困难。比如，在（2016）粤 73 民终 309 号判决中，法院就认为部分资料虽然具有独创性，但是无法证明原告是其著作权人，因此对原告主张被告侵犯著作权的行为不予支持。

（二）以其他经营者信息作为本公司信息使用并与其他经营者进行关联，造成公众误导，构成虚假宣传。

被告网站页面中呈现的内容、主体均与原告公司进行了关联，足以引起公众误导，其行为包括：

1. 以所谓的"北京小米装饰工程有限公司"名义发布经营信息，该公司与"小米科技有限公司"在名称上有关联；

2. 在被告网站页面上列入了雷×旗下顺为资本投资原告科技公司 6,000 万元的新闻报道，将新闻内容与原告关联。

上述行为足以引人误解被告与原告存在一定的关联性，构成了引人误解的虚假宣传行为。

综合本案案情及法院认定，作为原告在权利受到侵害后能够主动维权，在找不到具体侵权人的情况下，先向平台服务提供者主张删除侵权内容，减少侵权危害，并主张自身合法权益。但为更好地保护其合法权益，原告可在其知识产权保护体系中对需著作权保护的部分进行一定的设计，以使得其权利保护更为直接。作为被告，即使自身定位于平台服务提供者，但由于没有履行平台服务提供者的必要审核责任，结果成为侵权责任的直接承担者。被告应重构其平台运营规则、规范平台注册审核、纠纷解决机制等。

相关法条

1. 《中华人民共和国反不正当竞争法》（1993）第二条：经营者在市场交易中，应当遵循自愿、平等、公平、诚实信用的原则，遵守公认的商业道德。

本法所称的不正当竞争，是指经营者违反本法规定，损害其他经营者的合法权益，扰乱社会经济秩序的行为。

本法所称的经营者，是指从事商品经营或者营利性服务（以下所称商品包括服务）的法人、其他经济组织和个人。

《中华人民共和国反不正当竞争法》（2017年修订）第二条：经营者在生产经营活动中，应当遵循自愿、平等、公平、诚信的原则，遵守法律和商业道德。

本法所称的不正当竞争行为，是指经营者在生产经营活动中，违反本法规定，扰乱市场竞争秩序，损害其他经营者或者消费者的合法权益的行为。

本法所称的经营者，是指从事商品生产、经营或者提供服务（以下所称商品包括服务）的自然人、法人和非法人组织。

2. 《中华人民共和国反不正当竞争法》（1993）第九条第一款：经营者不得利用广告或者其他方法，对商品的质量、制作成分、性能、用途、生产者、有效期限、产地等作引人误解的虚假宣传。

三、引人误解的虚假宣传

《中华人民共和国反不正当竞争法》（2017 年修订）第八条：经营者不得对其商品的性能、功能、质量、销售状况、用户评价、曾获荣誉等作虚假或者引人误解的商业宣传，欺骗、误导消费者。

经营者不得通过组织虚假交易等方式，帮助其他经营者进行虚假或者引人误解的商业宣传。

3.《信息网络传播权保护条例》第二十二条：网络服务提供者为服务对象提供信息存储空间，供服务对象通过信息网络向公众提供作品、表演、录音录像制品，并具备下列条件时，不承担赔偿责任：

（一）明确标示该信息存储空间是为服务对象所提供，并公开网络服务提供者的名称、联系人、网络地址；

（二）未改变服务对象所提供的作品、表演、录音录像制品；

（三）不知道也没有合理的理由应当知道服务对象提供的作品、表演、录音录像制品侵权；

（四）未从服务对象提供作品、表演、录音录像制品中直接获得经济利益；

（五）在接到权利人的通知书后，根据本条例规定删除权利人认为侵权的作品、表演、录音录像制品。

4.《中华人民共和国侵权责任法》第三十六条：网络用户、网络服务提供者利用网络侵害他人民事权益的，应当承担侵权责任。

网络用户利用网络服务实施侵权行为的，被侵权人有权通知网络服务提供者采取删除、屏蔽、断开链接等必要措施。网络服务提供者接到通知后未及时采取必要措施的，对损害的扩大部分与该网络用户承担连带责任。

网络服务提供者知道网络用户利用其网络服务侵害他人民事权益，未采取必要措施的，与该网络用户承担连带责任。

判决书（节选）

……

本院认为：

经营者在市场经营过程中，应遵循公认的商业道德，诚信经营，不得对其提供的商品或服务作引人误解的虚假宣传，否则即构成不正当竞争行为，应承担相应的法律责任。

根据双方当事人的诉辩意见，本案的争议焦点如下：一、上诉人科技公司与被上诉人计算机公司之间是否存在竞争关系；二、被上诉人计算机公司的行为是否违反了公认的商业道德并构成不正当竞争；三、被上诉人计算机公司的行为是否构成虚假宣传的不正当竞争行为。

具体到本案中当事人的行为，以上争议焦点的最终结果认定，取决于对被上诉人计算机公司所实施行为的定性。本案中，计算机公司实施的行为具体表现为在其网站上，名称为"北京小米装饰工程有限公司"的主体在计算机公司的网站上发布的信息中抄袭了上诉人科技公司8条广告宣传语及6幅图片，且在"公司新闻"栏目中列入了雷×旗下顺为资本投资上诉人科技公司的新闻。

计算机公司在答辩中主张其行为系仅为会员提供信息发布平台的网络服务行为，具体信息由会员自行发布，鉴于会员数量巨大，计算机公司对会员的行为无法进行审核，故即便会员的行为构成侵权，也应由会员自行承担责任，与计算机公司无关。根据计算机公司的该答辩意见，其实际上主张其行为系网络服务中提供信息存储空间的行为。判断当事人行为是否提供信息存储空间以及信息存储空间提供者应否承担相应的侵权责任，法律依据主要体现在我国《信息网络传播权保护条例》（以下简称《条例》）中。《条例》第二十二条规定，网络服务提供者为服务对象提供信息存储空间，供服务对象通过信息网络向公众提供作品、表演、录音录像制品,并在具备下列条件时,不承担赔偿责任:(一)明确标示该信息存储空间是为服务对象所提供,并公开网络服务提供者的名称、联系人、网络地址;(二)未改变服务对象所提供的作品、表演、录音录像制品;(三)不知道也没有合理的理由应当知道服务对象提供的作品、表演、录音录像制品侵权;(四)未从服务对象提供作品、表演、录音录像制品中直接获得经济利益;(五)在接到权利人的通知书后,根据本条例规定删除权利人认为侵权的作品、表演、录音录像制品。根据《条例》的前述规定,计算机公司的抗辩意见能够成立的前提是其在本案的具体涉诉行为确系信息网络存储空间提供行为,且涉诉信息确系案外人"北京小米装饰工程有限公司"提供。计算机公司如欲主张其系信息存储空间服务提供者,根据民事诉讼证据规则的相关规定,则计算机公司需要提供相应证据证明"北京小米装饰工程有限公司"确实存在且涉诉信息确由该公司提供,否则应承担相应的不利后果。根据在案证据,本院有理由相信"北京小米装饰工程有限公司"系一并不真实存在的主体,且计算机公司在接受该公司注册时,也未对该公司的主体信息进行任何形式的核查。据此,本院对计算机公司主张其系信息网络存储空间提供者的答辩意见不予采纳,计算机公司应承担相应的不利后果,本院有理由推定涉诉信息系由计算机公司自行提供,相应法律后果应由计算机公司自行承担。

根据前述认定,本院对前述三个争议焦点的认定如下:

关于争议焦点之一,尽管根据现有证据无法证明计算机公司直接从事房屋装修业务,但其实施的网络宣传行为也系明显的市场经营行为,其与上诉人科技公司所从事的房屋装修业务存在竞争关系,故此本院认定二者之间的纠纷系在市场竞争中产生,应适用我国《反不正当竞争法》予以调整。

关于争议焦点之二,上诉人科技公司认为被上诉人计算机公司在其网站上所发布的信息中抄袭了上诉人网站相关页面中的广告宣传语及图片，该行为已违背了公认的商业道德，构成不正当竞争。对此，本院认为，尽管上诉人科技公司并未提供证据证明涉诉广告宣传语及图片的著作权系上诉人拥有，但在商业经营活动过程中，经营主体对其发布的有独自特点的语言、图片等信息也享有相应的合法民事权益，其他市场主体对此应予尊重，不得以抄袭、模仿等形式加以实施，否则即侵害了该主体的相应合法权益，应承担相应的侵权责任。鉴于该行为的具体表现形式并非我国《反不正当竞争法》所规定的具体不正当竞争形式，但该行为又确已违背了《反不正当竞争法》的立法精神，具有法律上的可责性，故对该行为应具体适用《反不正当竞争法》第二条规定的原则性条款予以规制。

关于争议焦点之三，被上诉人计算机公司在其网站页面上列入了雷×旗下顺为资本投资科技公司的七条新闻，该行为在客观上会造成对消费者及相关市场主体的误导，且计算机公司又系以"北京小米装饰工程有限公司"的名义发布，而该公司与雷×所任职的"小米科技有限公司"存在形式上的关联性，极易造成混淆。被上诉人计算机公司的行为，已构成我国《反不正当竞争法》所规定的虚假宣传行为，对上诉人科技公司的合法权益造成了损害，应承担相应的侵权责任。

综上所述，被上诉人计算机公司在本案中实施的行为分别构成了违背公认商业道德的一般不正当竞争行为及虚假宣传的具体不正当竞争行为，应承担停止侵权并赔偿上诉人科技公司经济损失的法律责任，鉴于上诉人已明确表示放弃停止侵权的上诉请求，此系当事人对其权利的自行处分，本院不持异议，故仅对其要求赔偿损失的上诉请求予以支持。

关于赔偿损失的数额，鉴于上诉人并未提交证据证明其实际损失的情况，也未有证据证明被上诉人因实施侵权行为所获收益的情况，故本院将根据涉诉侵权行为的实施范围、持续时间、主观状态等因素，酌情

三、引人误解的虚假宣传

确定被上诉人计算机公司应承担的赔偿数额。

综上所述,上诉人科技公司的上诉理由成立,对其上诉请求,本院予以支持。原审判决事实认定及法律适用存在错误,本院依法予以改判。依照《中华人民共和国反不正当竞争法》第二条第一款、第九条第一款、《中华人民共和国侵权责任法》第三十六条第一款、《中华人民共和国民事诉讼法》第一百七十条第一款第(二)项的规定,本院判决如下:

一、撤销北京市朝阳区人民法院(2015)朝民(知)初字第31020号民事判决;

二、自本判决生效之日起十日内,计算机公司赔偿科技公司经济损失及支出的合理费用合计二十万元;

三、驳回科技公司其他上诉请求。

一审案件受理费九千三百元,由科技公司负担三千三百元(已交纳),由计算机公司负担六千元(于本判决生效之日起七日内交纳)。二审案件受理费九千三百元,由科技公司负担三千三百元(已交纳),由计算机公司负担六千元(于本判决生效之日起七日内交纳)。

本判决为终审判决。

二〇一六年六月八日

经营者在其网站宣传虚假的合作伙伴关系从而利用他人知名度增加竞争优势构成不正当竞争

——评析××保险集团股份有限公司诉上海新×金融信息服务有限公司不正当竞争纠纷案

三、引人误解的虚假宣传

案情概要

基本信息

案号：（2016）沪 0115 民初 82912 号
原告：××保险集团股份有限公司
被告：上海××金融信息服务有限公司
审理法院：上海市浦东新区人民法院

诉讼请求

一、被告立即停止虚假宣传的不正当竞争行为；

二、被告赔偿原告经济损失人民币 100,000 元；

三、被告承担原告为调查、制止被告不正当竞争行为而支出的合理费用（公证费）共计 4,000 元。

案情介绍

原告××保险集团股份有限公司（以下简称"保险集团"）于 1996 年 9 月 9 日成立，经营范围为投资设立保险企业等。被告上海××金融信息服务有限公司（以下简称"金融服务公司"）于 2002 年 7 月 9 日成立，经营范围为金融信息服务（金融业务除外）等。

2008 年 8 月 14 日，原告经核准注册了第 4428673 号商标，核定服务项目（第 36 类）：保险统计；保险经纪；保险；健康保险；人寿保险；金融贷款等。根据原告提供的公证书显示，进入上海某集团主页，点击网页左侧"合作企业"链接，页面显示若干企业名称的图文标识，其中第 4 行第 1 个为涉案的图文标识。根据原告提供的公证书显示，进入工信部网站（网址：www.miitbeian.gov.cn）进行网站备案查询，在网站名称框中输入"金融服务公司",显示以该公司为主办单位的网站有两个,网站首页网址分别是"www.shwanxi.com"以及"www.wanxijr.com"。点击网址"www.wanxijr.com",进入上海销售集团主页,网页下方"合作伙伴"栏目中显示若干企业名称的图文标识,其中第 1 个为涉案的图文标识。2016 年 11 月 29 日,上海市长宁区市场监督管理局向被告出具了行政处罚决定书,认定"被告自 2016 年 3 月 1 日开始在其官方网站 http://swxjt.com 上宣传 17 家合作企业……经核实,上述 17 家企业中仅 2 家为当事人合作企业,其余 15 家企业(包括原告在内)与被告均无合作关系。"据此,上海市长宁区市场监督管理局依据《中华人民共和国反不正当竞争法》第九条第一款及第二十四条第一款的规定,作出对被告处以罚款 8 万元的行政处罚。

审理结果

一、被告上海××金融信息服务有限公司应于本判决生效之日起十日内赔偿原告××保险集团股份有限公司经济损失及合理开支共计人民币 84,000 元;

二、驳回原告××保险集团股份有限公司其余诉讼请求。

三、如果未按本判决指定的期间履行给付义务,应当依照《中华人民共和国民事诉讼法》第二百五十三条的规定,加倍支付迟延履行期间的债务利息。

四、案件受理费人民币 2,380 元,由原告××保险集团股份有限公司负担 230 元,由被告上海××金融信息服务有限公司负担 2,150 元。

三、引人误解的虚假宣传

要点分析

一、经营者虚构合作伙伴关系，足以使公众误认，从而增加其在同行业中的竞争优势，构成虚假宣传的不正当竞争

虚假宣传是通过广告或其他方式对商品或服务的信息作出误导性表述，以达到误导相关公众并进而获取交易机会的目的。对于虚假宣传的手段概括起来有三种方式，一是捏造虚构的事实，以广告等方式对商品或服务进行无中生有的宣传；二是歪曲事实，以广告或其他方式对商品或服务存在的某种事实以夸大、篡改的方式进行宣传；三是通过广告或其他方式对商品或服务作其他引人误导的宣传，以影响交易主体或消费者购买其商品或服务。

关于如何判断是否构成"引人误解"，《最高人民法院关于审理不正当竞争民事案件应用法律若干问题的解释》第八条第二款和第三款规定，"以明显的夸张方式宣传商品，不足以构成相关公众误解的，不属于引人误解的虚假宣传行为。人民法院应当根据日常生活经验、相关公众的一般注意力、发生误解的事实和被宣传对象的实际情况等因素，对引人误解的虚假宣传行为进行认定。"此为法定判断"引人误解"的一般标准。

本案中，从反不正当竞争法的立法目的出发，法院认为反不正当竞争法的立法目的在于维护社会主义市场经济秩序，鼓励和保护公平竞争，制止不正当竞争行为，保护经营者和消费者正当、合法的权益。经营者之间是否具有同业竞争关系并不是构成不正当竞争的先决条件，只要经营者违反了公认的商业道德，以不正当手段获取竞争优势，损害其他经营者或消费者的合法权益，就有可能构成不正当竞争。涉案标识属于原告的注册商标，被告对此也无异议，故原告对其享有合法的民事权益。《中华人民共和国反不正当竞争法》（1993）第九条第一款规定，经营者不得利用广告或者其他方法，对商品的质量、制作成分、性能、用途、生产者、有效期限、产地等作引人误解的虚假宣传。根据已经查明的事实，被告在其经营的两个网站（网址分别是http：//www.wanxijr.com、http：//www.swxjt.com）的"合作企业"和"合作伙伴"页面中，利用原告在行业中的知名度，将与其不存在合作关系的"泰康人寿"标识列入其中，足以使公众误认为其与原告存在合作关系，从而增加了被告在同行业中的竞争优势，构成虚假宣传。

二、有关赔偿数额的确定

关于赔偿金额方面，在原告未举证证明因被告虚假宣传行为而导致的损失以及被告因此行为而产生的获利，原告的损失及被告的获利均无法确定的情况下，法院根据以下因素酌情确定赔偿金额：被告在本案中实施的具体虚假宣传行为的内容、持续时间；被告的主观过错程度较大；被告的经营规模小于原告；被告的虚假宣传对原告所造成的影响。同时法院也考虑到，被告的上述行为虽然可以为其带来一定的竞争优势和交易机会，但保险理财类产品购买价格较高，客户对产品品牌的关注度也相对较高，最终的交易是否成功受多种因素影响等，因此酌情确定赔偿数额。

相关法条

1. 《中华人民共和国反不正当竞争法》（1993）第九条：经营者不得利用广告或者其他方法，对商品的质量、制作成分、性能、用途、生产者、有效期限、产地等作引人误解的虚假宣传。

广告的经营者不得在明知或者应知的情况下，代理、设计、制作、发布虚假广告。

2. 《中华人民共和国反不正当竞争法》（2017年修订）第八条：经营者不得对其商品的性能、功能、质量、销售状况、用户评价、曾获荣誉等作虚假或者引人误解的商业宣传，欺骗、误导消费者。

经营者不得通过组织虚假交易等方式，帮助其他经营者进行虚假或者引人误解的商业宣传。

3.《中华人民共和国反不正当竞争法》（1993）第二十条：经营者违反本法规定，给被侵害的经营者造成损害的，应当承担损害赔偿责任，被侵害的经营者的损失难以计算的，赔偿额为侵权人在侵权期间因侵权所获得的利润；并应当承担被侵害的经营者因调查该经营者侵害其合法权益的不正当竞争行为所支付的合理费用。

被侵害的经营者的合法权益受到不正当竞争行为损害的，可以向人民法院提起诉讼。

4.《中华人民共和国反不正当竞争法》（2017年修订）第十七条：经营者违反本法规定，给他人造成损害的，应当依法承担民事责任。

经营者的合法权益受到不正当竞争行为损害的，可以向人民法院提起诉讼。

因不正当竞争行为受到损害的经营者的赔偿数额，按照其因被侵权所受到的实际损失确定；实际损失难以计算的，按照侵权人因侵权所获得的利益确定。赔偿数额还应当包括经营者为制止侵权行为所支付的合理开支。

经营者违反本法第六条、第九条规定，权利人因被侵权所受到的实际损失、侵权人因侵权所获得的利益难以确定的，由人民法院根据侵权行为的情节判决给予权利人三百万元以下的赔偿。

判决书（节选）

一审判决书（节选）

……

本院认为：

本案的争议焦点在于：被告的行为是否构成虚假宣传；如果构成，

被告应当承担的具体民事责任。

根据我国《反不正当竞争法》第二条的规定，不正当竞争是指经营者违反本法规定，损害其他经营者的合法权益，扰乱社会经济秩序的行为。经营者是指从事商品经营或者营利性服务的法人、其他经济组织和个人。反不正当竞争法的立法目的在于维护社会主义市场经济秩序，鼓励和保护公平竞争，制止不正当竞争行为，保护经营者和消费者正当、合法的权益。经营者之间是否具有同业竞争关系并不是构成不正当竞争的先决条件，只要经营者违反了公认的商业道德，以不正当手段获取竞争优势，损害其他经营者或消费者的合法权益，就有可能构成不正当竞争。

一、关于原告主张的虚假宣传。涉案标识属于原告的注册商标，被告对此也无异议，故原告对其享有合法的民事权益。《反不正当竞争法》第九条规定，经营者不得利用广告或者其他方法，对商品的质量、制作成分、性能、用途、生产者、有效期限、产地等作引人误解的虚假宣传。根据已经查明的事实，被告在其经营的两个网站（网址分别是http://www.wanxijr.com、http://www.swxjt.com）的"合作企业"或"合作伙伴"页面中，利用原告在行业中的知名度，将与其不存在合作关系的泰康人寿标识列入其中，足以使公众误认为其与原告存在合作关系，从而增加了被告在同行业中的竞争优势，构成虚假宣传。

二、关于被告应承担的具体民事责任。本院认为，被告的行为已构成对原告的不正当竞争，应当停止实施虚假宣传行为。虽然原告确认被告已经将涉案标识从其经营的上述两个网站上撤下，但其认为被告可能还在实施相关的虚假宣传行为，因此仍坚持该项诉请。本院认为，原告已确认被告将涉案标识从其经营的网站上撤下，因此在原告未举证证明被告还在其他经营的网站上作涉案的虚假宣传的前提下，本院认为涉案的侵权行为已经停止，故无须再判决被告停止虚假宣传的行为。因此对原告的该项诉请不予支持。关于赔偿金额方面，原告未举证证明因被告虚假宣传行为而导致的损失以及被告因此行为而产生的获利，原告的损失及被告的获利均无法确定，故本院根据以下因素酌情确定赔偿金额：被告在本案中实施的具体虚假宣传行为的内容、持续时间；被告的主观过错程度较大；被告的经营规模小于原告；被告的虚假宣传对原告所造成的影响。同时本院也考虑到，被告的上述行为虽然可以为其带来一定的竞争优势和交易机会，但保险理财类产品购买价格较高，客户对产品品牌的关注度也相对较高，最终的交易是否成功受多种因素影响等。因此原告主张的诉请金额过高，本院予以调整，酌定支持为 8 万元。合理开支部分，虽然原告未提交其主张公证费的发票原件，但考虑到本案的主要证据，即（2016）沪长证字第 2719 号、第 8415 号公证书的确系原告申请相关公证处出具，必然会产生相应的公证费，而原告主张公证费 4,000 元的请求尚属合理，故本院予以支持。

被告经本院合法传唤，无正当理由未到庭应诉，视为放弃相关诉讼权利，本院依法缺席判决。

综上所述，依照《中华人民共和国侵权责任法》第十五条第一款第六项、《中华人民共和国反不正当竞争法》第九条第一款、第二十条、《中华人民共和国民事诉讼法》第一百四十四条、《最高人民法院关于审理不正当竞争民事案件应用法律若干问题的解释》第十七条第一款的规定，判决如下：

一、被告金融服务公司应于本判决生效之日起十日内赔偿原告保险公司经济损失及合理开支共计人民币 84,000 元；

二、驳回原告保险公司其余诉讼请求。

如果未按本判决指定的期间履行给付义务，应当依照《中华人民共和国民事诉讼法》第二百五十三条的规定，加倍支付迟延履行期间的债务利息。

案件受理费人民币 2,380 元，由原告保险公司负担 230 元，由被告金融服务公司负担 2,150 元。

如不服本判决，可在判决书送达之日起十五日内，向本院递交上诉状，并按对方当事人或者代表人的人数提出副本，上诉于上海知识产权法院。

二〇一七年四月十七日

借用他人网站标识及宣传文案进行展示构成虚假宣传

——评析杭州××网络科技有限公司诉广州×××投资咨询有限公司虚假宣传不正当竞争纠纷案

案情概要

基本信息

一审信息：

案号：（2015）穗天法知民初字第 653 号

原告：杭州××网络科技有限公司

被告：广州×××投资咨询有限公司

一审法院：广州市天河区人民法院

二审信息：

案号：（2016）粤 73 民终 309 号

上诉人：广州×××投资咨询有限公司

被上诉人：杭州××网络科技有限公司

二审法院：广州知识产权法院

诉讼请求

一审诉讼请求：

一、要求被告停止侵犯商标专用权、不正当竞争行为；

二、删除与原告相关的资料信息；

三、公开赔礼道歉、消除影响；

四、赔偿经济损失。

二审诉讼请求：

一、上诉人广州×××投资咨询有限公司诉讼请求：撤销原审判决；改判驳回杭州××网络科技有限公司全部诉讼请求；一、二审受理费由××网络公司承担；

二、被上诉人××网络公司请求二审法院予以维持。

三、引人误解的虚假宣传

案情介绍

原告杭州××网络科技有限公司（以下简称"网络公司"）于2010年9月3日在杭州注册成立，经营范围主要是投资咨询（除证券、期货），商务信息咨询（除中介）等。公司成立后推出了"速贷邦"民间融资中介平台服务，该公司在媒体广告及公司上宣传"速贷邦四大创新优势"，"速贷邦的业务流程图"，"速贷邦与其他理财产品比较"的情况介绍等。媒体刊登的广告用语、宣传资料都没有署名作者。"速贷邦"品牌通过使用产生了一定的影响力。

2012年6月1日，杭州某商务有限公司与网络公司签订商标使用许可合同，杭州某商务有限公司将其拥有的"速贷邦"注册商标给予网络公司非独占许可使用，使用期限为十年。2012年6月14日，国家工商行政管理总局商标局以第9493675号授予杭州某商务有限公司享有"速贷邦"注册商标。此外，在网络公司的办公处所及宣传资料中一直使用"速贷邦"注册商标文字加一方形图形组合图案作为该公司的标志。

被告广州×××投资咨询有限公司（以下简称"广州公司"）于2013年9月2日成立，经营范围是商务服务业。2014年10月，网络公司发现广州公司擅自使用"速贷邦"注册商标，同时用"速贷邦文字加图形组合图案"作为公司标志在广州公司宣传资料及公司网站上进行宣传，并盗用网络公司的宣传内容，仿造网络公司店面装潢，宣称与原网络公司存在连锁经营关系。

原告认为被告侵犯了其著作权、商标权并构成不正当竞争行为，向被告提起诉讼。要求被告公开赔礼道歉、消除影响，并赔偿损失。

审理结果

一审判决：

一、自判决发生法律效力起广州公司应立即停止对网络公司所享有的"速贷邦"注册商标专用权的侵犯；

二、自判决发生法律效力起广州公司应立即停止涉案的不正当竞争行为；

三、自判决发生法律效力起十日内广州公司应在其经营场所及网站销毁并删除与网络公司有关的资料信息（包括印有速贷邦注册商标、速贷邦文字加图形组合图案的文字材料等）；

四、自判决发生法律效力起十日内广州公司应赔偿网络公司经济损失人民币 100,000 元（含网络公司为维权所支付的合理开支）；

五、驳回网络公司的其他诉讼请求。

一审受理费 14,170 元，由网络公司负担 11,870 元，广州公司负担 2,300 元。

二审判决：

驳回上诉，维持原判。

二审案件受理费 2,300 元，由上诉人广州公司负担。

要点分析

本案中法院通过商标专用权、著作权、不正当竞争三个角度分别对侵权行为进行认定，但从案件整体事实情况来，被告在不正当竞争方面的侵权行为更为显著，表现形式上，使用商标、原告所称的享有著作权的内容都是被告在不正当竞争行为中使用的手段和工具。

三、引人误解的虚假宣传

一、在相同业务类型中使用与他人相同标识、宣传资料，造成混淆认识的行为构成引人误解的虚假宣传

（一）被告广州公司的以下行为造成了原告、被告有关联性的误认

1. 业务类型与原告相同

被告广州公司在其公司网站上使用速邦贷作为其平台名称，该平台从事与原告相同业务："民间融资服务平台"。

2. 公司经营、网站、宣传资料使用了原告内容

（1）被告在办公经营场所内使用了"速邦贷文字加图形组合图案"作为公司标识；

（2）被告公司网站的宣传资料上多处均有"速邦贷文字加图形组合图案"的公司标识；

（3）平台内容中使用了与原告相同的"业务流程图"及平台优势文字说明。

3. 业务推广中宣称与原告的联系

被告经营人员公开宣称与网络公司属于连锁经营，总部在杭州等。

（二）原告自身的业务、资料的提供为法院认定提供了依据

本案中，原告对自身业务情况的说明、权利的说明及相关资料提供也是案件认定的重要依据。原告通过以下几个方面予以说明：

1. 公司在先、业务开展在先

原告网络公司注册时间早于被告、业务开展早于被告，并通过其行业获奖、行业评比证明其已经有一定影响力。

2. 被告与原告从事相同类型的业务

原告通过提供其在媒体宣传的资料、公司宣传资料、网站内容（业务流程图、产品比较等）、商标许可情况等证明原告自身从事的业务类型、对案件诉争的相关权利。

（三）引人误解的虚假宣传行为认定依据

根据《最高人民法院关于审理不正当竞争民事案件应用法律若干问题的解释》第八条，经营者具有下列行为之一，足以造成相关公众误解的，可以认定为《反不正当竞争法》第九条第一款规定的引人误解的虚假宣传行为：（一）对商品作片面的宣传或者对比的；（二）将科学上未定论的观点、现象当作定论的事实用于商品宣传的；（三）以歧义性语言或者其他引人误解的方式进行商品宣传的。以明显的夸张方式宣传商品，不足以造成相关公众误解的，不属于引人误解的虚假宣传行为。人民法院应当根据日常生活经验、相关公众一般注意力、发生误解的事实和被宣传对象的实际情况等因素，对引人误解的虚假宣传行为进行认定。

本案中网络公司成立在先，业务开展在先，并且在业内已有一定影响，对于广州公司采取的行为，按照普通公众的认知能力，都会认为两家公司是一家公司或存在密切的关联关系，足以影响客户的决定和判断能力，因此法院将其认定为引人误解的虚假宣传行为，构成不正当竞争。

二、未被法院认定的侵权行为、诉讼请求的分析

本案中法院认定了被告不正当竞争行为、侵犯"速贷邦"注册商标专用权成立，但未认定著作权侵权、未支持原告要求公开赔礼道歉、消除影响的诉讼请求。

被告广州公司使用了与原告网络公司网站一致的宣传用语以及业务流程图等宣传资料。虽然这些宣传资料都有一定的独创性，构成作品，但保护著作权的前提是权利人要充分举证自己享有该作品的著作权。法院认为网络公司所提交的证据只是表明在其经营场所、宣传资料以及新闻媒体中在先大量使用了上述图案并作为公司的标识，没有证据证明上述图案的作者、底稿、创作过程等，不能证明网络公司是上述宣传资料的著作权人，因此对网络公司主张的侵犯著作权行为没有支持。

原告起诉要求公开赔礼道歉、消除影响，但没有举证证明其商誉因被告的侵权行为受到损害，因此法院未予支持。

综合本案案情、法院裁判情况来看，作为原告，能够对自身业务情况、权利来源、被告侵权事实进行举证，是其大部分诉讼请求能得到支持的原因。但其著作权保护未做完善，导致其很多创作成果无法保护。对于被告，由于其在企业商号的合理使用方面没有法律意识导致其商标侵权、业务内容使用他人资料、混淆公众认知、"搭便车"、导致其被认定虚假宣传，后续在经营中将面临重立品牌、重塑企业形象，给企业经营带来较大影响。

相关法条

1. 《中华人民共和国商标法》第五十七条第（一）项：有下列行为之一的，均属侵犯注册商标专用权：（一）未经商标注册人的许可，在同一种商品上使用与其注册商标相同的商标的；

2. 《中华人民共和国反不正当竞争法》（1993）第九条第一款：经营者不得利用广告或者其他方法，对商品的质量、制作成分、性能、用途、生产者、有效期限、产地等作引人误解的虚假宣传。

3. 《中华人民共和国反不正当竞争法》（2017年修订）第八条：经营者不得对其商品的性能、功能、质量、销售状况、用户评价、曾获荣誉等作虚假或者引人误解的商业宣传，欺骗、误导消费者。

经营者不得通过组织虚假交易等方式，帮助其他经营者进行虚假或者引人误解的商业宣传。

4. 《最高人民法院关于审理不正当竞争民事案件应用法律若干问题的解释》第八条：经营者具有下列行为之一，足以造成相关公众误解的，可以认定为反不正当竞争法第九条第一款规定的引人误解的虚假宣传行为：

（一）对商品作片面的宣传或者对比的；

（二）将科学上未定论的观点、现象等当作定论的事实用于商品宣传的；

（三）以歧义性语言或者其他引人误解的方式进行商品宣传的。

以明显的夸张方式宣传商品，不足以造成相关公众误解的，不属于引人误解的虚假宣传行为。

人民法院应当根据日常生活经验、相关公众一般注意力、发生误解的事实和被宣传对象的实际情况等因素，对引人误解的虚假宣传行为进行认定。

判决书（节选）

......

本院认为：

根据《中华人民共和国民事诉讼法》第一百六十八条的规定，二审人民法院应当对上诉请求的有关事实和适用法律进行审查。根据双方当事人的诉辩，结合案件事实，本案二审争议焦点为：一、广州公司是否侵犯网络公司的注册商标专用权；二、广州公司是否构成不正当竞争；三、原审法院认定的赔偿数额是否恰当。

第一，关于广州公司是否侵犯网络公司注册商标专用权的问题。根据《中华人民共和国商标法》第三十六条第二款"经审查异议不成立而准予注册的商标，商标注册申请人取得商标专用权的时间自初步审定公告三个月期满之日起计算。自该商标公告期满之日起至准予注册决定作出前，对他人在同一种或者类似商品上使用与该商标相同或者近似的标志的行为不具有追溯力"的规定，结合网络公司在原审中提交的三份公证书可见，2014年10月17日该公司对广州公司网页进行公证时，广州公司在其公司网站页面使用了有"速贷邦文字加图形组合图案"的公司标识，2014年10月27日对广州公司办公场所进行公证时，广州公司在经营场所和宣传资料中使用了"速贷邦文字加图形组合图案"；2015年10月27日再次对广州公司的网站进行公证时，网页所载信息与第一次公证基本相同，也即2014年10月27日商评委作出复审裁定后，广州公司仍在其办公场所继续使用涉案商标文字和图形组合图案，且未取得涉案商标权利人的授权和许可，侵犯了网络公司注册商标专用权。原审对于广州公司侵犯涉案注册商标专用权的认定正确，本院予以确认；广州公司该项上诉请求于法无据，本院不予支持。

第二，关于广州公司是否构成不正当竞争的问题。广州公司和网络公司从事的业务类型相同，广州公司在其办公场所、网站和宣传资料中多处使用与网络公司相同的"速贷邦文字加图形组合图案"，业务流程图和广告语也与网络公司的十分近似，属于《中华人民共和国反不正当竞争法》第九条规定的"引人误解的虚假宣传行为"，原审法院对此认定正确，本院予以确认；广州公司该项上诉请求于法无据，本院不予支持。

第三，关于原审法院认定的赔偿数额是否恰当的问题。原审结合广州公司存在侵害注册商标专用权和不正当竞争两项违法行为的事实，综合考虑双方的经营范围和规模，以及律师费、公证费等项目的金额，据此认定赔偿金额（含合理开支）为100,000元并无不当，本院予以维持。

综上所述，原审判决认定事实清楚，适用法律正确，处理结果恰当，本院予以维持；广州公司的上诉理由不成立，其上诉请求本院不予支持。依照《中华人民共和国民事诉讼法》第一百七十条第一款第（一）项的规定，判决如下：

驳回上诉，维持原判。

二审案件受理费2,300元，由上诉人广州公司负担。

本判决为终审判决。

二〇一六年六月二十八日

四、侵犯商业秘密的行为

商业秘密是同时具备秘密性、价值性、保密性特点的技术信息和经营信息

——评析×××网络增值技术开发有限责任公司诉×××××金融增值技术开发有限公司侵害商业秘密纠纷案

案情概要

基本信息

案号：（2014）鄂武东开知初字第 00138 号

原告：×××网络增值技术开发有限责任公司

被告：×××××金融增值技术开发有限公司

　　　金×

审理法院：湖北省武汉东湖新技术开发区人民法院

诉讼请求

一、两被告停止侵犯原告商业秘密的行为；

二、两被告共同赔偿原告经济损失 50 万元；

三、本案诉讼费由两被告承担。

案情介绍

2012 年 8 月至 2013 年 7 月间，被告金×担任×××网络增值技术开发有限责任公司（以下简称"网络公司"）董事、总裁，全面负责"××通"项目的开发、管理；同时，网络公司于 2012 年 12 月和 2013 年 4 月向张江园区管委会提交了两份有关"××通"的报告，详细介绍了公司的四大主营业务板块，主要内容为：①银联××通预付卡的功能；②××通银行联名卡功能；③××通（奢侈品）电子商城在线支付功能，即 e 卡 e 店；④金融卡智能受理终端机具。2012 年 12 月 25 日，网络公司与银联商务有限公司签订《战略合作框架协议》，双方就单用途商业预付卡的相关合作事宜达成框架协议。

四、侵犯商业秘密的行为

金×加入网络公司前,即2012年2月至2012年6月间,曾与案外人袁×仁等多次邮件往来,内容含有"××宝项目"的多个方案,经法院审理中比对,网络公司于2012年12月、2013年4月向张江园区管委会提交的两份有关"××通项目"的报告均与该份"××宝项目"报告内容相似。

网络公司于2012年9月任命赵×明为区域经理,在2012年9月至2013年4月期间,赵×明收到了网络公司相关人员发来的多份电子邮件,内容包括"××通预付卡"和"e卡e店"等,并根据网络公司推广业务的要求,赵×明将该些项目资料发给了一些有意向的合作方。

自2011年开始,网络公司所称的××通项目,即预付卡、联名卡、e卡e店、金融卡受理终端机具的功能,可以在"百度文库"、"豆丁网"等公开平台上查询到相关的概念甚至具体的操作模式。

审理结果

驳回原告网络公司的诉讼请求。

要点分析

诉争的商业秘密是否客观存在是审理侵犯商业秘密纠纷案件的关键。法院审理此类案件时首先对原告是否有权就涉案信息主张权利以及该涉案信息是否符合商业秘密构成要件进行审查和认定。

一、商业秘密的客体

根据《中华人民共和国反不正当竞争法》(1993)第十条第三款,可以看出,我国立法上明确将商业秘密的客体区分为技术信息和经营信息;1995年发布并于1998年修订的国家工商行政管理局《关于禁止侵犯商业秘密行为的若干规定》中明确,"本规定所称的技术信息和经营信息,包括设计、程序、产品配方、制作工艺、制作方法、管理诀窍、客户名单、货源情报、产销策略、招投标中的标的及标书内容等信息"。

二、商业秘密的构成要件

商业秘密具备四个要件，即秘密性、价值性、实用性、保密性。

（一）秘密性

商业秘密的秘密性，是指商业秘密不为公众所知悉；对此的判断，应首先考虑何为"公众"，其次应考虑何为"知悉"。

1. 关于"公众"的判断

《最高人民法院关于审理不正当竞争民事案件应用法律若干问题的解释》第九条规定："有关信息不为其所属领域的相关人员普遍知悉和容易获得，应当认定为反不正当竞争法第十条第三款规定的'不为公众所知悉'。"据此可以看出，"公众"实际上是指，该信息所属领域的相关人员，是具有行业属性的特定人，包括同业竞争者和可能从该商业秘密的利用中获得经济利益的人，如从事同行业的人，或者准备涉足该行业的人，而并非所有地域、行业范围的一切人。

2. 关于"知悉"的判断

第一类信息，是众所周知的事实，属于公知信息，如果涉案的"商业秘密"已经众所周知，法院就可以根据经验法则直接作出"知悉"的认定；

第二类信息，虽然没有在事实上引起大多数人的注意，但其客观上已经处于一种可以从公开、正当的渠道获得的状态，即只要行为人主观上愿意，就可以获取该信息，那么这类信息也属于公知信息，可以作出"知悉"的认定。需要注意的是，商业秘密的秘密性，并不是指任何人都不知道，而是有限度地在一定范围内的人知悉。

在本案中，原告诉称的商业秘密，即"××通项目"相关的功能，在百度文库、豆丁网等公开信息平台均可获得，属于客观上已经处于一种可以从公开、正当的渠道获得的状态，相关公众只要主观上愿意，即可获取该信息，因此法院认定"××通项目"信息已为相关公众所知悉，不具备商业秘密的秘密性要件。

（二）价值性和实用性

商业秘密的价值性和实用性（《中华人民共和国反不正当竞争法》（2017年修订）已删除实用性要件），是指商业秘密能为权利人带来经济利益，具有实用性。其中，价值性和实用性处于并列状态，即商业秘密既要具备价值性，又要具备实用性。

1. 关于价值性和实用性的认定

根据《最高人民法院关于审理不正当竞争民事案件应用法律若干问题的解释》第十条规定："有关信息具有现实的或者潜在的商业价值，能为权利人带来竞争优势的，应当认定为反不正当竞争法第十条第三款规定的"能为权利人带来经济利益、具有实用性"。据此可以看出，商业秘密的价值性和实用性应理解为商业秘密具有商业价值、能为权利人带来经济利益，或可能并不直接表现为经济利益而是直接表现为一种竞争优势。需要特别注意的是，我国立法上是将价值性与实用性并列的，在强调价值性的同时强调实用性，这也许是出于限制商业秘密保护范围的目的，但不管立法目的如何，仅从解释规则来看，不宜将价值性解释为包括实用性。

2. 关于价值性与实用性的关系

一般认为，具有实用性必定具有价值性，但具有价值性不一定具有实用性。比如研究失败的试验报告或数据、建立最终客户名单前排除的名单、设计过程中废弃的设计草图等消极信息，它们能够为持有人及其竞争对手节省研究费用、提高经营效率等，具有价值性，但不具有实用性。同理，那些仅具有潜在价值性的信息也不一定具有实用性。在立法并列规定实用性与价值性的情况下，应当认为，实用性与价值性是商业秘密的两个不同的构成要件。

在本案中，法院认为"××通项目"所涉内容，仅描述了产品或系统所应当具备的功能或技术目的，尚未涉及技术方案和经营策略的信息，因此其信息的内容尚不具备能为权利人带来经济利益的特征。据此可以看出，法院认为本案中所涉的"××通项目"信息，既不具备价值性这个商业秘密的构成要件，同时其信息内容也不属于商业秘密的客体，即技术信息和经营信息中的任何一种。

（三）保密性

商业秘密的保密性，是指商业秘密需经权利人采取保密措施。需注意保密性和秘密性是两个不同的要件：秘密性是商业秘密所处的客观状态，即不为公众所知悉；而保密性是权利人保护商业秘密的主观状态，即商业秘密已由权利人采取了保密措施予以保护。

商业秘密需要依靠保密措施来获得法律保护，这体现了商业秘密的相对性。如果一项所谓的商业秘密没有被采取保密措施，那么它就与进入公有领域的信息没有区别。因此，法律要求权利人必须采取相应、必要、合理和有效的保密措施，以表明其维护自己权利的态度。除此之外，商业秘密还具有主体多元性的特点，即若某个商业秘密在客观上处于不为公众所知悉的状态，如果不同的权利人在彼此不知情的情况下，都对其采取保密措施，那么在符合商业秘密的其他构成要件的情况下，各权利人都可以就该商业秘密获得法律保护。因此，在法院审理商业秘密案件中，对于原告是否就涉案信息采取保密措施的认定尤为关键。

在审判中，就商业秘密的保密性，法院一般会考虑以下几个方面：

1. 构成保密措施的条件

《最高人民法院关于审理不正当竞争民事案件应用法律若干问题的解释》第十一条第一款规定："权利人为防止信息泄露所采取的与其商业价值等具体情况相适应的合理保护措施，应当认定为反不正当竞争法第十条第三款规定的'保密措施'。"从该规定来看，法律意义上的保密

四、侵犯商业秘密的行为

措施必须符合以下两个条件：

一是具有合理性，即所采取的保密措施要与被保密的客体相适应，以他人不采取盗窃、利诱、胁迫等不正当手段或违反约定就难以获得为必要条件；

二是保密措施具体、有效，能够防止信息泄露，即所采取的保密措施，足以使承担保密义务的相对人能够意识到相应的信息为需要保密的信息，并且切实执行，而非形同虚设。

2. 认定保密措施的因素

权利人是否采取了合理的保密措施，应从权利人所采取保密措施的形式、对象、范围等方面综合审查，一般可以同一行业中公认的对某一类信息应采取的保密措施作为保密措施是否合理的参考标准。下列情况的保密措施一般可以认定为是合理的：权利人未建立保密制度，但明确要求对某项信息予以保密的；权利人建立了保密制度，将有关信息明确列为保密事项的；权利人建立了保密制度，虽未明确某一信息是商业秘密，但按照其保密制度的规定，属于保密范围的信息的；权利人向他人披露、提供某一信息时，在相关的合同或文件中明确要求予以保密的；权利人与他人合作开发或委托开发一项新技术，在合同中明确要求对开发的技术进行保密的。

《最高人民法院关于审理不正当竞争民事案件应用法律若干问题的解释》第十一条还列举了七种在正常情况下足以防止涉密信息泄漏的，应可以认定权利人采取了保密措施的情形，而在司法实践中，保密措施并不限于这些措施。只要采取的措施在当时、当地特定的情况下是合理、恰当的即可。

在本案中，法院根据网络公司通过其业务人员将"××通项目"相关信息发给潜在客户而认定网络公司没有对其主张的商业秘密信息采取保密措施。在法院的判决中，并未明确描述业务人员将"××通项目"

信息发给潜在客户时,是否签订保密协议或明确声明其提供的信息为保密信息,但根据《最高人民法院关于审理不正当竞争民事案件应用法律若干问题的解释》第十一条第三款关于法院认定为采取了保密措施的情形中的第(三)项"在涉密信息的载体上标有保密标志"和第(五)项"签订保密协议",不难看出,如果业务人员将"××通项目"信息发给潜在客户时,与其签订了保密协议或在邮件中或"××通项目"内容载体上明确标明该些信息为"保密信息",则应认定网络公司采取了适当的保密措施。因此,在商业合作及业务往来中,要注意签署保密协议,或在相应载体上明确标注"保密信息"字样,以此来说明权利人采取了相应的"保密措施"以保护商业秘密。

综上所述,审理侵犯商业秘密案件的关键是对"商业秘密"的认定,而商业秘密应是同时具备秘密性、价值性、实用性、保密性特点的技术信息和经营信息。

相关法条

1.《中华人民共和国反不正当竞争法》(2017年修订)第九条第三款:(三)违反约定或者违反权利人有关保守商业秘密的要求,披露、使用或者允许他人使用其所掌握的商业秘密。第三人明知或者应知商业秘密权利人的员工、前员工或者其他单位、个人实施前款所列违法行为,仍获取、披露、使用或者允许他人使用该商业秘密的,视为侵犯商业秘密。本法所称的商业秘密,是指不为公众所知悉、能为权利人带来经济利益、具有商业价值并经权利人采取保密措施的技术信息和经营信息。

2.《最高人民法院关于审理不正当竞争民事案件应用法律若干问题的解释》第十条:有关信息具有现实的或者潜在的商业价值,能为权利人带来竞争优势的,应当认定为反不正当竞争法第十条第三款规定的"能为权利人带来经济利益、具有实用性"。

四、侵犯商业秘密的行为

第十一条：权利人为防止信息泄露所采取的与其商业价值等具体情况相适应的合理保护措施，应当认定为反不正当竞争法第十条第三款规定的"保密措施"。

人民法院应当根据所涉信息载体的特性、权利人保密的意愿、保密措施的可识别程度、他人通过正当方式获得的难易程度等因素，认定权利人是否采取了保密措施。

具有下列情形之一，在正常情况下足以防止涉密信息泄露的，应当认定权利人采取了保密措施：

（一）限定涉密信息的知悉范围，只对必须知悉的相关人员告知其内容；

（二）对于涉密信息载体采取加锁等防范措施；

（三）在涉密信息的载体上标有保密标志；

（四）对于涉密信息采用密码或者代码等；

（五）签订保密协议；

（六）对于涉密的机器、厂房、车间等场所限制来访者或者提出保密要求；

（七）确保信息秘密的其他合理措施。

判决书（节选）

……

本院认为：

网络公司于2012年8月成立，经营范围包括：网络科技领域内的技术开发，信息系统集成服务，信息技术咨询服务，经济信息咨询，等等。网络公司的登记股东为林×梁、金×、钱×。2012年11月22日，网络公司召开第二届第一次股东大会，股东林×梁、金×、钱×三人全部到会，股东会决议主要内容如下：一、成立新的董事会，选举林×梁为网络公司法定代表人、董事长，金×为公司董事、总裁，钱×为公司董事。二、林×梁作为公司出资人到任后，公司新的股权结构为：1. 林×梁持有2,250万股，股权比例为45%。其中250万股为林×梁代技术团队持有，待公司与武汉威仕达公司签署合作协议后，林×梁将250万股转让给武汉威仕达公司。转让完成后，林×梁持股40%，武汉威仕达公司持股5%。2. 金×代表经营与管理团队以干股形式持有公司股权2,250万股，股权比例为45%。其中250万股为金×代经营和管理团队持有，待公司全部团队到位后，金×将250万股转让给团队代表持有。转让完成后，金×持股40%，经营和管理团队持股5%。3. 钱×在第一届第二次股东大会股权转让后，持有500万股，持股比例为10%。三、会议决定，若中国银联与银联商务高管团队愿意加盟网络公司营运，林×梁与金×同比例减持股权并转让给中国银联与银联商务相关人士，股份控制在250万股以内，操作方案另议。四、努力在2012年11月30日前与银联商务签署《战略合作框架协议》，与武汉威仕达公司签署《××通项目技术开发及服务战略合作协议》，与招商银行武汉分行签署《合作协议》。五、"××通"项目运营和运作行为，以及由此产生的所有衍生品和延伸品，其收益权和相关知识产权全部归网络公司所有，任何人无权占有。六、"××通"原创系统架构及武汉威仕达公司开发的软件（包括源代码、技术文档、架构方案等）属于知识产权，全部归网络公司所有，任何人无权占有。

2012年12月、2013年4月，网络公司先后两次向张江园区管委会打报告，介绍公司的商业模式，寻求政策支持。两份报告均详细介绍了公司的四大主营业务板块。（一）银联××通预付卡业务。××通预付卡是由合作商家发行的，卡面上带有××通标志的单用途商业预付卡，该合作商家即发卡商家是××通预付卡的发行主体。持卡人在发卡商家刷卡消费时，既可享受由商家提供的消费折扣和积分，又能获得由××

通给予的消费积分和积分兑现。持卡人在发卡商家之外的××通联盟商家消费时，通过先刷预付卡再刷银行卡（即二次刷卡）的方式，就能享受由联盟商家提供的会员优惠折待遇。在这个运营模式中，发卡商家获得更多的预收款资金并形成更大规模的沉淀资金，锁定更多消费群体；联盟商家大量增加消费群体；持卡人享受消费折扣、在消费中储蓄积分，用积分兑换商品或返现等，真正实现消费增值；银联进入单用途预付卡的受理市场，开辟新的收单市场；网络公司通过向发卡商家和联盟商家分得消费返佣，获得收益。（二）××通银行联名卡增值服务业务。银行联名卡是网络公司与商业银行签约合作后，由合作银行发行带有"××通"标志的银行联名卡，包括联名银行借记卡和银行联名信用卡。网络公司负责拓展××通银行联名卡合作商户，银行联名信用卡持卡人在合作商户刷卡消费享受该商户提供的消费折扣，获得刷卡积分；银行联名借记卡持卡人在合作商户刷卡消费获得由××通提供的刷卡消费积分。网络公司从合作商户分得消费返佣，并从消费返佣收入中按比例通过积分兑现的方式返利给消费者。（三）××通（奢侈品）电子商城（即e卡e店）。e卡e店业务是基于O2O（online to offline，即线上线下相结合）模式的全新电子商务模式。××通（奢侈品）电子商城由中心店、"e卡e店"奢购网和地面终端店三大模块组成。在大区域中心城市设立中心店，以中心店为根基，通过"e卡e店"奢购网和与之相连的地面终端店，实现"e卡e店"奢侈品营销网络全国覆盖。地面终端店的主要功能和作用是：面对面导购、下单购物、在线支付、现场提供咨询服务、发售银联"××通"智能受理终端机具等。（四）金融卡智能受理终端机具研制与推广。××通金融卡智能受理终端机具，是采用美国专用芯片技术，以pad为基本外形，通过移动互联网链接的无线移动多功能金融卡智能受理终端设备。该终端设备集合了银联和多家商业银行线上与线下支付交易、个人账户和企业的银行间划转、各种生活费用支付、信用卡还款、银行投资理财等众多金融服务项目。由于植入了××通（奢侈品）电子商城，××通金融卡智能受理终端机具还具有电子商城在地面终端店的主要落地设备。

2012年12月25日，网络公司与银联商务有限公司签订《战略合作框架协议》，双方就单用途商业预付卡的相关合作事宜达成框架协议。

2013年1月，网络公司对"××通单用途预付卡业务处理及增值服务系统和××通网站"项目立项（项目编号：sftxq 2013-01-24），林×梁和金×是领导小组成员。相关的系统开发工作交由武汉威仕达公司负责，网络公司在庭审调查中确认，该软件开发工作已搁置，软件成果尚未交付。

另查明，网络公司于2012年9月任命赵×明为区域经理，负责山西分公司的筹备工作和各项业务的开展，授权期限6个月。在2012年9月至2013年4月期间，赵×明收到了网络公司相关人员发来的多份电子邮件，内容包括：《××通e卡e店项目方案》、《××通银行联名卡及增值消费解决方案》、《××通预付卡业务处理系统增值服务方案》、《××通项目计划书》、《××通预付卡营运合作协议（发卡商户）》、《××通预付卡联盟折扣合作协议（联盟商户）》等。根据网络公司推广业务的要求，赵×明将"××通预付卡"和"e卡e店"项目资料发给一些有意向的合作方。

又查明，金×自2012年8月至2013年7月在网络公司任职，负责经营团队。金×在2012年2月至2012年6月期间（即进入网络公司之前），与袁×仁等案外人有多次邮件往来，邮件内容含有"××宝"项目的多个方案，具体内容有：《银联××宝之项目合作方案》、《"e卡e店"项目方案》、《××宝1.0版需求概述》、《××宝项目storyboard》、《××宝项目报告》、《××宝—通联支付双方协议（草案）》、《××宝银行联名卡及增值消费解决方案》、《××宝预付卡业务处理系统及增值

四、侵犯商业秘密的行为

服务解决方案》。其中，载有《××宝项目报告》的邮件于2012年5月11日发至金×的邮箱，该报告落款时间是2012年5月10日，涉及"××宝"项目的内涵、项目投资实施规划与未来收益、需要政府提供的支持等内容。报告称"××宝"项目由四大板块组成，即预付卡受理及增值服务系统、银行联名卡增值服务系统、"××宝"（奢侈品）电子商城、金融卡智能受理终端机具。经比对，网络公司于2012年12月、2013年4月向张江园区管委会提交的两份有关"××通"项目的报告均与该份《××宝项目报告》内容相似。

还查明，2012年9月21日，中华人民共和国商务部公布《单用途商业预付卡管理办法（试行）》，对单用途商业预付卡的发行与服务、资金管理、监督管理、法律责任作出明确规定。自2011年开始，在互联网上出现了与"预付卡"相关的概念和商业模式的介绍。《预付卡系统实施方案》一文于2011年2月上传至"豆丁网"，详细介绍了预付卡的业务需求、系统架构、业务架构、系统功能、系统安全机制、系统运行环境以及系统运营环境。《德宝卡属性及功能》一文于2011年9月上传至新浪网"路阳的博客"，《德商网联盟商家合作合同》一文于2012年6月上传至"百度文库"，两文介绍了"德宝卡"的属性和功能、收费标准、消费打折及返利标准、使用须知以及德商公司与联盟商家合作的格式合同等内容。《支付有道预付卡运营平台解决方案（支付有道2012版）》于2012年2月上传至"百度文库"，详细介绍了北京支付有道信息技术有限公司的预付卡业务。《预付卡项目》一文于2013年5月上传至"百度文库"，详细介绍了预付卡类型及定义、预付卡基本功能、封闭型预付卡的业务合作模式、通用型预付卡的业务合作模式。此外，在银通卡官网（www.intopay.com）上有关于"银通卡"的介绍：银通卡是"由银付通公司面向机关、企事业单位、团体和个人消费者发行的一种多用途预付费卡，持卡人可以在浙江省内银通卡特约商户中消费、购物、娱乐，享受商家折扣优惠，积分通存通兑，一卡全省通行"。

还查明，金融公司成立于 2014 年 1 月，经营范围包括：金融消费信息服务、信息系统的集成服务；金融支付产品的设计开发、维护与营运技术服务；互联网金融领域的技术开发、技术咨询、技术转让、技术服务；为企业进行各种金融数据的采集、汇总与标准化；等等。2014 年 2 月，金融公司与银联商务有限公司签订《战略合作框架协议》。金×在庭审中认可曾以个人名义向武汉市人民政府申请推广××付。

本院认为，网络公司主张的商业秘密的范围包括银联××通预付卡业务、××通银行联名卡增值服务系统、××通（奢侈品）电子商城（e卡e店）、金融卡智能受理终端机具研制与推广和网络公司与银联商务签订的《战略合作框架协议》。根据《中华人民共和国反不正当竞争法》第十条第三款的规定，商业秘密是不为公众所知悉、能为权利人带来经济利益、具有商业价值并经权利人采取保密措施的技术信息和经营信息。本案的焦点问题是原告网络公司主张的商业秘密是否具备商业秘密的特征。

网络公司所称商业秘密被其定义为四种商业模式。其在诉讼中陈述属于秘密信息的内容有：1. 银联××通预付卡的功能。由合作商家发行带有××通标志的单用途商业预付卡，持卡人在发卡商家刷卡消费时，既可享受由商家提供的消费折扣和积分，又能获得由××通给予的消费积分和积分兑现，持卡人在发卡商家之外的省付通联盟商家消费时，通过先刷预付卡再刷银行卡的方式，能享受由联盟商家提供的会员优惠折待遇。2. ××通银行联名卡功能。由合作银行发行带有××通标志的银行联名卡，包括借记卡和信用卡。××通公司负责拓展省付通银行联名卡合作商户，银行联名信用卡持卡人在合作商户刷卡消费享受该商户提供的消费折扣，获得刷卡积分；银行联名借记卡持卡人在合作商户刷卡消费获得由××通提供的刷卡消费积分。网络公司从合作商户分得消费

四、侵犯商业秘密的行为

返佣,并从消费返佣收入中按比例通过积分兑现的方式返利给消费者。3.××通(奢侈品)电子商城在线支付功能,即e卡e店。由中心店、"e卡e店"奢购网和地面终端店三大模块组成××通(奢侈品)电子商城,通过"e卡e店"奢购网和与地面终端店相连,地面终端店面对面导购、下单购物、在线支付、现场提供咨询服务,发售银联"××通"智能受理终端机具等。4.金融卡智能受理终端机具。通过移动互联网链接的无线移动多功能金融卡智能受理终端设备,可集合银联和多家商业银行线上与线下支付交易、个人账户和企业的银行间划转、各种生活费用支付、信用卡还款、银行投资理财等众多金融服务项目。上述信息确定了预付卡、联名卡、e卡e店、金融卡受理终端机具作为产品或系统所应当具备的功能或技术目的,尚未涉及实现技术目的所实施的技术方案以及为推销其相关产品及服务所采取的经营策略的信息,其信息的内容尚不具备能为权利人带来经济利益的特征。而网络公司所称的预付卡、联名卡、e卡e店、金融卡受理终端机具的功能在"百度文库"、"豆丁网"等公开的信息平台上,自2011年开始就能查询到相关的概念甚至具体的操作模式,属于被相关公众知悉的信息。网络公司通过其业务人员将《××通e卡e店项目方案》、《××通银行联名卡及增值消费解决方案》、《××通预付卡业务处理系统增值服务方案》、《××通项目计划书》、《××通预付卡营运合作协议(发卡商户)》、《××通预付卡联盟折扣合作协议(联盟商户)》信息发给潜在客户,说明网络公司对其主张的商业秘密信息没有采取保密措施。因此,网络公司主张的四种商业模式不属于商业秘密。网络公司与银联商务签订的《战略合作框架协议》是其实现商业模式的具体行为,但网络公司与银联商务签订的仅仅是框架协议,网络公司也未指明协议中哪些条款是其与银联商务之间的特别约定,是其他商家不知晓的交易条件,银联商务提供的是开放式服务平台,符合经营范围的企业进入网络支付领域向其购买服务不属于秘密范围。

网络公司成立之前，金×即已获知与××通项目十分相似的"××宝"商业概念及运作模式，"××道"项目与"××宝"项目，两者具体的实施方案从标题和思路上看都基本一致，金×获知四大商业模式的途径不是来自在网络公司工作期间，不构成侵犯其商业秘密的主体。即使金×向金融公司披露四大商业模式的信息，也不属于侵犯网络公司商业秘密的行为。

综上所述，网络公司主张的四大板块商业模式不构成商业秘密，网络公司据以主张权利的商业秘密不存在，故其关于两被告侵犯其商业秘密的主张也不能成立。依据《中华人民共和国反不正当竞争法》第十条第三款，《中华人民共和国民事诉讼法》第六十四条第一款、第一百四十二条的规定，判决如下：

驳回原告网络公司的诉讼请求。

本案案件受理费8,800元，由原告网络公司负担。

如不服本判决，可在判决书送达之日起十五日内，向本院递交上诉状，并按对方当事人的人数提出副本，上诉于湖北省武汉市中级人民法院。上诉人应在提交上诉状时，根据不服本判决的上诉请求数额及《诉讼费用交纳办法》第十三条的规定，预交上诉案件受理费，款汇至武汉市中级人民法院，收款单位全称：武汉市财政局非税收入汇缴专户市中院诉讼费分户，账号：07×××93；开户行：农行武汉市民航东路分理处，行号：832886。上诉人在上诉期满后七日内未预交上诉费的，按自动撤回上诉处理。

二〇一四年十二月十七日

离职后违反保密义务使用、披露商业秘密构成不正当竞争

——评析 ××电子股份有限公司、杭州××网络技术服务有限公司诉王×× 孙××等侵害商业秘密纠纷案

案情概要

基本信息

一审信息：

案号：（2011）杭西知初字第 935 号

原告：××电子股份有限公司

　　　杭州××网络技术服务有限公司

被告：王××

　　　孙××

　　　沈×

　　　杨××

　　　高××

　　　××交易所

　　　××××软件（天津）有限责任公司

一审法院：浙江省杭州市西湖区人民法院

二审信息：

案号：（2014）浙杭知终字第 216 号

上诉人：王××

被上诉人：××电子股份有限公司

　　　　　杭州××网络技术服务有限公司

原审被告：孙××

　　　　　沈×

　　　　　杨××

　　　　　高××

　　　　　××交易所

四、侵犯商业秘密的行为

××××软件（天津）有限责任公司

二审法院：浙江省杭州市中级人民法院

诉讼请求

一审诉讼请求：

一、被告王××、孙××、沈×、杨××、高××、××交易所、××××软件（天津）有限责任公司立即停止侵犯原告商业秘密的行为；

二、被告王××立即停止违反竞业限制行为；

三、被告王××、孙××、沈×、杨××、高××、××交易所、××××软件（天津）有限责任公司赔偿经济损失及合理费用1,000,000元；

四、被告王××支付违约金242,875元；

五、被告王××、孙××、沈×、杨××、高××、××交易所（被告信息）、××××软件（天津）有限责任公司承担本案诉讼费。

两原告于2011年12月1日撤回了对被告王××竞业限制的起诉，即撤回了上述第二、四项诉讼请求。

如果王××未按该判决指定的期间履行给付金钱义务，应当依照《中华人民共和国民事诉讼法》第二百五十三条的规定，加倍支付迟延履行期间的债务利息。案件受理费10元，由杭州××网络技术服务有限公司负担7元，由王××负担3元。

二审诉讼请求：

请求撤销（2014）杭西知民初字第250号民事判决，改判驳回××电子股份有限公司、杭州××网络技术服务有限公司的全部诉讼请求，并由××电子股份有限公司、杭州××网络技术服务有限公司承担本案一审、二审全部诉讼费用。

案情介绍

2011年11月23日,××电子股份有限公司(以下简称"电子公司")、杭州××网络技术服务有限公司(以下简称"网络公司")以王××、孙××、沈×、杨××、高××、××交易所、××××软件(天津)有限责任公司(以下简称"软件公司")侵害其商业秘密为由向杭州市西湖区人民法院提起诉讼,案号为(2011)杭西知初字第935号。在该案中,电子公司、网络公司主张的商业秘密包括:份额化撮合交易系统软件源代码及相关文档(包括v1.0和v2.0两个版本)、大宗商品现货交易系统软件源代码及相关文档、MELODY应用系统技术开发平台软件源代码、撮合交易系统监控系统软件源代码。

2013年3月20日,上海市科技咨询服务中心出具沪科技咨询服务中心(2012)鉴字第36号技术鉴定意见并附附件一、二、三、四。鉴定结论为:1.电子公司、网络公司主张的五个软件属"不为公众所知悉"的技术信息。2.证据保全取得三个移动硬盘中包含了svn服务器,杨××、郑××、沈×、孙××和高××工作机的内容。3.电子公司、网络公司提供的"份额化撮合交易系统软件"和"份额化撮合交易系统软件v2.0"实际为同一个软件的两个版本,本项鉴定统称"份额化撮合交易系统软件"。4.双方的"份额化撮合交易系统软件"基本属同一个软件。5.双方的"大宗商品现货交易系统软件"属同一个软件。6.双方的"MELODY应用系统技术开发平台软件"属同一软件。7.双方的"撮合交易系统监控系统"基本属同一个软件。

该案审理过程中,电子公司、网络公司撤回对杨××、××交易所的诉讼请求,并撤回对份额化撮合交易系统软件v1.0和v2.0的主张。

2013年8月12日,西湖区人民法院作出(2011)杭西知初字第935号一审判决。该判决最终判令软件公司立即停止使用大宗商品现货交易系统软件、melody 应用系统技术开发平台软件，并赔偿经济损失（含合理费用）人民币20万元。软件公司不服，提起上诉。2013年11月29日，杭州市中级人民法院作出（2013）浙杭知终字第95号二审判决：驳回上诉，维持原判。

2014年3月18日，电子公司、网络公司向原审法院提起诉讼，以（2011）杭西知初字第935号判决未涉及其支付的鉴定费用10万元为由，请求判令软件公司赔偿鉴定费用损失10万元并承担案件诉讼费用。

审理结果

一审判决：

一、软件公司于本判决生效之日立即停止侵犯电子公司、网络公司商业秘密的行为，即立即停止使用"大宗商品现货交易系统软件"、"MELODY应用系统技术开发平台软件"；

二、软件公司赔偿电子公司、网络公司经济损失（含合理费用）人民币200,000元，于本判决生效之日起十日内支付；

三、驳回电子公司、网络公司的其他诉讼请求。

二审判决：

一、驳回上诉，维持原判；

二、本案二审案件受理费人民币800元，由王××负担。

要点分析

一、侵害商业秘密案件中相关鉴定费用是否属于赔偿范围

涉案鉴定费用属于权利人为制止侵害商业秘密行为在诉讼中支出的合理开支，当属于赔偿范围。终审法院认为，侵权损害赔偿的范围不仅包括权利人因侵权损害所受到的损失，也包括为制止侵权行为所支付的合理开支，因此侵害商业秘密案件中的相关鉴定费用也应包括在内。

二、关于商业秘密的判定

《中华人民共和国反不正当竞争法》(1993)第十条第三款规定,本条所称的商业秘密,是指不为公众所知悉、能为权利人带来经济利益、具有实用性并经权利人采取保密措施的技术信息和经营信息。因此,要构成商业秘密须符合四个要件:具有秘密性、价值性与实用性(《中华人民共和国反不正当竞争法》(2017年修订)已删除"实用性"要件)、保密性。

(一)秘密性

本案中,经过专家技术鉴定,涉案软件属于他人难以通过查阅该领域公开的文献或资料直接容易获得,且该未对外公开的技术信息不为该专业领域一般技术人员普遍了解和掌握,是两原告自主研发的专有技术,属于"不为公众所知悉"的技术信息,即具有秘密性。

所谓"秘密性",即不为公众所知悉。依据《最高人民法院关于审理不正当竞争民事案件应用法律若干问题的解释》第九条的规定,有关信息不为其所属领域的相关人员普遍知悉和容易获得,应当认定为"不为公众所知悉"。这里的"公众"是指"所属领域的相关人员",不是泛指社会上不特定的多数人,"所属领域"也是"同业竞争者的领域"。另外,这里的"不为公众所知悉"是指不特定的人如果不使用不正当的手段,就不能得知的状态。《最高人民法院关于审理不正当竞争民事案件应用法律若干问题的解释》规定了"普遍知悉"与"容易获得"这两种情形,只要满足其中任何一种,就应认定信息已为公众所知悉。"普遍知悉"主要指通过公开出版物的公开和通过公开使用的公开。所谓"容易获得",是指所处领域内的一般人无须付出一定代价,通过正当途径就可以轻易知悉该信息。

(二)价值性与实用性

法院认为,涉案软件是两原告根据用户业务需求研发完成的技术信息，其中"MELODY 应用系统技术开发平台软件"由开源代码和两原告开发团队自行开发的代码以及开发团队采用的集成技术实现。这些软件能投入实际运用，具有一定的业务市场，能给权利人带来经济利益，具有价值性、实用性。

《最高人民法院关于审理不正当竞争民事案件应用法律若干问题的解释》第十条规定，有关信息具有现实的或者潜在的商业价值，能为权利人带来竞争优势的，应当认定为"能为权利人带来经济利益、具有实用性"。判断是否能为权利人带来经济利益，可以从该信息在业务中的利用价值、与其他信息的关系、丧失该信息的后果等方面考察。判断是否具有实用性，可以从信息是否能被企业实际用于生产或经营着手。

（三）保密性

本案中，两原告对涉案软件采取了合理的保密措施，比如与职工签订了保密协议，包括职工在离职时有严格的交接手续以及离职后的保密承诺；在软件委托开发合同等合同中约定相关保密义务等。

《最高人民法院关于审理不正当竞争民事案件应用法律若干问题的解释》第十一条规定，权利人为防止信息泄露所采取的与其商业价值等具体情况相适应的合理保护措施，应当认定为采取了"保密措施"。这里的"保密措施"是"合理的"，对于如何判断其合理性，该条还规定：人民法院应当根据所涉信息载体的特性、权利人保密的意愿、保密措施的可识别程度、他人通过正当方式获得的难易程度等因素综合考量。另外，具有下列情形之一，在正常情况下足以防止涉密信息泄露的，应当认定权利人采取了保密措施：

1. 限定涉密信息的知悉范围，只对必须知悉的相关人员告知其内容；

2. 对于涉密信息载体采取加锁等防范措施；

3. 在涉密信息的载体上标有保密标志；

4. 对于涉密信息采用密码或者代码等；

5. 签订保密协议；

6. 对于涉密的机器、厂房、车间等场所限制来访者或者提出保密要求；

7. 确保信息秘密的其他合理措施。

相关法条

1. 《中华人民共和国反不正当竞争法》（1993）第十条：经营者不得采用下列手段侵犯商业秘密：

（一）以盗窃、利诱、胁迫或者其他不正当手段获取权利人的商业秘密；

（二）披露、使用或者允许他人使用以前项手段获取的权利人的商业秘密；

（三）违反约定或者违反权利人有关保守商业秘密的要求，披露、使用或者允许他人使用其所掌握的商业秘密。

第三人明知或者应知前款所列违法行为，获取、使用或者披露他人的商业秘密，视为侵犯商业秘密。

本条所称的商业秘密，是指不为公众所知悉、能为权利人带来经济利益、具有实用性并经权利人采取保密措施的技术信息和经营信息。

《中华人民共和国反不正当竞争法》（2017年修订）第九条：

经营者不得实施下列侵犯商业秘密的行为：

（一）以盗窃、贿赂、欺诈、胁迫或者其他不正当手段获取权利人的商业秘密；

（二）披露、使用或者允许他人使用以前项手段获取的权利人的商业秘密；

（三）违反约定或者违反权利人有关保守商业秘密的要求，披露、使用或者允许他人使用其所掌握的商业秘密。

第三人明知或者应知商业秘密权利人的员工、前员工或者其他单位、个人实施前款所列违法行为，仍获取、披露、使用或者允许他人使用该商业秘密的，视为侵犯商业秘密。

本法所称的商业秘密，是指不为公众所知悉、具有商业价值并经权利人采取相应保密措施的技术信息和经营信息。

2.《最高人民法院关于审理不正当竞争民事案件应用法律若干问题的解释》第十七条第一款：确定反不正当竞争法第十条规定的侵犯商业秘密行为的损害赔偿额，可以参照确定侵犯专利权的损害赔偿额的方法进行；确定反不正当竞争法第五条、第九条、第十四条规定的不正当竞争行为的损害赔偿额，可以参照确定侵犯注册商标专用权的损害赔偿额的方法进行。

判决书（节选）

一审判决书（节选）

......

本院认为：

本案争议焦点：一、两原告是否为涉案软件的权利人。本案中，两原告明确涉案软件即是其主张的商业秘密，具体软件名称为：1."份额化撮合交易系统软件"源代码及相关文档（包含V1.0和V2.0两个版本）；2."大宗商品现货交易系统软件"源代码及相关文档；3."MELODY应用系统技术开发平台软件"源代码；4."撮合交易系统监控系统"源代码。原告网络公司是原告电子公司的全资子公司，现两原告在本案中以涉案软件共同权利人的法律地位提起诉讼，并无不当。审理中，两原告提供了上述4个软件的载体，经鉴定确认，涉案软件系两原告软件开发团队自主构思、设计和开发所形成,是两原告自主研发的专有技术。虽然其中的"MELODY 应用系统技术开发平台软件"含有部分开源代码,但该软件还包含了两原告开发团队自行开发的代码,由两原告开发团队采用集成技术实现。因此,现有证据能够证明两原告是涉案软件的开发者。我国《计算机软件保护条例》第九条规定:软件著作权属于软件开发者,本条例另有规定的除外。如无相反证明,在软件上署名的自然人、法人或者其他组织为开发者;第十一条规定:接受他人委托开发的软件,其著作权的归属由委托人与受托人签订书面合同约定,无书面合同或者合同未作明确约定的,其著作权由受托人享有。本案中,被告××交易所与原告电子公司间存在软件委托开发合同关系,双方所签合同约定,双方共同拥有所委托开发的"A"类软件的知识产权(含撮合交易系统)。由此,被告××交易所对登记在原告电子公司名下的"HUNDSUN 份额化撮合交易系统软件 V1.0"的软件著作权权属争议提起诉讼,该纠纷经天津市第一中级人民法院终审判决认定,被告××交易所与原告电子公司为"HUNDSUN 份额化撮合交易系统软件 V1.0"的共同著作权人。根据原告网络公司与被告××交易所签订的《具体业务合同》中约定:原告网络公司为被告××交易所开发的交易监控系统软件的著作权归属于被告××交易所。因此,两原告对"撮合交易系统监控系统"软件并不享有计算机软件著作权。综上所述,两原告作为"大宗商品现货交易系统软件"、"MELODY 应用系统技术开发平台软件"的软件开发者,依法享有上述两个软件的著作权,为合法的权利人;另作为"HUNDSUN 份额化撮合交易系统软件 V1.0"的共同著作权人,理所当然为"份额化撮合交易系统软件"的合法权利人;两原告并非"撮合交易系统监控系统"的权利人。

二、涉案软件是否为商业秘密。我国反不正当竞争法规定的商业秘密是指不为公众所知悉、能为权利人带来经济利益、具有实用性并经权利人采取保密措施的技术信息和经营信息。本院认为,第一,涉案软件是两原告根据用户业务需求研发完成的技术信息,其中"MELODY应用系统技术开发平台软件"由开源代码和两原告开发团队自行开发的代码以及开发团队采用的集成技术实现。这些软件能投入实际运用,具有一定的业务市场,能给权利人带来经济利益,具有经济性、实用性。第二,经专家技术鉴定,涉案软件,他人难以通过查阅该领域公开的文献或资料直接容易获得,且该未对外公开的技术信息不为该专业领域一般技术人员普遍了解和掌握,是两原告自主研发的专有技术,属"不为公众所知悉"的技术信息,即具有秘密性。第三,两原告对涉案软件采取了合理的保密措施,例如,与职工签订保密协议,包括职工在离职时有严格的交接手续以及离职后的保密承诺;在软件委托开发合同等合同中约定相关保密义务等,具有保密性。因此,已符合商业秘密的法定构成要件,应当认定涉案软件为商业秘密,但两原告有权主张的商业秘密仅限于其享有权利的计算机软件,即"大宗商品现货交易系统软件"、"MELODY应用系统技术开发平台软件"、"份额化撮合交易系统软件"。

三、本案各被告是否侵犯了两原告的商业秘密。两原告在审理中申请撤回了其中的1个软件("份额化撮合交易系统软件"),该申请不违反法律规定,本院予以准许。因此,在以下各被告是否侵犯了两原告的商业秘密的评述中,所指两原告的商业秘密并不包含该"份额化撮合交易系统软件"。同时,也不包含两原告不享有权利的"撮合交易系统监控系统"软件。根据《中华人民共和国反不正当竞争法》第十条的规定,经营者不得采用下列手段侵犯商业秘密:(一)以盗窃、利诱、胁迫或者其他不正当手段获取权利人的商业秘密;(二)披露、使用或者允许他人使用以前项手段获取的权利人的商业秘密;(三)违反约定或者权利人有关保守商业秘密的要求,披露、使用或者允许他人使用其所掌握的商业秘密。第三人明知或者应知前款所列违法行为,获取、使用或者披露他人的商业秘密，视为侵犯商业秘密。本案被告王××自2007年1月起至2011年6月离职前，先后在原告电子公司、网络公司处从事研发工作，具有接触和获取两原告的商业秘密的机会和便利。被告王××在两原告处任职期间一直签订有保密协议，离职时又特别作出有关保密承诺，但事实上，在被告王××于2011年6月申请离职后，便与被告××交易所在同年7月分别投资10%、90%成立了被告软件公司，并担任被告软件公司总经理职务，更是负责被告软件公司设立在杭州的办公场所（研发总部，即法院证据保全处所）的日常经营管理，经对法院证据保全取得的被告软件公司SVN服务器中的代码进行鉴定，结论为SVN服务器中含有涉案全部软件（含两原告的商业秘密）。因此，基于上述事实，可以认定被告王××以不正当手段获取两原告的商业秘密，并提供给被告软件公司使用，其行为已经侵犯了两原告的商业秘密。被告孙××、沈×均先后任职于原告电子公司、网络公司，从事研发、技术岗位工作，能够接触到两原告的商业秘密。在被告王××离职到被告王××与被告××交易所共同投资成立被告软件公司的2011年6月、7月间，被告孙××、沈×先后提出申请离职并办理了离职手续，至被告软件公司任职。被告孙××、沈×均与两原告签订有保密协议，在离职时也对保守商业秘密作出特别承诺，但经对法院证据保全取得的被告孙××、沈×工作机中的内容进行鉴定，结论为分别含有涉案部分软件（部分两原告的商业秘密）。被告孙××、沈×关于涉案部分软件来源合法的辩称，因未能提交充分有效的证据予以证实，本院不予采信。因此，本院认定被告孙××、沈×以不正当手段获取两原告的商业秘密，并提供给被告软件公司使用，其行为侵犯了两原告的商业秘密。被告软件公司明知被告王××、孙××、沈×系不正当手段获取两原告的商业秘密，而予以使用，依法视为侵犯了两原告的商业秘密。至于被告王软件公司均辩称，涉案软件来源于被告××交易所。本院认为，依被告××交易所

四、侵犯商业秘密的行为

在庭审中的陈述，两原告将"份额化撮合交易系统软件"、"撮合交易系统监控系统"的代码交付给了被告××交易所，因此，即使被告××交易所的上述陈述成立，也缺乏"大宗商品现货交易系统软件"、"MELODY应用系统技术开发平台软件"的来源途径。因此，在被告××交易所尚不持有"大宗商品现货交易系统软件"、"MELODY应用系统技术开发平台软件"的情况下，被告软件公司对于该两个软件来源于被告××交易所的陈述，并不能成立。再者，根据《软件委托开发合同》的约定，被告××交易所已明确承诺不会将该产品所涉及的系统结构、技术文档等技术资料转让、销售、赠送或泄露给第三方，只是为签订和履行本合同而向其员工、顾问、代理人披露的除外。由此可见，被告××交易所尚负有合同上的保密义务。故对被告软件公司关于合法来源的辩称，本院不予采信。至于被告高××，因经鉴定，被告高××的工作机中未发现"大宗商品现货交易系统软件"、"MELODY应用系统技术开发平台软件"，故本院认定被告高××未侵犯两原告的商业秘密。审理中，两原告申请撤回了对被告杨××、被告××交易所的诉讼请求，上述申请不违反法律规定，本院予以准许。

三、被告软件公司应如何承担民事责任。根据前述认定，被告王××作为被告软件公司的总经理负责该公司的日常经营管理，被告孙××、沈×离职后即在被告软件公司处就职，该些被告之间对侵权行为在主观上均处于明知状态，且相互配合，共同实施了侵犯两原告商业秘密的行为，故应当依法共同承担停止侵权、赔偿损失的民事责任。根据《最高人民法院关于审理不正当竞争民事案件应用法律若干问题的解释》第十七条第一款的规定：确定反不正当竞争法第十条规定的侵犯商业秘密行为的损害赔偿额，可以参照确定侵犯专利权的损害赔偿额的方法进行。《中华人民共和国专利法》第六十五条规定，侵犯专利权的赔偿数额按照权利人因被侵权所受到的实际损失确定；实际损失难以确定的，可以按照侵权人因侵权所获得的利益确定。权利人的损失或者侵权人获得的利益难以确定的，参照该专利许可使用费的倍数合理确定。赔偿数额还应当包括权利人为制止侵权行为所支付的合理开支。权利人的损失、侵权人获得的利益和专利许可使用费均难以确定的，人民法院可以根据专利权的类型、侵权行为的性质和情节等因素，确定给予一万元以上一百万元以下的赔偿。关于本案的赔偿额，因两原告没有证据证明其因侵权所受到的损失或者被告软件公司因侵权所获得的利益，故本院将综合考虑：两原告的商业秘密所涉类型为计算机软件，以及软件的数量；被告软件公司的经营规模；各侵权行为人的主观过错；侵权行为的性质；侵权行为持续的时间、造成的不良后果等情节酌情予以确定。对于两原告主张的合理费用，其中公证费、购买证据保全所需硬盘费用为两原告的实际支出且属合理，应予支持；律师费略高，结合本案案情适当予以调整。综上所述，依照《中华人民共和国民法通则》第一百三十条，第一百三十四条第一款第（一）、（七）项；《中华人民共和国反不正当竞争法》第十条；《最高人民法院关于审理不正当竞争民事案件应用法律若干问题的解释》第十七条第一款；《中华人民共和国民事诉讼法》第六十四条第一款的规定，判决如下：

一、软件公司于本判决生效之日立即停止侵犯电子公司、网络公司商业秘密的行为，即立即停止使用"大宗商品现货交易系统软件"、"MELODY应用系统技术开发平台软件"。

二、软件公司赔偿电子公司、网络公司经济损失（含合理费用）人民币200,000元，于本判决生效之日起十日内支付。

三、驳回电子公司、网络公司的其他诉讼请求。

如果软件公司未按本判决指定的期间履行给付金钱义务，应当依照《中华人民共和国民事诉讼法》第二百五十三条的规定，加倍支付迟延履行期间的债务利息。

案件受理费人民币 15,986 元，由电子公司、网络公司负担 6,394 元；由软件公司负担 9,592 元，于本判决生效之日起十日内支付给本院。

如不服本判决，可在判决书送达之日起十五日内，向本院递交上诉状，并按对方当事人的人数提出副本，上诉于浙江省杭州市中级人民法院，并向浙江省杭州市中级人民法院预交上诉案件受理费。对财产案件提起上诉的，案件受理费按照不服一审判决部分的上诉请求预交（开户银行：工商银行湖滨分理处，账号：12×××68，户名：浙江省杭州市中级人民法院）。在上诉期满后七日内仍未交纳的，按自动撤回上诉处理。

二〇一三年八月十二日

二审判决书（节选）

......

本院认为：

鉴定费用系诉讼过程中因鉴定事项而发生的依法应当由当事人负担的费用，人民法院根据当事人的主张决定由谁负担。涉案鉴定费用虽然发生于（2011）杭西知初字第 935 号诉讼审理过程中，但因电子公司、网络公司在该案中并未对该鉴定费用提出主张，西湖区人民法院未对此进行审查，该案判决也未涉及该笔费用的处理。因此，电子公司、网络公司在本案中主张涉案鉴定费用不属于适用"一事不再理"的情形。根据（2011）杭西知初字第 935 号民事判决所认定的事实，软件公司侵害了电子公司、软件公司对大宗商品现货交易系统软件源代码及相关文档、MELODY 应用系统技术开发平台软件源代码的商业秘密，应承担相应的侵权损害赔偿责任。侵权损害赔偿的范围不仅包括权利人因侵权损害所受到的损失，也包括为制止侵权行为所支付的合理开支。涉案鉴定费用属于权利人为制止侵害商业秘密行为在诉讼中支出的合理开支，属于赔偿范围，原审法院判令由软件公司负担并无不当。

综上所述，王××的上诉理由均不能成立。原审法院认定事实清楚，适用法律正确，实体处理恰当。依照《中华人民共和国民事诉讼法》第一百七十条第一款第（一）项的规定，判决如下：

驳回上诉，维持原判。

本案二审案件受理费人民币800元，由王××负担。

本判决为终审判决。

二〇一五年一月四日

泄露私募基金项目的客户名单构成侵犯商业秘密

——评析深圳市××资产管理有限公司诉深圳市××××股权投资基金管理有限公司侵犯商业秘密不正当竞争纠纷案

案情概要

基本信息

案号：（2013）深福法知民初字第 103 号

原告：深圳市××资产管理有限公司

被告：深圳市××××股权投资基金管理有限公司

　　　毕××

审理法院：广东省深圳市福田区人民法院

诉讼请求

一、被告立即停止披露、利用原告天格汉京房地产基金（项目）产品的商业秘密，销毁被告汉京中心房地产投资基金募集说明书、出资额认缴说明书、出资额认缴风险书等文件资料；

二、被告在全国发行的报刊上向原告赔礼道歉，消除影响；

三、被告毕××返还原告奖金 30 万元；

四、被告承担本案发生的一切费用，包括但不限于诉讼费、调查费、评估审计费、律师费等；

五、两被告对上述债务承担连带赔偿责任。

原告于庭后撤回上述第三项诉讼请求。

案情介绍

原告深圳市××资产管理有限公司（以下简称"资产公司"）成立于 2011 年 6 月 2 日，其经营范围包括受托管理股权投资基金、受托资产管理等。被告深圳市××××股权投资基金管理有限公司（以下简称

"基金公司") 成立于2012年11月9日，其经营范围与原告相同。

2012年3月21日，原告与被告毕××（以下简称"毕某"）签订《劳动合同》约定被告毕某在原告处担任副总经理、董事，合同约定被告毕某应严格保守原告商业秘密。2012年6月5日，原告与深圳市××集团有限公司（以下简称"集团公司"）等单位和个人签订《合作协议书》，约定以有限合伙制私募基金的形式为集团公司融资，为发行上述协议中约定的私募基金，原告为此设立了有限合伙企业，并委派被告毕某代表原告执行合伙事务。原告于2012年6月通过银行销售的方式发行了名称为"天格·汉京房地产投资基金"的私募基金产品，被告毕某系该基金产品项目的联系人。

2012年11月16日，被告毕某从原告处离职，双方签订的《离职协议书》，约定被告不得披露原告的商业秘密，且不得从事损害原告及上述基金利益的行为。2012年11月30日，被告毕某以变更股东的方式成为被告基金公司所占股份比例为50%的股东。

2012年12月14日，被告基金公司与集团公司等单位个人签订了《合作协议书》，约定由被告基金公司负责设立汉京基金，募集资金用于汉京中心的开发建设，该协议中被告基金公司的签字代表为被告毕某。

被告基金公司于2013年1月通过第三方销售的方式发行了名称为"汉京中心房地产投资基金"的基金产品，产品结构及回报率与原告的产品基本相同。

原告认为被告侵犯的商业秘密包括：1. 有关集团公司的客户名单，包括《合作协议书》中的贷款利率和期限；2. 认购"天格·汉京房地产投资基金"产品的49名投资者的客户名单；3. "天格·汉京房地产投资基金"产品的销售渠道（银行销售）、产品结构（优先劣后模式）、风险控制和防范措施（抵押、保证等）。

原告提起诉讼，要求二被告停止侵权行为，并承担相应的损失。

法院审理后确定了集团公司的客户名单构成商业秘密，应予以保护，其他原告主张的内容未予认定。法院认为被告毕某离职后违反原告有关保守商业秘密的要求，披露并允许被告基金公司使用原告商业秘密集团公司的客户名单，被告毕某构成对原告商业秘密的侵犯，应当承担侵权的民事责任；被告基金公司明知被告毕某的上述违法行为，仍使用该商业秘密，与被告毕某构成共同侵权，应当承担连带责任。

审理结果

一、被告毕某、被告基金公司立即停止侵犯原告资产公司有关集团公司客户名单的行为，直至上述客户名单被公众所知悉；

二、被告毕某、基金公司应当于本判决生效之日起十日内连带赔偿原告资产公司律师费3万元；

三、驳回原告资产公司的其他诉讼请求。

本案案件受理费5,800元（已由原告预交），按规定收取3,300元，由被告毕某、被告基金公司连带负担。

要点分析

商业秘密的保护在高科技企业受到高度重视，在金融行业的发展中，商业秘密的保护尚在探索中。由于我国没有一个统一、完整的商业秘密保护制度，商业秘密保护规定散落在不正当竞争、劳动等专项规定中。如何有效地保护本企业的商业秘密，避免使用侵犯他人商业秘密的信息，可通过本案例剖析实务中的具体操作。

一、关于企业是否采取了保密措施

根据法院认定的事实，原告通过如下方式证明被告毕某应承担保密责任：

（一）原告与被告毕某在入职时签订了《劳动合同》，明确其岗位是副总经理、董事、明确其应保守原告商业秘密。

（二）原告与被告毕某在离职时签订了《离职协议书》，明确约定被告离职后不得披露或泄露在任职期间获悉的任何与原告相关的商业秘密（包括但不限于基金发行情况、客户信息、销售渠道信息、产品结构、相关协议等），并不得从事任何损害原告及上述基金利益的行为。

法院认为上述约定与原告要求保密的信息的商业价值相适应，具有合理性，属于法律意义上的保密措施。

二、关于商业秘密的认定分析

本案原告主张了三项商业秘密：

（一）有关集团公司的客户名单包括《合作协议书》中的贷款利率和期限：法院经审理认定集团公司的客户名单、贷款利率为原告的商业秘密。理由如下：

1. 高额交易中，交易机会的获取需要投入大量人力、物力且原告与集团公司的交易内容是原告通过努力形成的特定化客户资料，包括可公开获取的客户名称、地址，不能公开获取的特定联系人、客户需求、融资意向、贷款利率等，具有商业秘密性。

2. 贷款利率是交易核心，具有重要商业价值，能带来经济利益，直接决定原告的竞争优势，具有商业秘密的实用性。

（二）认购"天格·汉京房地产投资基金"产品的49名投资者的客户名单：法院经审理认定不属于商业秘密。

法院依据《最高人民法院关于审理不正当竞争民事案件应用法律若干问题的解释》第十三条的规定，说明了客户名单不应是简单的客户名称，还包括名称以外的深度信息，包括交易习惯、意向、内容构成等。基于本项主张，原告仅提供了一个客户的名称，无深度信息，其他客户名单未提交，因此无法认定为原告的商业秘密。

（三）"天格·汉京房地产投资基金"产品的销售渠道（银行销售）

产品结构（优先劣后模式）、风险控制和防范措施（抵押、保证等）：法院经审理认定不属于商业秘密。

法院认为上述信息不具有秘密性、不符合商业秘密的法定条件。

三、关于商业秘密共同侵权的认定

法院认定集团公司客户名单、贷款利率为原告的商业秘密，被告毕某作为商业秘密泄露方、被告基金公司作为商业秘密使用方，基于以下事实应共同承担侵犯商业秘密的法律责任：

（一）被告毕某在原告任职期间职责为交易的主要负责人、具有接触、获取商业秘密的条件；

（二）被告毕某根据合同约定负有保密义务，但离职当月即入职被告基金公司，成为其大股东，该公司以低于原告贷款利率的条件与原告的同一合作方集团公司建立了实际交易关系；

（三）被告基金公司明知被告毕某的违法行为，仍使用商业秘密，构成共同侵权。

四、商业秘密保护的启示

从本案的审理要点可见，原告主张要保护的信息是否属于商业秘密是商业秘密案件的核心和难点。本案原告主张了三项，涉及多个方面的信息，但唯有集团公司客户名单被支持。由此可见，企业在保护商业秘密时，需要结合商业秘密认定的条件、企业自身的客观条件、信息的价值等采取合理措施，有效进行保护。通过商业秘密保护制度设计、保密措施安排、协议约定、实际项目执行中的操作环节把控等方面综合进行。达到的目的包括：防止信息的泄露、信息泄露后有足够的证据主张权利。企业可以围绕商业秘密的定义、解释，合理制定和实施。

（一）商业秘密的构成要件

从商业秘密的定义来看，商业秘密的构成要件有三个：一是该信息不为公众所知悉；二是该信息能为权利人带来经济利益，具有实用性；

四、侵犯商业秘密的行为

三是权利人对该信息采取了保密措施。

1. 不为公众所知悉,是指有关信息不为其所属领域的相关人员普遍知悉和容易获得。具有下列情形之一的,可以认定有关信息不构成"不为公众所知悉":

(1) 该信息为其所属技术或者经济领域的人的一般常识或者行业惯例;

(2) 该信息仅涉及产品的尺寸、结构、材料、部件的简单组合等内容,进入市场后相关公众通过观察产品即可直接获得;

(3) 该信息已经在公开出版物或者其他媒体上公开披露;

(4) 该信息已通过公开的报告会、展览等方式公开;

(5) 该信息从其他公开渠道可以获得;

(6) 该信息无须付出一定的代价而容易获得。

2. 能为权利人带来经济利益,具有实用性,是指该信息具有确定的可应用性,能为权利人带来现实的或者潜在的经济利益或者竞争优势。

3. 权利人采取保密措施,指权利人为防止信息泄露所采取的与其商业价值等具体情况相适应的合理保护措施,包括订立保密协议,建立保密制度及采取其他合理的保密措施。

人民法院根据所涉信息载体的特性、权利人保密的意愿、保密措施的可识别程度、他人通过正当方式获得的难易程度等因素,认定权利人是否采取了保密措施。

具有下列情形之一,在正常情况下足以防止涉密信息泄露的,应当认定权利人采取了保密措施:

(1) 限定涉密信息的知悉范围,只对必须知悉的相关人员告知其内容;

(2) 对于涉密信息载体采取加锁等防范措施;

(3) 在涉密信息的载体上标有保密标志;

（4）对于涉密信息采用密码或者代码等；

（5）签订保密协议；

（6）对于涉密的机器、厂房、车间等场所限制来访者或者提出保密要求；

（7）确保信息秘密的其他合理措施。

（二）商业秘密的客体

从商业秘密的定义来看，商业秘密的客体为技术信息和经营信息，包括设计、程序、产品配方、制作工艺、制作方法、管理诀窍、客户名单、货源情报、产销策略、招投标中的标底及标书内容等信息。其中客户名单一般是指客户的名称、地址、联系方式以及交易的习惯、意向、内容等构成的区别于相关公知信息的特殊客户信息，包括汇集众多客户的客户名册，以及保持长期稳定交易关系的特定客户。此外，应特别注意审查客户名单是不是特有的或者具有特殊性；是否由权利人通过劳动、金钱等投入获得的。

在司法实践中，对客户名单是否属于商业秘密也主要从以下两方面考虑：

1. 客户名单应具备深度信息。除了客户名称、地址、联系方式等一般性信息外，还应包含交易习惯、交易意向等，这些特别的信息是客户名单的秘密点，是区别于普通公知信息的特殊信息。

2. 客户名单中的客户是具备相对稳定交易关系的客户，而不是一次性、偶然性或者曾经的交易对象。一般认为长期客户是基于交易双方的相互信任关系的客户，这种信任关系的产生是经营者在相当长一段时间内的经营智慧、策略和努力的结果，也就是经营者花费心血和汗水的结果，它更多地体现出经营者富有特色的智力劳动。法律要保护的也正是这样一种无形财产。但需要说明的是，不能认为交易次数少或者没有交易的客户信息就不能构成商业秘密。

四、侵犯商业秘密的行为

3. 特别付出要求，获得客户名单需要一定的难度，付出一定的代价，不为其所属领域的相关人员容易获得。包括两种情形：一是市场上没有现成的客户，客户源不确定，不能从公开渠道轻易获取，需要寻找、挖掘和培养；二是客户信息从公开渠道容易获得，但通过花费人力、财力等努力，将公开信息进行收集、整理，提炼出来的客户名单。

相关法条

1.《中华人民共和国反不正当竞争法》（1993）第十条：经营者不得采用下列手段侵犯商业秘密：

（一）以盗窃、利诱、胁迫或者其他不正当手段获取权利人的商业秘密；

（二）披露、使用或者允许他人使用以前项手段获取的权利人的商业秘密；

（三）违反约定或者违反权利人有关保守商业秘密的要求，披露、使用或者允许他人使用其所掌握的商业秘密。

第三人明知或者应知前款所列违法行为，获取、使用或者披露他人的商业秘密，视为侵犯商业秘密。

本条所称的商业秘密，是指不为公众所知悉、能为权利人带来经济利益、具有实用性并经权利人采取保密措施的技术信息和经营信息。

2.《中华人民共和国反不正当竞争法》（2017年修订）第九条：经营者不得实施下列侵犯商业秘密的行为：

（一）以盗窃、贿赂、欺诈、胁迫或者其他不正当手段获取权利人的商业秘密；

（二）披露、使用或者允许他人使用以前项手段获取的权利人的商业秘密；

（三）违反约定或者违反权利人有关保守商业秘密的要求，披露、使用或者允许他人使用其所掌握的商业秘密。

第三人明知或者应知商业秘密权利人的员工、前员工或者其他单位、个人实施前款所列违法行为，仍获取、披露、使用或者允许他人使用该商业秘密的，视为侵犯商业秘密。

本法所称的商业秘密，是指不为公众所知悉、具有商业价值并经权利人采取相应保密措施的技术信息和经营信息。

3.《中华人民共和国反不正当竞争法》（1993）第二十条：经营者违反本法规定，给被侵害的经营者造成损害的，应当承担损害赔偿责任，被侵害的经营者的损失难以计算的，赔偿额为侵权人在侵权期间因侵权所获得的利润；并应当承担被侵害的经营者因调查该经营者侵害其合法权益的不正当竞争行为所支付的合理费用。

被侵害的经营者的合法权益受到不正当竞争行为损害的，可以向人民法院提起诉讼。

4.《中华人民共和国反不正当竞争法》（2017年修订）第十七条：经营者违反本法规定，给他人造成损害的，应当依法承担民事责任。

经营者的合法权益受到不正当竞争行为损害的，可以向人民法院提起诉讼。

因不正当竞争行为受到损害的经营者的赔偿数额，按照其因被侵权所受到的实际损失确定；实际损失难以计算的，按照侵权人因侵权所获得的利益确定。赔偿数额还应当包括经营者为制止侵权行为所支付的合理开支。

经营者违反本法第六条、第九条规定，权利人因被侵权所受到的实际损失、侵权人因侵权所获得的利益难以确定的，由人民法院根据侵权行为的情节判决给予权利人三百万元以下的赔偿。

5.《最高人民法院关于审理不正当竞争民事案件应用法律若干问题的解释》第九条第一款：有关信息不为其所属领域的相关人员普遍知悉

和容易获得，应当认定为反不正当竞争法第十条第三款规定的"不为公众所知悉"。

6.《最高人民法院关于审理不正当竞争民事案件应用法律若干问题的解释》第十条：有关信息具有现实的或者潜在的商业价值，能为权利人带来竞争优势的，应当认定为反不正当竞争法第十条第三款规定的"能为权利人带来经济利益、具有实用性"。

7.《最高人民法院关于审理不正当竞争民事案件应用法律若干问题的解释》第十一条：权利人为防止信息泄露所采取的与其商业价值等具体情况相适应的合理保护措施，应当认定为反不正当竞争法第十条第三款规定的"保密措施"。

人民法院应当根据所涉信息载体的特性、权利人保密的意愿、保密措施的可识别程度、他人通过正当方式获得的难易程度等因素，认定权利人是否采取了保密措施。

具有下列情形之一，在正常情况下足以防止涉密信息泄露的，应当认定权利人采取了保密措施：

（一）限定涉密信息的知悉范围，只对必须知悉的相关人员告知其内容；

（二）对于涉密信息载体采取加锁等防范措施；

（三）在涉密信息的载体上标有保密标志；

（四）对于涉密信息采用密码或者代码等；

（五）签订保密协议；

（六）对于涉密的机器、厂房、车间等场所限制来访者或者提出保密要求；

（七）确保信息秘密的其他合理措施。

8.《最高人民法院关于审理不正当竞争民事案件应用法律若干问题的解释》第十三条：商业秘密中的客户名单，一般是指客户的名称、地址、联系方式以及交易的习惯、意向、内容等构成的区别于相关公知信息的特殊客户信息，包括汇集众多客户的客户名册，以及保持长期稳定交易关系的特定客户。

客户基于对职工个人的信赖而与职工所在单位进行市场交易，该职工离职后，能够证明客户自愿选择与自己或者其新单位进行市场交易的，应当认定没有采用不正当手段，但职工与原单位另有约定的除外。

9.《最高人民法院关于审理不正当竞争民事案件应用法律若干问题的解释》第十四条：当事人指称他人侵犯其商业秘密的，应当对其拥有的商业秘密符合法定条件、对方当事人的信息与其商业秘密相同或者实质相同以及对方当事人采取不正当手段的事实负举证责任。其中，商业秘密符合法定条件的证据，包括商业秘密的载体、具体内容、商业价值和对该项商业秘密所采取的具体保密措施等。

10.《最高人民法院关于审理不正当竞争民事案件应用法律若干问题的解释》第十七条第一款：确定反不正当竞争法第十条规定的侵犯商业秘密行为的损害赔偿额，可以参照确定侵犯专利权的损害赔偿额的方法进行；确定反不正当竞争法第五条、第九条、第十四条规定的不正当竞争行为的损害赔偿额，可以参照确定侵犯注册商标专用权的损害赔偿额的方法进行。

判决书（节选）

……

本院认为：

商业秘密是指不为公众所知悉、能为权利人带来经济利益、具有实用性并经权利人采取保密措施的技术信息和经营信息。原告指控被告侵犯其商业秘密的，应当对其拥有的商业秘密符合法定条件、对方当事人的信息与其商业秘密相同或者实质相同以及对方当事人采取不正当手段

四、侵犯商业秘密的行为

的事实负举证责任。

本案中,根据原告提出的主张,其要求保护的商业秘密包括上述三项信息。关于其中第1项信息即有关集团公司的客户名单是否符合商业秘密法定条件的问题。商业秘密中的客户名单,不能是简单的客户名称,而通常必须有名称以外的深度信息。依照《最高人民法院关于审理不正当竞争民事案件应用法律若干问题的解释》的规定,商业秘密中的客户名单,一般是指客户的名称、地址、联系方式以及交易的习惯、意向、内容等构成的区别于相关公知信息的特殊客户信息,包括汇集众多客户的客户名册,以及保持长期稳定交易关系的特定客户。从本案证据来看,虽然原告已举证证明的其与集团公司的交易次数只有一次,但对于一次金额高达4.8亿元的交易而言,原告获取该交易必然需要通过投入一定的人力、物力并经反复接触才能洽谈而成。而且从原告与集团公司在《合作协议书》中约定的原告对汉京中心项目享有优先权来看,原告与集团公司已经建立了相对稳定的交易关系。原告与集团公司的交易内容系原告通过自己的经营努力形成的特定化客户资料,其信息不仅包括可以通过公开渠道查询到的客户名称、地址,还包括客户的特定联系人、客户需求、融资意向、贷款利率这类并不为相关人员普遍知悉的信息,这些信息从公开渠道也不易获得,具有商业秘密的秘密性。上述经营信息,特别是贷款利率是双方交易内容中的核心部分,其具有重要的商业价值,能给原告带来经济利益,并直接决定着原告是否具有竞争优势,具有商业秘密的实用性。原告在与被告毕某签订的《劳动合同》和《离职协议书》中均约定被告毕某负有保密义务,该措施与其要求保密的信息的商业价值相适应,具有合理性,属于法律意义上的保密措施。据此,原告主张的有关集团公司的客户名单,作为经营信息具有秘密性、实用性、保密性,构成受法律保护的商业秘密。被告否认上述信息的秘密性,认为年利率在20%~25%系房地产私募基金的行业习惯并提交了网页打印件作为证据,本院认为,被告提交的证据系网页打印件,不足以证明其主张事实的真实性;即使该行业大部分开发商承担的利率成本为20%~25%,也只是该类产品大致的利率区间,对于融资资金动辄涉及几亿元的房地产私募基金行业而言,即使一个百分点的利率差别都会产生几百万元的利润空间,因此,对三特定客户而言,其可以接受的利率成本仍不为行业相关人员所普遍知悉,故本院对被告该抗辩意见不予采信。至于原告提出的其与集团公司之间的贷款期限也属于商业秘密的主张,因该贷款期限不具有秘密性,本院对原告该主张不予采纳。

对于原告主张的上述第2项信息即认购"天格·汉京房地产投资基金"产品的49名投资者的客户名单,原告仅提供了海南太灵养生科技有限公司的客户名称,但该名称仅是简单的客户名称,缺乏名称以外的深度信息,不符合商业秘密的法定条件;至于其他48名认购者的具体名单均未提交,原告对此应承担举证不能的法律后果。对于原告主张的上述第3项信息即"天格·汉京房地产投资基金"产品的销售渠道、产品结构、风险控制和防范措施,该信息不具有秘密性,不符合商业秘密的法定条件。

关于两被告是否构成侵犯原告上述第1项信息的商业秘密的问题。根据《反不正当竞争法》第十条的相关规定,违反约定或者违反权利人有关保守商业秘密的要求,披露、使用或者允许他人使用其所掌握的商业秘密,构成对他人商业秘密的侵犯。第三人明知或者应知前款违法行为,获取、使用或者披露他人的商业秘密,视为侵犯商业秘密。本案中,被告毕某在原告任职期间作为与集团公司进行交易的主要负责人,熟知并掌握集团公司的联系方式、融资需求、交易意向、贷款利率等经营信息,根据双方之间的约定,被告毕某负有保守原告商业秘密的义务。但被告毕某从原告处离职后当月即以变更股东的方式成为与原告经营相同业务的被告基金公司的大股东,并且被告基金公司在经营过程中以低于

四、侵犯商业秘密的行为

原告贷款利率的条件与集团公司就原告享有优先权的汉京中心项目建立了实际的交易关系。被告基金公司既未举证证明其与该客户发生交易关系是通过自身的努力或劳动而实现,也未举证证明该客户系自愿选择与其进行市场交易。据此,本院可以认定:被告毕某离职后违反原告有关保守商业秘密的要求,披露并允许被告基金公司使用原告商业秘密,被告毕某构成对原告商业秘密的侵犯,应当承担侵权的民事责任;被告基金公司明知被告毕某的上述违法行为,仍使用该商业秘密,与被告毕某构成共同侵权,应当承担连带责任。原告要求被告立即停止使用有关集团公司的客户名单,理由成立,本院予以支持。原告要求销毁汉京房地产投资基金募集说明书,因该说明书并不涉及集团公司客户名单这一商业秘密的有关内容,本院对该请求不予支持。原告同时要求销毁该基金的出资额认缴说明书、出资额认缴风险书,因原告未举证证明被告处存有该两份文件,且原告未提交该两份文件导致本院对其内容无法审查,故本院对该请求不予支持。原告要求两被告公开赔礼道歉,因原告未举证证明其因两被告的侵权行为遭受了商誉损失,本院对原告该请求不予支持。原告向本院申请撤回第3项诉讼请求,原告该申请属于对其诉讼权利的自行处分,本院予以准许。原告要求两被告连带赔偿其律师费15万元,律师费属于原告为制止侵权的合理开支,两被告对此应承担赔偿责任,但原告诉请的律师费过高,本院参考《广东省律师服务收费管理实施办法》的相关规定并考虑到本案实际情况,酌情确定为3万元,超过部分本院不予支持。

综上所述,依照《中华人民共和国反不正当竞争法》第十条、第二十条、《最高人民法院关于审理不正当竞争民事案件应用法律若干问题的解释》第九条第一款、第十条、第十一条、第十三条、第十四条、第十七条第一款的规定,判决如下:

一、被告毕某、被告基金公司立即停止侵犯原告资产公司有关集团公司客户名单的行为，直至上述客户名单被公众所知悉；

二、被告毕某、被告基金公司应当于本判决生效之日起十日内连带赔偿原告资产公司律师费 3 万元；

三、驳回原告资产公司的其他诉讼请求。

如果未按本判决指定的期间履行给付金钱义务，应当依照《中华人民共和国民事诉讼法》第二百五十三条的规定，加倍支付迟延履行期间的债务利息。

本案案件受理费 5,800 元（已由原告预交），按规定收取 3,300 元，由被告毕某、被告基金公司连带负担。

如不服本判决，可在判决书送达之日起十五日内，向本院递交上诉状，按对方当事人的人数提出副本，并按规定预交上诉案件受理费。当事人上诉的，应在收到交费通知次日起七日内向广东省深圳市中级人民法院预交上诉案件受理费。逾期不交的，按自动撤回上诉处理。

二〇一三年八月六日

五、不正当有奖销售

抽奖式销售最高奖品金额
超过法定限额构成不正当竞争

——评析上海××信息有限公司诉×××信息技术（北京）有限公司不正当纠纷案

案情概要

基本信息

案号：（2000）沪二中知初字第 31 号

原告：上海××信息有限公司

被告：×××信息技术（北京）有限公司

审理法院：上海市第二中级人民法院

诉讼请求

一、判令被告停止侵权；

二、判令被告在其网站首页及全国性媒体上刊登致歉声明；

三、判令被告赔偿原告直接经济损失人民币 198,000 元。

案情介绍

原告上海××信息有限公司（以下简称"上海公司"）于 1998 年 9 月设立"影院热线"网站，网址为 http：//www.hotcinema.com。该网站主要在上海地区从事影片推广、网上订票等娱乐和商业活动。1999 年，原告举办了以美国奥斯卡电影奖的最终结果作为竞猜对象的"99 奥斯卡"系列活动。据原告统计，共有 1,299 人参加了该活动。被告×××信息技术（北京）有限公司（以下简称"信息公司"）成立于 1999 年 8 月，其经营的"e 龙"网站是一家综合性的城市网站，网址为 http：//www.elong.com。

2000 年 2 月 11 日，信息公司总裁张××等人到上海公司处洽谈双方合作事宜。期间，双方就合作举办 2000 年奥斯卡有奖竞猜活动进行了磋商,并初步达成合作意向。同年2月14日,上海公司将其制作的"影院热线'第72届奥斯卡'电影竞猜活动方案"(以下简称"活动方案")、"'奥斯卡2000'系列网络活动备案"(以下简称"备案")等材料传真给信息公司,要求信息公司针对是否合作给出答复或按照备案执行活动,但信息公司迟迟未作答复。

同年3月上旬,信息公司在其"e龙"网上独自举办了奥斯卡有奖竞猜活动。对比上海公司、信息公司举办的两个竞猜活动,两个活动的主题、形式相同,都是以美国奥斯卡电影奖的最终结果作为竞猜对象的有奖竞猜活动。在信息公司众多的活动页面中,其中有一页面,信息公司未经上海公司同意,使用了与上海公司几乎相同的竞猜活动介绍和竞猜规则。信息公司在该页面的中上部打上"奥斯卡2000——网上竞猜",接下来是一段竞猜活动介绍,该段文字与上海公司的页面文字相比,除了增加了"大家好!"和在"奥斯卡2000"上少了个双引号外,其余文字全部相同。该段文字下面,两个公司规定了竞猜规则,而且,竞猜规则中的活动时间、活动参加者、竞猜范围、奖项设置都相同。所不同的是,上海公司四个等次的获奖人数分别是1、3、5、10,奖品也分别是价值2,800元的"熊猫数字双频手机"、价值500元的"DE BEERS水晶钻石模型"、价值120元的"时尚像架——奥斯卡得奖影片之特制像架"、价值60元的"voila paris No. 2香浴露";而信息公司的获奖人数分别是1、1、2、5,奖品分别是价值30,000元的"好莱坞拉斯维加斯5日双人浪漫游"、价值1,500元的MP3播放器、价值500元的SONY随身听、价值300元的SONY高级耳机。此外,上海公司还增设了"一个都猜不中奖",奖品为价值160元的《四十大导与卢米埃》纪念丛书;而信息公司增设500名活动参与纪念奖,奖品为超酷e龙T恤衫。信息公司在有奖竞猜活动过程中,还在其网页上设置了通向上海公司网站的"相关链接"。

竞猜活动结束后，据上海公司与信息公司统计，分别有 1,588 人和 4,072 人参加了各自举办的有奖竞猜活动。另据两个公司统计，1998 年包括上海公司在内，只有两家网站举办有奖竞猜活动，而 1999 年，包括两个公司在内，还有"ChinaRen"、"搜索客"、"广电在线"等 8 家以上的网站举办了该活动。

审理结果

一、被告信息公司停止使用原告上海公司的网站名称、竞猜活动名称及网页文字，并停止将 30,000 元作为特等奖的奖额；

二、被告信息公司在其网站首页刊登声明，向原告上海公司赔礼道歉（内容须经本院审核）；

三、被告信息公司赔偿原告上海公司人民币 50,000 元（于本判决生效之日起十日内履行完毕）。

案诉讼费人民币 5,470 元，由原告负担人民币 2,044 元，被告负担人民币 3,426 元。

要点分析

一、不正当竞争行为的认定

信息公司未经上海公司同意，在其举办的奥斯卡竞猜活动的网页上，使用了与上海公司基本相同的竞猜活动介绍和竞猜规则，并出现了上海公司创设的活动名称"奥斯卡 2000"和网站名称"影院热线"，并设置上海公司的网站链接，该行为是否构成不正当竞争，需从上海公司与信息公司是否具备同业或竞争性质，是否具有不正当竞争的主观故意以及客观行为来判定。

《中华人民共和国反不正当竞争法》（1993）第二条对不正当竞争进

行了原则性的规定：即"经营者在市场交易中，应当遵循自愿、平等、公平、诚实信用的原则，遵守公认的商业道德。本法所称的不正当竞争，是指经营者违反本法规定，损害其他经营者的合法权益，扰乱社会经济秩序的行为。本法所称的经营者，是指从事商品经营或者营利性服务（以下所称商品包括服务）的法人、其他经济组织和个人。"

奥斯卡有奖竞猜活动无疑是社会的公共资源，相关网站举办相同或类似的活动无须征得他人的同意。但是，举办相同或类似活动的网站应当遵守公平、诚实信用的原则，遵守公认的商业道德，不能损害其他网站经营者的合法权益。本案中，信息公司在主动与上海公司接洽共同举办奥斯卡有奖竞猜活动，后又放弃合作的情况下，擅自抄袭使用了上海公司竞猜活动网页中近300字的竞猜活动介绍和竞猜规则，这是一种未经权利人许可，擅自使用他人智力劳动成果，违反诚实信用原则，不遵守公认的商业道德的行为；这种行为可以推定信息公司有借与上海公司合作之名，以扩大其竞猜活动的影响力，吸引更多到其网站的网民参加该活动的意图。而且，该行为也可能使进入信息公司网站的网民误以为信息公司是与上海公司联合举办有奖竞猜活动，或者认为信息公司网站与上海公司网站存在某种关系。这种误解对于熟悉上海公司网站的网民更容易产生，使得这一部分网民因喜爱上海公司网站而积极参加信息公司举办的有奖竞猜活动。

综合上述内容，信息公司未经上海公司同意擅自使用其制作的奥斯卡竞猜活动规则和页面，应属不正当竞争行为。

二、从事不正当有奖销售行为，构成不正当竞争

《中华人民共和国反不正当竞争法》（1993）第十三条规定：经营者不得从事下列有奖销售行为：（一）采用谎称有奖或者故意让内定人员中奖的欺骗方式进行有奖销售；（二）利用有奖销售的手段推销质次价高的商品；（三）抽奖式的有奖销售，最高奖的金额超过五千元。中华人民共和国工商行政管理总局《关于禁止有奖销售活动中不正当竞争行为的若干规定》第一款、第二款对有奖销售作如下定义：本规定所称的有奖销售，是指经营者销售商品或者提供服务，附带性地向购买者提供物品、金钱或者其他经济上利益的行为。包括：奖励所有购买者的附赠式有奖销售和奖励部分购买者的抽奖式有奖销售。凡以抽签、摇号等带有偶然性的方法决定购买者是否中奖的，均属于抽奖方式。

根据上述规定，可以得出经营者有奖销售的目的不是奉献，而是为了招揽顾客，以此获取更大的客户点击率，并转化为利润。信息公司认为其并未向网站访问者或注册者售卖任何商品或服务，只是一种公众参与性的娱乐活动，网站与竞猜者之间完全不存在买卖关系，所以并不属于反不正当竞争法的有奖销售行为。然而互联网行业经营有其自身的行业经营规律和逻辑，一般来说，网站设立的前期是大量投入资金，以提供无偿服务吸引网民访问该网站，扩大网站的影响力。等到网站逐渐壮大，知名度提升，网站即开始以收取会员费用的名义向网民收取费用或者依靠广告、电子商务来实现收入及盈利等。一个网站所吸引的访问者越多，给其带来的相关经济利益就越大。

本案中，根据信息公司的竞猜规则，凡是参加信息公司有奖竞猜活动的网民必须是信息公司的注册用户，非注册用户应当注册为用户，也就是网民必须将自己的个人信息资料提供给信息公司，否则，网民无法参与竞猜活动。因此，从表面上看，网民参加信息公司举办的奥斯卡有奖竞猜活动无须支付任何费用，而实际上网民却必须将包括其姓名、身份证号、手机号码等在内的个人信息资料无偿提供给网站，并同意注册为其用户，以此换取参加网站提供的有奖竞猜活动。网民与网站的关系虽然表面上不同于以货币换取商品或服务的消费者与销售者之间的关系，但其实质还是等价交换的关系，也就是网民必须拿被网站视为无形财产的身份资料去换取网站提供的服务。所以，信息公司举办的有奖竞猜活动实质是一种有奖销售活动。

本案中，竞猜活动参加者是否能中奖，完全取决于奥斯卡电影奖的结果如何，以及竞猜者个人的判断能力等多方面的主客观因素，是否中奖不能由竞猜者完全控制。因此，这种有奖竞猜的结果带有偶然性，属于抽奖式的有奖竞猜。《中华人民共和国反不正当竞争法》（1993）第十三条规定，抽奖式有奖销售的最高奖额超过人民币5,000元的，构成不正当竞争（《中华人民共和国反不正当竞争法》（2017年修订）第十条已将最高奖额调整至50,000元）。因此，信息公司举办的奥斯卡有奖竞猜活动，违反了《中华人民共和国反不正当竞争法》（1993）的规定，构成不正当竞争。

三、不正当竞争行为损害赔偿数额的确定

根据《中华人民共和国反不正当竞争法》（1993）第二十条第一款的规定，经营者违反本法规定，给被侵害的经营者造成损害的，应当承担损害赔偿责任，被侵害的经营者的损失难以计算的，赔偿额为侵权人在侵权期间因侵权所获得的利润；并应当承担被侵害的经营者因调查该经营者侵害其合法权益的不正当竞争行为所支付的合理费用。

关于网络经营者不正当竞争行为给被侵害的经营者的损害赔偿，尚未有统一的标准，一般由法院根据《中华人民共和国反不正当竞争法》（1993）第二十条的规定自由裁量。本案中，法院认为由于上海公司因信息公司行为受到的损失，以及信息公司因该行为获得的利润难以计算，故法院根据信息公司侵权行为的性质、持续时间的长短，以及侵权行为给上海公司造成损害的大小酌情确定信息公司的赔偿数额。

相关法条

1. 《中华人民共和国反不正当竞争法》（1993）第二条：经营者在市场交易中，应当遵循自愿、平等、公平、诚实信用的原则，遵守公认的商业道德。

本法所称的不正当竞争，是指经营者违反本法规定，损害其他经营者的合法权益，扰乱社会经济秩序的行为。

本法所称的经营者，是指从事商品经营或者营利性服务（以下所称商品包括服务）的法人、其他经济组织和个人。

2.《中华人民共和国反不正当竞争法》（2017年修订）第二条：经营者在生产经营活动中，应当遵循自愿、平等、公平、诚信的原则，遵守法律和商业道德。

本法所称的不正当竞争行为，是指经营者在生产经营活动中，违反本法规定，扰乱市场竞争秩序，损害其他经营者或者消费者的合法权益的行为。

本法所称的经营者，是指从事商品生产、经营或者提供服务（以下所称商品包括服务）的自然人、法人和非法人组织。

3.《中华人民共和国反不正当竞争法》（1993）第十三条：经营者不得从事下列有奖销售：

（一）采用谎称有奖或者故意让内定人员中奖的欺骗方式进行有奖销售；

（二）利用有奖销售的手段推销质次价高的商品；

（三）抽奖式的有奖销售，最高奖的金额超过五千元。

4.《中华人民共和国反不正当竞争法》（2017年修订）第十条：经营者进行有奖销售不得存在下列情形：

（一）所设奖的种类、兑奖条件、奖金金额或者奖品等有奖销售信息不明确，影响兑奖；

（二）采用谎称有奖或者故意让内定人员中奖的欺骗方式进行有奖销售；

（三）抽奖式的有奖销售，最高奖的金额超过五万元。

5.《中华人民共和国反不正当竞争法》（1993）第二十条：经营者

违反本法规定，给被侵害的经营者造成损害的，应当承担损害赔偿责任，被侵害的经营者的损失难以计算的，赔偿额为侵权期间因侵权所获得的利润；并应当承担被侵害的经营者因调查该经营者侵害其合法权益的不正当竞争行为所支付的合理费用。

被侵害的经营者的合法权益受到不正当竞争行为损害的，可以向人民法院提起诉讼。

6.《中华人民共和国反不正当竞争法》（2017年修订）第十七条：经营者违反本法规定，给他人造成损害的，应当依法承担民事责任。

经营者的合法权益受到不正当竞争行为损害的，可以向人民法院提起诉讼。

因不正当竞争行为受到损害的经营者的赔偿数额，按照其因被侵权所受到的实际损失确定；实际损失难以计算的，按照侵权人因侵权所获得的利益确定。赔偿数额还应当包括经营者为制止侵权行为所支付的合理开支。

经营者违反本法第六条、第九条规定，权利人因被侵权所受到的实际损失、侵权人因侵权所获得的利益难以确定的，由人民法院根据侵权行为的情节判决给予权利人三百万元以下的赔偿。

判决书（节选）

一审判决书（节选）

……

本院认为：

归纳起来，本案的主要争议焦点是：1. 被告未经原告同意，在其举办的与原告相同的奥斯卡竞猜活动的网页上，使用了与原告基本相同的竞猜活动介绍和竞猜规则，并出现了原告创设的活动名称"奥斯卡

2000"和网站名称"影院热线",该行为是否构成对原告的不正当竞争;2.被告设置价值为人民币30,000元的特等奖是否构成对原告的不正当竞争;3.被告的上述行为是否损害了原告的商誉;4.原告要求被告赔偿人民币198,000元是否有合理的依据。

关于第一个争议焦点,原告认为:原告拥有的"影院热线"是在影视娱乐和同行业中享有较高声誉的网站,其客户数量在同类网站中名列前茅,因此,"影院热线"是一种知名商品。被告未经原告同意,在其竞猜活动的关键页面上使用了原告的网站名称和竞猜活动名称,并抄袭了竞猜活动介绍和竞猜规则,使得网民误以为原被告是同一网站,从而吸引网民参加被告举办的竞猜活动,该行为构成对原告的不正当竞争。被告认为:奥斯卡竞猜活动是属于整个社会的公共资源,任何网站均可举办相同的活动,原告无垄断举办这一活动的权利。被告终止与原告的合作意向后,即开始筹划活动方案,并在2000年2月25日完成了包括网站内容、活动推广、投票积分方式、奖品发放四部分的活动方案。因此,被告没有抄袭原告的活动方案。奥斯卡竞猜活动的内容都是根据美国奥斯卡电影奖的奖项设置为基础,奖项也通常根据投票者的猜中率设置从高到低的特等奖、一、二、三等奖,不可能标新立意不设一、二、三等奖,而直接设五六七等奖。因此,被告是按照常识和逻辑设置竞猜范围和奖项的。虽然由于其工作人员的失误,被告使用了与原告页面相同的文字,并出现了原告的"影院热线"网站名称,但该失误不足以误导网民参加被告的活动。因为,网民一般采用在浏览器的地址栏键入网址,或IP地址,或点击通过其他网站提供的链接的方法进入某一特定的网站。因此,所有参加被告活动的网民均是主动访问被告的网民,而不是原告的访问者。所以,原告称被告冒用"影院热线"以达到吸引网民的说法在实践中是做不到的。而且,被告的竞猜活动名称是"e龙奥斯卡之夜",而非"奥斯卡2000"。竞猜活动中,被告还始终在其网页上为

五、不正当有奖销售

原告设立链接，以方便网民进入原告网站。被告不仅没有误导网民，而且出于友善宣传了原告的网站。本院认为：奥斯卡有奖竞猜活动无疑是整个社会的公共资源，任何网站都可以举办相同或类似的活动而无须他人的同意。但是，举办相同或类似活动的网站应当遵守公平、诚实信用的原则，遵守公认的商业道德，不能损害其他网站经营者的合法权益。本案中，被告举办与原告相同的奥斯卡有奖竞猜活动，这本身无可厚非。但是，被告在主动与原告接洽共同举办奥斯卡有奖竞猜活动，后又放弃合作的情况下，擅自抄袭使用了原告竞猜活动网页中近300字的竞猜活动介绍和竞猜规则，这是一种未经权利人许可，擅自使用他人智力劳动成果，违反诚实信用原则，不遵守公认的商业道德的行为。被告辩称这是由于其工作人员失误造成的，缺乏证据证实，本院不予采信。换言之，即便如此，仍应就其过失的过错，承担相应的民事责任。对比原被告竞猜活动网页，虽然被告竞猜活动介绍中出现了原告的中文网站名称"影院热线"，但由于原被告均各自在中国互联网信息中心注册了具有显著区别的域名，而且，网民在上网浏览信息或参加竞猜活动时，主要通过在地址栏键入网址，或IP地址，或通过其他网站提供的链接的方法进入某一特定的网站，这说明网民进入任何网站都是有明确目标的。因此，即使被告的网页使用了原告的中文网站名称，进入被告网站的网民也绝不会认为其所访问的网站是原告的。所以，原告关于被告使用其知名商品名称"影院热线"，易使网民误认为原被告是同一网站的诉称本院难以支持。但是，网站的不混同，并不意味被告的行为也不会引起其他的混同。从当初原被告合作举办奥斯卡有奖竞猜活动的目的看，双方都有通过合作举办扩大影响，以取得在同行业中竞争优势的意图。而且，从协议草案看，如果双方当初达成合作协议，被告才有权根据合作协议使用原告竞猜活动的相关页面，并建立链接。而被告在拒绝签订原告拟定的合作协议的情况下，却擅自抄袭了原告竞猜活动网页中的文字，使用了原告的网站名称和竞猜活动名称,这种行为可以推定被告有借与原告合作之名,以扩大其竞猜活动的影响力,吸引更多到其网站的网民参加该活动的意图。而且,该行为也可能使进入被告网站的网民误以为被告是与原告联合举办有奖竞猜活动,或者认为被告网站与原告网站存在某种关系。这种误解对于熟悉原告网站的网民更容易产生,使得这一部分网民因喜爱原告网站而积极参加被告举办的有奖竞猜活动。因此,被告关于其行为并不会给网民造成任何混淆,其行为不构成不正当竞争的辩解本院不予支持。

关于第二个争议焦点,原告认为:虽然网站不同于一般的商业企业,但其举办各种活动的目的,均在于吸引网民,增加网站知名度,然后再通过为其他客户提供广告、网上销售等方式获取利润。因此,网站举办的有奖竞猜活动本质上是一种推销盈利行为。它完全等同于电视、报纸等媒体,通过举办有奖竞猜活动的方式吸引观众和读者,然后再代理发布广告的行为,而该行为是被工商行政管理部门所禁止的。我国《反不正当竞争法》第十三条规定的目的在于禁止经营者以过高的奖品价值吸引购买者,排挤其他竞争者的正当机会。被告的重奖行为也必然吸引网民为追求重奖而参加活动,使网站不是在提高其网站内容的水平和服务质量上下功夫,而是进行奖额的恶性竞争,最终必将损害网民的利益,破坏竞争秩序。因此,被告设置30,000元特等奖的行为,违反了我国《反不正当竞争法》关于有奖竞猜活动最高奖额不得超过5,000元的规定,构成不正当竞争。被告认为:原被告网站及其他网站举办奥斯卡有奖竞猜活动,并未向网民出售任何商品,网民参加活动也不需要向网站支付任何费用。因此,奥斯卡有奖竞猜活动是一种公众参与性的娱乐活动,网站与竞猜者之间完全不存在买卖关系。该活动不属于销售,更谈不上有奖销售,不受我国《反不正当竞争法》第十三条规定的约束。本院认为:销售一般是指卖方向买方提供特定的商品或服务,买方则向卖

五、不正当有奖销售

方支付货币或其他对价以取得相应的商品或服务。国家工商行政管理总局《关于禁止有奖销售活动中不正当竞争行为的若干规定》第二条第一款对有奖销售作如下定义：本规定所称的有奖销售，是指经营者销售商品或者提供服务，附带性地向购买者提供物品、金钱或者其他经济上利益的行为。根据上述规定，可以得出有奖销售具有下列特征：（1）有奖销售存在于销售商品或者提供服务的经营者和购买商品或者接受服务的消费者之间，一方给付商品或服务，另一方给付相应的对价；（2）有奖销售中存在双重法律关系，即经营者向消费者提供商品或者服务的购销关系和经营者向消费者提供赠品的赠予关系；（3）经营者有奖销售的目的不是奉献，而是为了招揽顾客，以此获取更大的利润。被告辩称竞猜活动不是销售活动，网站不是销售者的主要理由是，网民不需支付任何费用即可上网。从现象上看，网民确实无须支付任何费用即可到被告网上浏览信息或参加竞猜活动。那么，网站经营者是否是在从事有益于网民和社会的公益活动呢？回答是否定的。在商品经济社会，商品经营者在经营过程中不会无缘无故无偿向消费者提供商品和服务，其一切经营行为均是为了追求利润。网站经营者也是如此。但是，网站经营有其客观规律，一般来说，网站设立的前期是大量投入资金，以提供无偿服务吸引网民访问该网站，扩大网站的影响力。等到网站逐渐壮大，网站即开始向网民收取费用。目前，网站在我国刚刚兴起，许多网站经营尚处于投入阶段，因此，网站一般向网民免费开放。虽然网站不向网民收取费用，但其维持网站正常运作必须依靠资金，而网站的资金来源一方面靠经营者的投资，另一方面则靠广告收入、电子商务的收费和他人的风险投资。网站吸引广告投放者或风险投资者的重要因素是网站注册网民的多少和网站的点击率。因此，网站的主要经营目的就是扩大其在网民中的影响，吸引更多的网民浏览其网站，并注册为其用户，这样，就能提高网站的市场价值，提升网站广告的价位。从这种意义上讲，网站的点击率和网民的注册数是网站价值的重要体现。本案中,根据被告的竞猜规则,凡是参加被告有奖竞猜活动的网民必须是被告的注册用户,不是的应当注册为用户,也就是网民必须将自己的身份资料毫无保留地提供给被告,否则,被告的竞猜活动大门是不会向网民开启的。因此,从表面上看,网民参加被告举办的奥斯卡有奖竞猜活动无须支付任何费用,而实际上网民却必须将包括其姓名、身份证号等在内的身份资料无偿地提供给网站,并同意注册为其用户,以此换取参加网站提供的有奖竞猜活动。网民与网站的关系虽然表面上不同于以货币换取商品或服务的消费者与销售者之间的关系,但其实质还是等价交换的关系,也就是网民必须拿被网站视为无形财产的身份资料去换取网站提供的服务。所以,被告举办的有奖竞猜活动实质是一种有奖销售活动。国家工商行政管理总局《关于禁止有奖销售活动中不正当竞争行为的若干规定》将有奖销售分为奖励所有购买者的附赠式有奖销售和奖励部分购买者的抽奖式有奖销售。同时又规定,"凡以抽奖、摇号等带有偶然性的方法决定购买者是否中奖的,均属于抽奖方式"。本案中,竞猜活动参加者是否能中奖,完全取决于奥斯卡电影奖的结果如何,以及竞猜者个人的判断能力等多方面的主客观因素,是否中奖不能由竞猜者完全控制。因此,这种有奖竞猜的结果带有偶然性,属于抽奖式的有奖竞猜。我国《反不正当竞争法》规定,抽奖式有奖销售的最高奖额超过人民币 5,000 元的,构成不正当竞争。因此,被告举办的奥斯卡有奖竞猜活动,违反了我国《反不正当竞争法》的规定,构成不正当竞争。

关于第三个争议焦点,原告认为:由于被告的上述侵权行为,造成到原告网站访问和参加竞猜活动的客流量下降,并使原告的商誉受到了损害。被告认为:被告在竞猜活动中没有任何贬损、诋毁原告商誉的行为,也未进行针对原告的恶意竞争行为,更未造成公众对原告社会评价的降低。原告参赛人数的降低是由市场竞争、市场推广等多种因素导致的后果，与被告行为无任何因果关系。本院认为：商誉是商业信誉和商品声誉的统称，一般是指经营者的信用、产品质量、服务态度等在公众心目中的总体评价。商誉被损害的后果是经营者或者其产品质量的社会评价受到减损。本案中，尽管被告实施了本院认定的不正当竞争行为，并可能造成原告网上客流量的减少，但是，被告的上述行为并没有造成原告网站声誉的下降，没有使到被告网站访问的网民产生任何对原告不利的想法。因此，原告网站访问量的下降与原告商誉受到损害没有因果关系，原告的诉请本院难以支持。

关于第四个争议焦点，原告认为：互联网是一个新生事物，目前对于网络公司之间不正当竞争的损害赔偿尚无统一标准。原告主张的198,000元损失由两部分组成，其中40,000元是原告商誉受到损害的损失，剩余158,000元是被告的不正当竞争行为造成原告网上客流量减少的损失。原告1999年举办奥斯卡有奖竞猜活动时，支出成本约为人民币150,000元，共获得1,299名注册用户。而今年举办该活动共投入人力物力约360,000元，参加人数为1,588人，仅比去年增加不足300人，而原告计划中应上升3,000人至5,000人。按照国际上通行的一个网络用户价值200美元的网络公司市场价值计算方法，原告因被告的不正当竞争行为造成注册用户减少的经济损失远不止原告要求的赔偿数额。被告认为：被告没有侵害原告的商誉，故原告谈不上有商誉损失。注册用户人数与网站的价值没有直接联系，网络公司的价值是由包括网站商业模式、预期营利能力、管理团队素质等因素综合决定的，绝非简单地以注册用户数乘以200美元进行评估，原告的说法没有依据。而且，原告竞猜人数减少也并非被告行为所致。1999年原告举办有奖竞猜活动时，在中国注册的网站数仅为5,300个，而今年已达到15,153个，一年间网站的增长率达到300%。同时，今年举办奥斯卡有奖竞猜活动的网站也比去年增加许多，网站之间竞争加剧是原告活动未达到预期目的的原因之一。此外，网络活动的成功与否，与经营者的推广策略和宣传力度关系紧密，原告竞猜人数减少也是其市场推广不利的结果。

　　本院认为，在阐述第三个争议焦点观点时，本院已确认被告的行为不构成对原告的商誉侵害，所以，原告要求被告赔偿40,000元商誉损失的请求本院不予支持。本院认定由被告实施的不正当竞争行为，必然会损害作为同业竞争者原告的利益，使得参加原告有奖竞猜活动的人数减少。但是，原告以估算得出的减少人数作为计算赔偿的依据，缺乏合理性。而且，去年举办奥斯卡有奖竞猜活动的网站只有两家，而今年却至少有8家网站在举办相同的活动，市场的激烈竞争也是原告活动参加人数未达到预期目的的原因之一。同时，原告以每个注册用户价值200美元来计算损失，也缺乏事实依据，本院不予采信。因此，原告要求被告赔偿人民币198,000元的诉请本院难以全部支持。

　　综上所述，本院认为：原被告都是在工商部门登记注册的公司法人，设立公司的目的都是想通过经营获取利润。原被告设立网站也正是基于此目的，欲通过商业网站的有效运作，以扩大网站的知名度，提升网站的市场价值，从而获取最大利润。因此，原被告都是通过网络媒体向网民提供服务以获取利润的营利性法人，属于经营者，受我国《反不正当竞争法》的调整。原被告作为同业竞争者，在经营活动中，应当遵守诚实信用的原则，遵守公认的商业道德，不应采用任何不正当竞争手段，损害同业竞争者利益。被告在终止与原告的合作意向后，采用抄袭原告竞猜活动介绍和竞猜规则，并抬高竞猜奖额的不正当竞争手段，与原告争夺网民。被告的行为一方面会使其竞猜活动参加人数得到增加，另一方面将导致网站经营者不是在提高网站服务质量上下功夫，而是进行奖额的恶性竞争。这既损害了网民的利益，又危害了竞争秩序。因此，被告应对上述不正当竞争行为承担停止侵权、赔礼道歉、赔偿损失的民事责任。被告赔礼道歉的方式、范围应与其侵权行为的形式和范围相一致。

五、不正当有奖销售

鉴于被告是在网上实施了侵权行为,因此,被告也应在其网站刊登声明,向原告赔礼道歉。原告要求被告同时在全国性媒体上赔礼道歉的诉请本院不予支持。原告要求被告赔偿商誉损失,因公众对原告的评价并没有因被告的行为而下降,故该请求本院也不支持。由于原告因被告行为受到的损失,以及被告因该行为获得的利润难以计算,故本院将根据被告侵权行为的性质、持续时间的长短,以及侵权行为给原告造成损害的大小酌情确定被告的赔偿数额。

据此,依照《中华人民共和国反不正当竞争法》第二条、第十三条第三项、第二十条,《中华人民共和国民法通则》第一百三十四条第一款第一项、第七项、第十项的规定,判决如下:

一、被告信息公司停止使用原告上海公司的网站名称、竞猜活动名称及网页文字,并停止将30,000元作为特等奖的奖额;

二、被告信息公司在其网站首页刊登声明,向原告上海公司赔礼道歉(内容须经本院审核);

三、被告信息公司赔偿原告上海公司人民币50,000元(于本判决生效之日起十日内履行完毕)。

本案诉讼费人民币5,470元,由原告负担人民币2,044元,被告负担人民币3,426元。如不服本判决,可在判决书送达之日起十五日内,向本院递交上诉状,并按对方当事人人数提出副本,上诉于上海市高级人民法院。

二○○○年十二月二十五日

六、商业诋毁

发布不实图文信息对竞争对手进行贬损构成商业诋毁

——评析北京奇×科技有限公司诉北京×××讯科技有限公司、×××线网络技术（北京）有限公司不正当竞争纠纷案

基本信息

案号：（2014）海民初字第 5724 号

原告：北京奇×科技有限公司

被告：北京×××讯科技有限公司

　　　×××线网络技术（北京）有限公司

审理法院：北京市海淀区人民法院

诉讼请求

一、在百度安全论坛（网址为 anquan.baidu.com）、百度杀毒新浪微博、360 安全中心（网址为 www.360.cn）、搜狐网（网址为 www.souhu.com）、新浪网（网址为 www.sina.com.cn）首页连续 120 日，以及《中国青年报》《北京晚报》《法制晚报》第一版显著位置刊登声明，向原告赔礼道歉，消除影响；

二、赔偿原告经济损失 190 万元及律师费 10 万元。

案情介绍

原告北京奇×科技有限公司（以下简称"奇公司"）自 2010 年起对"360 杀毒软件（简称 360 杀毒）"、"360 安全卫士软件"、"360 安全浏览器软件（简称 360 安全浏览器）"享有著作权。此外，奇公司经营 360 安全中心网站（网址为 www.360.cn）。该网站提供 360 系列下载服务软件，包括 360 安全卫士、360 杀毒、360 安全浏览器、360 手机卫士、360 手机助手等下载。"360"已被司法判决认定为奇公司企业标志。

二被告北京×××讯科技有限公司（以下简称"讯公司"）、×××线网络技术（北京）有限公司（以下简称"线公司"）在百度安全论坛中举办"举报 360 恶意行为"（论坛首页上部有"举报 360 恶意行为"

宣传条幅，其中有被锤砸，砸出"弹窗造谣、强行拦截、恶意篡改"图，上述图文下方小字注明"1,000个百度wifi等你拿，活动时间：11月8日—11月11日"）、"真杀毒、心安全"两次活动（此次活动宣传内容包括"遇到意外也不怕"、"如在下载百度杀毒过程中遭遇360恶意拦截，将其拦截过程：截图上传到新浪微博@百度杀毒，即可获得小度wifi一个；用手机拍照分享到微信朋友圈，然后将手机分享画面截屏，发给百度杀毒官方微信账号，即有机会获得度熊公仔一个！每日随机抽取一百名"以及弹窗截图上盖有"360恶意拦截百度杀毒"的印章），由百度杀毒微博对这两次活动进行宣传，并发起"不骚扰、不胁迫、不窃取"话题（百度杀毒微博发起投票"360恶性行为你经历过哪些"，列有"剥夺用户选择权：盲婚哑嫁不过时"、"隐私偷窥：谁抓住我的底裤"、"强行入室，强行篡改：流氓之父谁敢惹"、"盘踞电脑，诱导卸载：我的地盘我做主"、"恐吓用户：ICIPIQ卡通通交密码"、"欺骗用户：真的狼来了""强买强卖：就是顽固牛皮癣""诱骗安装：娶你一个，全家入住"）。奇公司认为二被告举办上述活动、发起涉案微博话题以及在此过程中发表相关图文信息属于恶意诋毁奇公司商业信誉、商品声誉的行为。

  二被告提出，讯公司在百度安全论坛，线公司在百度杀毒微博中发布涉案图文，是因为奇公司针对包括二被告在内的互联网企业实施各类不正当竞争行为，主要行为有针对客户端进行干扰（例如，通过360安全中心网站，下载安装并启动360极速浏览器，添加该网站360极速浏览器网页增强功能中"屏蔽百度广告"插件，可屏蔽百度网站搜索结果中的推广链接；通过360安全中心网站，下载安装并启动360安全卫士v9.3Beta版，再下载百度杀毒软件，360安全卫士弹窗提示"正安装的软件被百度捆绑了其他软件，建议清除"，默认选项为"清除捆绑软件"。卸载百度杀毒软件，后从金山网络网站下载新毒霸软件并未出现弹窗提示)、抄袭、网络"搭便车"(例如,进入 360 安全网址导航网站,搜索"百度知道天空",搜索结果显示为"天空之城单音吉他谱_百度知道"、"六月天空_百度知道"、"DNF 天空 6 套_百度知道"等。搜索"百度文库天空",搜索结果内容及排列与搜索"百度知道天空"的结果一致)。二被告指出,奇公司无视行业准则,抓取、复制百度搜索结果内容)。同时,原告奇公司先前曾被法院判定实施过不正当竞争行为。

审理结果

一、本判决生效之日起三十日内,被告讯公司、被告线公司在百度安全论坛网站(网址为 anquan.baidu.com/bbs)首页、百度杀毒的新浪微博首页、360 安全中心网站首页(网址为 www.360.cn)连续二十四小时刊登声明,就本案不正当竞争行为为原告奇公司消除影响[声明内容须经本院审核,逾期不履行,法院将根据原告奇公司申请,在相关媒体公布判决主要内容,费用由被告讯公司、被告线公司承担]。

二、本判决生效之日起十日内,被告讯公司、被告线公司赔偿原告奇公司经济损失及合理开支共计二十万元。

如被告讯公司、被告线公司未按本判决所指定的期间履行给付金钱义务,则应依据《中华人民共和国民事诉讼法》第二百五十三条的规定,加倍支付迟延履行期间的债务利息。

案件受理费二万二千八百元(原告奇公司已预交),由被告讯公司、被告线公司负担一万二千八百元,于判决生效之日起七日内交纳;原告奇公司负担一万元,已交纳。

要点分析

法院针对本案归纳了两项争议焦点:一是奇公司主张的涉案行为是否为二被告的共同行为,奇公司是否应对百度杀毒微博发起"不骚扰、不胁迫、不窃取"话题的行为另案起诉;二是涉案行为是否对奇公司构成商业诋毁,二被告是否应对此承担法律责任。本文仅讨论与不正当竞争行为相关的第二个争议焦点。

一、关于商业诋毁行为的认定

《中华人民共和国反不正当竞争法》(1993)对商业诋毁行为仅在第十四条作了相对原则性的规定,即"经营者不得捏造、散布虚伪事实,损害竞争对手的商业信誉、商品声誉。"对于商业诋毁行为的认定,根据本案涉及的违法行为,总结为以下几个方面:

(一)主体要求:双方具有同业竞争关系

就本案的侵权行为而言,奇公司与讯公司、线公司均属于安全软件领域的经营者,属于同业竞争者,互为竞争对手,具有直接的商业利益冲突。根据《中华人民共和国反不正当竞争法》(1993),商业诋毁的行为主体应限定为经营者,且行为对象系其竞争对手。符合这一条件,即符合商业诋毁行为的主体要求。

(二)主观要求:损害商誉的故意

商业诋毁行为人应具有损害竞争对手商誉的故意,这是商业诋毁行为的主观要求。判断本案二被告有无明显恶意,就要看被告有无借举办"举报360恶意行为""真杀毒、心安全"两次活动,并通过"不骚扰、不胁迫、不窃取"话题以及在此过程中发表相关图文信息等达到不正当竞争目的。从发布的图文信息缺乏证据支持且相关用语具有相当贬损性,可以推断被告具有这种主观故意,即意在以此毁坏竞争对手奇公司商誉,进而获取竞争优势和市场份额,取得不正当竞争利益。

(三)行为客观要求

1. 虚伪事实的认定

《中华人民共和国反不正当竞争法》(1993)并没有进一步明确虚伪事实的含义,司法解释也未作具体说明。本案中,法院对是否属于虚伪事实进行了分别认定：

对于认为不属于虚伪事实的部分，法院进行了如下分析：两次活动中，用锤砸，砸出"弹窗造谣、强行拦截、恶意篡改"的图文，活动详情解释中"强行拦截！弹窗造谣！！恶意篡改！！！360这些损害用户利益的行为你是否正在遭遇？真的受够了！！！！……"等措辞；"360"旁划勾列举有"频繁弹窗恐吓、恶意篡改拦截、二选一胁迫"等图文，以及弹窗上盖有"360恶意拦截百度杀毒"的印章，不仅给用户以强烈的视觉冲击，而且借用户感受为名表达了二被告对奇公司的极端不满和激烈负面评价。就二被告提交的法院判决中，有认定奇公司将百度工具栏、百度地址栏评价为"恶评插件"、"恶评软件"，以及奇公司利用360安全卫士软件在查杀结果中对百度工具栏和百度地址栏进行虚假描述，诱导用户删除的不正当竞争行为等。因此，法院认为，二被告在两次活动中提及的"弹窗"、"强行拦截"、"恶意篡改"等表述，存在一定的事实依据。

但对于"锤砸"、"造谣"、"恐吓"等表述，法院认为缺乏事实依据，属于虚伪事实。另外，百度杀毒微博中针对"360恶性行为你经历过哪些"的投票以及"不骚扰、不胁迫、不窃取"的话题，使用"剥夺用户选择权：盲婚哑嫁不过时"、"强行入室，强行篡改：流氓之父谁敢惹"等选项，以及将变形的360标志添加到"流氓"、"忽悠"文字中，对360产品使用"弹窗"、"恐吓"、"骚扰"措辞等与百度杀毒软件的"不骚扰、不胁迫、不窃取"均带有强烈的主观情绪色彩，二被告也未能对上述文字及图片所反映的事实进行针对性举证。在缺乏事实依据的情况下，二被告发布上述图文信息存在明显的贬低奇公司商誉的情节，属于虚伪事实。

从字面含义看，虚伪事实应当包含两层意思，一是指事实信息，二是该信息系虚假捏造。但引发商业诋毁的信息不仅仅包括捏造的虚假事实,不当散布具有一定事实基础的信息,比如在比较广告中,通过夸大自己产品特征影射竞争者,或将竞争者的产品或服务信息在特定环境以特定方式发布等行为都可能引发商业诋毁(如"重庆美的诉格力案")。根据对司法实践的总结,虚伪事实共包含三种类型:没有根据的事实信息(包含偏离事实的信息)、对事实信息的错误表达、不恰当的评价。

在判断是否属于虚伪事实时,应参考以下具体要素进行判定:

(1)信息与商誉的相关度

误认是指对经营者商誉产生扭曲性认知,散布的信息应该与商誉相关,否则,无论信息是否真实,散布是否适当都无须考虑是否足以造成误认,也就无须考虑是否构成商业诋毁。

本案中,二被告在两次活动中所表述的信息内容为"剥夺用户选择权:盲婚哑嫁不过时"、"强行入室,强行篡改:流氓之父谁敢惹"、"弹窗"、"恐吓"、"骚扰"以及将变形的360标志添加到"流氓"、"忽悠"文字中,很明显与奇公司的商誉密切相关。

(2)信息接受主体的范围

信息被相关公众,也即信息散布者和信息指向对象之外的第三者接受、知悉,才有误认的可能。本案中被告的两次活动,面向的对象均为广大软件使用者,信息接受主体范围较广,且与原告受众重合。

(3)相关公众认知的变化

足以引起误认的信息都可归于虚伪事实的范畴,具体是指足以引起相关公众的交易意愿发生改变,相关公众的感知应是审查的关键因素。

2. 捏造与散布行为的认定

本案中,二被告通过百度安全论坛和百度杀毒微博传播缺乏事实依据的信息,属于散布这些虚伪事实。

只有严重背离客观事实才能构成"捏造"。本案中尽管二被告在两次活动中提及的"弹窗"、"强行拦截"和"恶意篡改"等表述存在一定的事实依据，但其他表述均没有得到事实证据的支持，无法判断与客观事实完全相符或大致相同，因此属于"捏造"行为。

"散布"必须是针对不特定的第三人实施行为，具有公开性，直接被社会公众知晓，并以虚伪事实对公众或消费者产生一种误导，使得被散布人的商业信誉受到损害。

二、赔礼道歉的适用

本案中，法院认为商业诋毁案件适用消除影响，但对于赔礼道歉不予认可。对于商业诋毁案件是否适用赔礼道歉的方式，不论是理论界还是司法实践中，都有两种不同的观点。第一种观点认为，商誉权是一种财产权，商誉损害的直接后果是财产性损失，经营者在经营活动中的利益是财产利益而非精神利益，赔礼道歉是精神损害的民事制裁措施，不应判令被告赔礼道歉。另外在《中华人民共和国反不正当竞争法》（1993）中，也并未规定可以适用赔礼道歉的责任形式，因此不应判令被告赔礼道歉。第二种观点认为，商誉权其本质和法人名誉权并无区别，具有较强的人身权特性，根据《民法通则》的规定，法人名誉权受到损害，可以适用赔礼道歉。

综上所述，对于缺乏证据证明存在客观事实而发布的图文信息为虚伪事实，通过论坛和微博传播这些信息，则属于散布这些虚伪事实。即便在被法院判决、行政文件等认定原告的某些行为构成不正当竞争的情况下，作为与原告处于同业竞争关系的被告，理应通过提升自己产品质量、用户体验等正当方式进行自我宣传，在确有必要的情况下对竞争对手的行为及定性予以客观陈述、适当评判，无权为抬高自己而对竞争对手的产品及企业形象直接进行贬低性评判。

相关法条

1. 《中华人民共和国反不正当竞争法》（1993）第十四条：经营者

不得捏造、散布虚伪事实，损害竞争对手的商业信誉、商品声誉。

2.《中华人民共和国反不正当竞争法》（2017年修订）第十一条：经营者不得编造、传播虚假信息或者误导性信息，损害竞争对手的商业信誉、商品声誉。

3.《中华人民共和国反不正当竞争法》（1993）第二十条：经营者违反本法规定，给被侵害的经营者造成损害的，应当承担损害赔偿责任，被侵害的经营者的损失难以计算的，赔偿额为侵权期间因侵权所获得的利润；并应当承担被侵害的经营者因调查该经营者侵害其合法权益的不正当竞争行为所支付的合理费用。

被侵害的经营者的合法权益受到不正当竞争行为损害的，可以向人民法院提起诉讼。

4.《中华人民共和国反不正当竞争法》（2017年修订）第十七条：经营者违反本法规定，给他人造成损害的，应当依法承担民事责任。

经营者的合法权益受到不正当竞争行为损害的，可以向人民法院提起诉讼。

因不正当竞争行为受到损害的经营者的赔偿数额，按照其因被侵权所受到的实际损失确定；实际损失难以计算的，按照侵权人因侵权所获得的利益确定。赔偿数额还应当包括经营者为制止侵权行为所支付的合理开支。

经营者违反本法第六条、第九条规定，权利人因被侵权所受到的实际损失、侵权人因侵权所获得的利益难以确定的，由人民法院根据侵权行为的情节判决给予权利人三百万元以下的赔偿。

判决书（节选）

……

本院认为：

本案中，奇公司经营360安全中心网站、对360安全卫士、360杀毒等软件享有著作权，在经营中长期、稳定使用"360"、标识指代奇公司及其各类软件产品。二被告经营百度杀毒软件，在安全软件领域与奇公司为竞争对手。经营者不得捏造、散布虚伪事实，损害竞争对手的商业信誉、商品声誉。

本案争议焦点主要有两项：一是奇公司主张的涉案行为是否为二被告的共同行为，奇公司是否应对百度杀毒微博发起"不骚扰、不胁迫、不窃取"话题的行为另案起诉。二是涉案行为是否对奇公司构成商业诋毁，二被告是否应对此承担法律责任。

一、涉案行为主体的认定

本案中，二被告表示讯公司经营百度安全论坛网站，线公司经营百度杀毒微博。同时，百度杀毒软件的经营者为讯公司，该软件数字签名人为线公司。百度杀毒微博为百度杀毒软件的官方微博。综合以上因素，本院认定二被告共同经营百度杀毒软件，应当就出于宣传推广百度杀毒软件的百度安全论坛及百度杀毒微博中的涉案行为共同承担责任。对于二被告提出的"不骚扰、不胁迫、不窃取"微博话题属于百度杀毒微博单独的行为，应由线公司负责，与讯公司无关并要求分案审理的意见，本院不予采信。

二、二被告实施行为是否构成对奇公司的商业诋毁

本案中，奇公司主张二被告在百度安全论坛中举办"举报360恶意行为"、"真杀毒、心安全"两次活动并通过百度杀毒微博进行宣传，在百度杀毒微博中发起"不骚扰、不胁迫、不窃取"话题以及在此过程中

发表相关图文信息的行为属于恶意诋毁奇公司的商业信誉、商品声誉的行为。二被告解释"举报360恶意行为"活动的原因是奇公司针对互联网经营者一直实施各种不正当竞争行为,"真杀毒、心安全"活动不是针对奇公司,而是为了推广百度杀毒软件,"不骚扰、不胁迫、不窃取"微博话题是百度杀毒微博单独开展的。

  本院注意到,两次活动中,附件1图文显示的用锤砸,砸出"弹窗造谣、强行拦截、恶意篡改"的图文,活动详情解释中"强行拦截!弹窗造谣!!恶意篡改!!!360这些损害用户利益的行为你是否正在遭遇?真的受够了!!!!……"等措辞;附件2中"360"旁划勾列举有"频繁弹窗恐吓、恶意篡改拦截、二选一胁迫"等图文,以及附件3弹窗截图上盖有"360恶意拦截百度杀毒"的印章,不仅给用户以强烈的视觉冲击,而且借用户感受为名表达了二被告对奇公司的极端不满和激烈负面评价。上述评价中提及的"弹窗造谣"、"强行拦截"、"恶意篡改"、"弹窗恐吓"、"二选一胁迫"、"360恶意拦截百度杀毒"等行为,应当有充分有效的证据予以证明。就二被告提交的法院判决中,有认定奇公司将百度工具栏、百度地址栏评价为"恶评插件"、"恶评软件",以及奇公司利用360安全卫士软件在查杀结果中对百度工具栏和百度地址栏进行虚假描述,诱导用户删除的不正当竞争行为;有认定奇公司对二被告的搜索结果进行插标,并逐步引导用户点击安装360安全浏览器的"搭便车"行为,以及通过奇公司网址导航网站劫持流量的不正当竞争行为;有奇公司在360安全浏览器和360极速浏览器的扩展中心平台上传播屏蔽百度广告插件的不正当竞争行为;还有奇公司通过360安全卫士在自身安装、升级、运行的过程中采用弹出提示框的方式,引导用户卸载金山网盾,删除金山网盾程序文件等行为。这些行为均被法院认定构成不正当竞争。另外,还有公证书显示百度杀毒软件被360安全卫士弹窗提示捆绑其他软件以及因360软件行为被行政处罚等情形。因此,本院认为，二被告在两次活动中提及的"弹窗"、"强行拦截"、"恶意篡改"等表述，存在一定的事实依据。

但是，对于锤砸、"造谣"、"恐吓"等表述缺乏事实依据。而且，百度杀毒微博中针对"360恶性行为你经历过哪些"的投票以及"不骚扰、不胁迫、不窃取"的话题，使用"剥夺用户选择权：盲婚哑嫁不过时"、"强行入室，强行篡改：流氓之父谁敢惹"等选项，以及将变形的添加到"流氓"、"忽悠"文字中，对360产品使用"弹窗"、"恐吓"、"骚扰"措辞等与百度杀毒软件的"不骚扰、不胁迫、不窃取"进行比对，将标记在墓碑上等行为，均带有强烈的主观情绪色彩，二被告也未能对上述文字及图片所反映的事实进行针对性举证。在缺乏事实依据的情况下，二被告发布上述图文信息存在明显的贬低奇公司商誉的情节。

综合百度安全论坛中举办两次活动的图文表述、百度杀毒微博中的投票选项及话题描述，本院认为，二被告缺乏证据证明存在客观事实而发布的涉案图文信息，显然为虚伪事实，通过百度安全论坛和百度杀毒微博传播这些信息，则属于散布这些虚伪事实。即便在被法院判决、行政文件等认定奇公司的某些行为构成不正当竞争的情况下，作为与奇公司在安全软件领域处于同业竞争关系的二被告，理应通过提升自己产品质量、用户体验等正当方式进行自我宣传，在确有必要的情况下对竞争对手的行为及定性予以客观陈述、适当评判，无权为抬高自己而对竞争对手的产品及企业形象直接进行贬低性评判。本案中，二被告出于推广宣传自己安全软件产品的商业需要，强调百度杀毒软件的优势，向用户允以有奖举报方式诱导用户举报360恶意行为并由自己加以评判，将百度杀毒软件与360软件进行视觉效果强烈的比对，发表贬损奇公司及其产品的激烈图文信息等。即使所涉行为中的部分表述曾属实，相关权利主体也已经或正在通过诉讼等正当方式进行维权，并由有权机构对奇公司的具体不当行为予以纠正。二被告一方面并无证据证明其发表涉案图文信息当时，奇公司仍持续进行这些不正当竞争行为，另一方面也无权在推广百度杀毒软件的过程中就奇公司及360系列产品予以笼统评判。因此，本院认为，二被告通过百度安全论坛和百度杀毒微博所发涉案图文信息不实，损害了奇公司的商业信誉、商品声誉，构成商业诋毁行为。对奇公司的主张，本院予以支持。二被告的辩称，缺乏事实和法律依据，本院不予采信。

二被告应当承担相应的法律责任。对奇公司提出二被告应对其涉案不正当竞争行为为奇公司消除影响的主张，本院予以支持。对奇公司还提出的赔礼道歉主张，缺乏法律依据，本院不予支持。关于赔偿损失，鉴于双方均未提交证据证明奇公司的实际损失或二被告的违法所得，故本院考虑双方企业及产品影响力、二被告行为持续时间、主观过错等因素，酌予认定，奇公司提出190万元的经济损失赔偿额过高，本院不予全部支持。对奇公司为本案所付开支的合理部分，本院予以支持。因奇公司提出过高的诉讼赔偿额而产生的案件受理费，不应由二被告全部负担。

综上所述，本院依照《中华人民共和国反不正当竞争法》第十四条、第二十条，《中华人民共和国民事诉讼法》第六十五条第一款的规定，判决如下：

一、本判决生效之日起三十日内，被告讯公司、被告线公司在百度安全论坛网站（网址为 anquan.baidu.com/bbs）首页、百度杀毒的新浪微博首页、360安全中心网站首页（网址为 www.360.cn）连续二十四小时刊登声明，就本案不正当竞争行为为原告奇公司消除影响（声明内容须经本院审核，逾期不履行，本院将根据原告奇公司申请，在相关媒体公布判决主要内容，费用由被告讯公司、被告线公司承担）；

二、本判决生效之日起十日内，被告讯公司、被告线公司赔偿原告奇公司经济损失及合理开支共计二十万元；

三、驳回原告奇公司的其他诉讼请求。

如被告讯公司、被告线公司未按本判决所指定的期间履行给付金钱义务，则应依据《中华人民共和国民事诉讼法》第二百五十三条的规定，加倍支付迟延履行期间的债务利息。

案件受理费二万二千八百元（原告奇公司已预交），由被告讯公司、被线公司负担一万二千八百元，于判决生效之日起七日内交纳；原告奇公司负担一万元，已交纳。

如不服本判决，可于判决书送达之日起十五日内，向本院递交上诉状，并按对方当事人的人数提交副本，交纳上诉案件受理费，上诉于北京市第一中级人民法院。如在上诉期满后七日内未交纳上诉案件受理费，按自动撤回上诉处理。

二〇一四年七月十九日

发起包含未经核实的负面信息的针对性话题构成商业诋毁

——评析北京×××讯科技有限公司、×××线网络技术（北京）有限公司诉北京奇×科技有限公司不正当竞争纠纷案

基本信息

案号：（2014）海民初字第9763号

原告：北京×××讯科技有限公司

×××线网络技术（北京）有限公司

被告：北京奇×科技有限公司

审理法院：北京市海淀区人民法院

诉讼请求

一、北京奇×科技有限公司停止对二原告的不正当竞争行为，删除"净化搜索广告"微话题栏目中的相关言论；

二、北京奇×科技有限公司在www.×××.cn网站首页显著位置连续三十天刊登公开声明，并在 www.sina.com、www.163.com、www.qq.com等网站首页以及《法制日报》、《北京青年报》、《北京晚报》显著位置刊登公开声明，消除影响；

三、被告北京奇×科技有限公司赔偿二原告经济损失人民币100万元，另赔偿二原告为本次诉讼的合理支出人民币116,400元。

案情介绍

北京×××讯科技有限公司（以下简称"讯公司"）、×××线网络技术（北京）有限公司（以下简称"线公司"）与北京奇×科技有限公司（以下简称"奇公司"）均为提供互联网服务的经营者，双方均经营中文搜索引擎网站，二者在产品内容、经营模式、用户群体等方面均具有竞争关系，系同行业竞争者。2014年奇公司在新浪微博举行"百度广告吐槽大会"活动，并配以×××WiFi、iPad等实物奖励以推广活动。讯公司、线公司认为，其活动在没有任何事实和法律依据情况下诋毁×

度搜索和×度推广为"×度竞价排名的模式滋生的大量虚假、欺诈的网络推广",奇公司的行为违反诚实信用和公平交易的市场行为准则,已构成不正当竞争。二原告向北京市海淀区人民法院提起诉讼,起诉后二原告申请对奇公司通过新浪微博中的"×××搜索"微博举行"百度广告吐槽大会"活动采取行为禁令,北京市海淀区人民法院于2014年3月7日作出裁定,要求奇公司立即删除其微博中发布的相关内容。行为禁令作出之后,奇公司虽然删除了相关内容,但随后又在其微博中开辟了一个名为"净化搜索广告"的微话题,继续开展吐槽活动。

二原告认为奇公司一方面自己也推出与二原告模式完全相同的搜索推广,一方面诋毁二原告。被告奇公司辩称,保护用户使用网络安全是安全软件基本功能。奇公司发起微话题的目的是让网友描述被骗经历,从而针对诈骗网站开发相关功能,并非针对二原告,奇公司没有任何诋毁二原告的言语。微博中的回复、评论是×度用户的真实经历,究其原因是×度推广存在欺诈、钓鱼网站,用户有了不好经历,才有了这些后果,不是被告的行为造成的。奇公司并不否认二原告商业模式合法,但二原告应该审查这些网站,防范钓鱼网站等风险,不应当以商业利益为出发点,不能降低审查标准。奇公司认可与二原告属于同业竞争,对二原告主张的在行业相关领域地位也没有异议,承认相关微话题是由其发起的。但否认商业诋毁目的,在微话题没有主动发起商业诋毁,认为其行为不构成商业诋毁,不同意二原告的全部诉讼请求。

本案中,原告列举出了奇公司通过新浪微博组织"百度广告吐槽大会"活动以及以实物奖励刺激活动的证据,又提出了奇公司在法院行为禁令作出后又继续开展"净化搜索广告"话题的相关证据,用于主张被告奇公司存在商业诋毁的不正当竞争行为。被告则举出一系列证据用于证明活动中涉及的对×度公司的"吐槽"并非诬陷而是确有其事,包括一些钓鱼网站和欺诈网站的证据。

审理结果

一、本判决生效之日起，被告北京奇×科技有限公司停止对原告讯公司、被告线公司的不正当竞争行为，立即删除新浪微博"净化搜索广告"微话题中的相关言论；

二、本判决生效之日起三十日内，被告北京奇×科技有限公司在综合搜索网站（www.so.com）首页、"×××搜索官方"新浪微博首页连续二十四小时刊登声明，就本案不正当竞争行为为原告讯公司、原告线公司消除影响；

三、本判决生效之日起十日内，被告奇公司赔偿原告讯公司、原告线公司经济损失及合理开支二十五万元；

四、驳回原告讯公司、原告线公司的其他诉讼请求。

如被告奇公司未按本判决所指定的期间履行给付金钱义务，则应依据《中华人民共和国民事诉讼法》第二百五十三条的规定，加倍支付迟延履行期间的债务利息。

案件受理费一万四千八百四十八元（二原告已预交），由原告讯公司、原告线公司负担四千八百四十八元，已交纳；由被告奇公司负担一万元，于判决生效之日起七日内交纳。

要点分析

本案是互联网服务公司的不正当竞争纠纷的典型案件，主要涉及是否存在不正当竞争行为。根据《中华人民共和国反不正当竞争法》（1993）的第二条第一款、第二款："经营者在市场交易中，应当遵循自愿、平等、公平、诚实信用的原则，遵守公认的商业道德。本法所称的不正当竞争，是指经营者违反本法规定，损害其他经营者的合法权益，扰乱社会经济秩序的行为。"从事相同服务的互联网公司不得捏造、散布虚伪事实,损害竞争对手的商业信誉、商品声誉。本案争议的焦点在于被告奇公司是否存在商业诋毁行为,是否损害了原告的商业信誉及商品声誉。

关于商业诋毁行为的认定,前面的案例已做出了详细的说明[依据《中华人民共和国反不正当竞争法》(1993)第十四条]一是主体方面要求双方具有同业竞争关系,二是行为主观方面要求具有损害商誉的故意,三是行为侵犯的客体是特定经营者即作为行为人竞争对手的经营者的商业信誉和商品声誉,四是行为的客观方面表现为捏造、散布虚伪事实。其中"捏造、散布虚伪事实"是最为关键的认定标准。

另外需要注意的是,商业诋毁必须具有特定的指向,即被诋毁人应特定。被诋毁主体特定有两种方式:一种为直接特定,即行为人明确指出被诋毁主体的身份;另一种为间接特定,即行为人没有明确指明被诋毁人的身份,而是以含沙射影的方式,通过提及其荣誉称号、绰号或通过特定环境的描述,影射被诋毁主体,此时被诋毁主体必须证明自己是诋毁言辞中伤的对象。

本案中奇公司通过其官方微博举办的"百度广告吐槽大会"活动便直接指出原告身份,在法院作出行为禁令之后,奇公司又以"净化搜索广告"的微话题继续在微博上开展讨论活动,虽然字面上没有直接指向原告,但其微博的推送、回复以及微话题开启的时间依旧可以表明其所指向的对象。

相关法条

1.《中华人民共和国反不正当竞争法》(1993)第二条:

经营者在市场交易中,应当遵循自愿、平等、公平、诚实信用的原则,遵守公认的商业道德。

本法所称的不正当竞争,是指经营者违反本法规定,损害其他经营者的合法权益，扰乱社会经济秩序的行为。

本法所称的经营者，是指从事商品经营或者营利性服务（以下所称商品包括服务）的法人、其他经济组织和个人。

2.《中华人民共和国反不正当竞争法》（2017年修订）第二条：

经营者在生产经营活动中，应当遵循自愿、平等、公平、诚信的原则，遵守法律和商业道德。

本法所称的不正当竞争行为，是指经营者在生产经营活动中，违反本法规定，扰乱市场竞争秩序，损害其他经营者或者消费者的合法权益的行为。

本法所称的经营者，是指从事商品生产、经营或者提供服务（以下所称商品包括服务）的自然人、法人和非法人组织。

3.《中华人民共和国反不正当竞争法》（1993）第十四条：

经营者不得捏造、散布虚伪事实，损害竞争对手的商业信誉、商品声誉。

《中华人民共和国反不正当竞争法》（2017年修订）第十一条：经营者不得编造、传播虚假信息或者误导性信息，损害竞争对手的商业信誉、商品声誉。

4.《中华人民共和国反不正当竞争法》（1993）第二十条：

经营者违反本法规定，给被侵害的经营者造成损害的，应当承担损害赔偿责任，被侵害的经营者的损失难以计算的，赔偿额为侵权人在侵权期间因侵权所获得的利润；并应当承担被侵害的经营者因调查该经营者侵害其合法权益的不正当竞争行为所支付的合理费用。

被侵害的经营者的合法权益受到不正当竞争行为损害的，可以向人民法院提起诉讼。

5.《中华人民共和国反不正当竞争法》（2017年修订）第十七条：

经营者违反本法规定，给他人造成损害的，应当依法承担民事责任。

经营者的合法权益受到不正当竞争行为损害的，可以向人民法院提起诉讼。

因不正当竞争行为受到损害的经营者的赔偿数额，按照其因被侵权所受到的实际损失确定；实际损失难以计算的，按照侵权人因侵权所获得的利益确定。赔偿数额还应当包括经营者为制止侵权行为所支付的合理开支。

经营者违反本法第六条、第九条规定，权利人因被侵权所受到的实际损失、侵权人因侵权所获得的利益难以确定的，由人民法院根据侵权行为的情节判决给予权利人三百万元以下的赔偿。

判决书（节选）

……

本院认为：

讯公司、线公司共同经营×度搜索、×度推广等互联网业务，奇公司也是提供类似互联网服务的经营者，双方系同行业竞争者。经营者在市场交易中，应当遵循自愿、平等、公平、诚实信用的原则，遵守公认的商业道德，不得捏造、散布虚伪事实，损害竞争对手的商业信誉、商品声誉。

本案中，奇公司认可发起了涉案微话题，但称没有损害二原告的商誉，不构成对二原告的商业诋毁，本院根据现有证据进行审查。

一般来说，官方微博是经营者向其用户发布企业消息的平台，经营者通过与用户的交流互动，最终实现对企业产品、服务的推广。故经营者在官方微博中设立的主题，代表了经营者的意志，经营者应审慎选择，尤其是主题内容涉及对其他竞争者的产品、服务进行评论或者批评时，更应有正当目的，必须客观、真实、公允和中立，不能误导公众和损害他人商誉。

本案中，奇公司在新浪微博中开设"百度广告吐槽大会"、"净化搜索广告"的微话题，吸引用户针对二原告的相关业务进行评论，且使用了"吐槽"、"净化"等否定性用语；在其发布的邀请函中使用了"使用×度搜索时被广告骚扰"、"×度竞价排名的模式滋生的大量虚假、欺诈的网络推广"等用语，并配有手持"竞价排名"牌子的小丑形象；对"吐槽使用×度搜索时被广告骚扰的经历"设置奖项；对他人发布的针对二原告产品的负面评价进行转发；在本院根据二原告申请对奇公司的相关行为作出禁令后，奇公司称"如果大家有什么话想说，跪求移步#净化搜索广告#，你懂的"，"参与活动的30余万名网友观点明确！立场客观"，引导用户到新的话题继续参与评论。奇公司的上述行为主观意图明显，即该公司对二原告的相关产品、服务持负面评价。同时，由于奇公司的上述行为带有一定的倾向性，必然会影响用户公允、中立的参与涉案话题，造成了话题内以负面言论为主的现象。奇公司称对用户的负面评论不承担责任，但如上文所述，奇公司不但为用户的行为提供便利条件，而且设置奖项等吸引用户参与，并对部分评论进行转发，故该公司应对上述行为承担民事责任。奇公司的行为导致接触到涉案话题内容的用户，对二原告经营的产品、服务产生怀疑，已对二原告的商誉造成了损害，该公司应举证证明其行为有合法的依据，否则应承担诋毁他人商誉的民事责任。

本案中，奇公司认可二原告的经营模式合法，且该公司也采用相似的模式向用户提供服务，故本院对二原告经营模式是否合法的问题不再赘述。奇公司向本院提交了相关媒体对二原告提供产品的报道，并提交了该公司利用二原告产品搜索相关信息的公证书，主张二原告提供的产品存在大量虚假信息。本院认为，上述证据反映了相关经营模式确实存在着一定的完善空间，在向公众提供及时、有效信息的同时，也使部分不良信息鱼目混珠，使用户面临利益受到侵害的风险。上述风险是包括本案原、被告在内的经营者都应正确对待并采取积极措施加以改进的客观事实，但奇公司提交的上述证据并未证明二原告应对上述事实承担责任。奇公司作为二原告的竞争对手，其承认自身也采用相似的模式向用户提供服务并面临同样的风险，其应对二原告的经营行为及定性较一般公众更为了解，其对二原告的经营行为应予以客观陈述、适当评判，而无权对竞争对手的产品及企业形象直接进行贬低性评判。本案审理过程中，奇公司表示该公司发起微话题的目的是让网友说被骗经历，从而开发针对诈骗网站安全产品。本院认为，奇公司开发有利于保护消费者权益的产品，在不损害他人合法权益情况下并无不妥。但其作为在互联网领域有一定影响力的企业，应有比较完备的收集信息的渠道，以保证及时、有效地发现安全隐患并及时开发针对性产品。本案中，奇公司发起相关话题仅针对二原告提供的产品，重点也不是涉案经营模式的安全问题等有关的内容。另外，奇公司设立的话题在×××搜索官方微博中，该公司上述表述也与该公司发起涉案话题时的声明不符，故本院对其辩解不予采信。综上所述，奇公司的涉案行为损害了二原告的商誉，构成商业诋毁行为。对二原告的主张，本院予以支持。奇公司的辩称，缺乏事实和法律依据，本院不予采信。

二原告主张奇公司应停止涉案不正当竞争行为，理由正当，本院予以支持。奇公司辩称已停止涉案行为，但未提交相关证据予以证明，对其辩解本院不予采信。二原告要求奇公司为其消除影响的主张，本院也予以支持，关于消除影响的方式，本院根据奇公司的行为、主观过错等因素予以判定。二原告要求奇公司赔偿损失，鉴于双方均未提交证据证明二原告的实际损失或奇公司的违法所得，故本院考虑双方企业及产品影响力、奇公司的主观过错及行为持续时间等因素，酌予认定。关于奇公司的主观过错，本院认为，根据奇公司发布的邀请函，该公司实施上述不正当竞争行为的原因是不认可相关人民法院的判决结果。奇公司作为民事案件的当事人,有权通过上诉等合法途径表达其意愿,但在人民法院判决已对相关事实做出认定的情况下,该公司应对其经营行为采取必要的限制,避免出现损害后果扩大的可能。本案中,奇公司不但通过开设相关话题等涉案行为,表达对人民法院相关判决的不满,而且在本院根据二原告申请做出相应禁令的情况下,仍通过发表不满言论、引导公众参与新的话题,继续实施不正当竞争行为,本院将把该公司主观过错作为认定赔偿数额的重要因素。二原告提出的经济损失赔偿额过高,本院不予全部支持。对二原告为本案所付开支的合理部分,本院予以支持。

综上所述,本院依照《中华人民共和国反不正当竞争法》第十四条、第二十条的规定,判决如下:

一、本判决生效之日起,被告奇公司停止对原告讯公司、原告线公司的不正当竞争行为,立即删除新浪微博"净化搜索广告"微话题中的相关言论;

二、本判决生效之日起三十日内,被告奇公司在综合搜索网站(www.so.com)首页、"×××搜索官方"新浪微博首页连续二十四小时刊登声明,就本案不正当竞争行为为原告讯公司、原告线公司消除影响[声明内容须经本院审核,逾期不履行,本院将根据原告讯公司、原告线公司申请,在相关媒体公布判决主要内容,费用由被告奇公司承担];

三、本判决生效之日起十日内,被告奇公司赔偿原告讯公司、原告线公司经济损失及合理开支二十五万元;

四、驳回原告讯公司、原告线公司的其他诉讼请求。

如被告奇公司未按本判决所指定的期间履行给付金钱义务,则应依据《中华人民共和国民事诉讼法》第二百五十三条的规定,加倍支付迟延履行期间的债务利息。

案件受理费一万四千八百四十八元（二原告已预交），由原告讯公司、原告线公司负担四千八百四十八元，已交纳；由被告奇公司负担一万元，于判决生效之日起七日内交纳。

如不服本判决，可于判决书送达之日起十五日内，向本院递交上诉状，并按对方当事人的人数提交副本，交纳上诉案件受理费，上诉于北京市第一中级人民法院。如在上诉期满后七日内未交纳上诉案件受理费，按自动撤回上诉处理。

二〇一四年八月五日

贬损对手进行对比宣传构成商业诋毁

——评析南京××科技有限公司诉××网络科技股份有限公司不正当竞争纠纷案

六、商业诋毁

案情概要

基本信息

一审信息：

案号：（2015）宁知民初字第 13 号

原告：南京××科技有限公司

被告：××网络科技股份有限公司

一审法院：江苏省南京市中级人民法院

二审信息：

案号：（2016）苏民终 675 号

上诉人：南京××科技有限公司

上诉人：××网络科技股份有限公司

二审法院：江苏省高级人民法院

诉讼请求

一审诉讼请求：

一、停止侵犯原告权益的不正当竞争行为，包括删除在被告网站、手机 APP、微信公众号等平台上发布的针对原告的文章、图片、宣传文字等内容，停止投放在公共场所的侵权广告，以及停止其他侵权行为；

二、赔礼道歉、消除影响，包括在其公司网站、手机 APP、微信公众号上刊登向原告赔礼道歉的公告，并至少连续刊登一个月，在指定全国平面媒体上刊登向原告赔礼道歉的公告；

三、赔偿原告经济损失人民币 200 万元；

四、本案诉讼费以及原告为制止被告侵权行为支付的律师费 23 万元、公证费 6,000 元及其他合理费用等由被告承担。

二审诉讼请求：

一、上诉人南京××科技有限公司诉讼请求：改判一审判决，支持其一审全部诉讼请求；

二、上诉人××网络科技股份有限公司诉讼请求：撤销一审判决，改判驳回南京××科技有限公司的全部诉讼请求或发回重审。由南京××科技有限公司承担本案的全部诉讼费用。

案情介绍

南京××科技有限公司（以下简称"南京公司"）旗下的途牛旅游网为客户提供全国64个城市出发的旅游产品预订，客户可在该网站选择跟团游、自助游、自驾游及出境游等多种旅游产品。××网络科技股份有限公司（以下简称"网络公司"）创建的同程旅游网为国内电子旅游商务平台，提供出境游、国内游、酒店预订等旅游服务。本案中，南京公司主张网络公司对其实施了以下商业诋毁行为：

一、网络公司在其微信公众号上实施下述行为：

（一）发布"同程双12，出境游全面超越某牛"、"邮轮收客量更超某牛3倍"、"同程爆牛12.12"、"爆牛放血价"、"屠牛价"等文字内容以及"打牛"的图片，内容直接指向南京公司，号称其旅游产品销量大于南京公司，价格优于南京公司，并对南京公司名称代表字"牛"采用"屠"、"爆"等激烈性词语予以攻击。

（二）发布"屠牛行动，每日一图，牛魔王滚出西游记"、"屠牛行动，每日一图，冤大头才花冤枉钱"系列文章，并配以"揪牛耳"、"打牛"、"牛哭"、"牛吐血"、"烧牛"、"牛脱光"等图片。其文案载有以下侮辱、诋毁性语句："成天就知道搞相亲，忘了自己的本分"（途牛于2014年独家冠名江苏卫视著名相亲类节目《非诚勿扰》）、"牛哥简直抠到家，还拿什么指望他"、"今日替天行道、打你个执迷不悟"……

（三）发布"有啥好牛"、"别牛"主题系列图片，配以"To 某牛，没有同样低价，至少比你再低 100！""有啥好牛？再吹！再装！抽你！"等攻击性文字及图样。系列图片通过贬损南京公司代表性服务产品和承诺（九大保障、服务中心 50 家、0 元 WiFi、旅游金融、百万路线、1 元旅游），以达到抬高网络公司所称的服务的目的。

二、网络公司在其手机 APP（同程旅游）上实施下述行为：

（一）在 APP 主页面上显示"爆牛放血价"文字内容以及"打牛"图案。

（二）在旅游产品介绍时采用"我比某牛低 4,000 元，疯狂秒杀 2,699 元"、"爆牛 6999"、"屠牛价"等文字内容。

三、网络公司在其公司网站（www.ly.com）上实施下述行为：

（一）在其"12.12 途牛旅游装逼指南"主页面上显示"才八千万？不过亿怎么能叫让利？"、"不只是说说，爆牛放血 1.2 亿！"等文字内容，并配以"屠杀牛"的图案，直接针对南京公司进行攻击（2014 年南京公司为庆祝公司成立八周年，推出优惠活动，让利八千万）。

（二）在其网站主页面上显示"GO 爆牛出境之王登基之战"等文字内容。

四、网络公司在全国范围内的部分公共场所（地铁、小区电梯等）投放了针对南京公司的广告，配以"爆牛"、"别了、牛"等文字以及"牛哭泣"、"拳头打击"等图案。

一审后，南京公司、网络公司均提起上诉。

审理结果

一审判决：

一、被告网络公司立即停止侵犯原告权益的不正当竞争行为；

二、被告网络公司自本判决生效之日起十日内赔偿原告经济损失及为制止侵权行为支出的合理费用共计人民币 100 万元；

三、驳回原告南京公司的其他诉讼请求；

四、本案案件受理费 22,800 元，由被告网络公司负担。（该诉讼费用已由原告先行垫付，被告于给付上述第二项款项时一并将此款给付原告），如果未按本判决指定的期间履行给付金钱义务，应当依照《中华人民共和国民事诉讼法》第二百五十三条之规定，加倍支付迟延履行期间的债务利息。

二审判决：

一、驳回上诉，维持原判；

二、二审案件受理费 22,800 元，由南京公司、网络公司各自负担 11,400 元。

要点分析

南京公司与网络公司均属于在线旅游服务提供商，属于同业竞争者，互为竞争对手，具有直接的商业利益冲突，符合《中华人民共和国反不正当竞争法》（1993）的主体要求。网络公司发布的图文信息缺乏证据支持且相关用语具有相当贬损性，由此推断网络公司存在商业诋毁的主观故意，即意在以此毁坏竞争对手南京公司商誉，进而获取竞争优势和市场份额，取得不正当竞争利益。

针对南京公司主张的网络公司在手机 APP、微信公众号、网站等进行虚假宣传诋毁南京公司的行为，围绕本案焦点"被告网络公司的行为是否构成不正当竞争行为"进行以下分析：

一、虚伪事实的认定

《中华人民共和国反不正当竞争法》（1993）并没有进一步明确虚伪事实的含义，司法解释也未作具体说明。从字面含义看，虚伪事实应当包含两层意思，一是指事实信息，二是该信息系虚假捏造。但从司法实践看，引发商业诋毁的信息不仅仅包括捏造的虚假事实，不当散布具有一定事实基础的信息，比如在比较广告中，通过夸大自己产品特征影射竞争者，或将竞争者的产品或服务信息在特定环境以特定方式发布等行为都可能引发商业诋毁。根据对司法实践的总结，虚伪事实共包含三种类型：没有根据的事实信息（包含偏离事实的信息）、对事实信息的错误表达、不恰当的评价。

在本案中网络公司在其微信公众号、手机 APP 及公司网站分别推出"屠牛行动、每日一图，牛魔王滚出西游记"、"屠牛行动、每日一图，冤大头才花冤枉钱"，并配以揪牛耳、拳击牛魔王等系列图案，同时赋词如："妖言惑众牛魔王，花样百出爱浮夸！联合众神齐撒网，束手就擒莫挣扎。""空话牛话一箩筐，优惠分毫都不让"等宣传文案；其微信公众号还发布"有啥好牛"、"别牛"主题系列图片，配以"To 某牛，没有同样低价，至少比你再低 100！"、"爆牛放血"等广告宣传语。上述以"牛魔王"为素材创作的系列图案，不仅给用户以强烈的视觉冲击，而且借用户感受为名表达了网络公司对南京公司的极端不满和激烈负面评价。

在判断是否属于虚伪事实时，应参考以下具体要素进行判定：

（一）信息与商誉的相关度

误认是指对经营者商誉产生扭曲性认知，散布的信息应该与商誉相关，否则，信息无论是否真实，散布是否适当都无须考虑是否足以造成误认，也就无须考虑是否构成商业诋毁。

本案中网络公司宣称"九大保障？有啥好牛！"、"服务中心 50 家？有啥好牛！"、"0 元 WiFi？有啥好牛！"、"旅游金融？有啥好牛！"等，而"九大保障"、"服务中心 50 家"、"0 元 WiFi"、"旅游金融"等均系南京公司的主要产品和特色服务。网络公司故意在宣传中大量使用"牛"的图案、"屠牛行动"等用语，而南京公司的字号为"途牛"，结合南京公司的行业地位、字号的知名度以及与网络公司的竞争关系，很容易使相关公众联想到该宣传具体指向南京公司。南京公司与网络公司客服人员的电话录音，也一定程度上印证了网络公司的行为直接指向南京公司。因此，上述信息很明显与南京公司的商誉密切相关。

（二）信息接收主体的范围

信息被相关公众，也即信息散布者和信息指向对象之外的第三者接收、知悉，才有误认的可能。本案中网络公司的宣传，面向的对象均为广大旅游服务接收者，信息接收主体范围较广，且与原告受众重合。

（三）相关公众认知的变化

足以引起误认的信息都可归于虚伪事实的范畴，具体是指足以引起相关公众的交易意愿发生改变，相关公众的感知应是审查的关键因素。本案网络公司通过其广告、图文，以夸张手法、通过片面、对比的宣传方式，使消费者或相关公众对南京公司产品或服务产生一种"虚假"认识，足以引起相关公众的误解，引起南京公司的社会评价减损。

在缺乏事实依据的情况下，网络公司发布上述图文信息存在明显的贬低南京公司商誉的情节，属于虚伪事实。

二、捏造与散布行为的认定

只有严重背离客观事实才能构成"捏造"。本案中，网络公司对南京公司的宣传语言辞激烈、图案夸张甚至含有暴力内容，以此来丑化、诋毁南京公司，但其行为并没有事实证据支持，因此属于"捏造"行为。

"散布"必须是针对不特定的第三人实施行为，具有公开性，能够直接被社会公众知晓，并以虚伪事实对消费者产生一种误导，使得被散布者的商业信誉受到损害。

在本案中，网络公司通过微信公众号、APP及公司网站传播缺乏事实依据的信息，属于散布虚伪事实。

三、关于引人误解的认定

虚假宣传是通过广告或其他方式对商品或服务的信息作出误导性表述，以达到误导相关公众并进而获取交易机会的目的。对于虚假宣传的手段概括起来有3种方式，一是捏造虚构的事实，以广告等方式对商品或服务进行无中生有的宣传；二是歪曲事实，以广告或其他方式对商品或服务存在的某种事实以夸大、篡改的方式进行宣传；三是通过广告或其他方式对商品或服务作其他引人误导的宣传，以影响交易主体或消费者购买其商品或服务。捏造一般指无中生有，网络公司虽没捏造虚假事实，但在其广告、图文中，以夸张手法、通过片面、对比的宣传方式，使消费者或相关公众对南京公司产品或服务产生一种"虚假"认识，足以引起相关公众的误解，引起南京公司的社会评价减损，由此产生损害竞争对手的后果，导致南京公司商业信誉、商品声誉受到损害。

关于如何判断是否构成"引人误解"，《最高人民法院关于审理不正当竞争民事案件应用法律若干问题的解释》第八条第二款和第三款规定，"以明显的夸张方式宣传商品，不足以构成相关公众误解的，不属于引人误解的虚假宣传行为，人民法院应当根据日常生活经验、相关公众的一般注意力、发生误解的事实和被宣传对象的实际情况等因素，对引人误解的虚假宣传行为进行认定。"此为法定判断引人误解的一般标准。

本案中，网络公司在微信公众号、手机APP及其公司网站等特定场所，通过明示或暗示语言指向竞争对手，进行广告宣传，极易使相关公众对图案产生联系及想象，南京公司客户的流失这一结果也证明了，网络公司的行为导致公众对南京公司产生了误解。

综上所述，网络公司实施了虚假宣传和商业诋毁行为，构成不正当竞争。

四、关于赔偿数额的认定

在没有证据可以充分有效地证明侵权人因侵权所获得的利益时，法院将参考以下几方面酌定赔偿数额：

（一）原告注册商标的使用情况及知名度；

（二）根据被告侵权行为的性质和具体方式判断其侵权情节及主观过错的严重程度；

（三）酌定诉讼的合理支出部分，如律师费、公证费等。

本案中，综合考虑南京公司的知名度、网络公司侵权行为的性质、持续时间与影响，以及南京公司为制止侵权行为支出的合理费用等因素，确定网络公司赔偿南京公司经济损失及合理费用。

五、赔礼道歉的适用

对于商业诋毁案件是否适用赔礼道歉的方式，不论是理论界还是司法实践中，都有两种不同的观点。第一种观点认为，商誉权是一种财产权，商誉损害的直接后果是财产性损失，经营者在经营活动中的利益是财产利益而非精神利益，赔礼道歉是精神损害的民事制裁措施，不应判令被告赔礼道歉。另外在《中华人民共和国反不正当竞争法》（1993）中，也并未规定可以适用赔礼道歉的责任形式，因此不应判令被告赔礼道歉。第二种观点认为，商誉权其本质和法人名誉权并无区别，具有较强的人身权特性，根据《中华人民共和国民法通则》规定，法人名誉权受到损害，可以适用赔礼道歉。

本案中，法院认为"商业诋毁案件适用消除影响"，对于赔礼道歉不予认可，显然支持的是第一种观点。

相关法条

1.《中华人民共和国反不正当竞争法》（1993）第九条第一款：经营者不得利用广告或者其他方法，对商品的质量、制作成分、性能、用途、生产者、有效期限、产地等作引人误解的虚假宣传。

2.《中华人民共和国反不正当竞争法》(2017年修订)第八条第一款：经营者不得对其商品的性能、功能、质量、销售状况、用户评价、曾获荣誉等作虚假或者引人误解的商业宣传，欺骗、误导消费者。

3.《中华人民共和国反不正当竞争法》(1993)第十四条：经营者不得捏造、散布虚伪事实，损害竞争对手的商业信誉、商品声誉。

4.《中华人民共和国反不正当竞争法》(2017年修订)第十一条：经营者不得编造、传播虚假信息或者误导性信息，损害竞争对手的商业信誉、商品声誉。

5.《中华人民共和国反不正当竞争法》(1993)第二十条第一款：经营者违反本法规定，给被侵害的经营者造成损害的，应当承担损害赔偿责任，被侵害的经营者的损失难以计算的，赔偿额为侵权人在侵权期间因侵权所获得的利润；并应当承担被侵害的经营者因调查该经营者侵害其合法权益的不正当竞争行为所支付的合理费用。

6.《中华人民共和国反不正当竞争法》(2017年修订)第十七条：经营者违反本法规定，给他人造成损害的，应当依法承担民事责任。

经营者的合法权益受到不正当竞争行为损害的，可以向人民法院提起诉讼。

因不正当竞争行为受到损害的经营者的赔偿数额，按照其因被侵权所受到的实际损失确定；实际损失难以计算的，按照侵权人因侵权所获得的利益确定。赔偿数额还应当包括经营者为制止侵权行为所支付的合理开支。

经营者违反本法第六条、第九条规定，权利人因被侵权所受到的实际损失、侵权人因侵权所获得的利益难以确定的，由人民法院根据侵权行为的情节判决给予权利人三百万元以下的赔偿。

7.《最高人民法院关于审理不正当竞争民事案件应用法律若干问题

的解释》第八条第一款第（一）项：经营者具有下列行为之一，足以造成相关公众误解的，可以认定为《反不正当竞争法》第九条第一款规定的引人误解的虚假宣传行为：（一）对商品作片面的宣传或者对比的。

判决书（节选）

一审判决书（节选）

……

本院认为：

经营者在市场交易中，应当遵循自愿、平等、公平、诚实信用原则，遵守公认的商业道德。根据《反不正当竞争法》第九条第一款的规定，经营者不得利用广告或者其他方法，对商品的质量、制作成分、性能、用途、生产者、有效期限、产地等作引人误解的虚假宣传。《最高人民法院关于审理不正当竞争民事案件应用法律若干问题的解释》第八条第一款的规定，经营者具有下列行为之一，足以造成相关公众误解的，可以认定为《反不正当竞争法》第九条第一款规定的引人误解的虚假宣传行为：（一）对商品作片面的宣传或者对比的；（二）将科学上未定论的观点、现象等当作定论的事实用于商品宣传的；（三）以歧义性语言或者其他引人误解的方式进行商品宣传的。《反不正当竞争法》第十四条的规定，经营者不得捏造、散布虚伪事实损害竞争对手的商业信誉、商品声誉。本案中，南京公司与网络公司同属在线旅游服务提供商，其业务范围均有网络在线旅游服务业务，两者具有商业竞争关系。网络公司在其微信公众号、手机APP及公司网站分别推出"屠牛行动、每日一图，牛魔王滚出西游记"、"屠牛行动、每日一图，冤大头才花冤枉钱"，并配以揪牛耳、拳击牛魔王等系列图案，同时赋词如："妖言惑众牛魔王，花样百出爱浮夸！联合众神齐撒网，束手就擒莫挣扎。""空话牛话一箩筐,优惠分毫都不让"等宣传文案;其微信公众号还发布"有啥好牛"、"别牛"主题系列图片,配以"To某牛,没有同样低价,至少比你再低100!""爆牛放血"等广告宣传语。上述以"牛魔王"为素材创作的系列图案,单纯从作品角度而言,并不妨害他人,但由于原告、被告具有商业竞争关系,网络公司将以上系列图片配以"屠牛"、"爆牛"及相应文字置于微信公众号、手机APP及其公司网站等特定场所,通过明示或暗示语言指向竞争对手,进行广告宣传,易使相关公众对上述图案产生联系及想象。被告的上述行为,以明显夸张的方式达到丑化竞争对手的商业形象,并通过对比宣传诋毁竞争对手,进行恶意竞争,损害竞争对手的商业信誉、商品声誉,导致原告客户的流失,进而导致原告市场份额减损。被告的行为违反了《反不正当竞争法》第九条、第十四条的规定,属于散布虚伪事实、损害竞争对手的商业信誉的不正当竞争行为,应承担相应的民事责任。原告要求被告停止侵犯其权益的不正当竞争行为,包括删除在被告网站、手机APP、微信公众号等平台上发布的针对原告的文章、图片、宣传文字等内容,于法有据,应予支持。

被告认为其使用"屠牛"、"爆牛"文字系网络用语,并非针对原告公司,没有贬低原告之意,不构成不正当竞争。本院认为,语言始终随社会生活的变化而发展变化,在网络环境下也是如此。单个"屠"与"爆"字并无褒贬之分,但不同的语境会赋予其不同的含义。就本案而言,原、被告双方系同业竞争关系,被告使用"屠牛"、"爆牛"字样,并配以丑化、攻击牛魔王的图文,在特定语境下,使相关公众轻易联系到其竞争对手。特别是被告利用"屠牛"与"途牛"的谐音,影射竞争对手。被告网络公司客服工作人员的答复可印证相关公众的认知与联想,即使如被告辩称其客服人员的答复仅代表其个人,也能印证相关公众的认知与联想。

被告还认为其没有捏造、散布虚伪事实诋毁原告;未利用广告或其他方式，对商品质量作引人误解的虚假宣传。本院认为，捏造一般指无中生有，本案被告虽没捏造虚假事实，但在其广告、图文中，以夸张手法、通过片面、对比的宣传方式，使消费者或相关公众对原告产品或服务产生一种"虚假"认识，足以引起相关公众的误解，引起原告的社会评价减损，由此产生损害竞争对手的后果，致原告商业信誉、商品声誉受到损害，构成商业诋毁。故被告的以上抗辩理由缺乏事实和法律依据，本院不予采纳。

关于赔偿损失的数额，原告公司主张200万元的赔偿额及律师费、公证费等，其未提供原告因被告侵权所受损失的相关证据，也未提供被告侵权获利的相关证据，且原告在庭审中请求适用法定赔偿。本院认为原告以法定赔偿作为计算赔偿的方法可以采纳。本院将综合考虑以下因素确定赔偿额：1. 原告企业的知名度；2. 被告侵权行为性质、时间和造成的影响；3. 原告为制止被告侵权行为支出的合理费用。原告为制止被告的侵权行为，支付了律师费、公证费等相关费用，本院将结合原告的诉讼请求和本案的具体案情，对其中合理的部分予以支持，并在确定赔偿数额时一并考虑。

原告南京公司还要求被告在国家级媒体刊登致歉声明，以消除影响。本院认为，作为民事责任形式的赔礼道歉、消除影响，其适用范围有特定要求，一般应适用于涉及侵犯他人人身权或商誉等场合。由于原告、被告双方均系企业法人，而商誉是企业法人的财产性权利，赔礼道歉不属于不正当竞争纠纷诉讼案件侵权人应承担的民事责任方式，故原告公司该诉讼请求缺乏法律依据，本院不予支持。

综上所述，依据《中华人民共和国反不正当竞争法》第二条第一款、第九条第一款、第十四条、第二十条、《最高人民法院关于审理不正当竞争民事案件应用法律若干问题的解释》第八条第一项、《中华人民共和国民事诉讼法》第一百四十二条的规定，判决如下：

一、被告网络公司立即停止侵犯原告权益的不正当竞争行为；

二、被告网络公司自本判决生效之日起十日内赔偿原告经济损失及为制止侵权行为支出的合理费用共计人民币100万元；

三、驳回原告南京公司的其他诉讼请求。

本案案件受理费22,800元，由被告网络公司负担。（该诉讼费用已由原告先行垫付，被告于给付上述第二项款项时一并将此款给付原告）

如果未按本判决指定的期间履行给付金钱义务，应当依照《中华人民共和国民事诉讼法》第二百五十三条的规定，加倍支付迟延履行期间的债务利息。

如不服本判决，可在判决书送达之日起十五日内向本院递交上诉状，并按对方当事人的人数提出副本，上诉于江苏省高级人民法院，如在上诉期届满后七日内未交纳上诉费的按自动撤回上诉处理。根据《诉讼费用交纳办法》的有关规定，预交上诉案件受理费（汇往户名：江苏省高级人民法院，开户行：江苏省南京市农业银行山西路支行，账号：03×××75）。

二〇一六年三月十五日

二审判决书（节选）

……

本院认为：

一、网络公司的涉案行为构成不正当竞争

首先，关于网络公司称其涉案行为系针对行业内存在的问题，而非具体指向南京公司的上诉理由。本院认为，网络公司的上述主张不能成立。其一，南京公司与网络公司均属知名度较高的在线旅游服务提供商，网络公司在宣传中大量使用"牛"的图案、"屠牛行动"等用语，而南京公司的字号为"途牛"，结合南京公司的行业地位、字号的知名度以及与网络公司的竞争关系，很容易使相关公众联想到该宣传具体指向南京公司。其二，网络公司在微信公众号中宣称"九大保障？有啥好牛！"、"服务中心50家？有啥好牛！"、"0元WiFi？有啥好牛！"、"旅游金融？有啥好牛！"等，而"九大保障"、"服务中心50家"、"0元Wi-Fi"、"旅游金融"等均系南京公司的主要产品和特色服务。其三，南京公司与网络公司客服人员的电话录音，也一定程度上印证了网络公司的行为直接指向南京公司。综上所述，网络公司的上述行为很容易使相关公众联想到南京公司，具有明确的指向。至于南京公司一审阶段提交的扬子晚报网和网易刊载的两则新闻以及一组公共场所广告的照片，鉴于扬子晚报网和网易刊载的两则新闻为网络打印件，对其真实性无法核实；公共场所广告照片系南京公司单方拍摄，拍摄时间、地点及广告发布人无法显示，且上述证据的采纳与否也不影响本案事实的认定，故一审法院对南京公司提交的上述证据未予采纳并无不当。

其次，关于网络公司称其并未针对南京公司进行片面的宣传或者对比，也没有捏造虚伪事实进行商业诋毁的上诉理由。本院认为，经营者在市场交易中，应当遵循自愿、平等、公平、诚实信用的原则，遵守公认的商业道德。自由竞争能够确保市场资源优化配置，但市场经济同时要求竞争公平、正当、有序。本案中，网络公司的宣传内容指向南京公司，在贬损南京公司服务和商誉的同时，片面、夸张地宣传自己的服务，即进行所谓的"对比宣传"，且用语言辞激烈、图案夸张，甚至含有暴力的内容，其行为明显超出正当宣传、合法竞争的边界。至于网络公司辩称其并未捏造虚伪事实，本院认为判定是否构成商业诋毁，其根本要件在于相关经营者的行为是否以误导方式对竞争对手的商业信誉或者商品声誉造成了损害。本案中，网络公司的行为足以导致相关公众对于南京公司的产品和服务产生错误认识，也必将对南京公司的商誉产生负面影响。据此，一审判决判定网络公司实施了虚假宣传和商业诋毁行为，构成不正当竞争，并无不当。

二、网络公司应承担相应的民事责任

网络公司的涉案行为构成不正当竞争，应当承担停止侵权、赔偿损失的民事责任。关于一审判决确定的赔偿数额是否适当。本案中，南京公司未提供证据证明其因被侵权所遭受的实际损失或者网络公司因侵权的违法所得，且南京公司在一审阶段请求适用法定赔偿，一审判决遂以法定赔偿方式确定本案赔偿数额。对此，南京公司一审阶段提交了艾瑞咨询集团出具的2015年《中国在线旅游度假行业研究报告》，以证明南京公司的市场份额远远大于网络公司。鉴于艾瑞咨询集团非官方机构，对其出具的行业报告的真实性难以确认，一审法院对该报告未予采纳，遂综合考虑南京公司的知名度，网络公司侵权行为的性质、持续时间与影响，以及南京公司为制止侵权行为支出的合理费用等因素，确定网络公司赔偿南京公司经济损失及合理费用共计100万元，并无不当。

关于网络公司是否应当承担赔礼道歉、消除影响的民事责任。鉴于一审阶段网络公司已经删除了南京公司诉称的相关内容，结合本案情况判令网络公司停止侵权可以起到消除影响的作用，一审法院未支持南京公司要求网络公司赔礼道歉、消除影响的诉讼请求，也并无不当。

综上所述，南京公司、网络公司的上诉请求不能成立，应予驳回。一审判决认定事实清楚，适用法律正确，应予维持。依照《中华人民共和国民事诉讼法》第一百七十条第一款第（一）项的规定，判决如下：

驳回上诉，维持原判。

二审案件受理费22,800元，由南京公司、网络公司各自负担11,400元。

本判决为终审判决。

二〇一七年四月十四日

征集、传播不实信息
对竞争对手进行贬损构成商业诋毁

——评析北京××网讯科技有限公司诉北京××互联网信息服务有限公司不正当竞争纠纷案

六、商业诋毁

案情概要

基本信息

案号：（2006）海民初字第 26763 号
原告：北京××网讯科技有限公司
被告：北京××互联网信息服务有限公司
审理法院：北京市海淀区人民法院

诉讼请求

一、请求法院判令被告立即停止利用搜狐网站诋毁原告商誉的不正当竞争行为；

二、请求法院判令被告在《法制日报》、搜狐网站 IT 频道（it.sohu.com）首页、博客频道（blog.sohu.com）首页、社区频道（club.sohu.com）首页公开向原告赔礼道歉，刊登时间不少于 10 天；

三、请求法院判令被告赔偿原告经济损失和合理支出 51.05 万元；

四、请求法院判令被告承担本案的全部诉讼费用。

案情介绍

本案中，原告北京××网讯科技有限公司（以下简称"网讯公司"）主张北京××互联网信息服务有限公司（以下简称"互联网公司"）对其实施了商业诋毁行为：被告经营的搜狐网站（www.sohu.com）在 2006 年 7 月针对网讯公司内部机构调整之事，推出了一系列专栏，主动征集、传播含有辱骂、诽谤、侮辱原告名誉权的言论，同时大量编辑、刊载并传播侵犯原告名誉权的文章，而且文章至今仍未删除。且被告经营搜狗（www.sogou.com）搜索引擎，并多次公开宣称要与原告竞争。以上行为违背了新闻监督的客观公正立场,超出了正常理论争鸣的范畴,违背了诚实信用和公平竞争的市场行为准则,以缺乏起码商业道德的行为谋求不正当的竞争优势,已经构成了不正当竞争行为。而被告互联网公司辩称:被告博客栏目中没有任何针对原告的商业信誉、商品声誉的内容,不属于反不正当竞争案件的受理范畴,原告应以名誉权侵权为由提起诉讼。被告开设涉案博客栏目的行为合法适当,没有侵犯原告名誉权;原告裁员事件是客观事实,被告涉案博客或是对该事件媒体报道及社会评论的转载,或是为社会评论提供平台,系正当的舆论监督,没有侵犯原告声誉;多个媒体及网站均已经广泛报道该事件,被告仅是转载,仅提供论坛(BBS)服务,相关内容与其他媒体内容并无不同,也不侵权,没有过错。搜狗搜索系北京搜×××服务有限公司所有,与被告系各自独立的法人。

审理结果

一、本判决生效之日起,被告互联网公司立即停止侵权行为;

二、本判决生效之日起十日内,被告互联网公司在《法制日报》上刊登致歉声明,公开向原告网讯公司赔礼道歉(声明内容须经本院审核,逾期不履行,本院将在该报上公布判决主要内容,费用由被告互联网公司负担);

三、本判决生效之日起十日内,被告互联网公司赔偿原告网讯公司经济损失及合理开支53,500元;

四、驳回原告网讯公司的其他诉讼请求;

五、案件受理费10,115元,由原告网讯公司负责3,115元(已交纳),由被告互联网公司负担7,000元,于本判决生效之日起七日内交纳。

六、商业诋毁

要点分析

《中华人民共和国反不正当竞争法》（1993）对商业诋毁行为仅在第十四条作了相对原则性的规定，即经营者不得捏造、散布虚伪事实，损害竞争对手的商业信誉、商品声誉。网讯公司与互联网公司均从事互联网相关业务，且均属于业内的知名公司，属于同业竞争者，互为竞争对手，具有直接的商业利益冲突，符合《中华人民共和国反不正当竞争法》（1993）对主体的要求。且从发布的信息具有相当贬损性，可以推断互联网公司具有商业诋毁的主观故意，即意在以此毁坏竞争对手的商誉，进而获取竞争优势和市场份额，取得不正当竞争利益。

针对网讯公司诉称的互联网公司开设专栏刊载、发布大量诋毁网讯公司文章的行为，围绕本案焦点即互联网公司是否从事了侵犯网讯公司商誉的不正当竞争行为进行以下分析：

一、商业诋毁行为客观要求

（一）虚伪事实的认定

《中华人民共和国反不正当竞争法》（1993）并没有进一步明确虚伪事实的含义，司法解释也未作具体说明。从字面含义看，虚伪事实应当包含两层意思，一是指事实信息，二是该信息系虚假捏造。但从司法实践看，引发商业诋毁的信息不仅仅包括捏造的虚假事实，不当散布具有一定事实基础的信息，比如在比较广告中，通过夸大自己产品特征影射竞争者，或将竞争者的产品或服务信息在特定环境以特定方式发布等行为都可能引发商业诋毁。根据对司法实践的总结，虚伪事实共包含三种类型：没有根据的事实信息（包含偏离事实的信息）、对事实信息的错误表达、不恰当的评价。

在本案中，互联网公司对博客文章《征集"百度门"被"锯"员工博文》的内容以及大量对网讯公司的负面评论，在缺乏事实依据的情况下，互联网公司发布上述图文信息存在明显的贬低网讯公司商誉的情节，属于虚伪事实。

在判断是否属于虚伪事实时，应参考以下具体要素进行判定：

1. 信息与商誉的相关度

误认是指对经营者商誉产生扭曲性认知，散布的信息应该与商誉相关，否则，信息无论是否真实，散布是否适当都无须考虑是否足以造成误认，也就无须考虑是否构成商业诋毁。

本案中，互联网公司推出了"百度裁员追踪 博客也倾诉"专栏，制作了《征集"百度门"被"锯"员工博文》的页面，在此页面征集、编辑、传播了含有辱骂、诽谤、侮辱等侵犯网讯公司名誉权的言论；同时，还大量制作、转载并传播侵犯网讯公司名誉权的文章，在专栏中制作了侮辱性的栏目图片"百度深陷博客门"；"搜狐社区"中也出现了含有辱骂、诽谤网讯公司的帖子。很明显与网讯公司的商誉密切相关。

2. 信息接收主体的范围

信息被相关公众，也即信息散布者和信息指向对象之外的第三者接收、知悉，才有误认的可能。本案中被告的活动，面向的对象均为广大网站使用者，信息接收主体范围较广，且与原告受众重合。

3. 相关公众认知的变化

足以引起误认的信息都可归于虚伪事实的范畴，具体是指足以引起相关公众的交易意愿发生改变，相关公众的感知应是审查的关键因素。

（二）捏造与散布行为的认定

只有严重背离客观事实才能构成"捏造"。本案中互联网公司发布或征集的文章均没有得到事实证据的支持，无法判断与客观事实完全相符或大致相同，因此属于"捏造"行为。

"散布"必须是针对不特定的第三人实施行为，具有公开性，能够直接被社会公众知晓，并以虚伪事实对公众或消费者产生一种误导，使得被散布人的商业信誉受到损害。

在本案中，被告通过网站、博客专栏传播缺乏事实依据的信息，属于散布虚伪事实。

值得注意的是，《中华人民共和国反不正当竞争法》（2017年修订）第十一条关于商业诋毁的行为规定，传播"虚假信息"或"误导性信息"均构成不正当竞争，增加了"误导性信息"，扩大了商业诋毁行为的认定范围，具体实践标准将有待司法进一步检验。

二、赔礼道歉的适用

对于商业诋毁案件是否适用赔礼道歉的方式，不论是理论界还是司法实践中，都有两种不同的观点。第一种观点认为，商誉权是一种财产权，商誉损害的直接后果是财产性损失，经营者在经营活动中的利益是财产利益而非精神利益，赔礼道歉是精神损害的民事制裁措施，不应判令被告赔礼道歉。另外在《中华人民共和国反不正当竞争法》中，也并未规定可以适用赔礼道歉的责任形式，因此不应判令被告赔礼道歉。第二种观点认为，商誉权其本质和法人名誉权并无区别，具有较强的人身权特性，根据《中华人民共和国民法通则》规定，法人名誉权受到损害，可以适用赔礼道歉。

本案中，法院认为"商业诋毁案件适用消除影响"，同时对于赔礼道歉予以认可，显然支持的是第二种观点。

相关法条

1.《中华人民共和国反不正当竞争法》（1993）第二条：经营者在市场交易中，应当遵循自愿、平等、公平、诚实信用的原则，遵守公认的商业道德。

本法所称的不正当竞争，是指经营者违反本法规定，损害其他经营者的合法权益，扰乱社会经济秩序的行为。

本法所称的经营者，是指从事商品经营或者营利性服务（以下所称商品包括服务）的法人、其他经济组织和个人。

2.《中华人民共和国反不正当竞争法》（2017 年修订）第二条：经营者在生产经营活动中，应当遵循自愿、平等、公平、诚信的原则，遵守法律和商业道德。

本法所称的不正当竞争行为，是指经营者在生产经营活动中，违反本法规定，扰乱市场竞争秩序，损害其他经营者或者消费者的合法权益的行为。

本法所称的经营者，是指从事商品生产、经营或者提供服务（以下所称商品包括服务）的自然人、法人和非法人组织。

3.《中华人民共和国反不正当竞争法》（1993）第十四条：经营者不得捏造、散布虚伪事实，损害竞争对手的商业信誉、商品声誉。

4.《中华人民共和国反不正当竞争法》（2017 年修订）第十一条：经营者不得编造、传播虚假信息或者误导性信息，损害竞争对手的商业信誉、商品声誉。

5.《中华人民共和国反不正当竞争法》（1993）第二十条：经营者违反本法规定，给被侵害的经营者造成损害的，应当承担损害赔偿责任，被侵害的经营者的损失难以计算的，赔偿额为侵权期间因侵权所获得的利润；并应当承担被侵害的经营者因调查该经营者侵害其合法权益的不正当竞争行为所支付的合理费用。

被侵害的经营者的合法权益受到不正当竞争行为损害的，可以向人民法院提起诉讼。

6.《中华人民共和国反不正当竞争法》（2017 年修订）第十七条：经营者违反本法规定，给他人造成损害的，应当依法承担民事责任。

经营者的合法权益受到不正当竞争行为损害的，可以向人民法院提起诉讼。

六、商业诋毁

因不正当竞争行为受到损害的经营者的赔偿数额,按照其因被侵权所受到的实际损失确定;实际损失难以计算的,按照侵权人因侵权所获得的利益确定。赔偿数额还应当包括经营者为制止侵权行为所支付的合理开支。

经营者违反本法第六条、第九条规定,权利人因被侵权所受到的实际损失、侵权人因侵权所获得的利益难以确定的,由人民法院根据侵权行为的情节判决给予权利人三百万元以下的赔偿。

判决书(节选)

……

本院认为:

依照《中华人民共和国反不正当竞争法》第十四条规定,竞争者不得捏造、散布虚伪事实,损害竞争对手的商业信誉、商品声誉。故要判定本案是否构成不正当竞争,首先应明确网讯公司与互联网公司之间是否存在竞争关系。本院认为,网讯公司与互联网公司属于同行业的竞争者,理由如下:1. 网讯公司与互联网公司均从事互联网相关业务,且均属于业内的知名公司,即使业务各有侧重,也不能否认双方之间的竞争关系;2. 网讯公司重要业务之一系提供搜索引擎服务,本案审理过程中,互联网公司以搜狗搜索网站(www.sogou.com)属于其他公司而否认其从事搜索引擎业务,本院认为,根据双方提交的证据,有关搜狗搜索网站的权属在不同机关记录的信息并不相同,即使该网站并非属于互联网公司,但并不能否认互联网公司与该网站之间存在一定的利益关系。互联网公司向本院提交的法人营业执照中明确注明其经营范围包括利用www.sogou.com发布网络广告;在互联网公司所有的网站上不但将搜狗搜索列为固定栏目,而且把该搜索引擎作为自己拥有的先进技术进行介绍;在大量文章中,互联网公司的法定代表人均表示搜狗搜索业务系该公司的重要业务之一,并将网讯公司的相关业务作为比较、竞争的对象,上述文章中多处引用互联网公司法定代表人的谈话,该公司显然能够对相关内容进行核实,现互联网公司拒绝对其发表意见,故本院推定上述文章内容属实。本案的焦点是互联网公司是否从事了侵犯网讯公司商誉的不正当竞争行为。首先,互联网公司有权对网讯公司裁员一事进行相关的报道、评论或为他人进行报道、评论提供相应的网络服务。互联网公司经过有关部门批准,具备了从事相关服务的资质,当然可以开展必要的经营活动。网讯公司作为一家知名企业,在业内拥有较大的影响力,公众对该公司经营活动中出现的变故比较关注,也情有可原,互联网公司为满足公众获取相关信息的正当要求,对相关事实进行报道、评论甚至制作专栏、专题并无不妥。但应注意的是,相关内容通过网络传播速度快、影响大、波及面广,互联网公司在从事相关活动时应以客观性、公正性为原则,不得诋毁他人的商业信誉。其次,涉案文章的内容对网讯公司的商业信誉造成了影响。商业信誉是社会对特定经营者的总体评价,由企业的资信状况、经营者遵守公认的商业道德表现、经营能力、经营作风等因素决定。良好的商业信誉代表着企业的良好形象、经营状况以及有利的竞争优势。网讯公司进行裁员,本是正常的经营活动,当事人如对裁员有异议,可通过正常途径解决。当然,言论自由是每一个公民享有的权利,当事人通过网络等媒体陈述事实、发表意见,其他人对事实加以评论,均是正当行使权利。但言论自由也不得损害他人的合法权益。本案中,涉案文章除了涉及网讯公司裁员事实及正常的评论外,还夹杂着大量的诋毁网讯公司商誉的内容,如有的文章选用夸张的标题或图片吸引公众注意,有的文章及回复对网讯公司及其人员使用侮辱性语言进行谩骂,有的文章及回复号召抵制网讯公司的产品。上述内容已超出了当事人发表言论的必要限度,也违背了舆论监督所应具备的客观性、公正性,必然对网讯公司的正常经营活动造成影响。最后,互联网公司在本案中的行为是否正当。网讯公司进行裁员后，互联网公司进行了报道，并转载了相关文章，同时互联网公司在该公司网站上专门开设了博客专栏，互联网公司已不是简单的提供网络空间服务，而是根据自身的判断标准选择、征集相应的文章在网络上进行传播。这一点可以从互联网公司以下行为得到印证：1. 互联网公司为该栏目选择的背景图片，并非来源于网讯公司裁员一事的新闻图片，而该图片的内容渲染了一种激烈和对抗的气氛；2. 从该专栏的"编者按"内容来看，该栏目主要征集来自被裁员工方面的文章，且互联网公司对网讯公司裁员一事的做法持否定态度；3. 在"编者按"中，互联网公司特别标注了《征集被"锯"员工怨怒牢骚博文》，使用了"锯"这个比较独特的修饰用词，联系到互联网公司在该栏目各板块间标示的"搜狐左右间IT@博客"，可以认定互联网公司对博客文章《征集"百度门"被"锯"员工博文》的内容是知晓并且认同该文的观点，同时向相关公众推荐。互联网公司在知晓网讯公司提出异议后，未采取相应措施删除涉案文章。网讯公司向互联网公司送达《律师函》，表明了自身的态度并附有涉案文章相关的地址，公证机关对送达过程进行了公证。本案中，互联网公司否认接到上述《律师函》。本院认为，已为有效公证文书所证明的事实，当事人无须举证证明。现互联网公司以该律师函送达地址并非该公司工商登记注册地址为由否认该事实，但从互联网公司提交的营业执照来看，其住所地仅登记为两间房，显然不能涵盖该公司的所有办公地点，在该公司未提交其他证据的情况下，并不足以推翻公证书证明的事实。另外，即使该《律师函》没有当时送达到互联网公司，但从以下事实可以认定该公司已知晓网讯公司意见。1. 互联网公司承认双方曾通过电话进行过沟通；2. 根据相关媒体报道，双方公司已进行过协商，并采取了一定的措施；3. 网讯公司提起诉讼后，本院已向其送达了起诉状及相关证据，其中包括了该律师函、涉案文章及回复的内容。另外，本案审理过程中，本院曾组织双方进行勘验，互联网公司承认该公司未将涉案文章删除，通过直接输入地址的方法，仍能对涉案文章进行访问。综上所述，本院认定互联网公司的行为已构成不正当竞争行为，应承担相应的侵权责任，故对网讯公司要求互联网公司停止侵权、赔礼道歉、赔偿损失的主张，本院予以支持，具体的方式、数额，本院将根据互联网公司的过错程度、侵权情节、损害后果等因素酌情予以判定。依据《中华人民共和国反不正当竞争法》第十四条的规定，判决如下：一、本判决生效之日起，被告互联网公司立即停止侵权行为；二、本判决生效之日起十日内，被告互联网公司在《法制日报》上刊登致歉声明，公开向原告网讯公司赔礼道歉（声明内容须经本院审核，逾期不履行，本院将在该报上公布判决主要内容，费用由被告互联网公司负担）；三、本判决生效之日起十日内，被告互联网公司赔偿原告网讯科技经济损失及合理开支五万三千五百元；四、驳回原告网讯公司的其他诉讼请求。案件受理费一万零一百一十五元，由原告网讯科公司负责三千一百一十五元（已交纳），由被告互联网公司负担七千元，于本判决生效之日起七日内交纳。如不服本判决，可于判决书送达之日起十五日内，向本院递交上诉状，并按对方当事人的人数提交副本，交纳上诉案件受理费一万零一百一十五元，上诉于北京市第一中级人民法院。如在上诉期满后七日内不交纳上诉案件受理费的，按自动撤回上诉处理。

二〇〇六年十二月二十日

发布不实对比信息
对竞争对手进行贬损构成商业诋毁

——评析北京××安全软件有限公司诉北京××××网络科技有限公司、北京××科技有限公司不正当竞争纠纷案

案情概要

基本信息

一审信息：

案号：（2010）一中民初字第 10831 号

原告：北京××安全软件有限公司

被告：北京×××网络科技有限公司

被告：北京××科技有限公司

一审法院：北京市第一中级人民法院

二审信息：

案号：（2011）高民终字第 2585 号

上诉人：北京×××网络科技有限公司

上诉人：北京××科技有限公司

被上诉人：北京××安全软件有限公司

二审法院：北京市高级人民法院

诉讼请求

一审诉讼请求：

一、判令两被告立即停止一切针对原告的不正当行为；

二、判令两被告连带赔偿原告经济损失及合理支出人民币 2000 万元；

三、判令两被告在网站（www.360.cn）主页、新浪网、人民网显著位置上发布道歉声明，消除对原告及原告产品造成的恶劣影响，持续时间不少于 15 个工作日；

四、判令两被告共同承担本案诉讼费用。

二审诉讼请求：

上诉人请求撤销原审判决，改判驳回被上诉人北京××安全软件有限公司的全部诉讼请求，或者将本案发回重审。

案情介绍

2011年，北京××安全软件有限公司（以下简称"软件公司"）诉称：北京××××网络科技有限公司（以下简称"网络公司"）和北京××科技有限公司（以下简称"科技公司"）故意利用未经查证的网络信息、虚构事实，恶意诋毁软件公司"金山网盾"的声誉，故意夸大"金山网盾"的漏洞，贬损软件公司产品的声誉与软件公司的商誉，并以公开发表"360安全卫士"与"金山网盾"产品的不实比对信息、恐吓用户的手段排斥"金山网盾"产品。科技公司通过产品"360安全卫士"阻碍安装、强行卸载"金山网盾"，实施不正当竞争行为。网络公司辩称：网络公司不是www.360.cn网站的注册人以及实际运营人，软件公司也未能证明网络公司系"360安全卫士"的著作权人，本案中网络公司作为被告主体不适格。科技公司辩称：科技公司被迫停止与"金山网盾"的兼容，完全是由于软件公司侵权在先，科技公司的行为是迫不得已，而且科技公司是给予了用户充分的知情权和选择权，不存在所谓强制卸载"金山网盾"的行为。因此上诉人发表的一系列文章不存在"捏造、散布虚伪事实"等不正当竞争行为。

一审后网络公司和科技公司不服原审判决，提起上诉。上诉理由是：

一、网络公司不应作为本案被告，原审法院判决网络公司承担责任，于法无据。

二、网络公司和科技公司提交的证据已经证明"金山网盾"的配置文件kws.ini存在巨大可利用漏洞，恶意程序可以非常轻松地"锁定IE主页"，网络公司和科技公司将"金山网盾"的配置文件kws.ini定义为漏洞有充分事实依据。

三、本案的起因是软件公司侵权在先，科技公司不得已采取的澄清事实之举。

四、原审法院程序违法。网络公司和科技公司曾经申请原审法院就国家计算机网络与信息安全管理中心网站上发布"金山网盾KAVSafe.sys内核模式本地特权提升漏洞"公告的事实调查取证，原审法院没有准许也没有送达通知书，剥夺了网络公司和科技公司复议的实体权利。

审理结果

一审判决：

一、网络公司、科技公司自判决生效之日起立即停止涉案不正当竞争行为；

二、网络公司、科技公司自判决生效之日起一个月内，连续7日在网站www.360.cn首页显著位置刊登消除影响的声明；

三、网络公司、科技公司自判决生效之日起10日内共同赔偿软件公司经济损失人民币30万元；

四、网络公司、科技公司自判决生效之日起10日内赔偿软件公司合理支出人民币5万元；

五、驳回软件公司的其他诉讼请求。

二审判决：

一、驳回上诉，维持原判；

二、一审案件受理费人民币141,800元，由软件公司负担41,800元（已交纳），由网络公司、科技公司共同负担10万元（于本判决生效之日起7日内交纳）；二审案件受理费人民币6,550元，由网络公司、科技公司共同负担（已交纳）。

六、商业诋毁

要点分析

软件公司和网络公司、科技公司均为软件产品的经营者,在该领域具有竞争关系,故软件公司和网络公司、科技公司均为《中华人民共和国反不正当竞争法》(1993)所规定的经营者,是本案的适格主体。现围绕本案争议焦点"网络公司、科技公司的涉案行为是否构成诋毁商誉的不正当竞争;网络公司、科技公司应承担何种责任"进行如下分析:

一、商业诋毁行为主观要求:损害商誉的故意

网络公司是网站www.360.cn的经营单位,科技公司是涉案"360安全卫士"软件的开发者和运营者,加之涉案的"360安全卫士"软件均从涉案网站www.360.cn上下载等事实,可以推知科技公司直接参与市场竞争,其在市场运营的过程中对于上述软件的情况和网络公司的行为是充分了解的,但仍实施了对该软件的维护、经营、推广等行为致使该不正当竞争行为发生,并导致损害结果的进一步扩大,其与网络公司共同构成不正当竞争,应当承担连带责任。由此可知,被告在主观上是故意的,而且具有明确的目的性,即旨在削弱竞争对手的市场竞争能力,并为自己谋求市场竞争的优势地位和其他不正当利益。

二、商业诋毁行为客观要求

(一)虚伪事实的认定

《中华人民共和国反不正当竞争法》(1993)并没有进一步明确虚伪事实的含义,司法解释也未作具体说明。从字面含义看,虚伪事实应当包含两层意思,一是指事实信息,二是该信息系虚假捏造。但引发商业诋毁的信息不仅仅包括捏造的虚假事实,不当散布具有一定事实基础的信息,比如在比较广告中,通过夸大自己产品特征影射竞争者,或将竞争者的产品或服务信息在特定环境以特定方式发布等行为都可能引发商业诋毁。根据对司法实践的总结,虚伪事实共包含三种类型:没有根据

的事实信息（包含偏离事实的信息）、对事实信息的错误表达、不恰当的评价。

在本案中，网络公司和科技公司在"360安全卫士"软件中进行的被诉设置阻碍了用户使用"金山网盾"并以公开发表"360安全卫士"与"金山网盾"产品的不实比对信息、恐吓用户的手段排斥"金山网盾"产品。其行为存在明显的贬低软件公司商誉的情节，属于虚伪事实。

在判断是否属于虚伪事实时，应参考以下具体要素进行判定：

1. 信息与商誉的相关度

误认是指对经营者商誉产生扭曲性认知，散布的信息应该与商誉相关，否则，信息无论是否真实，散布是否适当都无须考虑是否足以造成误认，也就无须考虑是否构成商业诋毁。

本案中，两被告在360安全卫士的安装、升级程序运行的过程中弹出的对话框中发布了"但是您正在安装软件会导致360木马防火墙部分防护功能失效，并可导致您的各类账号和隐私信息被盗"、"金山网盾成为木马通道，安全软件变成木马帮凶，为何至今仍在向用户隐瞒"等针对金山网盾的宣传内容，很明显与软件公司的商誉密切相关。

2. 信息接收主体的范围

信息被相关公众，也即信息散布者和信息指向对象之外的第三者接收、知悉，才有误认的可能。本案中上诉人的行为，面向的对象均为广大软件使用者，信息接收主体范围较广，且与原告受众重合。

3. 相关公众认知的变化

足以引起误认的信息都可归于虚伪事实的范畴，具体是指足以引起相关公众的交易意愿发生改变，相关公众的感知应是审查的关键因素。

（二）捏造与散布行为的认定

只有严重背离客观事实才能构成"捏造"。本案中，两被告主张中国国家信息安全漏洞库曾经公布了金山网盾存在漏洞，但其提供的证据与金山网盾无关，且其主张的用于证明金山网盾存在漏洞的相关事实，也无法证明，因此属于"捏造"行为。

三、关于"虚伪事实"的证明

（一）举证责任的分配

《最高人民法院关于民事诉讼证据的若干规定》第二条规定，当事人对自己提出的诉讼请求所依据的事实或者反驳对方诉讼请求所依据的事实有责任提供证据加以证明。没有证据或者证据不足以证明当事人的事实主张的，由负有举证责任的当事人承担不利后果。这规定了行为意义上的证明责任，也即通常所说"谁主张、谁举证"。按照这一规则，当事人提起商业诋毁诉讼应该对信息、表达、评价的存在状态，事实信息的不真实性、表达的误导性、评价的不恰当承担证明责任。

但在司法实践中，法院常常把事实信息真实性的举证责任分配给信息传播者。法院可以根据证据取得的难易程度、证据距离当事人的远近来分配举证责任。缺乏证据的事实信息，原告方可以提交与传播的事实信息相反的证据来证伪，但信息散布方显然更容易取得事实信息来源的证据，将举证责任分配给信息散布方更利于查清事实。如本案中网络公司和科技公司并未举出充分证据证明其在"360安全卫士"运行升级的过程中散步的信息和www.360.cn网站上刊登的文章和信息内容属实，故其行为为不正当竞争行为。

（二）评价依据的确定

评价观点是主观对客观的反映，因此，对观点合理性的评判本质上是事实与结论之间联系科学性的判断过程。事实与结论之间的联系，也即结论的依据，按照证据取得的难易程度和公平原则，应该由信息散布方承担举证责任。从司法审判的角度，判断依据是否充分通常是通过认定依据的权威性来完成的。对事物的定性，定性机关的权威性是决定因素。比如本案中为证明国家信息安全漏洞共享平台（www.cnvd.org.cn）发布过题为"金山网盾 KAVSafe.sys 内核模式本地特权提升漏洞"公告认定"金山网盾"存在高危漏洞的事实，网络公司和科技公司提交了一份未经公证的网页打印件，该网页打印件所显示的网页内容不完整，未显示网址。最终鉴于法院认为"网络公司和科技公司完全可以通过提交相关部门出具的证明等方式对此加以证明，且其并未举证证明曾到相关部门取证而确实无法得到相关证明"，因而未支持其调查取证的主张。

四、关于民事责任的承担

通过上述分析可知，网络公司和科技公司的行为违反了《中华人民共和国反不正当竞争法》（1993）的规定，构成不正当竞争，其应当为该网站诋毁软件公司商誉的不正当竞争行为承担民事责任，停止涉案的不正当竞争行为。但软件公司系法人，本案不涉及对人身权利的侵害，故软件公司要求网络公司、科技公司赔礼道歉的诉讼请求，缺乏法律依据，法院未予支持。

消除影响、恢复名誉，是指人民法院根据受害人的请求，责令行为人在一定范围内采取适当方式消除对受害人名誉的不利影响以使其名誉得到恢复的一种责任方式。《中华人民共和国侵权责任法》第十五条第二款明确规定，其第一款所列举的责任承担方式，可以单独适用，也可以合并适用。消除影响与恢复名誉虽然被单列在一个法律款项当中，但在处理具体案件时，应当根据实际情况，决定单独适用，或者合并适用。鉴于网络公司、科技公司的不正当竞争行为给作为同业经营者的软件公司造成了相当程度的不良影响，故对软件公司要求网络公司、科技公司消除影响的诉讼请求予以支持，但此种消除影响应当在合理的限度之内。鉴于软件公司未提交证据证明其因不正当竞争行为所受的损失，或网络公司、科技公司因不正当竞争行为所获利益，故根据网络公司、科技公司实施的不正当竞争行为的具体情节、所造成影响的范围等因素，酌情确定赔偿数额，对软件公司所提赔偿请求不予全额支持。考虑到软件公司起诉标的额仅有部分成立，且软件公司主张的合理费用过高，故对合理费用酌情支持。

相关法条

1. 《中华人民共和国反不正当竞争法》（1993）第二条：经营者在市场交易中，应当遵循自愿、平等、公平、诚实信用的原则，遵守公认的商业道德。

本法所称的不正当竞争，是指经营者违反本法规定，损害其他经营者的合法权益，扰乱社会经济秩序的行为。

本法所称的经营者，是指从事商品经营或者营利性服务（以下所称商品包括服务）的法人、其他经济组织和个人。

2. 《中华人民共和国反不正当竞争法》（2017年修订）第二条：经营者在生产经营活动中，应当遵循自愿、平等、公平、诚信的原则，遵守法律和商业道德。

本法所称的不正当竞争行为，是指经营者在生产经营活动中，违反本法规定，扰乱市场竞争秩序，损害其他经营者或者消费者的合法权益的行为。

本法所称的经营者，是指从事商品生产、经营或者提供服务（以下所称商品包括服务）的自然人、法人和非法人组织。

3. 《中华人民共和国反不正当竞争法》（1993）第十四条：经营者不得捏造、散布虚伪事实，损害竞争对手的商业信誉、商品声誉。

4. 《中华人民共和国反不正当竞争法》（2017年修订）第十一条：经营者不得编造、传播虚假信息或者误导性信息，损害竞争对手的商业信誉、商品声誉。

5. 《中华人民共和国反不正当竞争法》（2017年修订）第十二条：

经营者利用网络从事生产经营活动，应当遵守本法的各项规定。

经营者不得利用技术手段，通过影响用户选择或者其他方式，实施下列妨碍、破坏其他经营者合法提供的网络产品或者服务正常运行的行为：

（一）未经其他经营者同意，在其合法提供的网络产品或者服务中，插入链接、强制进行目标跳转；

（二）误导、欺骗、强迫用户修改、关闭、卸载其他经营者合法提供的网络产品或者服务；

（三）恶意对其他经营者合法提供的网络产品或者服务实施不兼容；

（四）其他妨碍、破坏其他经营者合法提供的网络产品或者服务正常运行的行为。

6. 《中华人民共和国民事诉讼法》第一百五十三条：人民法院审理案件，其中一部分事实已经清楚，可以就该部分先行判决。

7. 《最高人民法院关于民事诉讼证据的若干规定》第二条：当事人对自己提出的诉讼请求所依据的事实或者反驳对方诉讼请求所依据的事实有责任提供证据加以证明。没有证据或者证据不足以证明当事人的事实主张的，由负有举证责任的当事人承担不利后果。

8. 《最高人民法院关于审理不正当竞争民事案件应用法律若干问题的解释》第八条：经营者具有下列行为之一，足以造成相关公众误解的，可以认定为《反不正当竞争法》第九条第一款规定的引人误解的虚假宣传行为：

（一）对商品作片面的宣传或者对比的；

（二）将科学上未定论的观点、现象等当作定论的事实用于商品宣传的；

（三）以歧义性语言或者其他引人误解的方式进行商品宣传的。

以明显的夸张方式宣传商品，不足以造成相关公众误解的，不属于引人误解的虚假宣传行为。

人民法院应当根据日常生活经验、相关公众一般注意力、发生误解的事实和被宣传对象的实际情况等因素,对引人误解的虚假宣传行为进行认定。

9.《中华人民共和国侵权责任法》第十五条:承担侵权责任的方式主要有:

(一)停止侵害;

(二)排除妨碍;

(三)消除危险;

(四)返还财产;

(五)恢复原状;

(六)赔偿损失;

(七)赔礼道歉;

(八)消除影响、恢复名誉。

以上承担侵权责任的方式,可以单独适用,也可以合并适用。

判决书(节选)

一审判决书(节选)

……

本院认为:

一、关于本案原告和两被告是否构成《反不正当竞争法》所规定的经营者

《反不正当竞争法》第二条第三款规定,本法所称的经营者,是指从事商品经营或者营利性服务的法人、其他经济组织和个人。

本院认为,根据本案证据,可以认定原告软件公司为涉案的金山网

盾软件的著作权人，被告网络公司为涉案的360安全卫士软件的著作权人。综合考虑原告软件公司作为涉案的金山网盾软件的著作权人和运营者，被告网络公司作为涉案的360安全卫士软件的著作权人和涉案网站www.360.cn的经营单位，被告科技公司作为涉案的360安全卫士软件的开发者和运营者，加之涉案的360安全卫士软件均为从涉案网站www.360.cn上下载等情节，本院认定原告软件公司和被告网络公司、科技公司均为软件产品的经营者，在该领域具有竞争关系，故原告和两被告均为《反不正当竞争法》所规定的经营者，是本案的适格主体。

二、关于原告指控被告软件阻止原告软件安装、破坏原告软件的行为是否构成不正当竞争

《反不正当竞争法》（1993）第二条第一款规定，经营者在市场交易中，应当遵循自愿、平等、公平、诚实信用的原则，遵守公认的商业道德。

被告的360安全卫士软件在自身安装、升级、运行的过程中采用弹出提示框的方式，引导用户在提示框中进行同意卸载金山网盾的操作。虽然该提示框也有卸载360安全卫士的选项，但是该对话框仅有"停止该软件安装"选项且该选项被默认选中，其"卸载360安全卫士"选项与卸载金山网盾的选项设置不同，表现出的主观态度并非让网络用户自由选择，带有明显的倾向性，会对消费者产生误导。且用户在被告引导下进行上述操作后，系统并非进入金山网盾的正常卸载流程，而是以删除金山网盾程序的快捷方式、修改运行金山网盾可执行文件等方式破坏金山网盾软件的完整性，加之360安全卫士具有仅针对金山网盾安装文件进行阻止安装的行为，其主观恶意较为明显。故本院认定两被告在360安全卫士软件中进行的上述设置阻碍了用户使用金山网盾，易对相关公众产生误导，违反了市场交易中应当遵循的自愿、平等、公平、诚实信用的原则，构成不正当竞争。

关于被告主张如果360安全卫士和金山网盾同时运行会造成360安全卫士无法使用及用户电脑不安全，被告行为不构成不正当竞争一节，本院认为，本案的审理重点在于原告指控被告软件阻止原告软件安装、破坏原告软件、诋毁原告商誉的行为是否构成不正当竞争，360安全卫士和金山网盾同时运行是否会造成360安全卫士无法使用及用户电脑不安全等内容并非本案审理范围。况且，即使如被告所述，360安全卫士和金山网盾同时运行会造成360安全卫士无法使用及用户电脑不安全，被告也应当通过合法的救济途径维护自身权益，而不是采用不正当竞争手段进行回应。综上所述，对原告关于两被告及其360安全卫士阻止原告软件安装和破坏原告软件的行为构成不正当竞争的主张本院予以支持。

三、关于两被告的行为是否构成诋毁商誉

《反不正当竞争法》（1993）第十四条规定，经营者不得捏造、散布虚伪的事实，损害竞争对手的商业信誉、商品声誉。

根据本案查明的事实，在360安全卫士的安装、升级程序运行的过程中弹出的对话框中使用了"但是您正在安装软件会导致360木马防火墙部分防护功能失效，并可导致您的各类账号和隐私信息被盗"、"金山网盾成为木马通道，安全软件变成木马帮凶，为何至今仍在向用户隐瞒"等针对金山网盾的宣传内容。此外，相同或类似的宣传内容被刊登于www.360.cn网站上，点击前述对话框中的相关链接也会链接到www.360.cn网站上，全文显示相关文章。被告也承认上述文章和宣传内容是其所发表并刊登在自身网站上，但主张文章中的内容属实，不属于诋毁商誉。对此本院认为，上述文章的宣传内容如不属实，显然会对于原告的商业信誉和其金山网盾软件的产品声誉造成负面影响，故而本案的焦点问题之一即是上述文章和宣传内容所述的事实是否属实。

首先，被告主张中国国家信息安全漏洞库曾经公布了金山网盾存在漏洞，但其只提交了相关网页的局部打印件，原告对此则提出了经过公证的网页打印件，显示被告主张的编号为 CNVD-2010-00979 漏洞与金山网盾无关，其公证证据证明力显然高于被告证据。被告虽然主张中国国家信息安全漏洞库所公布的信息进行了修改，但该主张仅限于被告的陈述，未举出证据加以证明。如中国国家信息安全漏洞库所公布的信息确实进行了修改，被告完全可以采用要求相关部门出具证明等方式加以证明，在被告的主张没有初步的证据加以证明的情况下，被告要求本院对相关事实调查取证的请求本院不予支持。据此，本院对于被告所称的中国国家信息安全漏洞库曾公布了金山网盾漏洞的主张不予支持。

其次，关于被告主张的用于证明金山网盾存在漏洞的相关事实，本院认为，在被告仅保留金山网盾程序中的几个文件、将金山网盾其他文件全部卸载的情况下，金山网盾已经失去了其软件的完整性，单独剩余的文件无法代表金山网盾软件，故而无论其运行效果如何，也无法用于评价金山网盾是否存在漏洞。被告虽然举出金山网盾存在盗版情况、无法抵御相关木马程序、www.nsfocus.net 网站上刊载相关文章说明金山网盾存在漏洞等事实，但是软件存在盗版情况无法当然证明金山网盾存在漏洞，且该所谓木马程序为被告所提供，其是否针对原告软件有专门设计尚不清楚。任何计算机软件都不完美，均需要不断完善，否则也就不会存在软件的升级，故而金山网盾存在盗版情况、金山网盾无法抵御上述所谓木马程序的事实、www.nsfocus.net 网站上刊载相关文章均无法证明金山网盾存在严重的漏洞。且即使金山网盾存在盗版情况、金山网盾无法抵御上述所谓木马程序、www.nsfocus.net 网站上刊载的内容等事实能够证明金山网盾存在较严重的漏洞，也无法证明金山网盾存在的问题严重到被告文章和宣传内容中描述的程度。

故本院认为，被告并未举出充分证据证明其在 360 安全卫士运行升级的过程中散布的信息和 www.360.cn 网站上刊载的文章和信息内容属实，上述行为严重损害了原告的商业信誉和金山网盾的商品信誉，违反了《反不正当竞争法》的规定,构成不正当竞争。

四、关于两被告的责任承担

《中华人民共和国民法通则》第一百三十条规定,二人以上共同侵权造成他人损害的,应当承担连带责任。《反不正当竞争法》第二十条规定,经营者违反本法规定,给被侵害的经营者造成损害的,应当承担损害赔偿责任,被侵害的经营者的损失难以计算的,赔偿额为侵权人在侵权期间因侵权所获得的利润;并应当承担被侵害的经营者因调查该经营者侵害其合法权益的不正当竞争行为所支付的合理费用。被侵害的经营者的合法权益受到不正当竞争行为损害的,可以向人民法院提起诉讼。

本案中,截至本案受理时,被告网络公司是网站www.360.cn的经营单位,其应当为该网站诋毁原告商誉的不正当竞争行为承担民事责任,被告网络公司作为涉案的360安全卫士软件的著作权人,应当为360安全卫士阻止原告软件安装、破坏原告软件的不正当竞争行为和在360安全卫士安装升级过程中诋毁他人商誉的不正当竞争行为承担相应的民事责任。考虑到被告科技公司是涉案的360安全卫士软件的开发者和运营者,加之涉案的360安全卫士软件均为从涉案网站www.360.cn上下载等事实,可以推知被告科技公司直接参与市场竞争,其在市场运营的过程中对于上述软件的情况和被告网络公司的行为是充分了解的,但仍实施了对该软件的维护、经营、推广等行为,致使该不正当竞争行为发生,并导致损害结果的进一步扩大,其与网络公司共同构成不正当竞争,应当承担连带责任。

本案中,原告要求两被告停止涉案不正当竞争行为的诉讼请求,有事实和法律依据,本院予以支持。原告要求两被告向原告公开赔礼道歉,消除影响,但原告系法人,而本案不涉及对人身权利的侵害,原告要求两被告赔礼道歉的诉讼请求缺乏法律依据,本院不予支持。鉴于两被告的不正当竞争行为给作为同业经营者的原告造成了相当程度的不良影响,故对于原告要求两被告消除影响的诉讼请求，本院予以支持，但此种消除影响应当在合理的限度之内。关于原告赔偿损失的诉讼请求，鉴于原告未提交证据证明其因两被告的不正当竞争行为所遭受的损失，或者两被告因不正当竞争行为所获得的利益，故本院将根据被告实施的不正当竞争行为的具体情节、所造成影响的范围等因素，酌情予以确定，原告所提赔偿请求数额过高，本院不予全额支持。本案中，原告提交了公证费票据并当庭核对了原件，其诉讼行为由律师代理，也提交了律师费票据及代理合同，其已经完成了关于诉讼合理支出的举证责任。考虑到原告起诉标的额仅有部分成立，且原告主张的合理支出费用过高，故本院对该部分合理支出酌情予以支持。

综上所述，本院依照《中华人民共和国反不正当竞争法》第二条、第十四条、第二十条，《中华人民共和国民法通则》第一百三十条的规定，判决如下：

一、被告网络公司、科技公司自本判决生效之日起立即停止涉案的不正当竞争行为；

二、被告网络公司、科技公司在本判决生效之日起一个月内，连续七日在网站www.360.cn首页显著位置刊载消除影响的声明（该声明应当事先由本院审核通过，如两被告拒绝执行，本院将在《人民法院报》上刊登本案判决书相关部分，所需费用由两被告共同承担）；

三、被告网络公司、科技公司自本判决生效之日起十日内共同赔偿原告软件公司经济损失人民币三十万元；

四、被告网络公司、科技公司自本判决生效之日起十日内共同赔偿原告软件公司合理支出人民币五万元；

五、驳回软件公司的其他诉讼请求。

被告网络公司、科技公司如果未按本判决指定的期间履行给付金钱义务，应当依照《中华人民共和国民事诉讼法》第二百五十三条的规定，加倍支付迟延履行期间的债务利息。

案件受理费十四万一千八百元，由原告软件公司负担四万一千八百元（已交纳），由被告网络公司、科技公司共同负担十万元（于本判决生效之日起七日内交纳）。

如不服本判决，各当事人可于本判决书送达之日起十五日内向本院提交上诉状及副本，并按照相关规定预交上诉案件受理费，上诉于北京市高级人民法院。

二〇一一年五月十日

二审判决书（节选）

……

本院认为：

《反不正当竞争法》第二条第三款规定，本法所称的经营者，是指从事商品经营或营利性服务的法人、其他经济组织和个人。本案中，软件公司主要为互联网用户提供网络安全服务，www.360.cn网站名称为"360安全中心网"，也是为互联网用户提供网络安全服务的网站。因此，www.360.cn网站的注册人和实际经营者构成《反不正当竞争法》所称的经营者，与软件公司具有竞争关系。根据查明的事实，在2010年5月时，网络公司是www.360.cn网站的注册人和实际经营者，2010年7月15日，www.360.cn网站的经营者才变更为科技公司。被诉侵权行为均发生在2010年5月，且涉案"360安全卫士"软件均从www.360.cn网站上下载，无论网络公司是否是"360安全卫士"软件的著作权人，其作为www.360.cn网站的注册人和实际经营者，与软件公司均存在竞争关系，是本案的适格被告。网络公司是否与软件公司构成竞争关系，应根据查明的事实进行认定，与其是否自认无关。因此，软件公司和科技公司基于网络公司不是"360安全卫士"软件著作权人，网络公司从未认可其与软件公司构成竞争关系而主张其不是本案适格被告的上诉理由，缺乏事实和法律依据，本院不予支持。

对于国家信息安全漏洞共享平台（www.cnvd.org.cn）是否发布过题为"金山网盾 KAVSafe.sys 内核模式本地特权提升漏洞"公告认定"金山网盾"存在高危漏洞的事实，网络公司和科技公司提交了一份未经公证的网页打印件，该网页打印件所显示的网页内容不完整，未显示网址。就相应事实，软件公司提交的公证书证明，国家信息安全漏洞共享平台上显示，与上述网页打印件所称漏洞相同编号的漏洞为多个供应商 rpc.pcnfsd 整数溢出漏洞，与"金山网盾"无关。就此，网络公司和科技公司主张国家信息安全漏洞共享平台上的数据曾经修改过，故出现了上述相同编号不同内容的情况，并为此申请法院调查取证。鉴于网络公司和科技公司完全可以通过提交相关部门出具的证明等方式对此加以证明，且其并未举证证明曾到相关部门取证而确实无法得到相关证明，故原审法院对网络公司和科技公司调查取证的申请未予支持，并通过判决予以告知并无不当。网络公司和科技公司就此提出原审判决程序违法的上诉理由，依据不足，本院不予支持。同时，虽然网络公司和科技公司在上诉状中再次表达了申请本院调查取证的请求，但由于该请求并不符合调查取证申请提出的形式要求，而且如前所述，其调查取证申请不应得到支持。因此，本院对其在上诉状中提出的调查取证申请，不予准许。现有证据无法证明国家信息安全漏洞共享平台上发布过题为"金山网盾 KAVSafe.sys 内核模式本地特权提升漏洞"公告认定"金山网盾"存在高危漏洞，也无法证明"金山网盾"确实存在高危漏洞，故原审判决就此所作认定正确。

此外，虽然网络公司和科技公司使用"金山网盾"程序中的几个文件实现了锁定 IE 主页、对所谓的木马程序不能阻挡等情况，但由于其所使用的仅是"金山网盾"软件中的部分文件，并非完整的"金山网盾"

软件,因此无论实现的效果如何,均无法用于评价"金山网盾"是否存在漏洞。原审判决就此所作的论述和认定正确。

综上所述,网络公司和科技公司有关原审判决对于部分事实认定错误的上诉理由,缺乏事实依据,不能成立。

至于网络公司和科技公司所提本案起因于软件公司在先侵权行为的上诉主张,因软件公司是否实施过针对网络公司和科技公司的侵权行为并非本案审理的范围,本院对此不宜评述,且即便存在网络公司和科技公司所称的在先侵权行为,网络公司和科技公司也应通过合法救济途径维护自身权益,而不应采用不正当竞争行为进行回应。原审法院根据查明的事实认定网络公司和科技公司实施了不正当竞争行为,并不存在适用法律不当之处。因此,网络公司和科技公司的该项上诉理由,于法无据,本院不予支持。

综上所述,网络公司和科技公司的上诉理由均不能成立,其上诉请求本院均不予支持。原审判决认定事实清楚,适用法律正确,依法应予维持。依据《中华人民共和国民事诉讼法》第一百五十三条的规定,判决如下:

驳回上诉,维持原判。

一审案件受理费人民币十四万一千八百元,由软件公司负担四万一千八百元(已交纳),由网络公司、科技公司共同负担十万元(于本判决生效之日起七日内交纳);二审案件受理费人民币六千五百五十元,由网络公司、科技公司共同负担(已交纳)。

本判决为终审判决。

二〇一一年十月十八日

捏造虚伪事实损害商誉构成商业诋毁

——评析上海××电子商务有限公司诉上海××家庭服务有限公司商业诋毁纠纷案

六、商业诋毁

案情概要

基本信息

案号：（2016）沪 0110 民初 10814 号
原告：上海××电子商务有限公司
被告：上海××家庭服务有限公司
审理法院：上海市杨浦区人民法院

诉讼请求

一、被告在《解放日报》、《新民晚报》、《时代报》三个媒体之一刊登声明、消除影响；
二、向原告偿付侵权损失 75,062.1 元；
三、承担原告制止侵权的合理费用 5,000 元。

案情介绍

原告上海××电子商务有限公司（以下简称"电子商务公司"）与被告上海××家庭服务有限公司（以下简称"家庭服务公司"）签订《牛家帮日常保洁合作协议》1 份，原告将部分日常保洁业务订单向被告开放，由被告提供服务。合同到期后，原告、被告未再续签合作协议，被告通过原告竞争对手上海家×网络科技有限公司的"云家政"平台向原告客户群发短信，短信中声称"由于牛家帮内部问题，导致无法给您正常安排"、"现在我们脱离出来加入云家政平台，可以安排更好的保洁员上门服务"等容易引发客户误解的字眼，造成杨浦区的客户对原告商誉的质疑和投诉，给原告造成了较大的经济损失。原告举证被告向四名客户发送了短信，被告对三人予以确认；被告虽不能确认是否向第四名发送了涉案短信,但第四名客户的电话录音证实其收到过涉案短信,时间与前两名客户收到涉案短信的时间相同,且被告认可向杨浦区部分客户发送过涉案短信。

被告辩称,第一,原告工作安排混乱、拖欠工资、在合同到期后不与被告续签合同,被告出于气愤向杨浦区范围的部分客户发送了涉案短信;第二,被告发送短信的目的不是要诋毁原告,而是想为客户提供更好的服务,不构成商业诋毁,发送短信后也未向原告主张的四位客户提供过服务;第三,被告承接原告杨浦区业务,合作近两个月,获利不到3,000元,原告计算的损失数额不实,且家政行业有淡、旺季之分,原告要求被告承担整个杨浦区业务量下降的损失不合理。综上所述,不同意原告的全部诉讼请求。

审理结果

一、被告家庭服务公司应于本判决生效之日起三十日内在《杨浦时报》刊登声明,消除商业诋毁行为对原告电子商务公司造成的影响(声明内容须经本院核准);

二、被告家庭服务公司应于本判决生效之日起十日内赔偿原告电子商务公司经济损失5,500元;

三、被告家庭服务公司应于本判决生效之日起十日内支付原告电子商务公司合理维权费用3,500元。

如果未按本判决指定的期间履行给付金钱义务,应当依照《中华人民共和国民事诉讼法》第二百五十三条的规定,加倍支付迟延履行期间的债务利息。

案件受理费1,802元,由原告电子商务公司负担800元,被告家庭服务公司负担1,002元。

六、商业诋毁

要点分析

《中华人民共和国反不正当竞争法》(1993)对商业诋毁行为仅在第十四条作了相对原则性的规定,即经营者不得捏造、散布虚伪事实,损害竞争对手的商业信誉、商品声誉。对于商业诋毁行为的认定,从以下几个方面进行分析:

一、主体要求:双方具有同业竞争关系

《中华人民共和国反不正当竞争法》(1993)将商业诋毁的行为主体限定为经营者,且行为对象系其竞争对手。就本案的侵权行为而言,原告系提供家庭生活服务的互联网家政服务平台,被告为提供家政服务日常保洁的服务公司,两者经营范围存在重叠、受众相同,故原告、被告系同行业竞争者,互为竞争对手,具有直接的商业利益冲突,二者符合行为主体要件。

二、行为主观要求:损害商誉的故意

商业诋毁行为人应具有损害竞争对手商誉的故意,而不能是过失。判断本案两被告有无明显恶意,就要看被告有无向原告客户群发送声称"由于牛家帮内部问题,导致无法给您正常安排"、"现在我们脱离出来加入云家政平台,可以安排更好的保洁员上门服务"等容易引发客户误解的字眼,是否以散布有损于竞争对手的信息等达到不正当竞争目的。被告向客户发送该等信息内容,这种主观故意是明显而确定的,即意在以此毁坏竞争对手公司商誉,取得不正当竞争利益。

三、行为客观要求:虚伪事实的认定

《中华人民共和国反不正当竞争法》(1993)并没有进一步明确虚伪事实的含义,司法解释也未作具体说明。从字面含义看,虚伪事实应当包含两层意思,一是指事实信息,二是该信息系虚假捏造。根据对司法实践的总结,虚伪事实共包含三种类型:没有根据的事实信息(包含偏

离事实的信息）、对事实信息的错误表达、不恰当的评价。

在本案中，被告在短信中声称"由于牛家帮内部问题，导致无法给您正常安排"，并在没有事实依据的情况下，作出"无法给您正常安排"的推测。被告虽提供了客户的微信，但微信内容仅证明原告没有联系该客户，不能得出无法正常安排的结论，在缺乏事实依据的情况下，被告发布上述"由于牛家帮内部问题，导致无法给您正常安排"信息，属于虚伪事实。而被告通过上海家×网络科技有限公司的"云家政"平台传播这些信息，则属于散布这些虚伪事实。

综上所述，在本案中，被告发布上述内容旨在通过贬低原告谋取自身竞争上的优势，属于捏造、散布虚伪信息的商业诋毁行为。

相关法条

1. 《中华人民共和国侵权责任法》第十五条：承担侵权责任的方式主要有：

（一）停止侵害；

（二）排除妨碍；

（三）消除危险；

（四）返还财产；

（五）恢复原状；

（六）赔偿损失；

（七）赔礼道歉；

（八）消除影响、恢复名誉。

以上承担侵权责任的方式，可以单独适用，也可以合并适用。

2. 《中华人民共和国反不正当竞争法》（2017年修订）第十一条：经营者不得编造、传播虚假信息或者误导性信息，损害竞争对手的商业信誉、商品声誉。

六、商业诋毁

3.《中华人民共和国反不正当竞争法》（2017年修订）第十七条：经营者违反本法规定，给他人造成损害的，应当依法承担民事责任。

经营者的合法权益受到不正当竞争行为损害的，可以向人民法院提起诉讼。

因不正当竞争行为受到损害的经营者的赔偿数额，按照其因被侵权所受到的实际损失确定；实际损失难以计算的，按照侵权人因侵权所获得的利益确定。赔偿数额还应当包括经营者为制止侵权行为所支付的合理开支。

经营者违反本法第六条、第九条规定，权利人因被侵权所受到的实际损失、侵权人因侵权所获得的利益难以确定的，由人民法院根据侵权行为的情节判决给予权利人三百万元以下的赔偿。

4.《最高人民法院关于审理不正当竞争民事案件应用法律若干问题的解释》第十七条：确定《反不正当竞争法》第十条规定的侵犯商业秘密行为的损害赔偿额，可以参照确定侵犯专利权的损害赔偿额的方法进行；确定《反不正当竞争法》第五条、第九条、第十四条规定的不正当竞争行为的损害赔偿额，可以参照确定侵犯注册商标专用权的损害赔偿额的方法进行。

因侵权行为导致商业秘密已为公众所知悉的，应当根据该项商业秘密的商业价值确定损害赔偿额。商业秘密的商业价值，根据其研究开发成本、实施该项商业秘密的收益、可得利益、可保持竞争优势的时间等因素确定。

判决书（节选）

……

本院认为：

依据本院查明之事实及双方当事人的诉辩意见，本案的争议焦点为：一、被告的行为是否构成商业诋毁的不正当竞争行为；二、若构成商业诋毁，被告应当承担的民事责任。

　　关于争议焦点一，本院认为，原告系提供家庭生活服务的互联网家政服务平台，被告为提供家政服务日常保洁的服务公司，两者经营范围存在重叠、受众相同，故原、被告系同行业竞争者。经营者在散布有损于竞争对手的信息时要秉承诚实信用的原则，以免对竞争对手的商誉造成不合理的损害。被告在短信中声称"由于牛家帮内部问题，导致无法给您正常安排"，根据被告提供证据，原、被告在合作过程中曾就派单数量、派单范围几次进行过沟通，被告也曾向原告催讨款项，但上述问题属原、被告合作过程出现的纠纷，被告可以通过正当的途径解决。现被告将原、被告之间的合作纠纷与原告向客户提供的服务混为一谈，并在没有事实依据的情况下，作出"无法给您正常安排"的推测。被告虽提供了LY的微信，但微信内容仅证明原告没有联系该客户，不能得出无法正常安排的结论，故被告发布上述内容的行为属于捏造、散布虚伪信息的行为。对于被告"现在我们脱离出来加入云家政平台，可以安排更好的保洁员上门服务"的表述，原告认为是将牛家帮与云家政的服务进行对比，并得出云家政提供的服务更好的结论，损害了原告的商誉，导致原告客户可能向云家政下单的结果；被告则认为仅是向客户表明可以提供更好的服务，并无诋毁原告的改意。本院认为，联系上下文，被告首先对原告提供的服务散布虚假的信息，然后通过使用"更好的"一词，以对比的方式贬低原告的服务，极易造成误导，从而影响消费者的决定，被告发布上述内容旨在通过贬低原告谋取自身竞争上的优势，属于捏造、散布虚伪信息的行为。关于涉案信息的发送范围，原告现举证被告向四名客户发送了短信，被告对樊×等三人予以确认；被告虽不能确认是否向钱先生发送了涉案短信，但钱先生的电话录音证实其收到过涉案短信，时间与樊×、毛×青收到涉案短信的时间相同，且被告认可向杨浦区部分客户发送过涉案短信，故本院认定被告向钱先生也发送了涉案短信。商业信誉作为一种无形资产，商业诋毁造成的损害包括已经实际发生的损害和可能发生的损害。被告将涉案短信通过云家政平台向客户发送，贬低了原告的服务声誉和商业信誉，客观上会造成原告社会评价降低，应当认定对原告商誉造成了损害。

关于争议焦点二，被告的行为构成不正当竞争，应当承担消除影响、赔偿损失的民事责任。原告要求被告在《解放日报》或《新民晚报》或《时代报》上消除影响，本院认为，刊登声明的方式、范围应与侵权行为造成的影响范围相适应，被告涉案短信发送的客户均为杨浦区范围，原告也认为被告的行为在杨浦区范围的客户中造成了不良影响，故被告在《杨浦时报》上刊登声明，可以达到消除影响的效果。关于侵权损害赔偿数额，鉴于原告无法举证证明其实际损失，也难以证明被告基于商业诋毁行为的获利，本院综合考虑涉案原、被告的经营范围，被告的主观过错程度，实施商业诋毁行为的方式、范围、持续时间、造成的影响等因素，酌情确定相应的赔偿金额。关于原告主张的律师费，本院结合依法维权的实际需要、提供服务的内容及难易程度，酌情予以确定。

据此，依照《中华人民共和国侵权责任法》第十五条第一款第（六）项、第（八）项，《中华人民共和国反不正当竞争法》第十四条、第二十条，《最高人民法院关于审理不正当竞争民事案件应用法律若干问题的解释》第十七条第一款的规定，判决如下：

一、被告家庭服务公司应于本判决生效之日起三十日内在《杨浦时报》刊登声明，消除商业诋毁行为对原告电子商务公司造成的影响（声明内容须经本院核准）；

二、被告家庭服务公司应于本判决生效之日起十日内赔偿原告电子商务公司经济损失5,500元；

三、被告家庭服务公司应于本判决生效之日起十日内支付原告电子商务公司合理维权费用3,500元。

如果未按本判决指定的期间履行给付金钱义务，应当依照《中华人民共和国民事诉讼法》第二百五十三条的规定，加倍支付迟延履行期间的债务利息。

案件受理费1,802元，由原告电子商务公司负担800元，被告家庭服务公司负担1,002元。

如不服本判决，可在判决书送达之日起十五日内向本院递交上诉状，并按照对方当事人或者代表人的人数提出副本，上诉于上海知识产权法院。

二〇一六年十二月二十八日

七、互联网不正当竞争行为

非法抓取、使用其他网络经营者的用户个人信息以及非法获取、使用用户手机通讯录联系人与其他软件经营者用户对应关系的行为构成不正当竞争

——评析北京××××网络技术有限公司诉北京××××技术有限公司、北京××××科技发展有限公司不正当竞争纠纷案

案情概要

基本信息

一审信息：

案号：2015 年海民（知）初字第 12602 号

原告：北京×××网络技术有限公司

被告：北京×××技术有限公司

北京×××科技发展有限公司

一审法院：北京市海淀区人民法院

二审信息：

案号：（2016）京 73 民终 588 号

上诉人：北京×××技术有限公司

北京×××科技发展有限公司

被上诉人：北京×××网络技术有限公司

二审法院：北京知识产权法院

诉讼请求

一审诉讼请求：

一、技术公司、科技公司立即停止四项不正当竞争行为；

二、在 www.maimai.cn 网站首页显著位置及 APP 应用显著位置连续三十天刊登声明，消除影响；

三、赔偿网络技术公司经济损失 1,000 万元及合理开支 30 万元（合理开支包括律师费 20 万元、公证费等其他费用 10 万元）。

二审诉讼请求：

撤销一审判决的第一项至第三项，改判驳回网络技术公司对上诉人技术公司、科技公司的全部诉讼请求或者将本案发回重审。

案情介绍

北京××××网络技术有限公司（以下简称"网络技术公司"）是新浪微博的经营人，北京××××技术有限公司（以下简称"技术公司"）、北京××××科技发展有限公司（以下简称"科技公司"）共同经营脉脉软件及脉脉网站（网址为http：//maimai.cn）。科技公司为脉脉网站备案人以及脉脉软件的数字签名人。技术公司、科技公司表示，其与网络技术公司合作期间，用户使用手机号或新浪微博账号注册脉脉，需要上传个人手机通讯录联系人，脉脉账号的一度人脉来自脉脉用户的手机通讯录联系人和新浪微博好友，二度人脉为一度人脉用户的手机通讯录联系人和微博好友；与网络技术公司合作结束后，用户只能通过手机号注册登录，一度人脉仅是脉脉用户的手机通讯录联系人，他人留存有脉脉用户的手机号，该人也会出现在脉脉用户的一度人脉中，一度人脉不一定是脉脉用户。

根据一审原告提供的公证书显示，在安卓系统手机中安装脉脉软件，出现的《脉脉服务协议》第一条明确该协议为科技公司与脉脉服务使用人之间的服务协议，用户一旦使用第三方平台账号注册、登录、使用脉脉服务，淘友公司对该第三方平台所记录信息的任何使用行为，均将被视为已经获得了用户本人的完全同意并接受。通过iTunes搜索脉脉软件，查看《脉脉服务协议》，该协议内容与前述协议内容基本一致，区别主要在于第二条约定"用户授权的明确性"。用户注册、登录、使用脉脉服务的行为，即视为明确同意淘友公司收集和使用其用户信息，无须其他意思表示。淘友公司对用户信息的使用无须向用户支付任何费用。用户具有信息删除的选择权。该协议明确网络技术公司依据本协议提供服务，本协议在开发者和网络技术公司间具有合同上的法律效力。开发者违反本协议时,网络技术公司有权依照其违反情况限制或停止向开发者提供开放平台服务,并有权追究开发者的相关责任。

网络技术公司表示,根据《开发者协议》,技术公司、科技公司仅为普通用户,可以获得新浪微博用户的 ID 头像、好友关系(无好友信息)、标签、性别,无法获得新浪微博用户的职业和教育信息,但技术公司、科技公司违反了《开发者协议》,使大量未注册为脉脉用户的新浪微博用户的相关信息也展示在脉脉软件中,且双方合作终止后,技术公司、科技公司仍使用大量非脉脉用户的微博用户信息。技术公司、科技公司认为,网络技术公司在微博开放平台对开发者获取用户信息给予不同的访问授权级别,技术公司、科技公司为最高级别权限。网络技术公司结合公证书进行解释,普通接口不用申请就可使用,但获取包括职业信息、教育信息的高级接口使用权需要申请,技术公司、科技公司在申请中备注高级接口并获得授权,但其未申请其他高级接口的使用权。

网络技术公司主张技术公司、科技公司实施了四项不正当竞争行为:

第一项行为指非法抓取、使用新浪微博用户信息,用户信息包括头像、名称、职业信息、教育信息、用户自定义标签及用户发布的微博内容。双方合作结束后,技术公司、科技公司不仅未及时删除双方合作期间获取的新浪微博用户信息,还非法抓取并使用新浪微博用户的头像、名称、教育信息、职业信息、标签信息等。

第二项行为指非法获取并使用脉脉注册用户手机通讯录联系人与新浪微博用户的对应关系。技术公司、科技公司采取技术措施在双方合作期间及合作结束后,非法获取脉脉用户手机通讯录联系人与新浪微博用户的对应关系,并将该对应关系用于脉脉用户一度人脉中。网络技术公司强调,其未授权脉脉软件使用新浪微博用户的手机号,但技术公司、科技公司若未使用手机号进行匹配,不可能有如此高的匹配度。

第三项行为指技术公司、科技公司模仿新浪微博加 V 认证机制及展现方式。

第四项行为指技术公司、科技公司发表的网络言论对其构成商业诋毁。

审理结果

一审判决：

一、技术公司、科技公司停止涉案不正当竞争行为；

二、技术公司、科技公司共同在脉脉网站（网址为www.maimai.cn）首页、脉脉客户端软件首页连续四十八小时刊登声明，就本案不正当竞争行为为原告网络公司消除影响（声明内容须经一审法院审核，逾期不履行，一审法院将根据原告网络公司申请，在相关媒体公布判决主要内容，费用由被告技术公司、被告科技公司承担）；

三、技术公司、科技公司共同赔偿原告网络公司经济损失二百万元及合理费用二十万八千九百九十八元；

四、一审案件受理费八万三千六百元，由网络公司负担三万元（已交纳），由技术公司、科技公司共同负担五万三千六百元（于本判决生效之日起七日内交纳）。

二审判决：

驳回上诉请求，维持原判。

二审案件受理费二万二千八百元，由技术公司、科技公司共同负担（已交纳）。

要点分析

根据《中华人民共和国反不正当竞争法》（1993）第二条规定，经营者在市场交易中，应当遵循自愿、平等、公平、诚实信用的原则，遵守公认的商业道德。本文主要围绕技术公司、科技公司相关行为是否构成不正当竞争进行分析：

一、技术公司、科技公司获取、使用新浪微博用户信息的行为是否构成不正当竞争行为

（一）关于合作期间，上诉人技术公司、科技公司获取脉脉用户中新浪微博的职业信息、教育信息的方式问题

二审法院认为由于双方当事人举证所限无法再现被诉侵权行为发生时的事实状态，将根据举证规则的具体要求确认法律事实。根据《中华人民共和国民事诉讼法》、《最高人民法院关于民事诉讼证据的若干规定》相关规定以及最高院相关判例明确不正当竞争案件中同样应适用举证的一般规则，即原告对其主张的被诉行为构成不正当竞争这一事实负有举证责任。但本案一、二审期间，被上诉人网络技术公司均未提交其后台被爬虫抓取的相关日志，也未提交其他任何证据证明上诉人技术公司、科技公司通过爬虫抓取相关数据，且未就其不能提供前述日志给出合理解释，故其应当承担举证不能的不利后果。一审法院就上诉人技术公司、科技公司如何获取职业信息、教育信息的技术手段没有查明，就直接认定"不论两被告采取何种技术措施，都能认定两被告在双方合作期间存在抓取涉案新浪微博用户职业信息、教育信息的行为"不妥，二审法院予以纠正。此外，从本案中被上诉人网络技术公司的举证情况可以看出，作为拥有上亿用户的大型社交网络平台的运营主体，其网站后台记录却未能保留全部获取/抓取日志，对于是否被爬虫抓取或通过其他手段抓取相关用户信息均存在举证不能的情况，这暴露出被上诉人网络技术公司作为大型互联网运营平台对于用户信息保护的责任意识十分欠缺，技术水平亟待提高。互联网时代，保护用户信息是互联网企业的社会责任。互联网企业应当采取相应的技术措施反爬虫抓取用户数据信息并在后台就所有爬虫记录进行留存。

（二）技术公司、科技公司获取并使用新浪微博用户信息的行为是否构成不正当竞争行为

二审法院认为基于互联网行业中技术形态和市场竞争模式与传统行业存在显著差别，为保障新技术和市场竞争模式的发展空间，在适用《中华人民共和国反不正当竞争法》（1993）第二条认定构成不正当竞争同时应当具备以下条件：1. 法律对该种竞争行为未作出特别规定；2. 其他经营者的合法权益确因该竞争行为而受到了实际损害（《中华人民共和国反不正当竞争法》（2017年修订）将"其他经营者"扩大到"其他经营者或者消费者"）；3. 该种竞争行为因确属违反诚实信用原则和公认的商业道德而具有不正当性；4. 该竞争行为所采用的技术手段确实损害了消费者的利益，例如：限制消费者的自主选择权、未保障消费者的知情权、损害消费者的隐私权等；5. 该竞争行为破坏了互联网环境中的公开、公平、公正的市场竞争秩序，从而引发恶性竞争或者具备这样的可能性；6. 对于互联网中利用新技术手段或新商业模式的竞争行为，应首先推定具有正当性，不正当性需要证据加以证明。据此分析如下：

首先，技术公司、科技公司获取并使用新浪微博用户的职业信息和教育信息的行为构成违反《开发者协议》。上诉人技术公司、科技公司在获取用户职业信息和教育信息时明知或应知需要申请及获得"高级接口"使用权的情况下仍放任技术的抓取能力而获取相应信息，不仅破坏了基于《开发者协议》建立起来的OpenAPI合作模式，还容易引发"技术霸权"的恶性竞争，即只要技术上具备信息获取能力就可以对其进行任意取得，从而破坏了互联网行业的竞争秩序。法律对该种竞争行为未作出特别规定，但是，诚实遵守《开发者协议》的其他经营者及作为数据开放平台的网络技术公司的合法权益确因该竞争行为而受到了实际损害，任由技术抓取能力获取信息的方式如果不加规范必将引发技术的恶性竞争。

其次，技术公司、科技公司获取并使用非脉脉用户的新浪微博信息的行为构成违反《开发者协议》。上诉人技术公司、科技公司并没有基于《开发者协议》在取得用户同意的情况下读取非脉脉用户的新浪微博信息，其获取前述信息的行为没有充分尊重《开发者协议》的内容，未能尊重用户的知情权及自由选择权，一定程度上破坏了 OpenAPI 合作开发模式。互联网技术飞速发展，各种新型的开发模式及应用不断涌现，这其中难免会出现技术的不足或管理的缺陷，当面临可能触及消费者利益时，诚实的网络经营者应当本着诚实信用的原则，遵守公认的商业道德，以保护消费者的利益为优先选择，而不是任凭技术的能力获得相关的数据信息或竞争优势。在大数据时代，如何对用户数据信息进行保护以及如何进行合法的商业化利用必将成为重要的课题，这需要所有网络经营者及互联网参与者的共同努力。

最后，技术公司、科技公司获取并使用非脉脉用户新浪微博信息的行为不符合诚实信用原则和商业道德。认定竞争行为是否违背诚信或者商业道德，往往需要综合考虑经营者、消费者和社会公众的利益，需要在各种利益之间进行平衡。不正当性不仅仅是针对竞争者，不当地侵犯消费者利益或者侵害了公众利益的行为都有可能被认定为行为不正当。在具体案件中认定不正当竞争行为，要从诚实信用标准出发，综合考虑涉案行为对竞争者、消费者和社会公众的影响。互联网中，对用户个人信息的采集和利用必须以取得用户的同意为前提，这是互联网企业在利用用户信息时应当遵守的一般商业道德。同时，尊重个体对个人信息权利的处分和对新技术的选择，是在个人信息保护和大数据利用的博弈中找到平衡点的重要因素。

（三）网络技术公司是否可以就第三方应用使用其用户数据的不正当行为主张自身权益的问题

技术公司、科技公司主张其获取并使用非脉脉用户的新浪微博信息，就非脉脉用户相关信息的权利主张应当由用户提出,网络技术公司不能就此主张权益。对此,二审法院认为,一种行为如果损害了消费者的权益但没有对公平竞争秩序构成损害,则不属于不正当竞争行为,消费者可以通过其他法律维护自己的权益,不正当竞争必然与竞争行为联系在一起。但本案中,上诉人技术公司、科技公司未经新浪微博用户的同意,获取并使用非脉脉用户的新浪微博信息,节省了大量的经济投入,变相降低了同为竞争者的新浪微博的竞争优势。对社交软件而言,存在明显的用户网络效应,使用用户越多则社交软件越有商业价值。脉脉作为提供职场动态分享、人脉管理、人脉招聘、匿名职场八卦等功能的交友平台,用户信息更是其重要的商业资源,其掌握用户的数量与其竞争优势呈正相关。

综上所述,二审法院认为,上诉人技术公司、科技公司获取新浪微博信息的行为存在主观过错,违背了在 OpenAPI 开发合作模式中,第三方通过 OpenAPI 获取用户信息时应坚持"用户授权" + "平台授权" + "用户授权"的三重授权原则,违反了诚实信用原则和互联网中的商业道德,故上诉人技术公司、科技公司获取并利用新浪微博用户信息的行为不具有正当性。

二、技术公司、科技公司获取、使用脉脉用户手机通讯录联系人与新浪微博用户对应关系的行为是否构成不正当竞争

(一)技术公司、科技公司是否展示了手机通讯录联系人与新浪微博用户的对应关系以及其如何实现该对应关系

本案中,上诉人技术公司、科技公司并未能就其所采用的协同过滤算法的具体计算方法、进行协同计算前如何辨别基础数据的准确性以及如何对基础数据进行筛选等问题进行说明,特别是没有就在新浪微博信息中未填手机号码的用户如何通过协同过滤算法,精准的计算出其与手机通讯录中联系人之间的对应关系进行说明。因此,根据证据优势原则,

二审法院对上诉人技术公司、科技公司主张其全部对应关系均系通过协同过滤算法计算得出的主张不予支持。考虑到手机通讯录联系人与新浪微博用户的对应关系的高度准确性及极具个性化的微博信息也能与相应的手机通讯录联系人相对应，在没有证据证明上诉人技术公司、科技公司采取了其他方式获取前述对应关系的情况下，二审法院依据举证规则及在案证据，推定上诉人技术公司、科技公司在获取手机通讯录联系人与微博信息对应关系时存在通过手机号码、其他类似手机号码的用户精准信息进行匹配的行为。

（二）技术公司、科技公司展示用户通讯录联系人与新浪微博用户之间的对应关系的行为是否构成不正当竞争行为

二审法院认为，上诉人技术公司、科技公司的行为违反了诚实信用原则和公认的商业道德。在互联网行业中涉及对用户信息的获取并使用的不正当竞争行为认定时，是否取得用户同意以及是否保障用户的自由选择是公认的商业道德。此外，脉脉通过用户上传手机通讯录展示非脉脉用户的微博信息，损害了非脉脉用户的知情权和选择权。上诉人技术公司、科技公司获取并展示对应关系的行为损害了公平的市场竞争秩序，同时，一定程度上损害了上诉人网络技术公司的竞争利益。

综上所述，上诉人技术公司、科技公司未经新浪微博用户的同意及新浪微博的授权，获取、使用脉脉用户手机通讯录中非脉脉用户联系人与新浪微博用户对应关系的行为，违反了诚实信用原则及公认的商业道德，破坏了OpenAPI的运行规则，损害了互联网行业合理有序公平的市场竞争秩序，一定程度上损害了被上诉人网络技术公司的竞争优势及商业资源，根据《中华人民共和国反不正当竞争法》（1993）第二条的规定，上诉人技术公司、科技公司展示对应关系的行为构成不正当竞争行为。

三、技术公司、科技公司实施的涉案行为是否构成对被上诉人网络技术公司的商业诋毁

《中华人民共和国反不正当竞争法》（1993）第十四条规定：经营者不得捏造、散布虚伪事实，损害竞争对手的商业信誉、商品声誉。（《中华人民共和国反不正当竞争法》（2017年修订）第十一条，将"捏造、散布"修改为"编造、传播"，将"虚伪事实"修改为"虚假信息或者误导性信息"。）由此，商业诋毁由三个构成要件组成：1. 主体是经营者；2. 行为是捏造、散布虚伪事实（虚假信息或者误导性信息）；3. 后果是损害竞争对手的商业信誉、商品声誉。

本案中，技术公司、科技公司与网络技术公司同为社交软件的经营者，软件的功能及用户群体存在重叠，符合商业诋毁行为的主体要件。

关于被诉行为是否构成商业诋毁的行为要件，可以从以下四个方面进行判断：

（一）披露原告负面信息时，存在虚构、歪曲、夸大等情形，误导相关公众对原告作出负面评价的；

（二）披露原告负面信息时，虽能举证证明该信息属客观、真实，但披露方式显属不当，且足以误导相关公众从而产生错误评价的；

（三）以言语、奖励积分、提供奖品或者优惠服务等方式，鼓励、诱导网络用户对原告作出负面评价的；

（四）其他构成商业诋毁的情形。

技术公司、科技公司在公开声明中没有客观、完整地呈现双方终止合作的前因后果，披露方式显属不当，将会误导新浪微博用户及其他相关公众对网络技术公司产生泄露用户信息、非法获取用户信息的错误评价，损害网络技术公司的商业信誉，构成商业诋毁行为。

通过对上述争议焦点的分析和判定，二审法院认为一审判决虽然存在部分技术事实认定不清的问题，但考虑到最终结论正确，二审法院予

以维持。同时，二审法院还指出被上诉人网络技术公司作为新浪微博的网络运营者，拥有上亿用户的个人信息，庞大的用户群及数据信息成为新浪微博在社交软件中的竞争优势。但网络技术公司在 OpenAPI 的接口权限设置中存在重大漏洞，被侵权后无法提供相应的网络日志进行举证，对于涉及用户隐私信息数据的保护措施不到位，暴露出其作为网络运营者在管理、监测、记录网络运行状态，应用、管理、保护用户数据，应对网络安全事件方面的技术薄弱问题。为了保护新浪微博用户的个人信息及维护新浪微博的竞争优势，网络技术公司应当积极履行网络运营者的管理义务，防止用户数据泄露或被窃取、篡改，保障网络免受干扰、破坏或者未经授权的访问。

相关法条

1.《中华人民共和国反不正当竞争法》（1993）第一条：为保障社会主义市场经济健康发展，鼓励和保护公平竞争，制止不正当竞争行为，保护经营者和消费者的合法权益，制定本法。

2.《中华人民共和国反不正当竞争法》（2017 年修订）第一条：为了促进社会主义市场经济健康发展，鼓励和保护公平竞争，制止不正当竞争行为，保护经营者和消费者的合法权益，制定本法。

3.《中华人民共和国反不正当竞争法》（1993）第二条：经营者在市场交易中，应当遵循自愿、平等、公平、诚实信用的原则，遵守公认的商业道德。

本法所称的不正当竞争，是指经营者违反本法规定，损害其他经营者的合法权益，扰乱社会经济秩序的行为。

本法所称的经营者，是指从事商品经营或者营利性服务（以下所称商品包括服务）的法人、其他经济组织和个人。

4.《中华人民共和国反不正当竞争法》（2017 年修订）第二条：

七、互联网不正当竞争行为

经营者在生产经营活动中，应当遵循自愿、平等、公平、诚信的原则，遵守法律和商业道德。

本法所称的不正当竞争行为，是指经营者在生产经营活动中，违反本法规定，扰乱市场竞争秩序，损害其他经营者或者消费者的合法权益的行为。

本法所称的经营者，是指从事商品生产、经营或者提供服务（以下所称商品包括服务）的自然人、法人和非法人组织。

5.《中华人民共和国反不正当竞争法》（1993）第十四条：经营者不得捏造、散布虚伪事实，损害竞争对手的商业信誉、商品声誉。

6.《中华人民共和国反不正当竞争法》（2017年修订）第十一条：经营者不得编造、传播虚假信息或者误导性信息，损害竞争对手的商业信誉、商品声誉。

7.《中华人民共和国反不正当竞争法》（1993）第二十条：经营者违反本法规定，给被侵害的经营者造成损害的，应当承担损害赔偿责任，被侵害的经营者的损失难以计算的，赔偿额为侵权人在侵权期间因侵权所获得的利润；并应当承担被侵害的经营者因调查该经营者侵害其合法权益的不正当竞争行为所支付的合理费用。

被侵害的经营者的合法权益受到不正当竞争行为损害的，可以向人民法院提起诉讼。

8.《中华人民共和国反不正当竞争法》（2017年修订）第十七条：经营者违反本法规定，给他人造成损害的，应当依法承担民事责任。

经营者的合法权益受到不正当竞争行为损害的，可以向人民法院提起诉讼。

因不正当竞争行为受到损害的经营者的赔偿数额，按照其因被侵权所受到的实际损失确定；实际损失难以计算的，按照侵权人因侵权所获得的利益确定。

赔偿数额还应当包括经营者为制止侵权行为所支付的合理开支。

经营者违反本法第六条、第九条规定，权利人因被侵权所受到的实际损失、侵权人因侵权所获得的利益难以确定的，由人民法院根据侵权行为的情节判决给予权利人三百万元以下的赔偿。

判决书（节选）

二审判决书（节选）

……

本院认为：

根据《中华人民共和国民事诉讼法》（简称《民事诉讼法》）第一百六十八条之规定：第二审人民法院应当对上诉请求的有关事实和适用法律进行审查。庭审中，本案按照—焦点—查明—辩论的方式进行审理，为实现诉辩审相一致，本院将围绕以下焦点问题结合查明事实和辩论意见具体分析如下：

一、上诉人技术公司、科技公司获取、使用新浪微博用户信息的行为是否构成不正当竞争行为；

二、上诉人技术公司、科技公司获取、使用脉脉用户手机通讯录联系人与新浪微博用户对应关系的行为是否构成不正当竞争行为；

三、上诉人技术公司、科技公司是否对被上诉人网络技术公司实施了商业诋毁行为；

四、一审判决有关民事责任的确定是否适当。

上诉人技术公司、科技公司获取、使用新浪微博用户信息的行为是否构成不正当竞争行为。

针对该焦点问题，二审期间，上诉人技术公司、科技公司认为其不构成不正当竞争行为的理由如下：

七、互联网不正当竞争行为

（一）其在与被上诉人网络技术公司合作期间取得并使用新浪微博用户的职业信息、教育信息系通过 OpenAPI 接口，获得及使用合法；获取并使用用户的职业信息、教育信息正是脉脉作为职场社交软件最核心的功能之一，脉脉软件获取并使用用户的职业信息、教育信息属于为程序运行和实现功能之必要目的，符合《开发者协议》的约定，具有正当性。

（二）获取并使用非脉脉用户的新浪微博信息具有合法性，并未违反《开发者协议》或《脉脉服务协议》的约定。同时，就非脉脉用户相关信息的权利主张，应当由用户提出，网络技术公司作为原告并不适格。

（三）在合作结束后，其已按照《开发者协议》的约定删除从新浪微博获取的相关用户信息，并不存在合作结束后非法使用新浪微博用户信息的行为，且数据清理过程中尽到了合理、审慎的注意义务，并体现出诚信原则，不存在违反《开发者协议》的情形。针对上诉人技术公司、科技公司的前述上诉理由，本院从以下三方面进行论述：

1. 关于合作期间，上诉人技术公司、科技公司获取脉脉用户中新浪微博的职业信息、教育信息的方式问题

诉讼中，上诉人技术公司、科技公司主张其获得新浪微博 OpenAPI "合作级"频次授权后就可以直接读取新浪微博用户的职业信息和教育信息，也认可其并没有就获得读取职业信息和教育信息的权限单独提交申请。被上诉人网络技术公司主张上诉人为普通用户，可以获得新浪微博用户的 ID 头像、好友关系（无好友信息）、标签、性别，但其通过 OpenAPI 接口无法直接获得新浪微博的职业信息和教育信息。

二审庭审中，双方的专家辅助人均认可在互联网中取得数据信息的方式一般可以分为两种，即经合法授权后的获取和通过爬虫技术手段的抓取，这两种取得数据信息的方式均会在数据方的后台留下日志。

上诉人技术公司、科技公司在庭审中称其获取新浪微博用户的职业

信息和教育信息是履行《开发者协议》的行为,不需要绕开 OpenAPI 即可获取。上诉人的专家辅助人徐俊进一步解释了上诉人如何通过 OpenAPI 获取新浪微博的用户信息。新浪微博开放平台对第三方开发者获取不同信息有不同的授权接口,其中主要有以下 5 个接口:……

上述接口是新浪微博授权脉脉获取新浪微博用户资料的接口,其中头像信息、职业信息、教育信息、标签信息都可以通过上述接口获取。用户授权后,接口使用者可以通过该用户的授权,获取用户好友关系。因此,如果脉脉获取相关用户的信息没有超出上述接口的具体授权,就没有超出 OpenAPI 接口范围获取用户信息。同时,新浪微博给予上述接口的具体授权,当然表示其同意脉脉从 OpenAPI 接口范围获取信息。

被上诉人网络技术公司在庭审中主张,新浪微博作为信息开放平台,通过与第三方应用签订协议向其提供 OpenAPI 接口,第三方应用在经过用户授权的前提下,可通过该接口获取用户信息。OpenAPI 是第三方应用从新浪微博获取用户信息的唯一合法途径,任何其他形式的数据抓取行为都是被禁止的。在上诉人技术公司、科技公司与被上诉人网络技术公司的合作期间内,上诉人技术公司、科技公司在其运营的脉脉中使用的新浪微博用户的职业信息及教育信息是无法通过 OpenAPI 获取的,因为上诉人在 OpenAPI "合作级"中没有获得属于"高级"内容的职业信息及教育信息的权限。被上诉人的专家辅助人李庆丰进一步解释了脉脉在合作期间内的接口情况(见表一):

……

被上诉人网络技术公司称,由表一可见,在合作期间内脉脉无法获得新浪微博用户的教育信息和职业信息。具体而言,新浪微博 OpenAPI 的权限体系有三个维度:授权有效期权限、调用频次权限、接口权限。分别有普通、高级区分。前两个权限与接口权限是独立无关的,并且每类高级接口权限都需要第三方应用单独进行申请,均会有相关操作日志

七、互联网不正当竞争行为

记录。高级接口权限包括用户的隐私信息,如:职业信息接口,教育信息接口等。应用获取相关高级接口权限后,仍需要在用户授权情况下才能调用获取。在2014年,users/show 接口可以支持传入其他 UID 来获取用户信息,但这个 users/show 接口是普通用户信息接口,不支持获取用户的职业、教育信息;同时,高级用户信息接口(profile/career 和 profile/education)可以获取他人的职业、教育信息,但这些高级接口需要单独进行申请,并通过平台的严格审核后才能调用。脉脉拥有的接口权限不含有"用户高级读取权限",即没有获取用户职业信息、教育信息的接口权限。脉脉之前所有的调取频率的高级账户,新浪微博于2015年4月3日统一对外网账户的相关信息进行了调整,并不针对脉脉。因此,第三方应用脉脉只有普通用户信息接口权限,无高级用户信息接口权限,从其授权的 OpenAPI 接口渠道无法获取微博用户的职业信息、教育信息,被上诉人网络技术公司称其有合理理由相信,上诉人技术公司、科技公司使用了 OpenAPI 以外的非法手段抓取新浪微博用户的职业信息和教育信息。

对此,本院认为,第一,关于 OpenAPI 的基本情况。

OpenAPI 即开放 API(Application Programming Interface,应用编程接口),是服务型网站常见的一种应用,网站的服务商将自己的网站服务封装成一系列 API 开放出去,供第三方开发者使用,这种行为称作开放网站的 API,所开放的 API 被称作 OpenAPI。OpenAPI 是互联网新的应用开发模式,这种网络应用开发模式能够更好地发挥数据资源价值,实现开放平台方和第三方应用方之间的合作共赢。OpenAPI 通过《开发者协议》来约定双方的权利义务,同时,也通过该协议来实现保护用户数据信息。OpenAPI 的权限控制和安全权限控制由 OpenAPI 的提供方通过技术手段来控制实现,应用开发者必须在满足相应权限的前提下才有可能访问到相关资源。应用开发者通过 OpenAPI 平台调用数据,平台系统可通过检测响应时间和 Http 响应的状态码，获得相应时间和可用性，同时通过综合可用性的历史信息，得到该 OpenAPI 当前的稳定性指标。

第二，被上诉人网络技术公司向上诉人技术公司、科技公司提供 OpenAPI 开放接口的情况。

被上诉人网络技术公司为了实现新浪微博的开放平台战略，提供 OpenAPI 合作开发模式，允许第三方应用通过 OpenAPI 调用新浪微博平台的相关数据。新浪微博通过 OpenAPI 途径，让第三方应用可以在用户授权的前提下，通过相关接口获取相关信息。被上诉人网络技术公司与第三方（包括上诉人技术公司、科技公司）之间的《开发者协议》的主要内容为：第 2.2 条约定与网络技术公司开展合作的开发者，其行为受协议及微博开放平台规则及微博平台上公示的规则、制度、规范的约束。开发者必须合法使用网络技术公司授予其应用 AppKey。第 2.5 条约定开发者应用或服务需要收集用户数据的应当符合以下条件：2.5.1 开发者应用或服务需要收集用户数据的，必须事先获得用户的同意，仅应当收集为应用程序运行及功能实现目的而必要的用户数据和用户在授权网站或开发者应用生成的数据或信息。开发者应当告知用户相关数据收集的目的、范围及使用方式，以保障用户的知情权。2.5.5 约定未经用户同意，开发者不得收集用户的隐私信息数据及其他网络技术公司认为属于敏感信息范畴的数据，开发者不得收集或要求用户提供任何微博账号、密码，开发者不得收集或要求用户提供用户关系链、好友列表数据等。

网络技术公司与微博用户达成的《微博服务使用协议》第 6.2 条约定，"保护用户隐私和其他个人信息是网络技术公司的一项基本政策，网络技术公司保证不会将单个用户的注册资料及用户在使用微博服务时存储在网络技术公司的非公开内容用于任何非法的用途，且保证将单个用户的注册资料进行商业上的利用时应事先获得用户的同意，但下列情况除外：……6.2.4 用户自行在网络上公开的信息或其他已合法公开的个人信息。"新浪微博对用户的《微博个人信息保护政策》明确载明，"未经您本人允许，微博不会向任何第三方披露您的个人信息，下列情形除外：1）微博已经取得您或您监护人的授权；……4）根据您与微博相关服务条款、应用许可使用协议的约定；……"网络技术公司在其与微博用户的《微博服务使用协议》、《微博个人信息保护政策》中明确约定可以无须征得用户同意即将其公开的个人信息作为商业使用并向第三方披露。

第三，上诉人技术公司、科技公司是否通过被上诉人网络技术公司提供的OpenAPI开放接口获得用户的教育信息和职业信息。

根据双方专家辅助人对技术的意见来看，从技术上讲，如果脉脉系通过OpenAPI开放接口获取数据，脉脉和新浪微博都可以保留调取数据的日志。上诉人技术公司、科技公司未能提交其通过OpenAPI开放接口调取数据的日志，理由为新浪微博已于2014年5月将"职业"和"教育"信息的获取接口关闭，且于2014年8月终止与脉脉合作后关闭了脉脉的所有接口，脉脉因服务器容量有限，没有保留之前通过OpenAPI接口调取数据的日志。被上诉人网络技术公司也未能提交脉脉通过OpenAPI开放接口调取数据的日志。其一审提交的第十九组证据《脉脉APP端口在微博平台读取记录》证明其保存了OpenAPI的调取日志，但该份证据只有users_show（获取用户信息）接口有相对较多的调用记录，而且在2014年4月13日、2013年9月11日至9月30日、10月7日至10月10日、10月13日、10月16日并没有该接口的调用记录；该日志中并没有career（获取职业信息）、education（获取教育信息）、tags（获取用户标签，此接口新浪承认脉脉有调用权限）的任何调用记录，friends_bilateral（获取用户好友关系，此接口新浪承认脉脉有调用权限）的调用记录仅仅只有两条；加之，该技术日志有大量的时间并没有任何调用记录，如：2013年9月14日、9月19日至9月21日、10月1日至10月6

日、10月19日、12月15日、12月16日、12月19日、12月21日、2014年4月13日等。从上述证据反映的情况来看，很难确信被上诉人网络技术公司提交的该份日志系一份真实、完整的技术日志，因此，在案证据不能完整呈现脉脉通过OpenAPI获取微博用户数据的情况，也不能以此证明脉脉并非通过OpenAPI获取微博用户相关数据。

对此，被上诉人网络技术公司解释，新浪微博当前日志保存策略为：距今1年内留存全量日志数据，1年以上的将抽取部分月份日志数据进行留存。新浪微博以微博用户@太牛乐为例，查询其2014年全年抽样留存的职业信息、教育信息的接口调用日志记录，可以看到用户的调用来源、调用时间和具体IP，这些记录的调用来源为微博weibo.com、iPhone客户端等6个应用方，没有看到来源为脉脉应用（Appkey）的调用记录。

至此，由于双方当事人举证所限无法再现被诉侵权行为发生时的事实状态，本院将根据举证规则的具体要求确认法律事实。根据《民事诉讼法》第六十四条第一款规定："当事人对自己提出的主张，有责任提供证据。"该条款规定了举证责任分配的一般规则为"谁主张谁举证"。《最高人民法院关于民事诉讼证据的若干规定》第二条规定："当事人对自己提出的诉讼请求所依据的事实或者反驳对方诉讼请求所依据的事实有责任提供证据加以证明。没有证据或者证据不足以证明当事人的事实主张的，由负有举证责任的当事人承担不利后果。"该条款从行为及结果两方面规定了举证责任的分配问题。第七十三条规定："因证据的证明力无法判断导致争议事实难以认定的，人民法院应当依据举证责任分配的规则做出裁判"。最高人民法院在审理（2009）民申字第1065号"山东省食品进出口公司等与青岛圣克达诚贸易有限公司等不正当竞争纠纷再审案"中认定，"当事人对自己的诉讼请求所依据的事实有责任提供证据加以证明，这是我国民事诉讼法有关举证责任分配的一般规则，只有在法律有明文规定的特殊情况下才存在例外。如果当事人对其诉讼请求的举证达到了一定的证明程度，能够证明相关诉讼主张的成立，接下来应由对方当事人承担否定该主张的举证责任。我国相关法律或者司法解释对有关不正当竞争行为的民事诉讼并未规定特殊的举证责任规则，因此应适用一般规则。"最高人民法院在判决中明确不正当竞争案件中同样应适用举证的一般规则，即原告对其主张的被诉行为构成不正当竞争这一事实负有举证责任。

本案中，被上诉人网络技术公司主张上诉人技术公司、科技公司通过OpenAPI以外的非法手段抓取新浪微博用户的职业信息和教育信息，对此应适用举证责任分配的一般规则，即"谁主张谁举证"。如双方专家辅助人所陈述，如果脉脉采用爬虫的方式抓取新浪微博中用户数据，新浪微博的服务器上会留下相关的日志。因此，如果脉脉绕开微博开放接口通过爬虫技术来抓取数据，被上诉人网络技术公司是可以用其后台的相关日志来证明脉脉采用爬虫方式抓取新浪微博数据的行为。但是，本案一、二审期间，被上诉人网络技术公司均未提交其后台被爬虫抓取的相关日志，也未提交其他任何证据证明上诉人技术公司、科技公司通过爬虫抓取相关数据，且未就其不能提供前述日志给出合理解释。虽然被上诉人网络技术公司主张了上诉人技术公司、科技公司可能通过建立大量微博账户，模拟正常用户行为在网页主站、无线客户端等进行信息抓取或者购买大量IP来伪造调用IP来源，通过伪造为正常用户的请求等手段实现信息抓取。但是，其并未就上诉主张提供任何证据加以证明，尚未达到一定的证明程度从而发生举证责任转移的情形。在上诉人技术公司、科技公司提供初步证据证明其通过接口获得相关数据的情况下，本院根据"谁主张谁举证"的举证责任分配的一般规则，被上诉人网络技术公司由于缺乏证据证明上诉人技术公司、科技公司系绕过OpenAPI接口非法抓取相关信息，故其应当承担举证不能的不利后果。因此，本院推定上诉人技术公司、科技公司是通过 OpenAPI 方式获取新浪微博用户的职业信息、教育信息。一审法院就上诉人技术公司、科技公司如何获取职业信息、教育信息的技术手段没有查明，就直接认定"不论两被告采取何种技术措施，都能认定两被告在双方合作期间存在抓取涉案新浪微博用户职业信息、教育信息的行为"不妥，本院予以纠正。

此外，从本案中被上诉人网络技术公司的举证情况可以看出，作为拥有上亿用户的大型社交网络平台的运营主体，其网站后台记录却未能保留全部获取/抓取日志，对于是否被爬虫抓取或通过其他手段抓取相关用户信息均存在举证不能的情况，这暴露出被上诉人网络技术公司作为大型互联网运营平台对于用户信息保护的责任意识与技术水平十分欠缺，亟待提高。互联网时代，保护用户信息是互联网企业的社会责任。互联网企业应当采取相应的技术措施反爬虫抓取用户数据信息并在后台就所有爬虫记录留存。同时，本案也暴露出 OpenAPI 合作开发模式存在的不足。OpenAPI 是一种新型的互联网应用开发模式，是伴随着互联网技术的发展，实现信息资源共享的新途径。OpenAPI 的优势在于开放了资源的外部访问、调用，提供资源共享的机会，同时，也保护了资源提供者，仅提供接口用于有限数量和频度的获取。OpenAPI 需要平台提供方能够通过权限控制实现对数据调用内容、数量及频度的控制。本案中，被上诉人网络技术公司作为 OpenAPI 平台提供方，在其认为没有授予上诉人技术公司、科技公司相应权限的情况下，上诉人技术公司、科技公司已然通过 OpenAPI 接口获取了相应信息，暴露出被上诉人对于 OpenAPI 权限控制的漏洞。同时，从技术上讲，应用开发者通过 OpenAPI 平台调用数据，平台系统可通过检测响应时间和 Http 响应的状态码，获得相应时间和可用性，通过综合可用性的历史信息，得到该 OpenAPI 当前的稳定性指标。但是，被上诉人网络技术公司不仅在与上诉人技术公司、科技公司合作期间没有发现其用户的教育信息和职业信息通过 OpenAPI 接口

七、互联网不正当竞争行为

被调用,在诉讼中提交的证据也不能完整呈现通过OpenAPI接口调取相关数据的记录。被上诉人网络技术公司经营的新浪微博拥有数亿用户,通过OpenAPI向众多第三方应用软件提供接口,其在OpenAPI接口控制权限的设置、信息通过OpenAPI接口调用的检测以及调用过程的记录等方面存在严重的缺陷。因此,鉴于OpenAPI合作开发模式的巨大潜力以及在互联网大数据时代的积极作用,互联网企业在运用OpenAPI开展合作开发时,不仅应将用户数据信息作为竞争优势加以保护,还应将保护用户数据信息作为企业的社会责任,采取相应的技术措施提升OpenAPI合作模式中相应权限的控制,不断完善OpenAPI合作模式。

2. 上诉人技术公司、科技公司获取并使用新浪微博用户信息的行为是否构成不正当竞争行为

最高人民法院在(2009)民申字第1065号"山东省食品进出口公司等与青岛圣克达诚贸易有限公司等不正当竞争纠纷再审案"中提出,适用《反不正当竞争法》第二条认定构成不正当竞争应当同时具备以下条件:

(1)法律对该种竞争行为未作出特别规定;

(2)其他经营者的合法权益确因该竞争行为而受到了实际损害;

(3)该种竞争行为因确属违反诚实信用原则和公认的商业道德而具有不正当性。基于互联网行业中技术形态和市场竞争模式与传统行业存在显著差别,为保障新技术和市场竞争模式的发展空间,本院认为在互联网行业中适用《反不正当竞争法》第二条更应秉持谦抑的司法态度,在满足上述三个条件外还需满足以下三个条件才可适用:

(4)该竞争行为所采用的技术手段确实损害了消费者的利益,例如:限制消费者的自主选择权、未保障消费者的知情权、损害消费者的隐私权等;

(5)该竞争行为破坏了互联网环境中的公开、公平、公正的市场竞

争秩序，从而引发恶性竞争或者具备这样的可能性；

（6）对于互联网中利用新技术手段或新商业模式的竞争行为，应首先推定具有正当性，不正当性需要证据加以证明。

由此，本院分析如下：

（1）上诉人技术公司、科技公司获取并使用新浪微博用户的职业信息和教育信息的行为是否违反《开发者协议》

如前所述，OpenAPI 是一种互联网应用开发模式，新浪微博通过 OpenAPI 途径，让第三方应用可以在用户授权的前提下，通过相应接口获取相关信息。OpenAPI 通过《开发者协议》来约定双方的权利义务，同时，也通过该协议来实现对用户数据信息的保护。从技术上讲，OpenAPI 通过权限控制实现对用户的角色分配进而实现对数据控制的目的。

本案中，经（2015）京中信内经证字第 13983 号公证书中显示，在页面中搜索"career"，出现"获得用户职业信息"的 URL 地址、支持格式、HTTP 请求方式等信息，同时显示需要登录、访问授权限制的访问级别为"高级接口（需要授权）"、有频次限制。从被上诉人网络技术公司提供的双方合作期间脉脉获取的接口权限可知，脉脉在 OpenAPI "合作级"中没有获得属于"高级"内容的职业信息及教育信息的权限。庭审中，上诉人技术公司、科技公司认可其并没有全面阅读《开发者协议》内容，不清楚自己无权获取用户的职业信息、教育信息的接口权限，只是利用现有技术最大限度地获取信息，只有在无法获取相关数据时才会提交接口申请。同时，其主张获取并使用用户的职业信息、教育信息正是脉脉作为职场社交软件最核心的功能之一，脉脉软件获取并使用用户的职业信息、教育信息属于为程序运行和实现功能之必要目的，符合《开发者协议》的约定。

首先，从《开发者协议》的内容来看，在开发者的权利和义务中约定，与网络技术公司开展合作的开发者，其行为受本协议及微博开放平台规则及微博平台上公示的规则、制度、规范的约束。开发者必须合法使用网络技术公司授予其应用的 AppKey，不得违反本协议宗旨将该AppKey 用于其他任何目的。AppKey 是第三方应用接入微博平台的凭证。同时，约定开发者应用或服务需要收集用户数据的，必须事先获得用户的同意，仅应当收集为应用程序运行及功能实现目的而必要的用户数据和用户在授权网站或开发者应用生成的数据或信息。开发者应当告知用户相关数据收集的目的、范围及使用方式，以保障用户的知情权。由此可见，基于《开发者协议》内容的约定，上诉人技术公司、科技公司可以出于应用程序运行及功能实现之目的事先取得用户同意，就所需的用户相关信息按照 OpenAPI 接口规则要求取得。

其次，从（2015）京中信内经证字第 13983 号公证书公证的内容来看，在"获得用户职业信息"的访问授权权限中明确写明访问级别是高级接口（需要授权），同时，在该公证书中也体现出上诉人技术公司、科技公司已有接口为 27 组，结合被上诉人网络技术公司对于该 27 组接口的具体解释，其中"用户普通读取接口"的权限仅为"用户的信息获取接口，可以读取到用户的头像、昵称等信息，但无法读取到用户较为隐私的高级信息内容，比如：用户的职业，教育信息等"。由此可见，现有证据表明上诉人技术公司、科技公司通过《开发者协议》并没有获得读取用户的职业信息和教育信息的权限。此外，《开发者协议》约定"用户同意"与"获得的是为应用程序运行及功能实现目的而必要的用户数据"之间是并列的两个条件，而非选择性条件。第三方通过 OpenAPI 获得用户信息时必须取得用户的同意，用户的同意必须是具体的、清晰的，是用户在充分知情的前提下自由做出的决定。关于获取的用户信息应坚持最少够用原则，即网络运营者不得收集与其提供的服务无关的个人信息，即收集信息限于为了应用程序运行及功能实现目的而必要的用户数据。

最后，从主观状态来讲，上诉人技术公司、科技公司明知自己是基于《开发者协议》从而可以通过 OpenAPI 获取用户信息，但却无视《开发者协议》的具体内容约定，通过技术手段获得用户数据信息，其主观上具有一定的过错。同时，上诉人技术公司、科技公司对于用户数据信息的获取以技术的最大能力为范围，对技术的应用不加人为理性地控制，不仅忽视双方之间的《开发者协议》约定的内容及 OpenAPI 合作模式的基本原则，还涉及对于用户数据信息的不当利用。通过上诉人技术公司、科技公司的宣传可知脉脉软件是专业的交友平台，职场圈子及职场人脉是其特色也是主要竞争力，获取用户的职业信息和教育信息对其非常重要。因此，被上诉人技术公司、科技公司理应对其能否获得用户的职业信息和教育信息负有更高的注意义务，在获取用户职业信息和教育信息时明知或应知需要"高级接口（需要授权）"的情况下仍放任技术的抓取能力而获取相应信息，不仅破坏了基于《开发者协议》建立起来的 OpenAPI 合作模式，还容易引发"技术霸权"的恶性竞争，即只要技术上能够获取的信息就可以任意取得，从而破坏了互联网的竞争秩序。法律对该种竞争行为未作出特别规定，但是，诚实遵守《开发者协议》的其他经营者及作为数据开放平台的网络技术公司的合法权益确因该竞争行为而受到了实际损害，任由技术抓取能力获取信息的方式如果不加规范必将引发技术的恶性竞争。法律鼓励技术创新，给予技术发展的空间，同时，法律也应为技术的发展提供指引。

（2）上诉人技术公司、科技公司获取并使用非脉脉用户的新浪微博信息的行为是否违反《开发者协议》

本案中，一审法院认定与所对应的新浪微博用户信息相同或基本相同的脉脉用户一度人脉中出现的非脉脉用户的头像、名称、职业、教育、个人标签等信息来源于新浪微博，上诉人技术公司、科技公司在二审期间对此并未否认，但认为其获取前述信息并未违反《开发者协议》或

七、互联网不正当竞争行为

《脉脉服务协议》,从而具有合法性。

从《开发者协议》约定的内容来看,第2.5条约定开发者应用或服务需要收集用户数据的应当符合以下条件:开发者应用或服务需要收集用户数据的,必须事先获得用户的同意,仅应当收集为应用程序运行及功能实现目的而必要的用户数据和用户在授权网站或开发者应用生成的数据或信息。开发者应当告知用户相关数据收集的目的、范围及使用方式,以保障用户的知情权。因此,上诉人技术公司、科技公司获取新浪微博用户的相关信息应事前获得用户的同意。《脉脉服务协议》在"第三方平台记录信息"中约定,"用户通过新浪微博账号、QQ账号等第三方平台账号注册、登录、使用脉脉服务的,将被视为用户完全了解、同意并接收淘友公司已包括但不限于收集、统计、分析等方式使用其在新浪微博、QQ等第三方平台上填写、登记、公布、记录的全部信息。用户一旦使用第三方平台账号注册、登录、使用脉脉服务,淘友公司对该等第三方平台记录的信息的任何使用,均将被视为已经获得了用户本人的完全同意并接受。"暂且不论该格式合同中对于取得用户同意收集相关数据信息的方式是否适当,从该约定本身也仅能解读出用户通过新浪微博账号登录脉脉应用时,其在新浪微博上填写、登记、公布、记录的信息将被脉脉所收集并使用,但并不能得出脉脉软件可以直接收集并使用非脉脉用户的微博信息。上诉人技术公司、科技公司未取得用户许可获取并使用涉案非脉脉用户的相关新浪微博信息违反了《开发者协议》的约定。

(3)上诉人技术公司、科技公司获取并使用非脉脉用户新浪微博信息的行为是否符合诚实信用原则和商业道德

认定竞争行为是否违背诚信或者商业道德,往往需要综合考虑经营者、消费者和社会公众的利益,需要在各种利益之间进行平衡。商业上的诚信是最大的商业道德。在判断商业交易中的"诚信"时,需要综合考虑经营者、消费者和社会公众的不同利益,判断一种行为是否构成不

正当竞争需要进行利益平衡。在认定一种行为是"正当"或者"不正当"时，对经营者、消费者和社会公众三者利益的不同强调将直接影响着对行为的定性。根据我国《反不正当竞争法》第一条规定的立法目的可知，《反不正当竞争法》是为了保障社会主义市场经济健康发展，鼓励和保护公平竞争，制止不正当竞争行为，保护经营者和消费者的合法权益。由此可见，在我国市场竞争行为中判断某一行为是否正当需要综合考虑经营者和消费者的合法权益。不正当性不仅仅只是针对竞争者，不当地侵犯消费者利益或者侵害了公众利益的行为都有可能被认定为行为不正当。在具体案件中认定不正当竞争行为，要从诚实信用标准出发，综合考虑涉案行为对竞争者、消费者和社会公众的影响。

《国家信息化发展战略纲要》明确指出，"信息资源日益成为重要的生产要素和社会财富。"数据是新治理和新经济的关键。在信息时代，数据信息资源已经成为重要的资源，是竞争力也是生产力，更是促进经济发展的重要动力。大数据持续激发商业模式创新，不断催生新业态，已成为互联网等新兴领域促进业务创新增值、提升企业核心价值的重要驱动力。在信息网络上开展各种专业化、社会化的应用，以利于人类谋求福利，才是其目的。然而，在新兴的信息网络社会中，建立良好的秩序，却远比信息技术规范的实施要复杂得多，仅仅依靠技术手段和自律规则，是不能完全胜任的，必要时应从法律的层面进行规范。

OpenAPI开发合作模式是在互联网环境下实现数据信息资源共享的新途径。《开发者协议》是约束OpenAPI合作双方的协议，双方均应本着平等互利、诚实信用、保护用户利益的基本原则进行合作。同时，互联网中用户即是消费者，对用户合法利益的保护是每一个互联网企业的责任。从国内相关规定来看，《中华人民共和国消费者权益保护法》（简称《消费者权益保护法》）第二十九条规定："经营者收集、使用消费者个人信息，应当遵循合法、正当、必要的原则，明示收集、使用信息的

七、互联网不正当竞争行为

目的、方式和范围,并经消费者同意。经营者收集、使用消费者个人信息,应当公开其收集、使用规则,不得违反法律、法规的规定和双方的约定收集、使用信息"。《关于加强网络信息保护的决定》(2012年12月28日)第十一届至不得违反法律、法规的规定和双方的约定收集、使用信息。从上述规定可以看出,网络服务提供者收集、利用用户信息应当遵循合法、正当、必要的原则并经被收集者同意。此外,国际上关于个人信息保护方面的主要法律文本,例如OECD隐私框架、APEC隐私框架、欧盟《通用数据保护条例》(General Data Protection Regulation)、欧美"隐私盾"协议(Privacy Shield)、美国"消费者隐私权法案(讨论稿)"(Consumer Privacy Bill of Rights Act of 2015)等亦规定,商业化利用个人信息必须告知用户并取得用户的同意。因此,互联网中,对用户个人信息的采集和利用必须以取得用户的同意为前提,这是互联网企业在利用用户信息时应当遵守的一般商业道德。在大数据和云计算的时代,包括个人信息在内的数据,只有充分地流动、共享、交易,才能实现集聚和规模效应,最大限度地发挥价值。但数据在流动、易手的同时,可能导致个人信息主体及收集、使用个人信息的组织和机构丧失对个人信息的控制能力,造成个人信息扩散范围和用途的不可控。因此,在涉及个人信息流动、易手等再利用时应给予用户、数据提供方保护及控制的权利。同时,尊重个体对个人信息权利的处分和对新技术的选择,是在个人信息保护和大数据利用的博弈中找到平衡点的重要因素。

故而,OpenAPI开发合作模式中数据提供方向第三方开放数据的前提是数据提供方取得用户同意,同时,第三方平台在使用用户信息时还应当明确告知用户其使用的目的、方式和范围,再次取得用户的同意。因此,在OpenAPI开发合作模式中,第三方通过OpenAPI获取用户信息时应坚持"用户授权"+"平台授权"+"用户授权"的三重授权原则。

本案中，被上诉人网络技术公司通过 OpenAPI 开放接口与上诉人技术公司、科技公司合作，虽然其对于 OpenAPI 开放接口权限管理、检测、维护等方面存在技术及管理等问题，导致上诉人技术公司、科技公司可以通过技术手段获取用户的职业信息和教育信息，但是，上诉人技术公司、科技公司并没有基于《开发者协议》在取得用户同意的情况下读取非脉脉用户的新浪微博信息，其获取前述信息的行为没有充分尊重《开发者协议》的内容，未能尊重用户的知情权及自由选择权，一定程度上破坏了 OpenAPI 合作开发模式。互联网技术飞速发展，各种新型的开发模式及应用不断涌现，这其中难免会出现技术的不足或管理的缺陷，当面临可能触及消费者利益时，诚实的网络经营者应当本着诚实信用的原则，遵守公认的商业道德，以保护消费者的利益为优先选择，而不是任凭技术的能力获得相关的数据信息或竞争优势。在大数据时代，如何对用户数据信息进行保护以及如何进行合法的商业化利用必将成为重要的课题，这需要所有网络经营者及互联网参与者的共同努力。

3. 被上诉人网络技术公司是否可以就第三方应用使用其用户数据的不正当行为主张自身权益的问题

上诉人技术公司、科技公司主张其获取并使用非脉脉用户的新浪微博信息，就非脉脉用户相关信息的权利主张应当由用户提出，网络技术公司不能就此主张权益。对此，本院认为，一种行为如果损害了消费者的权益但没有对公平竞争秩序构成损害，则不属于不正当竞争行为，消费者可以通过其他法律维护自己的权益，不正当竞争必然与竞争行为联系在一起。

随着互联网科技的高速发展，数据价值在信息社会中凸显得尤为重要。对企业而言，数据已经成为一种商业资本，一项重要的经济投入，科学运用数据可以创造新的经济利益。互联网络中，用户信息已成为今后数字经济中提升效率、支撑创新最重要的基本元素之一。因此，数据的获取和使用，不仅能成为企业竞争优势的来源，更能为企业创造更多的经济效益，是经营者重要的竞争优势与商业资源。需要明确的是上述数据均为征得用户同意收集并在用户同意的前提下进行使用的数据。本案中，被上诉人网络技术公司经营的新浪微博兼具社交媒体网络平台和向第三方应用提供接口开放平台的身份，通过其公司多年经营活动中积累了数以亿计的微博用户，这些用户根据自身需要及新浪微博提供的设置条件，向特定人公开或不公开自己的基本信息、职业、教育、喜好等特色信息。经过用户同意收集并进行商业利用的用户信息不仅是被上诉人网络技术公司作为社交媒体平台开展经营活动的基础，也是其向不同第三方应用提供平台资源的重要商业资源。新浪微博将用户信息作为其研发产品、提升企业竞争力的基础和核心，实施开放平台战略向第三方应用有条件地提供用户信息，目的是保护用户信息的同时维护新浪微博自身的核心竞争优势。第三方应用未经新浪微博用户及新浪微博的同意，不得使用新浪微博的用户信息。本案中，上诉人技术公司、科技公司未经新浪微博用户的同意，获取并使用非脉脉用户的新浪微博信息，节省了大量的经济投入，变相降低了同为竞争者的新浪微博的竞争优势。对社交软件而言，存在明显的用户网络效应，使用用户越多则社交软件越有商业价值。脉脉作为提供职场动态分享、人脉管理、人脉招聘、匿名职场八卦等功能的交友平台，用户信息更是其重要的商业资源，其掌握用户的数量与其竞争优势呈正相关。上诉人技术公司、科技公司获取并使用非脉脉用户的新浪微博信息，无正当理由地截取了被上诉人网络技术公司的竞争优势，一定程度上侵害了被上诉人网络技术公司的商业资源，被上诉人网络技术公司基于其 OpenAPI 合作开发提供数据方的市场主体地位，可以就开发方未按照《开发者协议》约定内容、未取得用户同意、无正当理由使用其平台相关数据资源的行为主张自己的合法权益。

4. 上诉人技术公司、科技公司与被上诉人网络技术公司合作关系结束后，上诉人技术公司、科技公司是否存在非法使用新浪微博用户信息的行为

被上诉人网络技术公司在一审中主张，其与上诉人技术公司、科技公司2014年8月15日合作关系结束后，上诉人仍存在使用新浪微博用户信息的行为。上诉人技术公司、科技公司在一审中对此予以否认。二审中，被上诉人网络技术公司认可上诉人不再使用新浪微博用户的头像，但仍在使用新浪微博用户的职业信息和教育信息。对此，上诉人技术公司、科技公司称，双方终止合作之后，脉脉已对从新浪微博获取的非脉脉注册用户的信息进行了清理，但在2014年9月之前，由于技术上存在bug（被其他人发消息、贴标签、加好友等操作的非注册用户会被误认为是注册用户），导致脉脉的二度人脉中可能还有部分非脉脉注册用户的信息，但是该部分信息已在2014年9月之后清理完毕。上诉人技术公司、科技公司的专家辅助人徐俊解释了脉脉对从新浪微博获取的用户信息的具体清理过程如下：1. 2014年8月结束与新浪微博的合作后，脉脉首先删除了从新浪微博导入的非注册用户职业信息、教育信息，但保留了协同过滤算法的计算结果，这个过程大约耗时1个月时间；2. 当发现通过新浪微博接口获取的职业信息、教育信息与通过协同过滤算法计算得到的结果难以区分时，脉脉立即将非注册用户的职业信息、教育信息全部予以删除；3. 2015年初，为了完全清除新浪微博的数据，脉脉删除了非注册用户从新浪微博接口获取的昵称和头像；4. 最后，当发现非脉脉注册用户除工作经历之外，其个人资料中的公司、职位信息仍有可能包含从新浪微博接口获取的结果，脉脉再次对该部分数据进行了清理。上诉人技术公司、科技公司称，其在清理的过程中始终遵循一旦发现bug，便立即进行进一步清理、改进的原则，截至2015年1月，上诉人技术公司、科技公司已将从新浪微博接口获取的用户信息全部清理完毕。

七、互联网不正当竞争行为

对此，本院认为，根据上诉人技术公司、科技公司与被上诉人网络技术公司双方签订的《开发者协议》第2.5.15条约定：一旦开发者停止使用开放平台或网络技术公司基于任何原因终止对开发者在微博开放平台的服务，开发者必须立即删除全部从微博开放平台中获得的数据。上诉人技术公司、科技公司与被上诉人网络技术公司于2014年8月15日合作关系结束后，上诉人技术公司、科技公司应立即删除从新浪微博开放平台中获得的全部数据，无权再使用新浪微博用户的信息。本案中，从现有证据来看，在双方合作终止后数月期间，脉脉软件中仍存在大量新浪微博用户基本信息，虽然脉脉从新浪微博获取的职业信息及教育信息数量达到500万左右，立即删除500万的数据在技术操作上确实不易，且上诉人技术公司、科技公司承认在其数据清理过程中技术存在bug，导致脉脉中仍显示部分非脉脉用户的新浪微博用户信息。但是，不可否认的是，上诉人技术公司、科技公司在清理相关数据期间，仍在持续使用相关数据信息。因此，一审法院认定合作关系结束后，上诉人技术公司、科技公司仍存在非法使用新浪微博用户信息的行为并无不当。上诉人技术公司、科技公司主张在合作结束后，其已按照《开发者协议》的约定删除从新浪微博获取的相关用户信息，并不存在合作结束后非法使用新浪微博用户信息的行为的主张缺乏依据，本院不予支持。但是，本院对于上诉人技术公司、科技公司能够在合作结束后对于数据进行清理并不断完善清理技术和方案的行为给予肯定。

综上所述，本院认为，上诉人技术公司、科技公司获取新浪微博信息的行为存在主观过错，违背了在OpenAPI开发合作模式中，第三方通过OpenAPI获取用户信息时应坚持"用户授权"+"平台授权"+"用户授权"的三重授权原则，违反了诚实信用原则和互联网中的商业道德，故而，上诉人技术公司、科技公司获取并利用新浪微博用户信息的行为不具有正当性。

上诉人技术公司、科技公司获取、使用脉脉用户手机通讯录联系人与新浪微博用户对应关系的行为是否构成不正当竞争行为。

二审期间，上诉人技术公司、科技公司坚持认为其从未展示脉脉用户手机通讯录联系人与新浪微博用户的对应关系，其获取该对应关系并非通过手机号进行匹配，且获取和侵用该对应关系并未侵犯新浪微博的竞争利益，也未损害新浪微博用户的信息安全。对此，本院认为判断上诉人技术公司、科技公司获取、使用脉脉用户手机通讯录联系人与新浪微博用户对应关系的行为是否构成不正当竞争行为，具体可以从以下两方面进行分析：

（一）上诉人技术公司、科技公司是否展示了手机通讯录联系人与新浪微博用户的对应关系以及其如何实现该对应关系

庭审中，上诉人技术公司、科技公司称其并未展示手机号与新浪微博账号的对应关系，其通过协同过滤算法匹配到对应关系后，是将用户的头像信息、标签信息、职业信息、教育信息展现在人脉详情中，且好友名称仅显示通讯录名称而非新浪微博账号。事实上，脉脉并未披露手机通讯录联系人的新浪微博账号，是该新浪微博用户对其个人信息未设置隐私策略，选择完全对公众公开，才使得脉脉能够通过 OpenAPI 接口获取到新浪微博用户信息，并使得该用户信息能够通过网络搜索引擎搜索到。

1. 关于脉脉展示新浪微博用户信息的方式，上诉人技术公司、科技公司的专家辅助人徐俊进行了具体解释：

（1）脉脉获取新浪微博用户信息后是如何使用的？

①对于脉脉用户，将其在新浪微博的头像、职业信息、教育信息、标签信息填写到其个人资料中。

②对于脉脉用户的手机通讯录联系人，通过协同过滤算法将新浪微博用户与该手机通讯录联系人进行匹配，如算法认为是同一个人，则将

该新浪微博用户的头像、职业信息、教育信息、标签信息展示在其人脉详情中;如算法未匹配出任何一个新浪微博好友与该脉脉用户手机通讯录联系人的对应关系,则仅将脉脉用户的微博好友昵称、头像、职业信息、教育信息、标签信息展示在该好友的人脉详情中。

③对于好友的好友,即通过共同认识至少一个好友而建立的二度人脉,按照上述方式将其新浪微博的头像、职业信息、教育信息、标签信息展示在其人脉详情中。

(2) 上述展示新浪微博用户信息的方式,是否展示了用户新浪微博的昵称?

除非脉脉用户的一度人脉仅仅是通过其新浪微博好友建立的联系,而该脉脉用户并未存储该好友的手机号,则一度人脉中显示其微博好友的微博昵称。除此之外,只要手机通讯录存储了联系人的姓名,则即使脉脉通过协同过滤算法匹配出该通讯录联系人与微博用户的对应关系,也不会将微博用户昵称展示在其一度人脉中,而是展示通讯录联系人的名称。

(3) 协同过滤算法如何匹配出手机通讯录联系人与新浪微博用户的对应关系?

通过手机通讯录联系人存储的姓名、头像、邮箱等信息与新浪微博用户的备注名称、头像、邮箱信息进行匹配,如发现一致,则算法会认为该新浪微博用户与该手机通讯录存储的联系人为同一个人,并将该用户在新浪微博的职业信息、教育信息、标签等信息展示在一度人脉该联系人的人脉详情中。

2. 关于脉脉展示新浪微博用户信息的方式,被上诉人网络技术公司的意见为:

(1) 协同过滤算法必须基于一定数量及质量的信息

协同过滤算法必须基于一定数量及质量的信息才能计算分析出其他相关信息。本案中,上诉人技术公司、科技公司提供的手机通讯录与微博账号对应关系的准确率高达85%以上,协同过滤算法目前是几乎不可能实现这么高的准确率。

①根据当前整个行业技术发展水平,要取得如此高的准确度从技术上是难以实现的。就目前的行业发展整体水平来看,业界使用协同计算可达到的准确率在80%左右,尚未出现行之有效的可以使准确率达到85%~90%的计算方法。虽然业内许多企业投入了大量人力物力以提高计算的准确率,但都还未发现可以大规模应用到生成环境中的方式。就脉脉自身技术水平而言,淘友公司使用的方法仅为业界普通的方法。换言之,并不存在即使缺少物料也能得出高准确率的可能。网络技术公司经营的新浪微博在拥有5亿用户的大规模物料基础上,其通过协同计算可达到的准确率也仅为80%左右。而脉脉既不拥有大量物料,也不具备高水平计算方法,其声称的85%~90%的准确率明显不足为信。

②使用协同过滤算法需要大量的基础信息,只有用户数据充足的情况下才有条件进行协同过滤计算。上诉人技术公司、科技公司作为行业内的年轻企业,其初期注册用户仅为百万,这不足以作为协同计算的基础。

③进行协同计算还需要较高准确度和关联度的信息。本案中,上诉人技术公司、科技公司获得的用户信息与其最终展现的通讯录和微博对应关系并不具有较高关联度。例如,通常通讯录中的名称、头像、标签等信息是存储该联系人的手机用户自主添加的,与该联系人实际使用在微博的昵称等信息通常不会高度近似;再如,手机通讯录中存储他人邮箱,往往是为便利工作而关联的工作邮箱,但微博用户注册账号时通常会使用个人邮箱,二者匹配性较差。

④无法通过协同计算得出个性化职业信息及具体职位信息。根据协同计算的基本原理可知,数据挖掘的结果一定是基于现有数据统计规律推理和总结得出,正如上诉人技术公司、科技公司专家辅助人举例说明,

根据一个人的好友中有许多人都是清华毕业,则推定该人可能也是清华毕业。然而,在脉脉软件中显示的用户职业有诸如"芍药居长老"这样的个性化职业名称,显然,该用户不可能拥有数个"芍药居长老"的好友,这样的职业是无法通过协同计算得出。此外,使用协同计算也无法得出用户的具体职位信息。协同计算是基于信息的共性来推算出目标用户信息的,而这种共性显然不会出现在职位信息中。由于一个公司某一职位具有唯一性,不可能依据某用户的好友是某公司经理,从而推断该用户也是某公司经理。

因此,被上诉人网络技术公司认为在技术及基础信息都无法满足标准的情况下,上诉人技术公司、科技公司很难通过协同过滤计算法得出精准度如此之高的通讯录和微博的对应关系。

(2) 即使淘友公司进行协同计算的事实成立,其使用的基础数据仍是从新浪微博非法获取的用户信息

根据前述的协同计算原理,挖掘某一类型数据,只能依据同类型基础数据进行计算。具体而言,若要计算用户的职业、教育信息,只能依据该用户好友的职业、教育信息来推测。如果已经有了具体某个用户的职业、教育信息,再通过所谓协同过滤算法进行计算则无此必要。因此,淘友公司进行协同计算的事实即便成立,其使用的基础数据仍是从新浪微博非法获取的。

3. 关于脉脉展示新浪微博用户信息的方式之本院认定

在法院查明事实的基础上,结合双方当事人的专家辅助人对于手机通讯录联系人与新浪微博用户的对应关系的解释意见,本院认为,首先,可以确认脉脉用户手机通讯录中联系人在未注册脉脉账号的情况下,因为脉脉用户上传个人手机通讯录而使得该通讯录中联系人的新浪微博信息能够在脉脉用户的一度人脉中展现。其次,关于这种对应关系的获取方式,被上诉人网络技术公司未能提供证据证明上诉人技术公司、科技

公司实施了抓取新浪微博用户手机号码的行为，但是，其提供了协同过滤算法的目前发展状况说明以及相应的技术效果需要的条件，以此来论证上诉人技术公司、科技公司是无法通过协同过滤算法实现如此高精准的计算结果以及极具个性化的匹配关系。对此，本院认可协同过滤算法确实可以计算出这种对应关系，也不否认经过技术的改进或算法的提高，在具备一定条件的情况下可以实现高精准地计算结果甚至计算出极具个性化的匹配关系。但是，考虑到目前协同过滤算法的发展水平、上诉人技术公司、科技公司所拥有的基础数据情况及最终展现的对应关系的高度准确性、极具个性化特点的信息的对应关系等因素，上诉人技术公司、科技公司应就其如何实现本案中展示的高精准以及极具个性化的对应关系进行说明。本案中，上诉人技术公司、科技公司并未能就其所采用的协同过滤算法的具体计算方法、进行协同计算前如何辨别基础数据的准确性以及如何对基础数据进行筛选等问题进行说明，特别是没有就在新浪微博信息中未填手机号码的用户如何通过协同过滤算法，精准地计算出其与手机通讯录中联系人之间的对应关系进行说明。因此，根据证据优势原则，本院认为，上诉人技术公司、科技公司主张其全部对应关系均系通过协同过滤算法计算得出的依据不足，本院不予支持。最后，从脉脉用户注册程序及双方合作情况来看，脉脉软件在与新浪微博合作期间，仅能通过新浪微博账号注册登录或通过手机号码注册登录，且脉脉用户注册登录的前提需要上传手机通讯录联系人，而大量新浪微博用户也通过手机号码注册登录。由此可见，通过手机号码将手机通讯录联系人与新浪微博用户相对应成为最直接、最高效、最准确的方法。考虑到手机通讯录联系人与新浪微博用户的对应关系的高度准确性及极具个性化的微博信息也能与相应的手机通讯录联系人相对应，在没有证据证明上诉人技术公司、科技公司采取了其他方式获取前述对应关系的情况下，本院依据举证规则及在案证据，推定上诉人技术公司、科技公司在获取手机通讯录联系人与微博信息对应关系时存在通过手机号码、其他类似手机号码的用户精准信息进行匹配的行为。一审法院从常理推断认定上诉人技术公司、科技公司系将用户上传的手机通讯录联系人手机号与其从新浪微博取得的用户手机号进行匹配的方法不当，对于技术问题的查明，法院应该充分运用举证规则，从证据优势的角度判断法律事实而不能直接基于常理进行推断。

（二）上诉人技术公司、科技公司展示用户通讯录联系人与新浪微博用户之间的对应关系的行为是否构成不正当竞争行为

上诉人技术公司、科技公司称其将脉脉用户手机通讯录与新浪微博用户进行对应的行为并未构成不正当竞争行为的主要理由有两方面：一方面，用户真实姓名、手机号及其微博账号的对应关系并非被上诉人网络技术公司的重要经营利益所在。目前，注册新浪微博的方式有两种，一是通过手机号注册，二是通过邮箱注册。登录新浪微博的方式除了注册新浪微博的手机号或邮箱外，还可通过百度账号、QQ账号、淘宝账号、联通沃邮箱账号登录。由于新浪微博用户注册和登录新浪微博账号的多样性，且其未必在其新浪微博个人资料页面填写手机号及真实姓名，因此，新浪微博并不一定能够获取用户真实姓名、手机号及其微博账号的对应关系。而且，作为一款社交媒体平台，新浪微博的主要功能在于用户通过平台进行创作、分享和查询信息、实时更新状态、并与其他用户进行沟通等，而新浪微博用户的真实姓名、手机号是基于用户自身意愿选择填写的内容，不填写该内容并不影响新浪微博功能的使用。大多数人出于隐私保护不会在新浪微博填写自己的真实姓名及手机号。因此，新浪微博无法掌握大部分用户在现实生活中的真实姓名及手机号，用户真实姓名、手机号及其微博账号的对应关系更不是被上诉人网络技术公司的重要经营利益所在。另一方面，获取并使用手机通讯录联系人与新浪微博用户的对应关系本身并未损害新浪微博的竞争利益，未危害用户

的信息安全,也未违反相关法律法规或合同约定。因此,上诉人技术公司、科技公司的行为并未构成不正当竞争行为。

被上诉人网络技术公司称,新浪微博是全方位公开的社交软件,并非每个用户都愿意将其真实姓名公开,或者将手机号与新浪微博完全对应。在现代生活中,将手机号提供给他人并不意味着用户希望将所有信息一并予以公开。脉脉未经用户同意擅自公开的行为,是对新浪微博用户隐私权益的极大侵害。上诉人技术公司、科技公司抗辩其并未直接展现新浪微博的相应链接,故没有展现对应关系。但由于上诉人技术公司、科技公司展现了头像信息、标签信息、教育信息、职业信息,第三方可以轻松定位真实的对应关系,导致新浪微博用户的个人信息被严重侵害。即使上诉人技术公司、科技公司没有展现链接,对于新浪微博和手机号对应关系应用本身也侵犯了用户权益及被上诉人网络技术公司的利益。新浪微博与手机号对应关系属于非公开的信息,上诉人技术公司、科技公司即便通过技术手段自行获得了该对应关系,也不应使用并谋取商业利益。

本院认为,首先,上诉人技术公司、科技公司无论通过何种方式获取了新浪微博用户的头像信息、标签信息、职业信息、教育信息,其将该信息展现在脉脉软件的人脉详情中,虽然好友名称仅显示通讯录名称而非新浪微博账号,但对于微博用户而言,头像信息、标签信息、职业信息、教育信息是用户的主要信息,上诉人技术公司、科技公司公开新浪微博用户的头像信息、标签信息、职业信息、教育信息,他人就可能由此对应新浪微博用户的账号信息。即使如上诉人技术公司、科技公司所言"脉脉未披露手机通讯录联系人的新浪微博账号,是该新浪微博用户对其个人信息未设置隐私策略,选择完全对公众公开……"根据《开发者协议》2.5.1规定:开发者应用或服务需要收集用户数据的,必须事先获得用户的同意,仅应当收集为应用程序运行及功能实现目的而必

七、互联网不正当竞争行为

要的用户数据和用户在授权网站或开发者应用生成的数据或信息。开发者应当告知用户相关数据收集的目的、范围及使用方式，以保障用户的知情权。新浪微博用户选择对公众公开个人信息，并不意味着上诉人技术公司、科技公司可以未经新浪微博用户的同意，获取用户头像信息、标签信息、职业信息、教育信息并展示在脉脉软件的人脉详情中。其次，上诉人技术公司、科技公司将微博用户的信息与脉脉用户上传的手机通讯录中的联系人进行对应关系的展示，使得在脉脉软件运行环境中非脉脉用户的微博信息进行了公开展示，而这样的展示并没有告知非脉脉用户也未得到其同意，严重损害了非脉脉用户的知情权和选择权。最后，上诉人技术公司、科技公司实现将微博用户的信息与脉脉用户上传的手机通讯录中的联系人进行对应的方法中，存在通过获得微博用户手机号码进行匹配的情形。目前我国个人手机号实行实名登记，手机号码是微博用户的重要个人信息，获取、使用涉及个人的重要信息或者敏感信息应得到用户的明确同意。无论上诉人技术公司、科技公司通过何种方式获得微博用户手机号码，其均未提供证据证明已经取得用户的明确同意。

因此，本院认为：

第一，上诉人技术公司、科技公司的行为违反了诚实信用原则和公认的商业道德。如前所述，在互联网中涉及对用户信息的获取并使用的不正当竞争行为认定时，是否取得用户同意以及是否保障用户的自由选择是公认的商业道德。本案中，上诉人技术公司、科技公司作为市场经营主体，应当遵守公认的商业道德，履行《开发者协议》中规定的义务，在通过 OpenAPI 接口获得相关信息时应取得用户的同意。同时，新浪微博是否采取技术措施要求开发者应用提供其已经取得用户同意的证明，并不影响开发者应依照诚实信用原则履行《开发者协议》规定的告知义务。此外，脉脉通过用户上传手机通讯录展示非脉脉用户的微博信息，损害了非脉脉用户的知情权和选择权。

第二,上诉人技术公司、科技公司将对应关系进行展示也不属于行业惯例。上诉人技术公司、科技公司表示新浪微博、微信、人脉通、得脉等其他应用软件也展示涉案对应关系,但从(2015)京中信内经证字第 21390 号公证书公证的内容来看,新浪微博、微信、人脉通、得脉软件中展示的对应关系是手机通讯录与其自身软件注册的关系,例如,微信中能够展示手机通讯录中的其他微信用户,并注明微信昵称,而并非展示手机通讯录与其他应用软件之间的对应关系。因此,现有证据不能证明上诉人技术公司、科技公司展示的对应关系符合行业惯例。

第三,上诉人技术公司、科技公司获取并展示对应关系的行为损害了公平的市场竞争秩序,同时,一定程度上损害了上诉人网络技术公司的竞争利益。市场竞争主体在自由竞争时应遵守公认的商业道德,维护公平的市场秩序。本案中,上诉人技术公司、科技公司与被上诉人基于OpenAPI开发合作模式进行合作,双方均应遵守互联网环境中的商业道德,以诚实信用为原则,尊重用户隐私,保障用户的知情权和选择权,公平、平等地展开竞争,不得采取不正当手段损害公平公开公正的市场竞争秩序,侵犯对方的合法利益。在数据资源已经成为互联网企业重要的竞争优势及商业资源的情况下,互联网行业中,企业竞争力不仅体现在技术配备,还体现在其拥有的数据规模。大数据拥有者可以通过拥有的数据获得更多的数据从而将其转化为价值。对社交软件而言,拥有的用户越多将吸引更多的用户进行注册使用,该软件的活跃用户越多则越能创造出更多的商业机会和经济价值。新浪微博作为社交媒体平台,月活跃用户数达到亿人次,平均日活跃用户数达到千万人次,被上诉人网络技术公司作为新浪微博的经营人,庞大的新浪微博用户的数据信息是其拥有的重要商业资源。用户信息作为社交软件提升企业竞争力的基础及核心,新浪微博在实施开放平台战略中,有条件的向开发者应用提供用户信息,坚持"用户授权"+"新浪授权"+"用户授权"的三重授权原则,目的在于保护用户隐私同时维护企业自身的核心竞争优势。脉脉应用于2013年10月底上线,是一款基于移动端的人脉社交应用,通过分析用户的新浪微博和通讯录数据,帮助用户发现新的朋友,并且可以使他们建立联系。但是,上诉人技术公司、科技公司违反《开发者协议》,未经用户同意且未经被上诉人网络技术公司授权,获取新浪微博用户的相关信息并展示在脉脉应用的人脉详情中,侵害了被上诉人网络技术公司的商业资源,不正当地获取竞争优势,这种竞争行为已经超出了法律所保护的正当竞争行为。

综上所述,上诉人技术公司、科技公司未经新浪微博用户的同意及新浪微博的授权,获取、使用脉脉用户手机通讯录中非脉脉用户联系人与新浪微博用户对应关系的行为,违反了诚实信用原则及公认的商业道德,破坏了OpenAPI的运行规则,损害了互联网行业合理有序公平的市场竞争秩序,一定程度上损害了被上诉人网络技术公司的竞争优势及商业资源,根据《反不正当竞争法》第二条的规定,上诉人技术公司、科技公司展示对应关系的行为构成不正当竞争行为。

上诉人技术公司、科技公司实施的涉案行为是否构成对被上诉人网络技术公司的商业诋毁。

《反不正当竞争法》第十四条规定:经营者不得捏造、散布虚伪事实,损害竞争对手的商业信誉、商品声誉。商业诋毁有三个构成要件:(1)主体是经营者;(2)行为是捏造、散布虚伪事实;(3)后果是损害竞争对手的商业信誉、商品声誉。

本案中,上诉人技术公司、科技公司与被上诉人网络技术公司同为社交软件的经营者,软件的功能及用户群体存在重叠,符合商业诋毁行为的主体要件。关于被诉行为是否构成商业诋毁的行为要件,可以从以下四个方面进行判断:

(1)披露原告负面信息时,存在虚构、歪曲、夸大等情形,误导相关公众对原告作出负面评价的；

（2）披露原告负面信息时，虽能举证证明该信息属客观、真实，但披露方式显属不当，且足以误导相关公众从而产生错误评价的；

（3）以言语、奖励积分、提供奖品或者优惠服务等方式，鼓励、诱导网络用户对原告作出负面评价的；

（4）其他构成商业诋毁的情形。本案中，（2014）京长安内经证字第 23764 号公证书中《脉脉遭新浪微博封杀：创业者如何同巨头共舞》报道了上诉人技术公司、科技公司的法定代表人林凡的微博内容："我的人生面临过很多次纠结，但这一次选择，只用了 1 秒钟。理由很朴素：用户在脉脉的隐私资料，不可能在未经用户授权的情况下，以任何形式、任何理由，提供给任何第三方。脉脉决定：关闭微博登录……"此外，上诉人技术公司、科技公司在脉脉网站、脉脉软件及第三方网站上发表声明"因新浪微博今日要求交出用户数据才能继续合作，我们拒绝接受……用户隐私是底线，脉脉无法接受与用户数据有关的任何要求，我们选择关闭微博登录！"所用配图有新浪微博标识被加禁止符号。对此，本院认为，上诉人技术公司、科技公司披露双方终止合作的方式显属不当，上诉人技术公司、科技公司没有客观、完整地呈现双方终止合作的前因后果，上诉人技术公司、科技公司及其法定代表人的公开声明中的表达将会误导新浪微博用户及其他相关公众对被上诉人网络技术公司产生泄露用户信息及以交换用户数据为合作条件的错误评价，故上诉人技术公司、科技公司的前述行为符合商业诋毁的行为要件。大数据时代，用户数据安全是每一个网络用户关心的问题，也是整个互联网行业普遍关注的问题，互联网企业保护用户数据安全是企业的法律责任，社会责任也是用户选择其提供服务考虑的重要因素。自媒体时代网络的发达便捷使得互联网信息传播速度非常快，上诉人技术公司、科技公司公开发表的声明中称"新浪微博今日要求交出用户数据才能继续合作"等内容可能在短时间内就会广泛传播，进而可能误导相关公众认为被上诉人网络技术公司泄露用户信息并试图不正当使用用户数据从而导致新浪微博的信用度降低，影响被上诉人网络技术公司的商业信誉，故上诉人技术公司、科技公司的前述行为符合商业诋毁行为的后果要件。

综上所述，上诉人技术公司、科技公司在公开声明中没有客观、完整地呈现双方终止合作的前因后果，披露方式显属不当，将会误导新浪微博用户及其他相关公众对被上诉人网络技术公司产生泄露用户信息、非法获取用户信息的错误评价，损害被上诉人网络技术公司的商业信誉，构成商业诋毁行为。因此，一审法院对此认定正确，本院予以维持。上诉人技术公司、科技公司的该项上诉理由缺乏依据，本院不予支持。

一审判决有关民事责任的确定是否适当。

庭审中，上诉人技术公司、科技公司称其现已全部删除从新浪微博平台获取的用户信息，并已删除相关网络媒体发表的言论，一审法院判决第一项内容要求上诉人技术公司、科技公司自判决生效之日起停止涉案不正当竞争行为，不具可执行性。关于赔偿数额，上诉人技术公司、科技公司称即使本案认定其存在不正当竞争行为，但双方在一审庭审中均未提交相关证据对被上诉人网络技术公司实际损失及上诉人技术公司、科技公司获取利益的情况予以证明，且一审法院并未查清被上诉人网络技术公司是否存在实际损失，以及上诉人技术公司、科技公司的获利情况及获利方式，仅依据"本案涉及的用户群体广泛、影响范围巨大、危害性显而易见，且两被告过错程度明显等因素"判令上诉人技术公司、科技公司向被上诉人网络技术公司赔偿200万元，缺乏事实和法律依据。

本院认为，根据《中华人民共和国侵权责任法》第十五条规定，承担侵权责任的主要方式有停止侵害、赔偿损失和消除影响等。上诉人技术公司、科技公司涉案被诉行为构成《反不正当竞争法》意义上的不正当竞争行为，属于一种民事侵权行为，应当承担停止侵害的民事责任。对于无法确认在一审判决前是否已经停止的被诉侵权行为，一审法院直接判决停止涉案不正当竞争行为并无不妥，上诉人技术公司、科技公司如果已经停止了涉案不正当竞争行为则属于已经履行了判决，不存在不能执行的情形。关于赔偿数额的确定问题，根据《反不正当竞争法》第二十条第一款规定，经营者违反本法规定，给被侵害的经营者造成损害的，应当承担损害赔偿责任，被侵害的经营者的损失难以计算的，赔偿额为侵权人在侵权期间因侵权所获得的利润；并应当承担被侵害的经营者因调查该经营者侵害其合法权益的不正当竞争行为所支付的合理费用。依据前款规定，被侵害的经营者因不正当竞争行为所受到的实际损失难以确定的，应当要求其对侵权人所获得的利润进行举证；在被侵害的经营者已经提供侵权人所获得利润的初步证据，而与不正当竞争行为相关的账簿、资料、后台数据主要由侵权人掌握的情况下，可以责令侵权人提供与不正当竞争行为相关的账簿、资料、后台数据；侵权人无正当理由拒不提供或者提供虚假的账簿、资料、后台数据的，可以根据被侵害的经营者的主张和提供的证据认定侵权人所获得的利润。侵权人所获得的利润可以依据不正当竞争行为持续时间、范围、用户访问量、相关广告或者其他形式的收益等综合予以确定。

本案中，在双方均未提交充分证据证明因本案不正当竞争行为对被上诉人网络技术公司造成的实际损失或上诉人技术公司、科技公司因侵权行为所获得的利润，一审法院考虑到涉案不正当竞争行为涉及的用户群体广泛、影响范围巨大、危害性显而易见及双方均存在过错的情况下，没有全额支持被上诉人网络技术公司的诉讼请求，酌定200万元的赔偿数额没有明显不当，本院不予调整。

此外，本院需要指出，随着社交网络、网盘、位置服务等新型信息发布方式的出现，数据正以突飞猛进的速度增长和累计，数据从简

七、互联网不正当竞争行为

单的信息开始转变为一种经济资源,管理并运用好数据资源,关系着权利人个人信息的保护及企业自身竞争优势的提高,保障网络安全秩序,更关系到社会公共利益的维护及经济社会信息化的健康可持续发展。网络运营者是网络建设与运行的关键参与者,在保障网络安全中具有优势和基础性作用,应当遵循合法、正当、必要的原则,尽到网络运营者的管理义务。第三方应用开发者作为网络建设与运行的重要参与者,在收集、使用个人数据信息时,应当遵循诚实信用的原则及公认的商业道德,取得用户同意并经网络运营者授权后合法获取、使用数据信息。

本案中,网络技术公司作为新浪微博的网络运营者,拥有上亿用户的个人信息,庞大的用户群及数据信息成为新浪微博在社交软件中的竞争优势。但是,网络技术公司在OpenAPI的接口权限设置中存在重大漏洞,被侵权后无法提供相应的网络日志进行举证,对于涉及用户隐私信息数据的保护措施不到位,暴露出其作为网络运营者在管理、监测、记录网络运行状态,应用、管理、保护用户数据,应对网络安全事件方面的技术薄弱问题。为了保护新浪微博用户的个人信息及维护新浪微博的竞争优势,网络技术公司应当积极履行网络运营者的管理义务,防止用户数据泄露或被窃取、篡改,保障网络免受干扰、破坏或者未经授权的访问。为此本院倡议网络运营者在采集运用用户数据时应履行如下管理义务:(1)制定内部数据信息安全管理制度和操作规程,确定网络安全负责人,落实网络数据信息安全保护责任;(2)采取防范计算机病毒和网络攻击、网络侵入等危害网络数据信息安全行为的技术措施;(3)采取监测、记录网络运行状态、网络安全事件的技术措施,并按照规定留存相关的网络日志;(4)采取数据分类、重要数据备份和加密等措施;(5)制定网络安全事件应急预案,及时处置系统漏洞、计算机病毒、网络攻击、网络侵入等安全风险。同时,对于OpenAPI合作开发模式,本院认为第三方应用开发者通过 OpenAPI 合作开发模式获取并使用用户数据应当充分尊重用户的隐私权、知情权和选择权，应当诚实守信，遵守《开发者协议》约定的内容，在运用技术获取数据信息时应以诚信为本。同时，第三方应用开发者作为网络建设与运行的重要参与者，在收集、使用个人数据信息时，应当遵循诚实信用的原则及公认的商业道德，取得用户同意并经网络运营者授权后合法获取、使用数据信息。互联网＋大数据时代，用户数据安全与商业化利用是形影不离的两个问题，只有在充分尊重用户意愿，保护用户隐私权、知情权和选择权的前提下，才能更好地利用数据信息，促进网络经济的发展，进而实现增进消费者福祉，营造公平有序的互联网竞争环境。以上需要网络运营者、第三方应用开发者等各方主体的积极参与和共同努力。

综上所述，一审判决虽然存在部分技术事实认定不清的问题，但考虑到最终结论正确，本院予以维持。上诉人技术公司、科技公司的上诉请求缺乏法律依据，本院不予支持。依照《中华人民共和国民事诉讼法》第一百七十条第一款第（一）项的规定，判决如下：

驳回上诉，维持原判。

一审案件受理费八万三千六百元，由网络公司负担三万元（已交纳），由技术公司、科技公司共同负担五万三千六百元（于本判决生效之日起七日内交纳）；二审案件受理费二万二千八百元，由技术公司、科技公司共同负担（已交纳）。

本判决为终审判决。

二〇一六年十二月三十日

将关键词设置为对手网站名称指向自身网站构成不正当竞争

——评析北京××网讯科技有限公司等诉北京××信息服务有限公司等不正当竞争纠纷案

案情概要

基本信息

一审信息：

案号：（2014）海民初字第 15008 号

原告：北京××网讯科技有限公司

××在线网络技术（北京）有限公司

被告：北京××信息服务有限公司

北京××科技发展有限公司

一审法院：北京市海淀区人民法院

二审信息：

案号：（2015）京知民终字第 557 号

上诉人：北京××网讯科技有限公司

××在线网络技术（北京）有限公司

北京××信息服务有限公司

北京××科技发展有限公司

二审法院：北京知识产权法院

诉讼请求

一审诉讼请求：

一、请求判令北京××信息服务有限公司、北京××科技发展有限公司立即停止不正当竞争行为；

二、在 sogou.com 网站首页及 k.sogou.com、mse.sogou.com、zhushou.sogou.com、wap.sogou.com/video/网站首页明显位置，以及新浪网（sina.com）、凤凰网（ifeng.com）、腾讯（qq.com）、搜狐

(sohu.com)、网易（163.com）网页显著位置，以及《法制日报》、《北京晚报》连续三十天刊登声明，消除影响；

三、赔偿××网讯科技有限公司和××在线网络技术（北京）有限公司经济损失100万元以及诉讼合理支出11.7万元。

二审诉讼请求：

一、上诉人××网讯科技有限公司、××在线网络技术（北京）公司诉讼请求：依法撤销一审判决，并改判支持上诉人一审全部诉讼请求；

二、上诉人北京××信息服务有限公司、北京××科技发展有限公司诉讼请求：请求撤销一审判决第一至三项并改判驳回××网讯科技有限公司、××在线网络技术（北京）公司在一审诉讼中提出的全部诉讼请求。

案情介绍

北京××网讯科技有限公司（以下简称"网讯公司"）是百度网（域名：baidu.com）的经营单位。××在线网络技术（北京）有限公司（以下简称"在线公司"）是"百度及图"商标的权利人，同时为百度网提供技术服务。北京××信息服务有限公司（以下简称"信息公司"）是搜狗网（域名：sogou.com）的经营单位。北京发展有限公司（以下简称"科技公司"）为搜狗手机浏览器的权利人及经营主体。信息公司、科技公司的搜狗手机浏览器设置了网络用户可自行选择百度、谷歌、搜狗等搜索引擎进行搜索的功能选项，网讯公司、在线公司发现用户启动搜狗手机浏览器软件，将搜索栏（实为兼具搜索栏、地址栏等功能的顶部栏，该顶部栏可输入文字进行搜索，还可输入网址访问对应网站）的搜索引擎设置为百度搜索并输入关键词时，下拉提示框（以下简称"浏览建议"）显著位置放置多条直接指向搜狗网的下拉提示词（以下简称"垂直结果"），引导用户使用搜狗网经营的信息服务。信息公司、科技公司借助上述信息服务页面提供付费推广信息和广告内容而获取经济利益。故网讯公司、在线公司诉至法院，一审判决后，原被告均向二审法院提起上诉。

审理结果

一审判决：

一、自本判决生效之日起，信息公司、科技公司立即停止涉案不正当竞争行为；

二、自本判决生效之日起 30 日内，信息公司、科技公司共同在搜狗网（网址为 http：/www. sogou. com）首页连续 24 小时刊登声明，就本案不正当竞争行为为网讯公司、在线公司消除影响（声明内容须经一审法院审核，逾期不履行，一审法院将依网讯公司、在线公司申请，在相关媒体公布判决书主要内容，费用由信息公司、科技公司共同承担）；

三、自本判决生效之日起 10 日内，信息公司、科技公司共同向网讯公司、在线公司赔偿经济损失及合理开支共计 20 万元；

四、驳回网讯公司、在线公司的其他诉讼请求。

二审判决：

一、驳回上诉，维持原判；

二、一审案件受理费 14,853 元，由网讯公司、在线公司负担 7,000 元（已交纳），由信息公司、科技公司负担 7,853 元（于本判决生效后七日内交纳）；二审案件受理费 17,270 元，由网讯公司、在线公司负担 12,970 元（已交纳）；由信息公司、科技公司负担 4,300 元（已交纳）。

要点分析

一、《中华人民共和国反不正当竞争法》适用问题

信息公司、科技公司将搜狗手机浏览器软件搜索栏的搜索引擎设置

为百度搜索并输入关键词时,下拉提示框显著位置放置多条指向搜狗网的下拉提示词,引导用户使用搜狗网经营的信息服务的行为是否会引起相关公众的混淆。如果这种行为足以引起相关公众混淆,应适用《中华人民共和国反不正当竞争法》(1993)第二条还是第五条的规定;信息公司、科技公司在搜狗手机浏览器的浏览建议中设置垂直结果,且垂直结果导向自营网站的行为是否构成流量劫持行为,从而违反了《中华人民共和国反不正当竞争法》(1993)第二条规定。以下针对上述问题进行分析:

(一)本案应适用《中华人民共和国反不正当竞争法》(1993)第五条第(一)项还是第(二)项的规定:假冒他人注册商标的行为及擅自使用知名商品特有的名称、包装、装潢行为分别属于《中华人民共和国反不正当竞争法》(1993)第五条第(一)项"假冒他人的注册商标"和第(二)项"擅自使用他人知名商品特有的名称、包装、装潢,造成和他人的知名商品相混淆,使购买者误认为是该知名服务"规定的行为,二者虽均针对的是使用他人商业标识的行为,但也有区别,其主要区别之一在于第(一)项适用于假冒他人注册商标的情形,而第(二)项则规制的是对未注册的商业标识的假冒行为。本案中,在线公司及网讯公司认为相关公众易产生混淆误认的依据是第5916519号"百度及图"注册商标。因此,被诉行为应属于《中华人民共和国反不正当竞争法》(1993)第五条第(一)项"假冒他人的注册商标"所指的情形,而非第(二)项"擅自使用他人知名商品特有的名称、包装、装潢"所指的情形。

(二)《中华人民共和国反不正当竞争法》(1993)第二章对各类不正当竞争行为的规定属于具体规范的规定,按照法律适用的原则,可以纳入具体规范的不正当竞争行为,应当归入具体规范调整,而不得直接纳入一般规范调整。只有在不能纳入具体规范的情况下,才能依据一般规范予以处理。本案一审法院在《中华人民共和国反不正当竞争法》（1993）第五条第（一）项对被诉行为有明确规定的情况下，却适用《中华人民共和国反不正当竞争法》（1993）第二条对该行为予以规制，该做法违反了法律适用的原则。

二、流量劫持行为认定问题

流量劫持属于网络不正当竞争行为的一种，通常表现为阻止用户访问竞争对手产品，劫持浏览器和搜索引擎，或者更改浏览器地址数据链接，已达到增加网站的访问和点击率，提高网站的知名度和关注度，提高自己的商业价值的目的。这不仅使其他经营者用户信誉遭到严重损害，同时也给其正常经营收益带来巨大影响，同时会导致互联网产品或服务的质量下降，损害了正常的用户体验。流量劫持包括以下两种情形：1. 域名劫持，主要表现为用户在正常的上网状态下（如3G、4G和Wi-Fi等状态），目标域名会被恶意地错误解析到其他IP地址上，造成用户无法正常使用服务；2. 数据劫持，表现为对于返回的内容，会在其中强行插入弹窗或嵌入式广告等其他内容，干扰用户的正常使用，并对用户体验构成极大伤害。一般认为，流量劫持分成"软性"和"硬性"两种："软性"的流量劫持，一般构成不正当竞争，其不采取技术手段破坏他人计算机系统，而是采取其他手段，如带有误导性的广告、下拉框、菜单或者关键词等，诱导其他网站的潜在用户自行进入特定网站，从而实现"流量劫持"的目的。对于很多商品而言，消费者在固定一段时间的消费往往是唯一的，这就导致对顾客的"分流"实质上形成了替代效应。换言之，利用竞争对手关键词的企业每达成一件交易，就意味着其竞争者同样数量交易机会的丧失。所谓"硬性"流量劫持，即采用破坏他人计算机系统的方法实现劫持流量的目的。"硬性"流量劫持有多种方法，其中一种是DNS（负责域名解析的服务器）劫持，一旦黑客破坏了DNS解析的过程，输入域名后，可能转化为黑客指定的IP地址，用户往往很难看出破绽,但所有的流量都会转向黑客指定的虚假的服务器。黑客不但可以很容易获取各种密码、个人信息等,还可以植入木马病毒,盗窃个人财产。

本案中,首先,搜狗手机浏览器的运营商有权决定其顶部栏浏览建议中所展示的内容和排列的方式。顶部栏与单纯的搜索栏不同,顶部栏是浏览器自带的服务之一,搜狗手机浏览器经营者有权决定自己浏览器的顶部栏浏览建议中的具体内容。用户也是先选择搜狗手机浏览器,成为该手机浏览器的用户,然后再在使用该手机浏览器的前提下选择具体的预设搜索引擎。在尊重用户知情权,并在不引起用户对垂直结果内容和搜索推荐词混淆的前提下,浏览建议中垂直结果的设置实际上是给用户提供了多种选择的机会。设置预设搜索引擎的意义在于,当用户点击"搜索"或搜索推荐词时,使用预设搜索引擎对相关搜索推荐词进行搜索,然后跳转至预设搜索引擎搜索结果页。当用户使用搜狗手机浏览器,选择百度搜索引擎为预设搜索引擎时,点击搜索推荐词或"搜索"字样直接进入百度搜索结果页面,搜狗手机浏览器并未干扰用户对百度搜索引擎的使用。

其次,用户在使用搜狗手机浏览器时,即使选择百度为预设搜索引擎,输入关键词,未必就形成百度网的流量,即并非一定是属于百度网的商业机会,起决定性作用的因素是用户选择百度图标的目的。用户对于百度图标的选择系基于何种目的,取决于其对该选择行为的认知。搜狗手机浏览器为用户所提供的选择对象是不同的搜索引擎,用户对此显然知晓,可见用户对于百度图标的选择,其目的在于使用百度搜索引擎进行搜索服务,而非其他。用户的这一选择目的意味着被诉页面中有关搜索推荐词部分的商业机会应归属于百度搜索引擎。在被诉页面中搜索推荐部分均指向百度网站的情况下,网讯公司、在线公司针对该服务内容的商业机会并未被信息公司、科技公司剥夺。

再次,在搜狗手机浏览器中选择垂直结果的用户流量也并非必然属于网讯公司、在线公司。只有在点击搜索推荐词或"搜索"字样时,预设搜索引擎的意义才得以体现。点击垂直内容,搜索行为实则尚未开始,因用户对于百度图标的选择,其目的仅仅在于选择百度搜索引擎服务,而并不在于直接获得具体内容,这部分商业机会并非网讯公司、在线公司所谓的"本属于百度网的搜索服务流量"。

最后,尽管不能依据其他手机浏览器的相关设置来对本案中信息公司、科技公司行为的正当性进行判断,也不能推断在浏览建议中同时设置搜索推荐词和垂直结果且垂直结果导向自营网站的行为已成为行业惯例,但百度手机浏览器在浏览建议中同时设置垂直结果和搜索推荐词的做法,至少在一定程度上说明了网讯公司、在线公司对该种设置方式的认可。

综上所述,本案中网讯公司、在线公司主张的"本属于百度网的搜索服务流量"并非必然是其应该获得的商业机会。搜狗手机浏览器在浏览建议中同时设置垂直结果和搜索推荐词,将垂直结果导向自营网站的做法,是在利用用户使用自己浏览器的商业机会而吸引用户使用、体验自己所经营的其他服务,旨在争取更多商业机会,网讯公司、在线公司有关信息公司、科技公司恶意劫持其流量的主张,不予支持。

三、关于赔偿数额的认定

《最高人民法院关于审理不正当竞争民事案件应用法律若干问题的解释》第十七条规定,确定《反不正当竞争法》第五条、第九条、第十四条规定的不正当竞争行为的损害赔偿额,可以参照确定侵权注册商标专用权的损害赔偿额的方法进行。在没有证据可以充分有效地证明侵权人因侵权所获得的利益时,法院将参考以下几方面酌定赔偿数额:

(一)原告注册商标的使用情况及知名度;

(二)根据被告侵权行为的性质和具体方式判断其侵权情节及主观

过错的严重程度；

（三）酌定诉讼的合理支出部分，如律师费、公证费等。

本案中，因双方均未能提交直接的证据证明网讯公司、在线公司的实际损失，也未提交直接证据证明信息公司、科技公司因混淆而取得的违法获利，综合考虑搜狗手机浏览器的市场份额、不正当竞争行为持续时间、造成混淆的情况、信息公司与科技公司的过错程度等因素，酌情确定赔偿数额共计20万元。

相关法条

1.《中华人民共和国反不正当竞争法》（1993）第五条：经营者不得采用下列不正当手段从事市场交易，损害竞争对手：

（一）假冒他人的注册商标；

（二）擅自使用知名商品特有的名称、包装、装潢，或者使用与知名商品近似的名称、包装、装潢，造成和他人的知名商品相混淆，使购买者误认为是该知名商品；

（三）擅自使用他人的企业名称或者姓名，引人误认为是他人的商品；

（四）在商品上伪造或者冒用认证标志、名优标志等质量标志，伪造产地，对商品质量作引人误解的虚假表示。

2.《中华人民共和国反不正当竞争法》（2017年修订）第六条：经营者不得实施下列混淆行为，引人误认为是他人商品或者与他人存在特定联系：

（一）擅自使用与他人有一定影响的商品名称、包装、装潢等相同或者近似的标识；

（二）擅自使用他人有一定影响的企业名称（包括简称、字号等）、

社会组织名称（包括简称等）、姓名（包括笔名、艺名、译名等）；

（三）擅自使用他人有一定影响的域名主体部分、网站名称、网页等；

（四）其他足以引人误认为是他人商品或者与他人存在特定联系的混淆行为。

3.《中华人民共和国反不正当竞争法》（1993）第二十条：经营者违反本法规定，给被侵害的经营者造成损害的，应当承担损害赔偿责任，被侵害的经营者的损失难以计算的，赔偿额为侵权人在侵权期间因侵权所获得的利润；并应当承担被侵害的经营者因调查该经营者侵害其合法权益的不正当竞争行为所支付的合理费用。

被侵害的经营者的合法权益受到不正当竞争行为损害的，可以向人民法院提起诉讼。

4.《中华人民共和国反不正当竞争法》（2017年修订）第十七条：经营者违反本法规定，给他人造成损害的，应当依法承担民事责任。

经营者的合法权益受到不正当竞争行为损害的，可以向人民法院提起诉讼。

因不正当竞争行为受到损害的经营者的赔偿数额，按照其因被侵权所受到的实际损失确定；实际损失难以计算的，按照侵权人因侵权所获得的利益确定。赔偿数额还应当包括经营者为制止侵权行为所支付的合理开支。

经营者违反本法第六条、第九条规定，权利人因被侵权所受到的实际损失、侵权人因侵权所获得的利益难以确定的，由人民法院根据侵权行为的情节判决给予权利人三百万元以下的赔偿。

5.《中华人民共和国反不正当竞争法》（2017年修订）第十二条：经营者利用网络从事生产经营活动，应当遵守本法的各项规定。

经营者不得利用技术手段，通过影响用户选择或者其他方式，实施

七、互联网不正当竞争行为

下列妨碍、破坏其他经营者合法提供的网络产品或者服务正常运行的行为：

（一）未经其他经营者同意，在其合法提供的网络产品或者服务中，插入链接、强制进行目标跳转；

（二）误导、欺骗、强迫用户修改、关闭、卸载其他经营者合法提供的网络产品或者服务；

（三）恶意对其他经营者合法提供的网络产品或者服务实施不兼容；

（四）其他妨碍、破坏其他经营者合法提供的网络产品或者服务正常运行的行为。

判决书（节选）

一审判决书（节选）

……

本院认为：

一、诉讼主体及竞争关系的认定

网讯公司为百度网经营单位，在线公司为"百度及图"的商标权人，同时为百度网提供技术服务，二原告共同享有与百度网相关的实体权利和诉讼权利，原告主体身份适格。信息公司为搜狗网经营单位，科技公司为搜狗手机浏览器著作权人，二公司是搜狗手机浏览器的共同经营者。本案是因搜狗手机浏览器引发的诉讼，二被告主体身份适格。

二原告通过百度网提供搜索引擎服务，且同时经营百度手机浏览器软件产品；二被告通过搜狗网提供搜索引擎服务，并同时经营搜狗手机浏览器软件产品。双方在服务形式、服务内容、用户群体、盈利模式等方面均有重合，构成不正当竞争法意义上的竞争关系。

二、行为正当性判断

本案中，二原告所指称的"搜索栏"实为兼具搜索栏、地址栏等功能的顶部栏。该顶部栏可输入文字进行搜索，还可输入网址访问对应网站。在功能上顶部栏与搜索栏有交叉，在外观上顶部栏与搜索栏也有一定的相似性，搜狗手机浏览器设置了网络用户可自行选择的百度、谷歌、搜狗等搜索引擎进行搜索的功能选项。二原告指称的"下拉提示词"实则为输入关键词后，在浏览器区域以全屏模式自动出现的一列内容。而下拉提示词是搜索引擎常常采取的显示方式，一般与搜索栏对应使用，故本判决将二原告指称的涉案浏览器"下拉提示词"称为浏览建议。本判决中所指称的"垂直结果"则为直接指向搜狗网视频、电子书等资源的浏览建议；而"搜索推荐词"则为指向预设搜索引擎搜索结果页面的浏览建议。与二原告所主张的两项不正当竞争行为相对应，本案的争议焦点在于：第一，在浏览建议中同时设置搜索推荐词和垂直结果，且垂直结果导向自营网站的行为是否劫持了二原告的流量；第二，当用户选定百度为预设搜索引擎，在顶部栏左侧一直显示百度图标的前提下，却在二被告提供的浏览建议中显示相关垂直结果和搜索推荐词的设置方式是否会引起相关公众的混淆。本院分别作如下分析：

（一）在浏览建议中同时设置搜索推荐词和垂直结果，且垂直结果导向自营网站的行为是否劫持了二原告的流量

流量是衡量网站和网页经济效益的核心指标，某种程度上已成为投资者衡量商业网站表现的重要尺度之一。由于流量较高的商业价值或潜在可能带来的商业利益，使得流量必然成为各大网络服务提供商争夺的对象。在新兴的移动互联网领域，各种搜索引擎、手机浏览器均通过不同方式在吸引用户、争夺流量，市场竞争的结果必然会导致不同竞争者流量的增加或减少。正当地对流量的争夺是正常的商业行为，其实质是对潜在商业机会、商业利益的争夺。竞争结果必然涉及不同经营者之间

市场机会或者市场利益的得失。判断网络服务提供商争夺流量的行为是否正当,主要是看其是否违反了公认的商业道德,是否具有主观上的恶意。

本案中,本院认为搜狗手机浏览器的行为不构成流量劫持。理由如下:

首先,搜狗手机浏览器的运营商有权决定其顶部栏浏览建议中所展示的内容和排列的方式。顶部栏与单纯的搜索栏不同,顶部栏是浏览器自带的服务之一,搜狗手机浏览器经营者有权决定自己浏览器的顶部栏浏览建议中的具体内容。用户也是先选择搜狗浏览器,成为该手机浏览器的用户,然后再在使用该手机浏览器的前提下选择具体的预设搜索引擎。在尊重用户知情权,并在不引起用户对垂直结果内容和搜索推荐词混淆的前提下,浏览建议中垂直结果的设置实际上是给用户提供了多种选择的机会。设置预设搜索引擎的意义在于,当用户点击"搜索"或搜索推荐词时,使用预设搜索引擎对相关搜索推荐词进行搜索,然后跳转至预设搜索引擎搜索结果页。当用户使用搜狗手机浏览器,选择百度搜索引擎为预设搜索引擎时,点击搜索推荐词或"搜索"字样直接进入百度搜索结果页面,搜狗手机浏览器并未干扰用户对百度搜索引擎的使用。

其次,用户在使用搜狗浏览器时,即使选择百度为预设搜索引擎,输入关键词,未必就形成百度网的流量,即并非一定是属于百度网的商业机会。在搜狗手机浏览器中,预设搜索引擎可以选择搜狗、谷歌或百度。根据第8794号、第8797号等公证书,用户在设置百度为预设搜索引擎后,输入关键词,在浏览器区域以全屏模式自动出现一列浏览建议,其中包括垂直内容和搜索推荐词;再切换预设搜索引擎,将百度切换成谷歌或搜狗,浏览建议中的内容和顺序没有任何变化。也就是说,搜狗手机浏览器在浏览建议中同时设置搜索推荐词和垂直结果,且垂直结果导向自营网站的行为,并非单纯针对二原告。在用户点击"搜索"或搜索推荐词之前,对百度搜索引擎的使用行为尚未开始,预设搜索引擎随时可以改动,故这时的商业机会并非一定为百度所有。

再次,在搜狗手机浏览器中选择垂直内容的用户流量也并非必然属于二原告。搜狗手机浏览器展示垂直结果及搜索推荐词的工作过程为:在顶部栏输入文字请求后,搜狗服务器查询该文字是否有对应的垂直结果和搜索推荐词。如有相关数据,浏览建议区域依次展示视频结果、小说阅读结果、小说嗅探结果、应用结果等垂直内容及搜索推荐词。在浏览建议区域显示的内容,均由搜狗后台服务器返回的数据生成,与预设搜索引擎没有任何关系。点击垂直内容,则直接进入视频详情页、小说详情页、小说嗅探页、提示应用下载页等搜狗网页面;点击搜索推荐词或"搜索"字样,浏览器根据预设搜索引擎,拼写对应搜索结果页 URL 地址并进行跳转,直接前往该搜索结果页。即只有在点击搜索推荐词或"搜索"字样时,预设搜索引擎的意义才得以体现。点击垂直内容,搜索行为实则尚未开始,这部分商业机会并非二原告所谓的"本属于百度网的搜索服务流量"。

最后,根据第 2784 号、第 30494 号等公证书内容,包括百度手机浏览器在内的多种手机浏览器,在浏览建议中均同时设置垂直结果和搜索推荐词,且垂直结果直接导向自营网站。同时二原告提交的证据中却显示部分手机浏览器在浏览建议中仅有搜索推荐词的设置,没有设置垂直结果。尽管不能依据其他手机浏览器的相关设置来对本案中二被告行为的正当性进行判断,也不能推断在浏览建议中同时设置搜索推荐词和垂直结果且垂直结果导向自营网站的行为已成为行业惯例,但百度手机浏览器在浏览建议中同时设置垂直结果和搜索推荐词的做法,至少在一定程度上说明了二原告对该种设置方式的认可。

综上所述,本案中二原告主张的"本属于百度网的搜索服务流量"并非必然是其应该获得的商业机会。搜狗手机浏览器在浏览建议中同时设置垂直结果和搜索推荐词,将垂直结果导向自营网站的做法,是在利用用户使用自己浏览器的商业机会而吸引用户使用、体验自己所经营的其他服务,旨在争取更多商业机会,二原告有关二被告恶意劫持其流量的主张,本院不予支持。

(二)在顶部栏左侧为百度图标的前提下,却显示二被告提供的垂直结果和搜索推荐词的设置方式是否会引起相关公众的混淆

用户在使用搜狗手机浏览器并选择百度为预设搜索引擎后,顶部栏左侧会出现百度图标。尽管该百度图标仅为公司"百度及图"商标的一部分,但是百度图标广泛用于百度网的搜索业务中,已经形成知名的百度搜索引擎的特有标识,具有显著的可识别性,能够发挥区分服务来源的作用。对于顶部栏左侧显示为百度图标,二被告提供的浏览建议中垂直结果和搜索推荐词的显示方式是否会引起相关公众的混淆,本院作如下分析:

首先,搜狗手机浏览器的设计方式,存在使用了百度图标,却未调用百度搜索引擎功能的情形。用户选择百度搜索引擎为预设搜索引擎,搜狗手机浏览器顶部栏左侧出现百度图标,再点击二被告提供的浏览建议中的垂直结果,进入搜狗网相关页面,整个过程与百度搜索引擎并没有关系,但百度图标始终存在于顶部栏左侧。在这种情况下,对百度图标的使用,容易使得相关用户误认相关网站的跳转过程由百度搜索引擎实施完成或与百度搜索引擎存在关联关系。尤其是在进入小说嗅探结果、软件应用下载结果等垂直内容页面时,进入页面没有任何服务来源的信息,容易导致相关用户误认为上述内容由二原告提供或与其存在关联关系。

其次,浏览建议的垂直结果和搜索推荐词之间没有明显区分,用户可能误认为点击每一项浏览建议,实施跳转后屏幕上显示的内容都来自百度搜索引擎的搜索结果。在 Android 环境下使用搜狗手机浏览器,选

择百度为预设搜索引擎后,在搜狗浏览器顶部栏左侧出现百度图标,右侧出现"搜索"键;在IOS环境下侲用搜狗手机浏览器,选择百度为预设搜索引擎后,在搜狗浏览器顶部栏左侧出现百度图标,右侧出现"取消"键,浏览建议的第一项为搜索项。此外,搜狗手机浏览器顶部栏中均有浅灰色字体的"搜索"字样。从外在形式上看,顶部栏与搜索栏有一定的相似性,这一点在中国互联网信息中心出具的《中国手机浏览器用户研究报告》中也有体现;从功能上,当在顶部栏输入文字进行搜索时,顶部栏的功能与搜索引擎的搜索栏也具有一定的相似性。对于百度搜索栏而言,用户在使用时,点击输入关键词后自动显示的下拉提示词,实现的网页跳转都是进入百度搜索结果页。与之对应,当用户使用手机浏览器选择百度为预设搜索引擎、顶部栏左侧出现百度图标时,点击每一项由浏览器经营者提供的浏览建议均应进入百度搜索结果页。但在本案中点击二被告提供的搜索推荐词进入百度搜索结果页,点击垂直内容却进入到搜狗网相应页面。由于搜索推荐词和垂直结果之间没有明显区分,用户可能认为点击每一项浏览建议所实现的跳转都与百度搜索引擎相关。在庭审中,即使二被告的专家证人也不能充分说明垂直结果和搜索推荐词前各个图标的具体含义。故作为普通用户在最初使用搜狗手机浏览器时,更是难以通过图标、反色显示的按钮、个别底部标注的"搜狗嗅探到……"的小字内容等将垂直结果和搜索推荐词进行区分。

再次,二被告辩称,用户根据使用习惯可以对其提供的垂直内容和搜索推荐词与百度搜索引擎提供的搜索服务进行区分,本院认为该辩称难以否认用户在最初使用搜狗浏览器时的混淆。在百度搜索引擎的搜索栏中并非只有点击"搜索"键才启动搜索功能,点击输入关键词后自动形成的下拉提示词也可启动搜索功能而进入搜索结果页面。在浏览建议中点击搜索推荐词也可启动搜索功能,进入预设搜索引擎搜索结果页。故二被告有关"根据用户使用习惯,应当清楚启动搜索需要点击'搜索'键确认,未点击前手机屏幕上显示的所有内容都不可能来自搜索引擎的搜索结果"的辩称并无事实基础。另外,即使浏览器使用者的使用习惯和认知情况是可以通过对搜狗手机浏览器使用的逐步摸索、熟悉而改变的,在其尝试使用搜狗手机浏览器一定时间或次数后可能不会产生点击浏览建议中垂直结果实施的跳转由百度搜索引擎搜索完成的误认,但是浏览器用户的使用习惯也是需要花费时间培养的。考虑到二被告本身经营有搜索引擎业务,而其手机浏览器也具有搜索功能,在一定程度上与网讯公司的搜索引擎形成竞争态势,且顶部栏与搜索栏无论在外观还是功能上都有一定的相似性,在双方共同争夺移动浏览器入口的背景下,搜狗手机浏览器的经营者应对二原告的合理利益予以避让,避免其浏览器的相关设置使用户产生误认、混淆。

最后,在选择预设搜索引擎的合理范围内指示性使用百度图标具有合理性,但本案中搜狗手机浏览器在没有调用百度搜索引擎的情况下也设置并使用了百度图标,而且对于使用百度搜索引擎的搜索推荐词与不使用百度搜索引擎的垂直结果没有进行明显区分,会使得相关公众对服务来源产生一定混淆,已经超出了合理使用的边界。本院认为,该种使用所产生的混淆并非技术上所不可避免的,该种对百度图标的显示、使用方式也不具有唯一性,二被告完全可以通过功能、外观方面的设计来避免混淆。

综上可知,搜狗手机浏览器在设置显示方式时,采取以下设计:当用户选择百度作为预设搜索引擎而使浏览器顶部栏左侧显示百度图标时,浏览建议中显示的二被告提供的垂直内容和搜索推荐词之间没有明显区分,且在用户点击垂直内容进入搜狗网自营网站的整个过程中,百度图标始终处于顶部栏显著位置。这种手机浏览器的显示方式设计确实会造成一定范围内的用户混淆,故本院认定信息公司和科技公司的上述行为构成不正当竞争。

三、法律责任的承担

综上所述，信息公司和科技公司实施了不正当竞争行为，应当承担相应的法律责任，二被告应停止在搜狗手机浏览器中的上述引起相关公众混淆的不正当竞争行为。鉴于搜狗手机浏览器的相关设置容易使相关公众认为点击垂直内容进入搜狗自营网站的过程与百度搜索引擎有关，故网讯公司和在线公司提出的消除影响的请求，有相应的事实和法律依据，本院予以支持，但消除影响的范围应以本案不正当竞争行为所造成之影响为限。对于经济赔偿，因双方均未能提交直接的证据证明网讯公司、在线公司的实际损失，也未提交直接证据证明信息公司、科技公司因混淆而取得的违法获利，本院综合考虑搜狗手机浏览器的市场份额、不正当竞争行为持续时间、造成混淆的情况、信息公司与科技公司的过错程度等因素，酌情确定赔偿数额。网讯公司和在线公司提出100万元的赔偿主张过高，本院不予全部支持。对网讯公司和在线公司因本案所付支出的合理部分，本院予以支持，超出合理部分的支出本院不予支持。

综上所述，本院依照《中华人民共和国反不正当竞争法》第二条、第二十条的规定，判决如下：

一、自本判决生效之日起，被告信息公司、科技公司立即停止涉案不正当竞争行为；

二、自本判决生效之日起三十日内，被告信息公司、科技公司共同在搜狗网（网址为http：//www.sogou.com）首页连续二十四小时刊登声明，就本案不正当竞争行为为原告网讯公司、原告在线公司消除影响（声明内容须经本院审核，逾期不履行，本院将依原告网讯公司、原告在线公司申请，在相关媒体公布判决书主要内容，费用由被告信息公司、被告科技公司共同承担）；

三、自本判决生效之日起十日内，被告信息公司、被告科技公司共同向原告北京网讯公司、原告在线公司赔偿经济损失及合理开支共计二十万元；

四、驳回原告网讯公司、原告在线公司的其他诉讼请求。

如被告信息公司、被告科技公司未按本判决所指定的期间履行给付金钱义务，则应依据《中华人民共和国民事诉讼法》第二百五十三条的规定，加倍支付延迟履行期间的债务利息。

案件受理费一万四千八百五十三元（原告网讯公司已预交），由原告网讯公司、原告在线公司负担七千元（已交纳）；由被告信息公司、被告科技公司共同负担七千八百五十三元（于判决生效之日起七日内交纳）。

如不服本判决，可于判决书送达之日起十五日内，向本院递交上诉状，并按对方当事人的人数提交副本，交纳上诉案件受理费，上诉于北京知识产权法院。如在上诉期满后七日内未交纳上诉案件受理费，按自动撤回上诉处理。

二〇一五年一月二十九日

二审判决书（节选）

……

本院认为：

本案审理焦点为：第一，当用户在搜狗手机浏览器中选定百度搜索引擎，且顶部栏左侧一直显示百度图标的情况下，浏览建议页面对于垂直结果和搜索推荐词两部分内容的设置方式是否会引起相关公众的混淆。如果这种行为足以引起相关公众混淆，应适用《反不正当竞争法》第二条还是第五条的规定；第二，信息公司、科技公司在搜狗手机浏览器的浏览建议中设置垂直结果，且垂直结果导向自营网站的行为是否构成流量劫持行为，从而违反了《反不正当竞争法》第二条规定；第三，一审判决有关民事责任的认定是否正确。

一、当用户在搜狗手机浏览器中选定百度搜索引擎,且顶部栏左侧一直显示百度图标的情况下,浏览建议页面对于垂直结果和搜索推荐词两部分内容的设置方式是否会引起相关公众的混淆。如果这种行为足以引起相关公众混淆,应适用《反不正当竞争法》第二条还是第五条的规定

1. 该行为是否构成擅自使用他人知名商品特有名称、包装、装潢的行为。网讯公司和在线公司在一审诉讼中主张,信息公司、科技公司的上述行为足以使用户产生混淆误认,该行为构成假冒其注册商标及擅自使用其知名商品特有名称、包装、装潢的行为,违反了《反不正当竞争法》第五条的规定。假冒他人注册商标的行为及擅自使用知名商品特有的名称、包装、装潢行为分别属于《反不正当竞争法》第五条第(一)项"假冒他人的注册商标"和第(二)项"擅自使用他人知名商品特有的名称、包装、装潢,造成和他人的知名商品相混淆,使购买者误认为是该知名服务"规定的行为,二者虽均针对的是使用他人商业标识的行为,但也有区别,其主要区别之一在于第(一)项适用于假冒他人注册商标的情形,而第(二)项则规制的是对未注册的商业标识的假冒行为。本案中,在线公司及网讯公司认为相关公众易产生混淆误认的依据是第5916519号"百度及图"注册商标。因此,被诉行为应属于《反不正当竞争法》第五条第(一)项"假冒他人的注册商标"所指的情形,而非第(二)项"擅自使用他人知名商品特有的名称、包装、装潢"所指的情形。网讯公司和在线公司在本案中选择《反不正当竞争法》第五条第(一)项作为保护其注册商标权的依据,本院不持异议,但不再对被诉行为是否违反第五条第(二)项进行评述。

2. 该行为是否构成假冒注册商标的行为。对于何为"假冒他人的注册商标"的行为,《反不正当竞争法》第五条第(一)项未明确规定,但全国人大常委会法制工作委员会民法室在其出版的《〈中华人民共和

七、互联网不正当竞争行为

国反不正当竞争法〉释义》中对此的解释是:"假冒他人注册商标的含义是什么?根据《商标法》(1993年《商标法》,本院注)的规定,是指未经注册商标所有人的许可,在同一种商品或者类似商品上使用与其注册商标相同或者近似的商标。这一方面是一种侵犯注册商标专用权的行为,从另一方面——即市场竞争角度看,由于假冒了注册商标所有人的商标,使别人误认为假冒者的商品是他人注册商标的商品而去购买,这样势必影响享有注册商标专用权的经营者的商品销售,就形成了一种不正当竞争行为,也就是一种侵权行为引起了两个法律后果。所以这种行为既在《商标法》中规定,又在《反不正当竞争法》中规定"。由此可见,假冒注册商标行为的构成要件与《中华人民共和国商标法》(以下简称《商标法》)中有关侵犯注册商标专用权行为认定并无不同。这一观点也可通过《反不正当竞争法》第二十一条第一款得以佐证,该条款规定:"经营者假冒他人的注册商标……依照《中华人民共和国商标法》……的规定处罚"。该款规定是与《反不正当竞争法》第五条第(一)项规定相对应的行政处罚的规定。这一规定进一步表明,假冒他人注册商标专用权的行为与《商标法》所规范的侵害注册商标权的行为并无不同。据此,本院所持观点是:《反不正当竞争法》第五条第(一)项"假冒他人的注册商标"的行为是指"未经注册商标所有人的许可,在同一种商品或者类似商品上使用与其注册商标相同或者近似的商标的行为"。本案中,在线公司为"百度及图"商标的注册商标专用权人,网讯公司获得在线公司许可在百度网上使用"百度及图"商标,据此,网讯公司和在线公司在"百度及图"商标受侵害时均有权主张权利。被诉页面中显示的百度图标是"百度及图"商标的显著部分,其与"百度及图"商标构成近似商标。"百度及图"注册商标核定使用及实际使用的服务包括提供互联网搜索引擎等。被诉行为是在搜狗手机浏览器运行过程中使用百度图标的行为。被诉页面中既包括垂直结果,也包括搜索推荐词。虽然只有点击搜索推荐词部分才会引起百度搜索引擎的运行，但在顶部栏显示百度图标且在被诉页面中并未明确且显著地指出垂直结果并非来源于百度网站的情况下，用户同样可能会认为垂直结果也由百度网站或与之相关的网站所提供，据此，被诉页面中对于百度图标的使用可能引起相关公众的混淆。信息公司、科技公司虽主张"浏览建议区域的垂直结果和搜索推荐词之间有明显的图标区分"，网络用户不会产生混淆，但其未针对该主张提供证据证明，故这一主张缺乏事实依据，本院不予支持。信息公司、科技公司还主张搜狗手机浏览器中对百度商标的使用，是为满足用户预设百度为搜索引擎所需，属于技术上不可避免的合理使用行为。但实际上，无论是一审法院还是本院，之所以认定被诉行为可能导致用户混淆，均并非仅仅着眼于百度图标的使用，更多的则是考虑被诉页面中并无任何标记足以使用户认识到垂直结果系来源于搜狗自营网站。在此情况下，虽然用户对于搜索引擎的需求使得百度图标的使用具有一定合理性，但尚无法使得被诉行为整体具有正当性。据此，本院对该主张也不予支持。综上所述，信息公司、科技公司实施的被诉行为构成了假冒网讯公司和在线公司注册商标的行为，侵害了网讯公司和在线公司对其注册商标享有的合法权益，违反了《反不正当竞争法》第五条第（一）项的规定。信息公司、科技公司主张一审法院将垂直结果和搜索推荐词的设置方式相混淆，一并认定构成不正当竞争行为，属于认定事实错误。本院则认为，该主张系信息公司、科技公司对一审判决的误解。一审判决中对于混淆问题的表述为"综上，搜狗手机浏览器在设置显示方式时，采取以下设计：当用户选择百度作为预设搜索引擎而使浏览器顶部栏左侧显示百度图标时，浏览建议中显示的信息公司、科技公司提供的垂直内容和搜索推荐词之间没有明显区分，且在用户点击垂直内容进入搜狗网自营网站的整个过程中，百度图标始终处于顶部栏显著位置。这种手机浏览器的显示方式设计确实会造成一定范围内的用户混淆，信息公司和科技公司的上述行为构成不正当竞争。"由该表述可以看出，一审法院之所以会将垂直结果与搜索推荐词一并评述，并非是其认为搜索推荐词的设定也会产生混淆，而是强调被诉页面中搜狗手机浏览器在垂直结果与搜索推荐词之间未进行明显区分，从而导致用户会认为垂直结果与网讯公司及在线公司有关，这一认定与本院所认定结论并无不同。据此，对于信息公司及科技公司的上述主张，本院不予支持。

3. 该行为应适用《反不正当竞争法》第二条还是第五条的规定。网讯公司和在线公司在一审诉讼中主张被诉行为违反了《反不正当竞争法》第五条的规定，在当事人主张了明确法律依据的情况下，法院不应在未经释明和当事人同意的情况下改变法律适用。否则，将不仅违反了当事人请求，也会使当事人丧失对本案法律适用及其涉及的相关问题发表意见的机会，剥夺了当事人相应的诉讼权利。一审法院在网讯公司和在线公司以《反不正当竞争法》第五条的规定作为其主张的法律依据的情况下，径直适用《反不正当竞争法》第二条的规定，该做法错误，本院予以纠正。另外，包括第五条在内的《反不正当竞争法》第二章对各类不正当竞争行为的规定属于具体规范的规定，按照法律适用的原则，可以纳入具体规范的不正当竞争行为，应当归入具体规范调整，而不得直接纳入一般规范调整。只有在不能纳入具体规范的情况下，才能依据一般规范予以处理。一审法院在《反不正当竞争法》第五条第（一）项对被诉行为有明确规定的情况下，却适用《反不正当竞争法》第二条对该行为予以规制，该做法违反了法律适用的原则。但是，鉴于一审判决据此而认定被诉行为构成不正当竞争行为这一结论与适用《反不正当竞争法》第五条第（一）款所得结论并无不同，故本院不因该法律适用错误而对一审判决予以改判。

二、信息公司、科技公司在搜狗手机浏览器的浏览建议中设置垂直结果,且垂直结果导向自营网站的行为是否构成流量劫持行为,从而违反了《反不正当竞争法》第二条规定

1. 上述行为是否构成流量劫持行为,从而违反《反不正当竞争法》第二条。网讯公司、在线公司认为在用户选择百度图标后,便应已形成百度的商业机会,在此情况下,搜狗手机浏览器提供的垂直结果服务使得用户不再使用百度搜索引擎,从而劫持了百度搜索引擎的流量,损害了其合法利益。虽然基于法律适用的逻辑,某一行为如已可适用《反不正当竞争法》具体条款调整,则原则上不再适用《反不正当竞争法》第二条这一原则条款调整,但本案情形有所不同。本院虽已认定被诉行为违反《反不正当竞争法》第五条第(一)项,但该认定所针对的是被诉行为对于百度商标识别作用所造成的损害,而此处网讯公司及在线公司主张的则是被诉行为对其应得流量的不当劫持。因二者并不属于同一性质的损害,故对于被诉行为是否可能构成劫持流量从而违反《反不正当竞争法》第二条这一主张本院仍予评述和审理。网讯公司、在线公司这一主张隐含的前提是:只要用户选择了百度图标,则后续的全部商业机会均应归属网讯公司、在线公司。本院认为,商业机会的归属虽与用户对百度图标的选择有关联,但相比而言,其与服务内容关系更为密切。被诉页面显示内容可分为两部分:垂直结果;搜索推荐词。该两部分的服务内容完全不同(前者提供具体内容,后者提供搜索服务)。因服务内容的不同很可能会对相应商业机会的归属产生影响,因此,对于上述两种不同服务内容的商业机会的归属需要区分情况分析。在这一分析过程中,起决定性作用的因素是用户选择百度图标的目的。用户对于百度图标的选择系基于何种目的,取决于其对该选择行为的认知。搜狗手机浏览器为用户所提供的选择对象是不同的搜索引擎,用户对此显然知晓,可见用户对于百度图标的选择,其目的在于使用百度搜索引擎进行搜索

服务，而非其他。用户的这一选择目的意味着被诉页面中有关搜索推荐词部分的商业机会应归属于百度搜索引擎。在被诉页面中搜索推荐部分均指向百度网站的情况下，网讯公司、在线公司针对该服务内容的商业机会并未被信息公司、科技公司剥夺。但对于垂直结果所对应商业机会的归属，情况则有所不同。因用户对于百度图标的选择，其目的仅仅在于选择百度搜索引擎服务，而并不在于直接获得具体内容，故在垂直结果这一服务内容已超出用户选择预期的情况下，搜狗手机浏览器垂直结果服务所对应的商业机会并不当然属于网讯公司、在线公司。相应地，也无法认为该服务内容所带来的流量应属于网讯公司、在线公司。除考虑商业机会与服务内容之间的关系之外，判断搜狗手机浏览器是否劫持了本应属于百度搜索引擎的流量，还可通过判断搜狗自营网站的流量是否会据此有所增加以进行验证。本案中，网讯公司、在线公司之所以认为被诉行为构成对其流量的劫持，并非基于搜狗手机浏览器提供了垂直结果这一服务内容，而在于该内容系出现在用户选择百度图标之后的被诉页面中。鉴于此，判断被诉行为是否构成流量劫持行为，只需将用户选择或者不选择搜索引擎图标这两种情形下对搜狗自营网站的流量可能产生的影响进行对比分析即可。如果无论用户选择或不选择该图标，对于搜狗自营网站的流量均无实质影响，则表明其利益的获得与用户对于包括百度图标在内的搜索引擎图标的选择无关，而仅与搜狗手机浏览器所采用的垂直结果这一具体提供方式有关。相应地，也就意味着不存在对百度搜索引擎流量的劫持。用户上网的目的在于获取相关信息，虽然在此过程中通常会使用搜索引擎，但搜索引擎的本质决定了用户这一选择的最终目的在于通过该搜索引擎获得其所寻找的内容，而非仅仅在于使用该搜索引擎。基于这一需求，对于上网目的在于获得具体视频、小说或软件的用户而言，在浏览器垂直结果中已直接提供具体内容的情况下，其显然通常会选择这一垂直结果并进入搜狗网站获得相关内容，而无论其在先选择了百度,还是选择了其他搜索引擎。即便在搜狗手机浏览器不为用户提供搜索引擎的选择的情况下,用户通常情况下也会作此选择。此种情形说明,用户的上网需求决定了用户对垂直结果的选择行为为搜狗网站所带来的流量,通常情况下并非源于其所选择的包括百度图标在内的搜索引擎图标,而是源于垂直结果这一提供方式。由此可见,用户对于百度图标的选择并不会增加搜狗网站的流量。不可否认的是,被诉页面中的垂直结果易使公众产生一种直观感受,即搜狗手机浏览器在利用百度网站的商业机会,否则其无须将垂直结果设置在该页面中。但实际上,垂直结果的特点决定了其只能在用户键入关键词之后才能出现,而因用户通常会在键入关键词之前选择搜索引擎,故垂直结果出现在用户选择搜索引擎后的被诉页面中属于合理选择。当然,本院并不认为据此而产生的混淆具有合理性,本院在前文中已对于混淆情形的不合理性进行了评述,本院仅是认为在网讯公司、在线公司并未对垂直结果这一提供方式本身的合法性及合理性提出质疑的情况下,不能仅基于垂直结果所出现的时机及设置位置便当然地认为其劫持了原本属于百度搜索引擎的流量。判断其是否劫持百度搜索引擎的流量,仍需看该流量是否确属百度搜索引擎所有。基于前文已分析的原因,本院认为,搜狗手机浏览器在该页面中提供垂直结果,并将其指向自营网站的行为,并未劫持原本应属于百度搜索引擎的流量。网讯公司、在线公司认为被诉行为违反《反不正当竞争法》第二条的上诉理由不能成立,本院不予支持。

2.《反不正当竞争法》第二条适用中应持有的态度及其对本案的影响。对于非《反不正当竞争法》具体列举的行为,虽可以适用第二条这一原则性条款进行调整,但原则性条款高度抽象,对其适用存在着不确定性和扩张性,这一特点导致对法律没有明确规定的竞争行为是否具有正当性的判断,困难重重。最高人民法院在其审理的马达庆与山东省食

七、互联网不正当竞争行为

品公司等不正当竞争纠纷案中,对《反不正当竞争法》第二条中的诚实信用原则和商业道德的关系进行了阐述,"诚实信用原则是市场经济活动中道德规则的法律化……在规范市场竞争的反不正当竞争法中,诚实信用原则更多的是以公认的商业道德的形式体现出来的。……公认的商业道德应指特定商业领域普遍接受的行为标准,具有公认性和一般性,因而表现出某种客观性。"由此,法院对《反不正当竞争法》第二条的适用应持十分慎重的态度,以防止因不适当扩大不正当竞争范围而妨碍自由、公平竞争。一般而言,只有在该行为违反公认的商业道德时,才可以认定为不正当竞争行为。该原则虽然在互联网领域同样适用,但互联网领域的竞争与传统环境下的商业竞争有所不同,互联网领域处在高速发展之中,新的商业模式或经营方式层出不穷,相对于不断出现又快速变化的商业模式或经营方式,公认的商业道德的形成和发展需要一定的时间,因此,经常出现某些在行业内尚未形成普遍认识的较难定性的竞争行为。公认商业道德的缺失恰恰更加容易导致纠纷的出现。而互联网产业的细化以及互联网不同细化行业间的高度交叉性,使得此类行为正当性判断具有相当大的难度。当纠纷诉至法院时,法院显然不可能仅仅因尚无公认的商业道德便认定该行为具有正当性,完全将其留待市场解决,而只能尽可能寻求相对合理的方法对其正当性进行判断。虽然存在个案差异,但参考相关领域相对成熟的做法及商业规则,确属可行方式之一。正因为如此,在对本案被诉行为是否构成对于网讯公司及在线公司流量劫持的判断中,本院便考虑了服务内容在通常情况下对于商业机会归属的影响,以及用户需求与商业机会之间的关系等因素,最终得出否定结论。尽管如此,这一结论毕竟并非依据公认的商业道德而得出,因此,有必要寻求有效方式对该结论进行验证以增加其确定性。因《反不正当竞争法》的终极目的在于通过规范合法有序的竞争秩序,以最终增加社会整体利益,因此,本院分别对被诉行为在正当或不正当两种情况下对用户利益、手机浏览器经营者利益、搜索引擎利益可能产生的影响进行对比分析,以判断哪一做法对社会整体利益最为有利。首先,从被诉行为可能对用户利益产生的影响角度来看,用户使用浏览器的主要目的在于在互联网中迅捷准确地获取具体内容,该内容既可能包括本案涉及的视频、小说、软件等具体内容,也可能包括其他信息。因搜狗手机浏览器为用户直接提供垂直结果的做法仅能满足用户对于视频、软件或小说的需求,但却无法满足用户对其他信息的获取需求,因此,为尽可能满足不同用户的需求,搜狗手机浏览器在提供上述内容的同时,也需要同时向用户提供搜索服务,此恰为搜狗手机浏览器目前所采用的做法。在市场上存在不同搜索引擎的情况下,考虑到不同用户的不同喜好,给予用户对于搜索引擎的选择权显然有利于用户体验。而对于被选定的搜索引擎而言,要求浏览器对该搜索引擎予以标注似亦是合理的要求。此外,用户选择浏览器的目的在于获取具体内容,至于获取内容的过程,用户可能实际上并不关注,故浏览器经营者根据用户键入的关键词为其直接提供具体内容,省略搜索过程,显然有利于减少用户获取内容所需时间,改善用户体验。如果信息公司、科技公司不得再以该方式提供具体内容,则其直接后果是用户或者将无法通过点击垂直结果直接获得具体内容,而仅能先使用搜索引擎,然后通过搜索得到具体内容,或者虽可以通过点击垂直结果选项获得具体内容,但垂直结果不得出现在搜索推荐词界面中。无论上述哪一种情形,均增加了广大网络用户的时间成本,对于用户体验及用户利益均有直接影响。其次,从被诉行为可能对手机浏览器经营者利益所产生影响角度分析,手机界面所具有的相对有限的空间,决定了手机浏览器的盈利方式较之于电脑端浏览器更为有限,其很难在该界面中提供常规广告服务,因此,通过页面导航以及通过垂直结果与相应网站进行合作是手机浏览器的两个主要盈利模式。这一情形意味着禁止提供垂直结果必将会对浏览器经营者的经营利益造成较大

七、互联网不正当竞争行为

影响。当然，从形式上看，认定被诉行为构成流量劫持并不意味着浏览器经营者不得提供垂直结果，而只是其不得出现在选择搜索引擎图标后的页面中，但垂直结果的特点决定了其必须在用户键入关键词之后才能出现，这就意味着在既保留用户搜索引擎选择权，也保留垂直结果设置方式的情况下，被诉行为中垂直结果所出现页面应属较为合理的选择。如这一设置方式被认为不具合理性，则其所起到的效果基本上相当于禁止搜狗手机浏览器为用户提供垂直结果，这必然对浏览器提供者的利益会造成实质影响。最后，从被诉行为可能对搜索引擎经营者利益所产生影响角度分析。在设定该垂直结果的情况下，确会使得上网目的在于获取该部分内容的用户直接点击该垂直结果获取内容，而不再进入搜索引擎搜索。但被诉页面包括垂直结果、搜索推荐两部分内容，虽然部分用户会点击垂直结果选项，但不可否认的是，仍有相当部分用户的上网目的并非在于获取上述类型内容，而在于获取其他相关信息。对于该部分用户而言，其完全会直接点击顶部栏旁的搜索图标，或者点击搜索推荐词，从而启动搜索引擎进行搜索，此时该流量属于搜索引擎网站的流量。不仅如此，对于搜索引擎而言，其流量来源于多种渠道，既包括手机浏览器，更包括电脑浏览器，以及搜索引擎的手机客户端等。相对于搜索引擎的手机客户端，手机用户并不会更加偏爱通过手机浏览器进行搜索，因此，手机浏览器为搜索引擎所带来的流量在其整体流量来源中所占比例相对较小。而即使在该部分浏览器，垂直结果这一提供方式所能分流走的流量也仅占其中一部分。可见，垂直结果这一提供方式对于搜索引擎整体流量的影响将更小。

综上所述，即便被诉行为可能使得百度搜索引擎的流量有所减少，但该部分流量在百度搜索引擎整体流量中所占比例甚少，对于搜索引擎的利益影响也相对有限。但被诉行为中垂直结果这一提供方式属于手机浏览器目前主要的盈利模式之一，其也可有效减少用户时间成本。

如认为被诉行为构成流量劫持，则无论对手机浏览器的经营者，还是用户利益均会产生实质影响。相较而言，认定被诉行为未构成流量劫持更为有利于社会整体利益。基于上述分析，被诉行为未构成劫持流量这一结论不仅可以从商业机会与服务内容之间关系角度分析得出，其同时也有利于社会整体利益的保障，据此，在现有情况下得出这一结论具有合理性。

三、一审判决有关民事责任的认定是否正确

本案中，虽然网讯公司、在线公司认为被诉行为构成对其流量的劫持这一主张并不成立，从而不能认定网讯公司及在线公司基于用户流量而应得的利益遭受损失。但被诉行为却构成了假冒"百度及图"注册商标的行为，因该行为会破坏"百度及图"商标的识别能力，损害该商标的内在价值，故信息公司及科技公司应对该行为承担赔偿损失的民事责任在双方均未能提交直接证据证明网讯公司和在线公司的实际损失、信息公司和科技公司的违法获利的情况下，综合考虑被诉行为的持续时间及客观后果等因素，本院认为一审法院确定的赔偿数额并无不当，本院予以维持。此外，在被诉行为构成假冒注册商标行为的情况下，信息公司及科技公司也应承担停止不正当竞争行为的民事责任。但应指出，该行为之所以构成假冒注册商标的行为，并非因为其在浏览器顶部栏使用了百度图标，而主要在于这一使用行为未将垂直结果部分与搜索推荐词部分相区分，从而会使网络用户误认为垂直结果部分所指向的网站也与百度搜索引擎相关。鉴于此，信息公司及科技公司所应承担的停止不正当竞争行为这一民事责任，并非是指其不得再以被诉行为中所体现的方式提供垂直结果，而是指其在提供垂直结果时，需要采用相关做法使得网络用户足以认识到垂直结果的提供与网讯公司及在线公司并无关联，从而避免相关公众产生混淆误认。

综上所述，各方当事人的上诉理由均不能成立，本院不予支持。一审判决虽法律适用有误，但判决结果正确，本院予以维持。依据《中华人民共和国民事诉讼法》第一百七十条第（一）项的规定，判决如下：

驳回上诉，维持原判。

一审案件受理费一万四千八百五十三元，由网讯公司、在线公司负担七千元（已交纳），由信息公司、科技公司负担七千八百五十三元（于本判决生效后七日内交纳）；二审案件受理费一万七千二百七十元，由网讯公司、在线公司负担一万二千九百七十元（已交纳）；由信息公司、科技公司负担四千三百元（已交纳）。

本判决为终审判决。

二〇一六年七月二十六日

互联网经营者的插标行为及网址导航站劫持流量行为构成不正当竞争

——评析北京百×××科技有限公司、××××网络技术（北京）有限公司诉北京奇×科技有限公司、××软件（北京）有限公司商标侵权及不正当竞争纠纷案

七、互联网不正当竞争行为

案情概要

基本信息

案号：（2012）一中民初字第 5718 号

原告：北京百×××科技有限公司

××××网络技术（北京）有限公司

被告：北京奇×科技有限公司

××软件（北京）有限公司

审理法院：北京市第一中级人民法院

诉讼请求

一、两被告立即停止对原告的不正当竞争行为和侵犯商标权行为；

二、在 www.360.cn 网站首页显著位置连续三十天刊登道歉声明，并在《法制日报》显著位置刊登道歉声明，消除影响；

三、两被告赔偿两原告经济损失 10,000,000 元以及为制止侵权的合理支出 150,000 元；

四、本案诉讼费用由两被告承担。

案情介绍

原告北京百×××科技有限公司（以下简称"百科技公司"）为网站 www.baidu.com 的经营单位。××××网络技术（北京）有限公司（以下简称"网络技术公司"）为第 5916519 号"Baidu 百度及图"商标的商标权人。被告北京奇×科技有限公司（以下简称"奇科技公司"）为网站 www.360.cn 的主办单位。

原告诉称被告存在插标等行为,并提多份公证处出具的公证书,该等公证书显示被告在原告网站搜索结果页面上有选择地插入警告标识,如"访问网站www.baidu.com,搜索关键词"双色球",搜索结果中包含"福彩双色球走势图",对应的网址为 www.cp126.com/ssp.asp,该搜索结果处出现红底白色感叹号图标,点击该感叹号图标,弹出对话框,该对话框显示的信息有:"360安全中心""存在欺诈广告的网站""当前页面含有大量未经证实的广告信息,虚假广告可能给您造成财产损失,请您谨慎访问"。原告诉称被告网址导航站存在劫持流量行为,并提供多份公证书,该等公证书显示,点击"百度"字样的按钮,进行相应的搜索时,会弹出被告运营的相关网址,如"用 IE 浏览器访问网站www.baidu.com,搜索框上方的搜索内容默认选为'网页',在搜索框中输入'英雄',该搜索框自动出现下拉提示框,其中第一位显示'英雄联盟',点击该下拉提示词,进入'英雄联盟'搜索结果页面,第一页的相关搜索结果中没有 360 游戏中心或网址为 yxyz.wan.360.cn 的网站。"

被告提供证据表示在计算机 hosts 文件被修改后,页面访问内容的真实性存在作假可能,且诸多网址导航网站都存在调用百度搜索引擎的情况。

审理结果

一、被告北京奇×科技有限公司自本判决生效之日起立即停止涉案的不正当竞争行为;

二、被告北京奇×科技有限公司在本判决生效之日起七日内,连续十五日在网站 www.360.cn 首页显著位置刊载消除影响的声明(该声明应当事先由本院审核通过,如被告北京奇×科技有限公司拒绝执行,本院将在《人民法院报》上刊登本案判决书相关部分,所需费用由被告北京奇×科技有限公司承担);

三、被告北京奇×科技有限公司自本判决生效之日起七日内赔偿原告北京百×××科技有限公司、××××网络技术（北京）有限公司经济损失四十万元；

四、被告北京奇×科技有限公司自本判决生效之日起七日内赔偿原告北京百×××科技有限公司、××××网络技术（北京）有限公司合理支出五万元；

五、驳回原告北京百×××科技有限公司、××××网络技术（北京）有限公司的其他诉讼请求；

六、被告北京奇×科技有限公司如果未按本判决指定的期间履行给付金钱义务，应当依照《中华人民共和国民事诉讼法》第二百五十三条的规定，加倍支付迟延履行期间的债务利息；

七、案件受理费八万二千七百元，由原告北京百×××科技有限公司、××××网络技术（北京）有限公司负担七万元（已交纳），由被告北京奇×科技有限公司负担一万二千七百元（于本判决生效之日起七日内交纳）。

要点分析

一、被告插标等行为是否违反《中华人民共和国反不正当竞争法》（1993）第二条的诚实信用原则，是否构成《中华人民共和国反不正当竞争法》（1993）第十四条的商业诋毁行为

《中华人民共和国反不正当竞争法》（1993）第二条规定，"经营者在市场交易中，应当遵循自愿、平等、公平、诚实信用的原则，遵守公认的商业道德。"上述法律条文的目的在于维护市场竞争的良性发展，对于恶意采取不正当竞争行为的经营者予以制止，故而审查被告行为是否具有恶意是评判其行为是否违反上述法律的关键。被告的360安全卫士在原告网站搜索结果页面上有选择地插入了红底白色感叹号图标作为警告标识，以警示用户该搜索结果对应的网站存在风险，在用户点击进入搜索结果中被安全软件认定为存在风险的网站时，安全软件进行提醒、拦截等行为是正当的，符合安全软件的功能和价值，也符合用户安装安全软件的目的。但是，在未经其他经营者许可的情况下，仅以单方的认定，即通过修改其他经营者向用户提供的网络代码，在他人经营的搜索引擎服务的页面上任意进行标注，对他人向用户提供的服务内容进行改变，该行为应当被法律所禁止。

另外，被告的360安全卫士有选择的仅针对原告网站搜索结果页面上进行了插标，对例如google的其他搜索引擎网站的结果页面却没有进行插标，即使搜索结果对应的为同一个网站，被告的360安全卫士也进行了区别对待。该种区别对待的行为违反了《中华人民共和国反不正当竞争法》（1993）第二条所规定的诚实信用原则。

《中华人民共和国反不正当竞争法》（1993）第十四条规定，经营者不得捏造、散布虚伪事实，损害竞争对手的商业信誉、商品声誉。在360安全卫士的弹出框中，出现了"这个网站存在为欺诈网站刊登广告的行为，您可能被诱骗访问欺诈的彩票、中奖等网站，导致银行账号密码被窃取，甚至财产损失"或类似用语，原告诉称以上文字的语义存在被误解的可能，但是法院认为，在案证据中类似提示框中出现的文字更多的属于无歧义的表述，且在当前的网络环境下，大部分的网络用户在看到上述提示信息后，并不会当然地误解原告网站存在"为欺诈网站刊登广告"或其他不当行为，进而对原告网站产生负面评价。况且，360安全卫士的弹出框中的文字仅表示相关网站"有可能"会造成相关后果，并非明确地认定该网站存在相关有害于网络用户的行为。

360安全卫士的弹出框中的文字虽然有所不当，但不会造成原告或原告网站商誉的明显贬损，最终被认定不构成对原告及原告搜索引擎服务的商业诋毁，未违反《中华人民共和国反不正当竞争法》（1993）第十四条的规定。

二、被告网址导航站劫持流量行为是否违反《中华人民共和国反不正当竞争法》（1993）第二条的诚实信用原则

前文已述，审查被告行为是否具有恶意是评判其行为是否违反《中华人民共和国反不正当竞争法》（1993）第二条的关键，主要从如下几个方面进行分析：

1. 在原告许可的情况下，被告在其网址导航站网页上嵌入原告搜索框并无不当。但是，作为原告搜索引擎服务的一部分，下拉提示词是作为搜索引擎服务商根据其服务的内容自行制定并向用户提供的，虽然原告搜索框被嵌入到被告的网址导航页上，但是被告无权擅自改变原告提供给网络用户搜索引擎服务的内容，即被告无权擅自改变原告在其搜索框上向用户提供的下拉提示词。

2. 在本案中，被告擅自改变原告在其搜索框上向用户提供的下拉提示词，并且采用增加文字介绍、设置背景颜色等方式，甚至在用户设置了其他搜索方向，依然插入了与用户设置的搜索方向关联性很小的下拉提示词，引导用户访问本不在相关关键词搜索结果中靠前位置的，甚至与用户搜索目的完全不同的被告的影视、游戏等页面，来获得更多的用户访问量，以便谋取不正当的利益，属于明显的"搭便车"行为。

3. 即使点击下拉提示词，亦应当进入原告网站针对所点击的下拉提示词作为关键词的搜索结果页面。但是，在本案中，点击被告擅自插入的下拉提示词，并没有进入原告搜索引擎的搜索结果页面，而是直接进入被告的影视、游戏等页面，甚至网络用户在仅设置搜索方向，并未输入相关关键词时也会进入被告的相关网页，该事实进一步表明被告"搭便车"的意图非常明显。

4. 被告行为不仅不正当地获取了相关利益，也有可能因为引导用户更多的访问与其搜索目的完全不同的页面，从而挫伤用户继续使用原告搜索引擎服务的积极性，或者使用户产生对原告所提供的搜索服务的负面评价，进而对原告的经营造成不利影响。

综上所述，法院认定，被告网址导航站劫持流量的行为违反了《中华人民共和国反不正当竞争法》（1993）第二条规定的诚实信用原则，其行为构成了不正当竞争。

三、被告行为是否侵犯原告商标权及构成《中华人民共和国反不正当竞争法》（1993）规定的商业混淆行为

《中华人民共和国反不正当竞争法》（1993）第五条、《中华人民共和国商标法》第五十二条、《中华人民共和国商标法实施条例》（2002）第五十条和最高人民法院《关于审理商标民事纠纷案件适用法律若干问题的解释》第一条、第十一条的内容，均对给他人的注册商标专用权造成其他损害的情形及类似商品和服务进行了规定和解释，上述法律、法规和司法解释规定的内容在于禁止行为人在向他人提供商品或服务时，不正当地利用他人商标、商号等造成消费者混淆，从而增加自身的交易机会。

但是在本案中，被告在其网址导航站页面上嵌入原告搜索框系按照行业内的通行规则，在原告许可下进行的，虽然搜索框上标注有原告商标，但在原告许可的前提下，该嵌入行为不构成对原告商标权的侵犯，也不构成《中华人民共和国反不正当竞争法》（1993）规定的商业混淆行为。

本案中虽然被告存在改变下拉提示词、用户点击选择搜索方向时跳转至被告相关内容的网页等行为，但是在互联网环境下，结合本案案情，网络用户并不会误认为正在使用的搜索服务系由被告提供，或者误认为跳转后的页面系由原告提供、属于搜索引擎服务的关联内容，也就是说，不会造成消费者对服务来源的混淆，故而法院认定被告的上述行为不构成对原告商标权的侵犯，也不构成《中华人民共和国反不正当竞争法》（1993）规定的商业混淆行为。

诚然，被告改变下拉提示词、用户点击选择搜索方向时跳转至被告相关内容的网页等系改变原告搜索引擎服务的行为,但是上述问题系属于当事人竞争行为是否正当的范畴,法院也在被告行为是否违反《中华人民共和国反不正当竞争法》(1993)的诚实信用原则部分进行了认定,被告的上述行为违反《中华人民共和国反不正当竞争法》(1993)的诚实信用原则但并不意味着也对原告的商标权构成侵权或构成《中华人民共和国反不正当竞争法》(1993)规定的商业混淆行为。

相关法条

1. 《中华人民共和国反不正当竞争法》(1993)第二条:经营者在市场交易中,应当遵循自愿、平等、公平、诚实信用的原则,遵守公认的商业道德。

本法所称的不正当竞争,是指经营者违反本法规定,损害其他经营者的合法权益,扰乱社会经济秩序的行为。

本法所称的经营者,是指从事商品经营或者营利性服务(以下所称商品包括服务)的法人、其他经济组织和个人。

2. 《中华人民共和国反不正当竞争法》(2017年修订)第二条:经营者在生产经营活动中,应当遵循自愿、平等、公平、诚信的原则,遵守法律和商业道德。

本法所称的不正当竞争行为,是指经营者在生产经营活动中,违反本法规定,扰乱市场竞争秩序,损害其他经营者或者消费者的合法权益的行为。

本法所称的经营者,是指从事商品生产、经营或者提供服务(以下所称商品包括服务)的自然人、法人和非法人组织。

3. 《中华人民共和国反不正当竞争法》(1993)第九条:经营者不得利用广告或者其他方法,对商品的质量、制作成分、性能、用途、生产者、有效期限、产地等作引人误解的虚假宣传。

广告的经营者不得在明知或者应知的情况下，代理、设计、制作、发布虚假广告。

4.《中华人民共和国反不正当竞争法》（2017年修订）第八条：经营者不得对其商品的性能、功能、质量、销售状况、用户评价、曾获荣誉等作虚假或者引人误解的商业宣传，欺骗、误导消费者。

经营者不得通过组织虚假交易等方式，帮助其他经营者进行虚假或者引人误解的商业宣传。

5.《中华人民共和国反不正当竞争法》（2017年修订）第十二条：经营者利用网络从事生产经营活动，应当遵守本法的各项规定。

经营者不得利用技术手段，通过影响用户选择或者其他方式，实施下列妨碍、破坏其他经营者合法提供的网络产品或者服务正常运行的行为：

（一）未经其他经营者同意，在其合法提供的网络产品或者服务中，插入链接、强制进行目标跳转；

（二）误导、欺骗、强迫用户修改、关闭、卸载其他经营者合法提供的网络产品或者服务；

（三）恶意对其他经营者合法提供的网络产品或者服务实施不兼容；

（四）其他妨碍、破坏其他经营者合法提供的网络产品或者服务正常运行的行为。

判决书（节选）

一审判决书（节选）

……

本院认为：

一、关于被告主张原告公证书记录的事实存在作假可能的主张是否成立。

本案中，被告主张在计算机 hosts 文件被修改后，页面访问内容的真实性存在作假可能。对此本院认为，首先，原告指控的被告行为系在公证员的监督下，使用公证处提供的计算机进行固定的，且多个类似行为由多家公证处分别进行公证，虽然在计算机科技高度发展和普及的今天，对 hosts 等文件进行特别设置可能会造成访问网页并非真实的网页，但是在本案中，在多家公证处都对类似事实进行了固定，且公证书均对计算机的公证步骤进行了详细记录的情况下，应当对公证书记载的事实给予充分的信任。况且，作为相关产品或服务的提供者，被告应当对其产品或服务的内容非常了解，但在本案中，被告仅主张页面访问内容的真实性存在作假可能，并未举证证明或陈述进行相关操作后的真实内容是何情形。在此情况下，本院对于被告主张原告公证书记录的事实存在作假可能的主张不予支持。

此外，其他网址导航网站是否存在调用百度搜索引擎的情况、其他安全软件提供的服务内容如何与本案无关，对于被告的相关主张本院不予支持。

二、关于两原告和两被告是否属于本案的适格主体

《反不正当竞争法》第二条第三款规定，本法所称的经营者，是指从事商品经营或者营利性服务的法人、其他经济组织和个人。

本院认为，根据电信与信息服务业务经营许可证等证据，可以认定百科技公司为网站 www.baidu.com 的经营者。根据当事人的陈述，加之网络技术公司将第 5916519 号商标授权百科技公司使用、第 5916519 号商标在百科技公司为备案经营单位的 www.baidu.com 网站上使用的事实，本院认定两原告为网站 www.baidu.com 的共同经营者。

根据本案备案信息查询件等证据，本院可以认定被告奇科技公司为网站 www.360.cn 的经营者。鉴于涉案版本的 360 安全浏览器和 360 安全

卫士均为在网站www.360.cn下载,加之被告奇科技公司对此也予认可,本院认定被告奇科技公司为涉案版本的360安全浏览器和360安全卫士的经营者。

故而,本院认定原告百科技公司、网络技术公司与被告奇科技公司作为相关网站和互联网产品及服务的经营者,在该领域具有竞争关系,构成《反不正当竞争法》意义上的经营者,均为本案的适格主体。

在本案中,在案证据不能证明软件公司与网站www.360.cn、360安全浏览器和360安全卫士的关系。两原告提交的合作备忘录虽然显示,软件公司在与案外人百度时代公司签订协议时表示其可以利用360安全浏览器和360安全卫士进行经营,但是该合作备忘录并未指明360安全浏览器和360安全卫士的版本,且该合作备忘录的履行期间与本案两原告主张的被控不正当竞争及商标侵权行为存在的时间并无重叠,本院根据现有证据无法认定软件公司与两原告指控的不正当竞争行为或侵犯商标权的行为存在关联性,故而本院对于原告百科技公司、网络技术公司对软件公司为网站www.360.cn、涉案版本360安全浏览器和360安全卫士经营者的主张不予支持,对于原告百科技公司、网络技术公司针对软件公司的诉讼请求予以驳回。

此外,本院驳回原告百科技公司、网络技术公司针对软件公司的诉讼请求,并不影响本院对本案的管辖权。

三、关于两原告的诉讼主张是否可以在一案中审理

本案中,两原告放弃了被告行为构成侵犯著作权的主张,仅主张被告的行为构成不正当竞争和商标侵权。其主张被告构成不正当竞争的行为分为两类,即插标行为和网址导航站劫持流量行为,且主张被告构成商标侵权的行为与其主张被告构成不正当竞争的网址导航站劫持流量行为基本重合,即原告主张被告的此类行为既构成不正当竞争,又构成侵犯商标权。在此情况下,本院在一案中针对两原告对于被告的两类行为

七、互联网不正当竞争行为

是否分别构成不正当竞争或商标侵权一并审理并无不当，符合便于当事人诉讼，便于人民法院依法高效行使审判权的原则。故本院对于被告关于本案应当分案审理的主张不予支持。

鉴于本院已经认定原告百科技公司、网络技术公司与被告奇科技公司作为相关网站和互联网产品及服务的经营者，在该领域具有竞争关系，构成《反不正当竞争法》意义上的经营者，均为本案的适格主体，故两原告有权作为共同原告向被告主张不正当竞争。在侵犯商标权纠纷的案件中，商标权人和商标被许可使用人可以共同主张权利，故在本案中，百科技公司和网络技术公司也有权作为共同原告向被告主张商标侵权。

四、关于被告插标等行为是否违反《反不正当竞争法》第二条

《反不正当竞争法》第二条规定，经营者在市场交易中，应当遵循自愿、平等、公平、诚实信用的原则，遵守公认的商业道德。上述法律条文的目的在于维护市场竞争的良性发展，对于恶意采取不正当竞争行为的经营者予以制止，故而审查被告行为是否具有恶意是评判其行为是否违反上述法律的关键。

本院认为，被告的360安全卫士在原告网站搜索结果页面上有选择地插入了红底白色感叹号图标作为警告标识，以警示用户该搜索结果对应的网站存在风险，这一行为违反了《反不正当竞争法》第二条规定的诚实信用原则，属于不正当竞争行为。因为对于安全软件来讲，其软件要实现的目的在于向用户警示访问的网站是否具有风险，而对于搜索引擎的搜索结果页面，用户显然不太可能对每个搜索结果都进行访问。在用户点击进入搜索结果中被安全软件认定为存在风险的网站时，安全软件进行提醒、拦截等行为是正当的，符合安全软件的功能和价值，也符合用户安装安全软件的目的。但是，在未经其他经营者许可的情况下，仅以单方的认定，即通过修改其他经营者向用户提供的网络代码的方式，在他人经营的搜索引擎服务的页面上任意进行标注，对他人向用户提供

的服务内容进行了改变,该行为应当被法律所禁止。

加之在本案中,首先,被告的360安全卫士有选择的仅针对原告网站搜索结果页面上进行了插标,对例如google的其他搜索引擎网站的结果页面却没有进行插标,即使搜索结果对应的为同一个网站,被告的360安全卫士也进行了区别对待。该种区别对待的行为违反了《反不正当竞争法》第二条所规定的诚实信用原则。

其次,被告的360安全卫士作为安全软件,其经营模式应当以向用户发出警示或保护为限。但在本案中,被告不仅进行了插标,还逐步引导用户点击安装360安全浏览器,其插标和引导行为系通过利用原告搜索引擎服务对其浏览器产品进行推广,属于明显的"搭便车"行为。

综上所述,本院认定,原告指控被告的插标行为违反了《反不正当竞争法》第二条,构成了对原告的不正当竞争。

五、关于被告插标等行为是否违反《反不正当竞争法》第十四条

《反不正当竞争法》第十四条规定,经营者不得捏造、散布虚伪事实,损害竞争对手的商业信誉、商品声誉。

在360安全卫士的弹出框中,出现了"这个网站存在为欺诈网站刊登广告的行为,您可能被诱骗访问欺诈的彩票、中奖等网站,导致银行账号密码被窃取,甚至财产损失"或类似用语,原告认为网络用户在看到这些信息后,可能误解为原告网站搜索结果页面上"存在为欺诈网站刊登广告"等行为,从而会造成相关的后果,而并非理解为搜索结果对应的网站上存在上述行为。

对此本院认为,原告虽然指控360安全卫士的弹出框中的文字的语义存在被误解的可能,但是在案证据中类似提示框中出现的文字更多的属于无歧义的表述。且在当前的网络环境下,大部分的网络用户在看到上述提示信息后,并不会当然地误解原告网站存在"为欺诈网站刊登广告"或其他不当行为,进而对原告网站产生负面评价。况且,360安全

卫士的弹出框中的文字仅表示相关网站"有可能"会造成相关后果,并非明确地认定该网站存在相关有害于网络用户的行为。故本院认定,360安全卫士的弹出框中的文字虽然有所不当,不会造成原告或原告网站商誉的明显贬损,被告的行为不构成对原告及原告搜索引擎服务的商业诋毁,未违反《反不正当竞争法》第十四条的规定,该行为不构成不正当竞争。

综上所述,对原告指控被告构成诋毁商业的不正当竞争的主张本院不予支持。

六、关于被告网址导航站劫持流量行为是否违反《反不正当竞争法》第二条

前文已述,审查被告行为是否具有恶意是评判其行为是否违反《反不正当竞争法》第二条的关键。

(一)在原告许可的情况下,被告在其网址导航站网页上嵌入原告搜索框并无不当。但是,作为原告搜索引擎服务的一部分,下拉提示词是作为搜索引擎服务商根据其服务的内容自行制定并向用户提供的,虽然原告搜索框被嵌入到被告的网址导航页上,但是被告无权擅自改变原告提供给网络用户搜索引擎服务的内容,即被告无权擅自改变原告在其搜索框上向用户提供的下拉提示词。

(二)在本案中,被告擅自改变原告在其搜索框上向用户提供的下拉提示词,并且采用增加文字介绍、设置背景颜色等方式,甚至在用户设置了其他搜索方向,依然插入了与用户设置的搜索方向关联性很小的下拉提示词,引导用户访问本不在相关关键词搜索结果中靠前位置的、甚至与用户搜索目的完全不同的被告的影视、游戏等页面,进行获得更多的用户访问量,以便谋取不正当的利益,属于明显的搭便车行为。

(三)即使点击下拉提示词,也应当进入原告网站针对所点击的下拉提示词作为关键词的搜索结果页面。但是,在本案中,点击被告擅自

插入的下拉提示词，并没有进入原告搜索引擎的搜索结果页面，而是直接进入被告的影视、游戏等页面，甚至网络用户在仅设置搜索方向、并未输入相关关键词时也会进入被告的相关网页，该事实进一步表明被告搭便车的意图非常明显。

（四）被告行为不仅不正当地获取了相关利益，也有可能因为引导用户更多的访问与其搜索目的完全不同的页面，从而挫伤用户继续使用原告搜索引擎服务的积极性，或者使用户产生对原告所提供的搜索服务的负面评价，进而对原告的经营造成不利影响。

综上所述，本院认定，被告网址导航站劫持流量的行为违反了《反不正当竞争法》第二条规定的诚实信用原则，其行为构成了不正当竞争，对原告指控被告网址导航站劫持流量的行为构成不正当竞争的主张本院予以支持。

七、关于被告行为是否侵犯原告商标权及违反《反不正当竞争法》（1993）第五条第一款第（三）项的规定

《反不正当竞争法》（1993）第五条第一款第（三）项规定，经营者不得采用下列不正当手段从事市场交易，损害竞争对手：（三）擅自使用他人的企业名称或者姓名，引人误认为是他人的商品。《商标法》第五十二条规定，有下列行为之一的，均属侵犯注册商标专用权：

（一）未经商标注册人的许可，在同一种商品或者类似商品上使用与其注册商标相同或者近似的商标的；

（二）销售侵犯注册商标专用权的商品的；

（三）伪造、擅自制造他人注册商标标识或者销售伪造、擅自制造的注册商标标识的；

（四）未经商标注册人同意，更换其注册商标并将该更换商标的商品又投入市场的；

（五）给他人的注册商标专用权造成其他损害的。

七、互联网不正当竞争行为

《中华人民共和国商标法实施条例》第五十条和最高人民法院《关于审理商标民事纠纷案件适用法律若干问题的解释》第一条、第十一条进一步对《商标法》第五十二条中给他人的注册商标专用权造成其他损害的情形及类似商品和服务进行了规定和解释。上述法律、法规和司法解释规定的内容在于禁止行为人在向他人提供商品或服务时,不正当地利用他人商标、商号等造成消费者混淆,从而增加自身的交易机会。

但是在本案中,被告在其网址导航站页面上嵌入原告搜索框系按照行业内的通行规则,系在原告许可下进行的,虽然搜索框上标注有原告商标,但在原告许可的前提下,该嵌入行为不构成对原告商标权的侵犯,也不构成《反不正当竞争法》第五条第一款第(三)项规定的情形。

本案中虽然被告存在改变下拉提示词、用户点击选择搜索方向时跳转至被告相关内容的网页等行为,但是在互联网环境下,结合本案案情,网络用户并不会误认为正在使用的搜索服务系由被告提供,或者误认为跳转后的页面系由原告提供、属于搜索引擎服务的关联内容,也就是说,不会造成消费者对服务的来源造成混淆,故而本院认定被告的上述行为不构成对原告商标权的侵犯,也不构成《反不正当竞争法》第五条第一款第(三)项规定的情形。

诚然,被告改变下拉提示词、用户点击选择搜索方向时跳转至被告相关内容的网页等系改变原告搜索引擎服务的行为,但是上述问题系属于当事人竞争行为是否正当的范畴,本院也在被告行为是否构成违反《反不正当竞争法》第二条规定情形的部分进行了认定,被告的上述行为构成违反《反不正当竞争法》第二条规定情形并不意味着也对原告的商标权构成侵权或构成违反《反不正当竞争法》第五条第一款第(三)项规定的情形。

综上所述,对于原告指控被告行为构成对原告商标权的侵犯及违反

《反不正当竞争法》第五条第一款第（三）项的规定的主张本院不予支持。

八、关于被告应当承担何种民事责任

《反不正当竞争法》第二十条规定，经营者违反本法规定，给被侵害的经营者造成损害的，应当承担损害赔偿责任，被侵害的经营者的损失难以计算的，赔偿额为侵权人在侵权期间因侵权所获得的利润；并应当承担被侵害的经营者因调查该经营者侵害其合法权益的不正当竞争行为所支付的合理费用。

本案两原告要求被告停止不正当行为、赔礼道歉、消除影响、赔偿经济损失及合理支出。本案中，被告奇科技公司的行为违反了《反不正当竞争法》第二条的规定，应当承担相应的民事责任。原告要求两被告停止涉案不正当竞争行为的诉讼请求，有事实和法律依据，本院予以支持。但是两原告系法人，而本案不涉及对人身权利的侵害，两原告要求被告赔礼道歉的诉讼请求缺乏法律依据，本院不予支持。鉴于被告奇科技公司的不正当竞争行为给作为同业经营者的两原告造成了相当程度的不良影响，对于两原告要求被告奇科技公司消除影响的诉讼请求，本院予以支持，但此种消除影响应当在合理的限度之内。

关于两原告赔偿损失的诉讼请求，鉴于原告未提交证据证明其因被告的不正当竞争行为所遭受的损失，或者被告因不正当竞争行为所获得的利益，故本院将根据被告实施的不正当竞争行为的具体情节、所造成影响的范围等因素，酌情予以确定，原告所提赔偿请求数额过高，本院不予全额支持。本案中，虽然两原告未提交相关票据等证据支持其合理支出的主张，但鉴于两原告提交多份公证书、聘请律师参加了诉讼，其公证费、律师费等合理支出客观存在，故本院对两原告赔偿合理支出的合理部分予以支持，对其过高部分，本院不予支持。

综上所述，两原告的部分诉讼请求有事实和法律依据，本院予以支持。依照《中华人民共和国民法通则》第一百三十四条、《中华人民共和国反不正当竞争法》第二条、第二十条的规定，本院判决如下：

一、被告奇科技公司自本判决生效之日起立即停止涉案的不正当竞争行为；

二、被告奇科技公司在本判决生效之日起七日内，连续十五日在网站www.360.cn首页显著位置刊载消除影响的声明（该声明应当事先由本院审核通过，如被告奇科技公司拒绝执行，本院将在《人民法院报》上刊登本案判决书相关部分，所需费用由被告奇科技公司承担）；

三、被告奇科技公司自本判决生效之日起七日内赔偿原告百科技公司、网络公司经济损失四十万元；

四、被告奇科技公司自本判决生效之日起七日内赔偿原告百科技公司、网络公司合理支出五万元；

五、驳回原告百科技公司、网络公司的其他诉讼请求。

被告奇科技公司如果未按本判决指定的期间履行给付金钱义务，应当依照《中华人民共和国民事诉讼法》第二百五十三条的规定，加倍支付迟延履行期间的债务利息。

案件受理费八万二千七百元，由原告百科技公司、网络公司负担七万元（已交纳），由被告奇科技公司负担一万二千七百元（于本判决生效之日起七日内交纳）。

如不服本判决，原告百科技公司、原告网络公司、被告奇科技公司、被告××软件（北京）有限公司可于本判决书送达之日起十五日内，向本院提交上诉状及副本，并按照相关规定预交上诉案件受理费，上诉于北京市高级人民法院。

二〇一三年四月二日

将产品嵌入对手页面进行虚假宣传构成不正当竞争

——评析××科技（深圳）有限公司、深圳市××计算机系统有限公司诉北京××科技有限公司、××软件（北京）有限公司不正当竞争纠纷案

七、互联网不正当竞争行为

案情概要

基本信息

一审信息：

案号：（2011）粤高法民三初字第1号

原告：××科技（深圳）有限公司

　　　深圳市××计算机系统有限公司

被告：北京××科技有限公司

　　　××软件（北京）有限公司

一审法院：广东省高级人民法院

二审信息：

案号：（2013）民三终字第5号

上诉人：北京××科技有限公司

　　　　××软件（北京）有限公司

被上诉人：××科技（深圳）有限公司

　　　　　深圳市××计算机系统有限公司

二审法院：最高人民法院

诉讼请求

一审诉讼请求：

一、立即停止涉案不正当竞争行为，包括但不限于停止开发、传播和发行扣扣保镖及相关软件，停止已发行和传播的扣扣保镖软件现有功能，停止诋毁原告及其产品和服务的行为；

二、连续三个月在其网站（www.360.cn、www.360.com）首页显著位置，在新浪（www.sina.com）、搜狐（www.sohu.com）和网易

（www. 163. com）等网站首页显著位置，在《法制日报》和《中国知识产权报》等报纸第一版显著位置就其不正当竞争行为向原告赔礼道歉，消除影响；

三、连带赔偿原告经济损失人民币 125,000,000 元；

四、承担原告维权支出的合理费用及全部诉讼费用。

二审诉讼请求：

一、撤销一审判决，驳回二被上诉人的全部诉讼请求；

二、判令本案一、二审诉讼费用均由二被上诉人承担。

案情介绍

××科技（深圳）有限公司（以下简称"科技公司"）、深圳市××计算机系统有限公司（以下简称"计算机公司"）是提供互联网综合服务的互联网公司，腾讯QQ即时通讯软件和腾讯QQ即时通讯系统是两家公司的核心产品和服务。2010年10月29日，科技公司、计算机公司发现北京××科技有限公司（以下简称"北京公司"）、××软件（北京）有限公司（以下简称"软件公司"）通过其运营的 www. 360. cn 网站向用户提供"360扣扣保镖"（以下简称"扣扣保镖"）软件下载，并通过各种途径进行推广宣传。该软件直接针对腾讯QQ软件，自称具有"给QQ体检"、"帮QQ加速"、"清QQ垃圾"、"去QQ广告"、"杀QQ木马"、"保QQ安全"和"隐私保护"等功能模块，实质上是打着保护用户利益的旗号，污蔑、破坏和篡改腾讯QQ软件的功能；同时通过虚假宣传，鼓励和诱导用户删除腾讯QQ软件中的增值业务插件、屏蔽原告的客户广告，并将其产品和服务嵌入原告的QQ软件界面，借机宣传和推广自己的产品。因此原告向广东省高级人民法院提起诉讼。一审判决后被告北京公司、软件公司不服一审判决提起上诉。

审理结果

一审判决：

一、北京公司、软件公司连带赔偿原告经济损失及合理维权费用共计500万元；

二、北京公司、软件公司连续15日在其网站（www.360.cn、www.360.com）首页显著位置，在新浪网（www.sina.com）、搜狐网（www.sohu.com）和网易网（www.163.com）网站首页显著位置，连续7日在《法制日报》和《中国知识产权报》第一版显著位置就其不正当竞争行为向原告赔礼道歉，消除影响。

三、驳回原告的其他诉讼请求。

二审判决：

驳回上诉，维持原判。

要点分析

一、扰乱市场竞争秩序，损害其他经营者合法权益但保护消费者合法权益的行为认定

《中华人民共和国反不正当竞争法》（1993）第二条规定的不正当竞争行为，是指经营者在生产经营活动中，违反本法规定，扰乱市场竞争秩序，损害其他经营者或者消费者的合法权益的行为。

如遇经营行为扰乱市场竞争秩序，损害其他经营者合法权益但保护消费者合法权益，应按比例原则考察不同方式行为或手段，对两个相冲突利益的各自影响，从而选择能够最大限度上同时兼容两种利益的方式。因此，在比例原则的视角下，没有什么利益是绝对的；相反，各种受到法律认可的利益应该尽可能相互妥让，相互协调，相互兼容，从而均能够在最大限度上得以实现。否则，将违背诚实信用原则和公认的商业道德。

本案中北京公司针对 QQ 软件专门开发了扣扣保镖,扣扣保镖运行后对 QQ 软件深度干预,用户按照北京公司提示进行相应操作后,使 QQ 软件相关功能键的全部或者部分功能无法使用,会改变 QQ 软件原有的运行方式,破坏了该软件运行的完整性;为达到其商业目的,扣扣保镖诱导并提供工具积极帮助用户改变 QQ 软件的运行方式,并同时引导用户安装其 360 安全卫士,宣称保护用户的个人利益。但以上行为减少了计算机公司的经济收益和增值服务交易机会,干扰了对方正当经营活动,损害了原告的合法权益,违背诚实信用原则和公认的商业道德而构成不正当竞争。

二、捏造、散布虚伪事实构成商业诋毁的认定

构成商业诋毁行为应符合的要件有:(1)有竞争关系存在;(2)行为人有主观过错;(3)有损害他人商业信誉的行为,其根本要件是相关经营者之行为是否以误导方式对竞争对手的商业信誉或者商品声誉造成了损害。就片面陈述真实的事实而贬损他人商誉的情形而言,即使某一事实是真实的,但由于对其进行了片面的引人误解的宣传,仍会对竞争者的商业信誉或者商品声誉造成损害,因此也属于《中华人民共和国反不正当竞争法》(1993)第十四条予以规范的内容。

根据《中华人民共和国反不正当竞争法》(1993)的规定,商业诋毁具体包括捏造虚伪事实和散布虚伪事实两种行为方式。360 通过宣扬 QQ 存在泄露隐私的问题,以安全为名诱导用户使用"扣扣保镖"。一旦用户在装有 QQ 软件的电脑上运行"扣扣保镖","扣扣保镖"就会自动对 QQ 进行体检,通过打低分,宣传 QQ 存在严重问题等方式使用户对 QQ 产生安全恐慌和不信任,进而诱导用户一键修复或手动破坏 QQ 的部分正常功能。此时,原告的名誉权受到损害的事实一般包括两方面:一是法人的社会评价降低;二是财产损害。就法人社会评价降低的判断标

准，目前司法实践中多采取"公开原则"进行判断，即认定侵权行为人的行为是否造成他人的名誉受损，以行为人对受害人施以侵害名誉权的行为是否为第三人知悉为标准。只要商业诋毁行为被第三方知悉，就可以认定受害人的社会评价降低，名誉权受到侵犯。

扣扣保镖通过打低分、宣传QQ存在严重问题等方式使用户对QQ产生安全恐慌和不信任，进而诱导用户一键修复或手动破坏QQ的部分正常功能，而且当用户点击一键修复"扣扣保镖"就会立刻对QQ的正常广告进行屏蔽，禁用QQ的增值服务插件，同时对QQ安全中心和安全扫描功能全面禁用。北京公司在运行"扣扣保镖"时捏造和散布虚伪事实，该宣称由于其片面性和不准确性，同虚假宣传一样容易引人误解，足以导致相关消费者对相关商品产生错误认识，进而影响消费者的决定，并对竞争对手的商品声誉或者商业信誉产生负面影响，损害竞争者的利益。

北京公司、软件公司上述暗示和明示的说法属于为竞争目的对他人进行商业评论或者批评，要善尽谨慎注意义务；经营者针对竞争对手的经营故意捏造、散布虚伪事实，以误导方式对竞争对手的商业信誉或者商品声誉造成了损害，构成商业诋毁。

三、通过篡改功能界面从而取代原部分功能以推销自己产品的认定

1. 违反诚实信用和公平竞争原则。北京公司、软件公司以保护用户利益为名，推出扣扣保镖软件，诋毁原告QQ软件的性能，鼓励和诱导用户删除QQ软件中的增值业务插件、屏蔽原告的客户广告，其主要目的是将自己的产品和服务嵌入原告的QQ软件界面，依附QQ庞大的用户资源推销自己的产品，拓展360软件及服务的用户。经营者不付出劳动或者不正当地利用他人已经取得的市场成果，为自己谋取商业机会，从而获取竞争优势。在给其他经营者造成了严重经济损失的同时推销自己的产品，增加自己的交易机会，该行为违反了《中华人民共和国反不正

当竞争法》（1993）第二条规定的诚实信用和公平竞争原则，构成不正当竞争。

2. 被告实施的是一种搭便车行为。北京公司、软件公司的扣扣保镖对 QQ 软件一键修复后，点击 QQ 面板的安全中心，进入的是 360 安全卫士的页面"升级 QQ 安全中心"。被告实施的是一种搭便车行为，依附 QQ 庞大的用户资源来发展和巩固 360 的用户。被告称自己已经有 4 亿用户，不需要借助 QQ 发展用户。QQ 用户的数量高于被告的用户，其希望借此在 QQ 与 360 的产品之间搭建起必然关系，是典型的"损人利己"，"食人而肥"的行为。

相关法条

1. 《中华人民共和国反不正当竞争法》（2017 年修订）第二条：经营者在生产经营活动中，应当遵循自愿、平等、公平、诚信的原则，遵守法律和商业道德。

本法所称的不正当竞争行为，是指经营者在生产经营活动中，违反本法规定，扰乱市场竞争秩序，损害其他经营者或者消费者的合法权益的行为。

本法所称的经营者，是指从事商品生产、经营或者提供服务（以下所称商品包括服务）的自然人、法人和非法人组织。

2. 《中华人民共和国反不正当竞争法》（2017 年修订）第十一条：经营者不得编造、传播虚假信息或者误导性信息，损害竞争对手的商业信誉、商品声誉。

3. 《规范互联网信息服务市场秩序若干规定》第五条：互联网信息服务提供者不得实施下列侵犯其他互联网信息服务提供者合法权益的行为：

（一）恶意干扰用户终端上其他互联网信息服务提供者的服务，或者恶意干扰与互联网信息服务相关的软件等产品（"与互联网信息服务相关的软件等产品"以下简称"产品"）的下载、安装、运行和升级；

（二）捏造、散布虚假事实损害其他互联网信息服务提供者的合法权益，或者诋毁其他互联网信息服务提供者的服务或者产品；

（三）恶意对其他互联网信息服务提供者的服务或者产品实施不兼容；

（四）欺骗、误导或者强迫用户使用或者不使用其他互联网信息服务提供者的服务和产品；恶意修改或者欺骗、误导、强迫用户修改其他互联网服务提供者的服务或者产品参数；

（五）恶意修改或者欺骗、误导、强迫用户修改其他互联网信息服务提供者的服务或者产品参数；

（六）其他违反国家法律规定，侵犯其他互联网信息服务提供者合法权益的行为。

4.《互联网终端软件服务行业自律公约》第十八条规定：终端软件在安装、运行、升级、卸载等过程中，不应恶意干扰或者破坏其他合法终端软件的正常使用。

5.《互联网终端软件服务行业自律公约》第十九条规定，除恶意广告外，不得针对特定信息服务提供商拦截、屏蔽其合法信息内容及页面。恶意广告指频繁弹出的对用户造成干扰的广告类信息以及不提供关闭方式的漂浮广告、弹窗广告、视窗广告等。

可见，无论是互联网行政管理的部门规章还是互联网业界公认的商业道德，都禁止互联网信息服务提供者欺骗、误导或者强迫用户使用或者不使用其他服务者的服务和产品，或者恶意修改或者欺骗、误导、强迫用户修改其他服务者提供的服务或者产品参数，也禁止针对特定信息服务提供商的合法广告进行拦截。

判决书（节选）

……

本院认为：

综合上诉人的上诉请求和被上诉人的答辩意见，并结合相关证据和事实，本案主要有五个争议焦点问题。分述如下：

一、关于上诉人专门针对 QQ 软件开发、经营的扣扣保镖是否破坏了 QQ 软件及其服务的安全性、完整性，该行为是否符合互联网行业商业惯例，是否违背了诚实信用原则和公认的商业道德而构成不正当竞争的问题：

1. 关于上诉人专门针对 QQ 软件开发、经营的扣扣保镖是否破坏了 QQ 软件及其服务的安全性、完整性的问题

根据一审法院及本院查明的事实，QQ 软件采用的是"免费服务平台上开展盈利业务以及推广其他产品和服务"的商业模式，在其 QQ 平台上设置了各种按钮和图标以便用户根据需要选用。上诉人针对该 QQ 软件专门开发了扣扣保镖，在相关网站上宣传扣扣保镖全面保护 QQ 用户安全，并提供相关下载。在安装了扣扣保镖软件后，该软件会自动对 QQ 软件进行体检，并以红色字体警示用户 QQ 存在严重的健康问题，以绿色字体提供一键修复帮助。同时将"没有安装 360 安全卫士，电脑处于危险之中；升级 QQ 安全中心；阻止 QQ 扫描我的文件"列为危险项目。点击一键修复后，相应计算机页面提示"共有 31 个 QQ 插件，已禁用其中 11 个插件"，禁用了"腾讯搜搜"、"QQ 书签"、"企业 QQ"、"SOSO 搜吧"、"游戏人生"、"QQ 网站"、"QQ 宠物"、"腾讯对战游戏"等 11 个插件，对话框上部显示"禁用掉您平时不需要使用的插件，让您的 QQ 运行如飞"，下部设有"一键优化"键。点击该"一键优化"功能键或手动模式禁用相关插件后，腾讯 QQ 软件界面上相应的功能按

钮则无法使用。本院认为，由于扣扣保镖在宣传中声称，其具有全面保护QQ用户的安全，自动阻止QQ聊天程序对电脑硬盘隐私文件的强制扫描查看等功能，在上诉人免费提供扣扣保镖的情况下，很多用户会下载该软件并运行该程序。被上诉人的一审证据20即（2010）京方圆内经证字第26705号公证书，关于360官网宣布"刚刚推出72小时的扣扣保镖软件下载量突破千万，平均每秒就有40个独立下载安装量，创下了互联网新软件发布的下载纪录"的记载，也证明了QQ软件用户下载该扣扣保镖的数量规模。一般而言，用户对其计算机安全、QQ软件的安全性、自己隐私是否被泄露等涉及切身利益的事项是非常关心的，由于扣扣保镖宣称其是安全工具，扣扣保镖运行后，以醒目字体提示用户QQ存在严重的健康问题，用户基于对计算机病毒、盗号木马、隐私泄露等的关注、恐惧或者预防心理，在扣扣保镖提供了便利的修复工具的情形下，通常会按照扣扣保镖的相应提示进行相关的操作，并最终导致QQ软件的相应功能键全部或者部分无法使用。此外，根据本案查明的事实，用户点击查杀木马时，如果该用户电脑没有安装360安全卫士，在相应页面会提示"如果您不安装360安全卫士，将无法使用木马查杀功能"，并提供安装360安全卫士的相应功能键。一键修复后的保QQ安全界面则导致QQ软件自有的安全沟通界面被替换成扣扣保镖界面。本院认为，上诉人针对QQ软件专门开发了扣扣保镖，该扣扣保镖运行后对QQ软件进行深度干预，相关用户按照扣扣保镖提示进行相应操作后，使QQ软件相关功能键的全部或者部分功能无法使用，会改变QQ软件原有的运行方式，破坏了该软件运行的完整性。

关于扣扣保镖是否破坏了QQ软件服务的安全性的问题。根据一审法院及本院查明的事实，一键修复后，QQ软件安全沟通界面被替换成扣扣保镖界面。此外，根据被上诉人一审证据22即中国信息安全测评中心对扣扣保镖1.0beta（1005）的测试报告，"扣扣保镖具有阻止QQ.exe

进程加载特定插件、加载扫描模块、弹出窗口等"对 QQ 的软件功能进行破坏、删除、篡改的行为,还具备"屏蔽 QQ 加载模块、替换 360 浏览器、备份和恢复 QQ、拦截 QQ 升级"四项隐藏功能。据此,本院认为,上诉人为达到其商业目的,诱导并提供工具积极帮助用户改变被上诉人 QQ 软件的运行方式,并同时引导用户安装其 360 安全卫士,替换 QQ 软件安全中心,破坏了 QQ 软件相关服务的安全性并对 QQ 软件整体具有很强的威胁性。一审法院关于上诉人并非给 QQ 用户提供技术中立的修改工具的认定,并无不当。

2. 关于上诉人前述行为是否符合互联网行业商业惯例、是否违背诚实信用原则和公认的商业道德、是否使被上诉人丧失增值业务的交易机会和广告收入并构成不正当竞争的问题

《反不正当竞争法》第二条规定,经营者在市场交易中,应当遵循自愿、平等、公平、诚实信用的原则,遵守公认的商业道德。违反本法规定,损害其他经营者的合法权益,扰乱社会经济秩序的行为属于不正当竞争。本院认为,这些规定同样适用于互联网市场领域。本案中,认定上诉人的前述行为是否构成不正当竞争,关键在于该行为是否违反了诚实信用原则和互联网行业公认的商业道德,并损害了被上诉人的合法权益。

市场经济是由市场在资源配置中起决定性作用,自由竞争能够确保市场资源优化配置,但市场经济同时要求竞争公平、正当和有序。在市场竞争中,经营者通常可以根据市场需要和消费者需求自由选择商业模式,这是市场经济的必然要求。本案中,被上诉人为谋取市场利益,通过开发 QQ 软件,以该软件为核心搭建一个综合性互联网业务平台,并提供免费的即时通讯服务,吸引相关消费者体验、使用其增值业务,同时也以该平台为媒介吸引相关广告商投放广告,以此创造商业机会并取得相关广告收入。这种免费平台与广告或增值服务相结合的商业模式是

七、互联网不正当竞争行为

本案争议发生时，互联网行业惯常的经营方式，也符合我国互联网市场发展的阶段性特征。事实上，本案上诉人也采用这种商业模式。这种商业模式并不违反反不正当竞争法的原则精神和禁止性规定，被上诉人以此谋求商业利益的行为应受保护，他人不得以不正当干扰方式损害其正当权益。上诉人专门针对 QQ 软件开发、经营扣扣保镖，以帮助、诱导等方式破坏 QQ 软件及其服务的安全性、完整性，减少了被上诉人的经济收益和增值服务交易机会，干扰了被上诉人的正当经营活动，损害了被上诉人的合法权益，违反了诚实信用原则和公认的商业道德，一审判决认定其构成不正当竞争行为并无不当。

关于上诉人认为被上诉人的商业模式具有侵害性、不应该被保护等抗辩理由，既涉及被上诉人前述商业模式是否损害消费者权益，又涉及上诉人上述行为是否具有正当理由。本院认为，根据日常经验，消费者的需求多种多样，有的希望在聊天时同时浏览相关信息或体验其他服务；有的对该相关信息或增值服务视而不见；有的可能会认为相关信息及增值服务对其造成干扰；有的希望互联网产品的服务提供者能提供更为集中的互联网服务平台，使其消费更加便捷；因此不能简单地以某一个或者部分消费者的感受和选择，特别是不能以上诉人自己的标准来认定 QQ 软件商业模式是否具有侵害性。消费者是其相关消费体验的最佳判断者，在给予全面正确的信息后，相关消费者会自行对是否选用某种互联网产品作出判断；消费者能否接受经营者提供的某种产品或服务方式，也主要由市场需求和竞争状况进行调节；如果其不喜欢某种互联网产品的用户体验，也可以通过改用其他产品而"用脚投票"。当然，经营者非以损害他人合法权益和谋求不正当商业利益为目的，提供尽可能便利消费者选择或者更好满足消费需求的中立性技术工具或者手段，非但不会受到法律禁止，而且还会得到市场激励。而且，经营者采取哪一种商业模式，取决于市场竞争状况和消费者选择。随着市场竞争的发展和消费者需求的提高，经营者必然会不断改进商业模式和提高服务质量，但商业模式的改进和服务质量的提高应当是正当竞争和市场发展的结果，而不能通过不正当竞争的方式推进。即便后来商业模式得以改进和服务质量得到提高，也不能当然将其作为判断先前商业模式是否损害消费者权益和具有不正当性的依据。尽管天下通常并无免费的午餐，但消费者享受特定免费服务与付出多余的时间成本或者容忍其他服务方式并无当然的"对价"关系。因此，原审判决关于"由于用户在享受即时通讯服务的时候没有支付相关费用，因此花费一定的时间浏览广告和其他推销增值服务的插件和弹窗，是其必须付出的时间成本。用户若想享有免费的即时通讯服务，就必须容忍广告和其他推销增值服务的插件和弹窗的存在"的判断失之准确和有所不妥，但其关于"通过使用破坏网络服务提供者合法商业模式、损害网络服务提供者合法权益的软件来达到既不浏览广告和相关插件，又可以免费享受即时通讯服务的行为，已超出了合法用户利益的范畴"的认定并无不当。上诉人以 QQ 软件具有侵害性为由主张其行为正当的上诉主张不能成立，本院不予支持。

3. 关于一审法院援用工信部《若干规定》和互联网协会《自律公约》是否适当的问题

上诉人称本案诉争不正当竞争行为发生于 2010 年 10 月底至 11 月初，该《若干规定》及《自律公约》分别颁布施行于 2011 年及 2012 年，因此一审法院适用《若干规定》和《自律公约》属于适用法律不当。本院认为，在市场经营活动中，相关行业协会或者自律组织为规范特定领域的竞争行为和维护竞争秩序，有时会结合其行业特点和竞争需求，在总结归纳其行业内竞争现象的基础上，以自律公约等形式制定行业内的从业规范，以约束行业内的企业行为或者为其提供行为指引。这些行业性规范常常反映和体现了行业内的公认商业道德和行为标准，可以成为人民法院发现和认定行业惯常行为标准和公认商业道德的重要渊源之一。当然,这些行业规范性文件同样不能违反法律原则和规则,必须公正、客观。互联网协会《自律公约》第十八条规定终端软件在安装、运行、升级、卸载等过程中,不应恶意干扰或者破坏其他合法终端软件的正常使用;第十九条规定除恶意广告外,不得针对特定信息服务提供商拦截、屏蔽合法信息内容及页面。该自律公约系互联网协会部分会员提出草案,并得到包括本案当事人在内的互联网企业广泛签署,该事实在某种程度上说明了该自律公约确实具有正当性并为业内所公认,其相关内容也反映了互联网行业市场竞争的实际和正当竞争需求。人民法院在判断其相关内容合法、公正和客观的基础上,将其作为认定互联网行业惯常行为标准和公认商业道德的参考依据,并无不当。上诉人以市场竞争为目的,未经被上诉人许可,针对被上诉人QQ软件,专门开发扣扣保镖,对QQ软件进行深度干预,干扰QQ软件的正常使用并引导用户安装其自己的相关产品,一审法院认定该行为违反了互联网相关行业的行业惯例和公认的商业道德并无不当。需要特别指出的是,一审法院在裁判本案时援引的是民法通则、反不正当竞争法及本院相关司法解释,对于《自律公约》的援用并不是将其作为法律规范性文件意义上的依据,实质上只是作为认定行业惯常行为标准和公认商业道德的事实依据。对于《若干规定》的援用,也仅是用于证明互联网经营行为标准和公认的商业道德。因此,一审法院对于《若干规定》及《自律公约》的援用并无不当,上诉人此上诉理由不能成立。

二、关于上诉人在经营扣扣保镖软件及其服务时,是否存在贬损QQ软件及其服务的行为,从而构成商业诋毁的问题

《反不正当竞争法》第十四条规定:"经营者不得捏造、散布虚伪事实,损害竞争对手的商业信誉、商品声誉"。商业诋毁行为是指经营者针对竞争对手的营业活动、商品或者服务进行虚假陈述而损害其商品声誉或者商业信誉的行为。判定某一行为是否构成商业诋毁,其判定标准

是该行为是否属于捏造、散布虚伪事实，对竞争对手的商业信誉或者商品声誉造成了损害。

1. 《关于反不正当竞争法》第十四条规定的"虚伪事实"是否包括片面陈述真实的事实而容易引人误解的情形

上诉人认为，一审法院将"虚伪事实"认定为包括"片面陈述真实的事实而容易引人误解的事实"属于对法律的错误理解。本院认为，认定是否构成商业诋毁，其根本要件是相关经营者之行为是否以误导方式对竞争对手的商业信誉或者商品声誉造成了损害。就片面陈述真实的事实而贬损他人商誉的情形而言，如本案中上诉人宣称"在QQ的运行过程中，会扫描您电脑里的文件（腾讯称为安全扫描），为避免您的隐私泄露，您可以禁止QQ扫描您的文件"，该宣称由于其片面性和不准确性，同虚假宣传一样容易引人误解，足以导致相关消费者对相关商品产生错误认识，进而影响消费者的决定，并对竞争对手的商品声誉或者商业信誉产生负面影响，损害竞争者的利益。换言之，即使某一事实是真实的，但由于对其进行了片面的引人误解的宣传，仍会对竞争者的商业信誉或者商品声誉造成损害，因此也属于《反不正当竞争法》第十四条予以规范的应有之义，一审法院对此进行认定并无不当。

2. 关于上诉人是否存在捏造、散布虚伪事实的行为的问题

本案中，根据一审法院及本院查明的事实，上诉人在其扣扣保镖简介中称该工具"能自动阻止QQ聊天程序对电脑硬盘隐私文件的强制性查看"。安装运行扣扣保镖后，显示"体检得分4分，QQ存在严重的健康问题"。上诉人认为扣扣保镖宣称的"QQ扫描我的文件"、"QQ存在健康问题"、"QQ可能泄露用户隐私"等陈述内容是基本事实，其并没有片面陈述真实事实和捏造虚伪事实，其是依据业内通用的评价规则和标准对QQ软件的运行状况进行的整体和综合评价，因此其行为不构成商业诋毁。本院认为，判断上诉人是否存在捏造、散布虚伪事实的行为，

其基本前提是看上诉人宣传的内容是否符合客观实际,是否属于片面陈述真实的事实而容易引人误解的情况。

首先,关于扣扣保镖宣称其具有"自动阻止 QQ 聊天程序对电脑硬盘隐私文件的强制性查看功能"是否符合客观实际的问题。由于上诉人宣称扣扣保镖具有自动阻止 QQ 软件对电脑硬盘隐私文件的强制性查看功能,该表述实质上已经隐含了 QQ 软件会对用户硬盘隐私文件进行强制性查看的内容。但根据一审法院及本院查明的事实,上诉人并无证据证明 QQ 软件对用户硬盘隐私文件进行强制性查看。在没有相关证据支持的情况下,断言 QQ 软件对用户硬盘隐私文件进行强制性查看不符合客观实际,属于捏造、散布虚伪事实。

其次,关于 QQ 软件存在严重的健康问题是否属于客观评价的问题。上诉人称其对 QQ 软件的评价结果是客观的。本院认为,根据本案查明的事实,上诉人并未举证证明其对 QQ 软件进行评价时所采用的评价规则,也未证明其系采用业内通用的评价规则和标准;此外,根据扣扣保镖的运行情况,其将"没有安装 360 安全卫士,电脑处于危险之中"、"升级 QQ 安全中心"、"阻止 QQ 扫描我的文件"列为危险项目,并提示"这些项目可能被病毒木马利用,请尽快修复"。虽然,上诉人在一审诉讼中称其真实意思是"不排除腾讯扫描用户隐私的可能性",并在提示中也使用了"这些项目可能被病毒木马利用,请尽快修复"等不确定性语言,但该提示和用语对于普通的 QQ 软件用户而言,具有较强的误导性,容易造成用户恐慌,担心 QQ 软件不安全,并有可能导致隐私泄露或者病毒木马入侵,从而对 QQ 软件及其服务产生负面影响和评价。

最后,本案事实也显示,当用户安装扣扣保镖后,扣扣保镖即对 QQ 软件进行自动体检并显示"体检得分 4 分,QQ 存在严重的健康问题!";但当用户按照扣扣保镖的提示进行相应操作后,则显示"上次体检得分为 100 分,QQ 很健康!"。本院认为,在上诉人不能证明其评价标准和规则的情况下,这种体检前后的评分变化,是因为上诉人以自己的标准对 QQ 软件进行评价而产生,难以认定其评价结果具有客观性。

综上所述,经营者对于他人的产品、服务或者其他经营活动并非不能评论或者批评,但评论或者批评必须有正当目的,必须客观、真实、公允和中立,不能误导公众和损人商誉。经营者为竞争目的对他人进行商业评论或者批评,尤其要善尽谨慎注意义务。上诉人无事实依据地宣称 QQ 软件会对用户电脑硬盘隐私文件强制性查看,并且以自己的标准对 QQ 软件进行评判并宣传 QQ 存在严重的健康问题,造成了用户对 QQ 软件及其服务的恐慌及负面评价,使相关消费者对 QQ 软件的安全性产生怀疑,影响了消费者的判断,并容易导致相关用户弃用 QQ 软件及其服务或者选用扣扣保镖保护其 QQ 软件。这种评论已超出正当商业评价、评论的范畴,突破了法律界限。据此,一审法院认定其行为构成商业诋毁并无不当。

三、关于上诉人是否在经营扣扣保镖时将其产品和服务嵌入 QQ 软件界面,是否取代了被上诉人 QQ 软件的部分功能以推广自己的产品,从而构成不正当竞争的问题

本院认为,正当的市场竞争是竞争者通过必要的付出而进行的诚实竞争。不付出劳动或者不正当地利用他人已经取得的市场成果,为自己谋取商业机会,从而获取竞争优势的行为,属于"食人而肥"的不正当竞争行为。本案中,根据现已查明的事实,上诉人相关行为的顺序为:首先在相关网站上宣传扣扣保镖保护隐私让 QQ 安全、快速好用,引导用户安装扣扣保镖;在用户安装运行扣扣保镖后,以红色警示用户 QQ 存在严重的健康问题,并将没有安装 360 安全卫士,电脑处于危险之中列为危险项目;查杀 QQ 木马时,显示"如果您不安装 360 安全卫士,将无法使用木马查杀功能",并以绿色功能键提供 360 安全卫士的安装及下载服务;经过一键修复,扣扣保镖将 QQ 软件的安全沟通界面替换成

扣扣保镖界面。本院认为,根据前述行为之具体表现,上诉人前述行为是一个有计划、有步骤的方案:即首先通过贬损 QQ 软件来引导用户安装扣扣保镖;在用户安装和运行扣扣保镖过程中,通过有计划的行为引导、帮助用户安装上诉人的产品 360 安全卫士;并通过扣扣保镖的一键修复功能,将 QQ 软件的安全沟通界面替换成扣扣保镖界面。由此,本院认定上诉人在经营扣扣保镖时,将自己的产品和服务嵌入 QQ 软件界面,取代了被上诉人 QQ 软件的部分功能,其根本目的在于依附 QQ 软件强大用户群,通过对 QQ 软件及其服务进行贬损的手段来推销、推广 360 安全卫士,从而增加上诉人的市场交易机会并获取市场竞争优势,此行为本质上属于不正当地利用他人市场成果,为自己谋取商业机会从而获取竞争优势的行为。因此,一审法院认定上诉人在给被上诉人造成经济损失的同时推销自己的产品,增加自己的交易机会,违反了诚实信用和公平竞争原则,构成不正当竞争并无不当。

四、关于技术创新、自由竞争和不正当竞争的界限的问题

上诉人认为其行为是互联网自由和创新精神的体现,认为一审法院违反行业发展规律,苛刻适用《反不正当竞争法》的一般原则,会限制竞争和打击创新。本院认为,互联网的发展有赖于自由竞争和科技创新,互联网行业鼓励自由竞争和创新,但这并不等于互联网领域是一个可以为所欲为的法外空间。竞争自由和创新自由必须以不侵犯他人合法权益为边界,互联网的健康发展需要有序的市场环境和明确的市场竞争规则作为保障。是否属于互联网精神鼓励的自由竞争和创新,仍然需要以是否有利于建立平等公平的竞争秩序、是否符合消费者的一般利益和社会公共利益为标准来进行判断,而不是仅有某些技术上的进步即应认为属于自由竞争和创新。否则,任何人均可以技术进步为借口,对他人的技术产品或者服务进行任意干涉,就将导致借技术进步、创新之名,而行"丛林法则"之实。技术创新可以刺激竞争,竞争又可以促进技术创新。

技术本身虽然是中立的，但技术也可以成为进行不正当竞争的工具。技术革新应当成为公平自由竞争的工具，而非干涉他人正当商业模式的借口。本案中，上诉人以技术创新为名，专门开发扣扣保镖对被上诉人QQ软件进行深度干预，本院难以认定其行为符合互联网自由和创新之精神，故对此上诉理由不予支持。

关于上诉人认为被上诉人行为涉及比较严重的捆绑和搭售，如果消费者没有选择权和反制手段，消费者利益和整个互联网市场必将受到严重损害的问题。本院认为，被上诉人行为是否构成捆绑和搭售，属于有关行政机关和司法机关依法认定的范畴，上诉人作为与被上诉人平等的民事主体，无权以自己的标准对被上诉人的行为作出评判并采取措施。上诉人作为市场经营主体，难以代表广大消费者的利益，无权以为广大消费者利益为名对被上诉人合法的经营模式等进行干预，因此这一上诉理由也不能成立。

五、关于一审法院确定的赔偿数额是否合理的问题

上诉人认为一审法院确定的500万元赔偿数额明显过高，缺乏事实依据。本院认为，根据被上诉人一审证据32即深银专咨报字〔2012〕第0114号资产损失咨询报告书所载，扣扣保镖在2010年10月29日至2011年8月4日期间对腾讯公司造成的损失在评估基准日的评估值为142,725,240元。扣扣保镖每日造成QQ客户端增值服务流量损失为209,350元，每日造成QQ广告损失300,383元，从2010年10月29日扣扣保镖发布至2010年11月21日回收扣扣保镖共计24天，这24天扣扣保镖给腾讯公司造成的损失为12,233,592元。此外，被上诉人一审证据20记载360官网宣布扣扣保镖推出72小时下载量超过千万，平均每秒钟就有40个独立下载安装量。这些证据至少足以表明，上诉人发布扣扣保镖的行为给被上诉人造成的损失已经明显超过了法定赔偿的最高限额，本案依法不适用法定赔偿额的计算方法，而应当综合案件的具体证据情

况,在法定赔偿最高限额以上合理确定赔偿额。本案中,一审法院在确定赔偿数额时,全面考虑了以下因素:1.上诉人实施的侵权行为给被上诉人造成的损失包括业务收入、广告收入、社区增值业务收入和游戏收入,QQ.com网站的流量减少,QQ新产品推广渠道受阻,被上诉人品牌和企业声誉因商业诋毁而受损;2.互联网环境下侵权行为迅速扩大及蔓延;3.被上诉人商标和公司声誉的市场价值;4.上诉人具有明显的侵权主观恶意;5.被上诉人为维权支出的合理费用等。本院认为,一审法院在综合考虑上述因素并根据本案证据确定被上诉人遭受的经济损失数额已经远远超过法定赔偿限额的情形下,将本案赔偿数额确定为500万元并无不当。

综上所述,本院认为,一审判决认定事实清楚,适用法律正确。判决如下:驳回上诉,维持原判。

二〇一四年二月十八日